天津外国语大学"求索"文库

WISDOM OF PHILOSOPHERS IN
THE ENLIGHTENMENT

西方哲人智慧丛书

佟 立◎主编

启蒙运动时期
哲学家的智慧

骆长捷 王雪莹 王 怡等◎编著

天津出版传媒集团

天津人民出版社

图书在版编目（CIP）数据

启蒙运动时期哲学家的智慧／骆长捷等编著. —— 天津：天津人民出版社，2020.4

（西方哲人智慧丛书：天津外国语大学"求索"文库／佟立主编）

ISBN 978-7-201-15685-9

Ⅰ.①启… Ⅱ.①骆… Ⅲ.①思想史－研究－世界－近代 Ⅳ.①B14

中国版本图书馆 CIP 数据核字（2019）第 272116 号

启蒙运动时期哲学家的智慧
QIMENGYUNDONG SHIQI ZHEXUEJIA DE ZHIHUI

出　　版	天津人民出版社
出 版 人	刘　庆
地　　址	天津市和平区西康路 35 号康岳大厦
邮政编码	300051
邮购电话	（022）23332469
网　　址	http://www.tjrmcbs.com
电子信箱	reader@tjrmcbs.com

策划编辑	王　康
责任编辑	林　雨
特约编辑	安　洁
装帧设计	明轩文化·王烨

印　　刷	高教社（天津）印务有限公司
经　　销	新华书店
开　　本	710 毫米×1000 毫米 1/16
印　　张	30
插　　页	2
字　　数	320 千字
版次印次	2020 年 4 月第 1 版　2020 年 4 月第 1 次印刷
定　　价	108.00 元

天津外国语大学"求索"文库

天津外国语大学"求索"文库编委会

主　任：陈法春

副主任：余　江

编　委：刘宏伟　杨丽娜

总序　展现波澜壮阔的哲学画卷

2017 年 5 月 12 日，在 56 岁生日当天，我收到天津外国语大学佟立教授的来信，邀请我为他主编的一套丛书作序。当我看到该丛书各卷的书名时，脑海里立即涌现出的就是一幅幅波澜壮阔的哲学画卷。

一、古希腊哲学：西方哲学的起点

如果从泰勒斯算起，西方哲学的发展历程已经走过了两千五百多年。按照德国当代哲学家雅斯贝斯在他的重要著作《历史的起源与目标》中所提出的"轴心时代文明"的说法，公元前 800—前 200 年所出现的各种文明奠定了后来人类文明发展的基石。作为晚于中国古代儒家思想和道家思想出现的古希腊思想文明，成为西方早期思想的萌芽和后来西方哲学的一切开端。英国哲学家怀特海曾断言："两千五百年的西方哲学只不过是柏拉图哲学的一系列脚注而已。"① 在西方人看来，从来没有一个民族能比希腊人更公正地评价自己的天性和组织制度、道德及习俗，从

---

① 转引自［美］威廉·巴雷特：《非理性的人》，段德智译，上海译文出版社，2012 年，第 103 页。

来没有一个民族能以比他们更清澈的眼光去看待周围的世界,去凝视宇宙的深处。一种强烈的真实感与一种同等强烈的抽象力相结合,使他们很早就认识到宗教观念实为艺术想象的产物,并建立起凭借独立的人类思想而创造出来的观念世界以代替神话的世界,以"自然"解释世界。这就是古希腊人的精神气质。罗素在《西方哲学史》中如此评价古希腊哲学的出现:"在全部的历史里,最使人感到惊异或难于解说的莫过于希腊文明的突然兴起了。构成文明的大部分东西已经在埃及和美索不达米亚存在了好几千年,又从那里传播到了四邻的国家。但是其中却始终缺少着某些因素,直到希腊人才把它们提供出来。"① 亚里士多德早在《形而上学》中就明确指出:"不论现在还是最初,人都是由于好奇而开始哲学思考,开始是对身边所不懂的东西感到奇怪,继而逐步前进,而对更重大的事情发生疑问,例如关于月相的变化,关于太阳和星辰的变化,以及万物的生成。"② 这正是古希腊哲学开始于惊奇的特点。

就思维方式而言,西方哲学以理论思维或思辨思维为其基本特征,而希腊哲学正是思辨思维的发源地。所谓"思辨思维"或者"理论思维"也就是"抽象思维"(abstraction),亦即将某种"属性"从事物中"拖"(traction)出来,当作思想的对象来思考。当代德国哲学家文德尔班指出:"古代的科学兴趣,尤其在希腊人那里,被称为'哲学'。它的价值不仅仅在于它是历史研究和文明发展研究中的一个特殊主题。实际上,由于古代思想的

---

① [英] 罗素:《西方哲学史》,李约瑟译,商务印书馆,1982 年,第 24 页。
② [古希腊] 亚里士多德:《形而上学》,吴寿彭译,商务印书馆,1997 年,第 31 页。

内容在整个西方精神生活的发展过程中有其独特的地位，因此它还蕴含着一种永恒的意义。"的确，希腊人把简单的认知提升到了系统知识或"科学"的层次，不满足于实践经验的积累，也不满足于因宗教需要而产生的玄想，他们开始为了科学本身的缘故而寻求科学。像技术一样，科学作为一种独立事业从其他文化活动中分离出来，所以关于古代哲学的历史探究，首先是一种关于普遍意义上的西方科学之起源的洞察。文德尔班认为，希腊哲学史同时也是各个分支科学的诞生史。这种分离的过程首先开始于思想与行动的区分、思想与神话的区分，然后在科学自身的范围内继续分化。随着事实经验的积累和有机整理，被希腊人命名为"哲学"的早期简单的和统一的科学，分化为各门具体科学，也就是各个哲学分支，继而程度不同地按照各自的线索得到发展。古代哲学中蕴含的各种思想开端对后世整个科学的发展有着非常重要的影响。尽管希腊哲学留下来的材料相对较少，但是它以非常简明扼要的方式，在对事实进行理智性阐述的方面搭建了各种概念框架；并且它以一种严格的逻辑，在探索世界方面拓展出了所有的基本视域，其中包括了古代思想的特质，以及属于古代历史的富有教育意义的东西。

事实上，古代科学的各种成果已经完全渗透到了我们今天的语言和世界观之中。古代哲学家们带有原始的朴素性，他们将单方面的思想旨趣贯彻到底，得出单边的逻辑结论，从而凸显了实践和心理层面的必然性——这种必然性不仅主导着哲学问题的演进，而且主导着历史上不断重复的、对这些问题的解答。按照文德尔班的解释，我们可以这样描绘古代哲学在各个发展阶段上的典型意义：起初，哲学以大无畏的勇气去探究外部世界。然而当它在这里遭遇阻碍的时候，它转向了内部世界，由这个视域出发，它以新的力量尝试去思考"世界－大全"。即使在服务社会和满足宗教需要的方面，古代思想赖以获取概念性知识的这种方式也具有一种超越历史的特殊意义。然而古代文明的显著特征就在于，它具有"容易识别"的精神生活，甚至是特别单纯和朴素的精神生活，而现代文明在相互关联中则显得复杂得多。

二、中世纪哲学：并非黑暗的时代

古希腊哲学的幅幅画卷向我们展示了古代哲学家们的聪明才智，更向我们显示了西方智慧的最初源头。而从古希腊哲学出发，我们看到的是中世纪教父哲学和经院哲学在基督教的召唤下所形成的变形的思维特征。无论是奥古斯丁、阿伯拉尔，还是托马斯·阿奎那、奥卡姆，他们的思想始终处于理智的扭曲之中。这种扭曲并非说明他们的思想是非理智的，相反，他们是以理智的方式表达了反理智的思想内容，所以中世纪哲学往往被称作"漫长的黑暗时代"。一个被历史学家普遍接受的说法是，"中世纪黑暗时代"这个词是由 14 世纪意大利文艺复兴人文主义学者彼特拉克所发明的。他周游欧洲，致力于发掘和出版经典的拉丁文和希腊文著作，志在重新恢复罗马古典的拉丁语言、艺术和文化，对自罗马沦陷以来的变化与发生的事件，他认为不值得研究。人文主义者看历史并不按奥古斯丁的宗教术语，而是按社会学术语，即通过古典文化、文学和艺术来看待历史，所以人文主义者把这900年古典文化发展的停滞时期称为"黑暗的时期"。自人文主义者起，历史学家们对"黑暗的时期"和"中世纪"也多持负面观点。在16世纪与17世纪基督教新教徒的宗教改革中，新教徒也把天主教的腐败写进这段历史中。针对新教徒的指责，天主教的改革者们也描绘出了一幅与"黑暗的时期"相反的图画：一个社会与宗教和谐的时期，一点儿也不黑暗。而对"黑暗的时期"，许多现代的负面观点则来自于17世纪和18世纪启蒙运动中的伏尔泰和康德的作品。

　　然而在历史上，中世纪文明事实上来自于两个不同的但又相互关联的思想传统，即希腊文明和希伯来文明传统，它们代表着在理性与信仰之间的冲突和融合。基督教哲学，指的就是一种由信仰坚定的基督徒建构的、自觉地以基督教的信仰为指导的，但又以人的自然理性论证其原理的哲学形态。虽然基督教哲学对后世哲学的发展带来了巨大的负面影响，但其哲学思想本身却仍然具有重要的思想价值。例如，哲学的超验性在基督教哲学中就表现得非常明显。虽然希腊哲学思想中也不乏超验的思想（柏拉图），但是从主导方面看是现实主义的，而基督教哲学却以弃绝尘世的方式向人们展示了一个无限的超感性的世界，从而在某种程度上开拓并丰富了人类的精神世界。此外，基督教哲学强调精神的内在性特征，这也使得中世纪哲学具有不同于古希腊哲学的特征。基督教使无限的精神（实体）具体化于个人的心灵之中，与希腊哲学对自然的认识不同，它诉诸个人的内心信仰，主张灵魂的得救要求每个人的灵魂在场。不仅如此，基督教的超自然观念也是中世纪哲学的重要内容。在希腊人那里，自然是活生生的神圣的存在，而在基督教思想中自然不但没有神性，而且是上帝为人类所创造的可供其任意利用的"死"东西。基督教贬斥自然的观念固然不利于科学的发展，然而却从另一方面为近代机械论的自然观开辟了道路。当然，中世纪哲学中还有一个重要的观念值得关注，这就是"自由"的概念。因为在古希腊哲学中，"自由"是一个毋庸置疑的概念，一切自主的道德行为和对自然的追求一定是以自由为前提的。但在中世纪，自由则是一个需要讨论的话题，因为只有当人们缺乏自由意志但又以为自己拥有最大自由的时候，自由才会成为一个备受关注的话题。

三、文艺复兴与启蒙运动：人的发现

文艺复兴和思想启蒙运动是西方近代哲学的起点。虽然学界对谁是西方近代哲学的第一人还存有争议，但 17 世纪哲学一般被认为是近代哲学的开端，中世纪的方法，尤其是经院哲学在路德宗教改革的影响下衰落了。17 世纪常被称为"理性的时代"，既延续了文艺复兴的传统，也是启蒙运动的序曲。这段时期的哲学主流一般分为两派：经验论和唯理论，这两派之间的争论直到启蒙运动晚期才由康德所整合。但将这段时期中的哲学简单地归于这两派也过于简单，这些哲学家提出其理论时并不认为他们属于这两派中的某一派。而将他们看作独自的学派，尽管有着多方面的误导，但这样的分类直到今天仍被人们所认可，尤其是在谈论17 世纪和 18 世纪的哲学时。这两派的主要区别在于，唯理论者认为，从理论上来说（不是实践中），所有的知识只能通过先天观念获得；而经验论者认为，我们的知识起源于我们的感觉经验。这段时期也诞生了一流的政治思想，尤其是洛克的《政府论》和霍布斯的《利维坦》。同时哲学也从神学中彻底分离开来，尽管哲学家们仍然谈论例如"上帝是否存在"这样的问题，但这种思考完全是基于理性和哲学的反思之上。

文艺复兴（Renaissance）一词的本义是"再生"。16世纪意大利文艺史家瓦萨里在《绘画、雕刻、建筑的名人传》里使用了这个概念，后来沿用至今。这是一场从14世纪到16世纪起源于意大利，继而发展到西欧各国的思想文化运动，由于其搜集整理古希腊文献的杰出工作，通常被称为"文艺复兴"，其实质则是人文主义运动。它主要表现为"世界文化史三大思想运动"：古典文化的复兴、宗教改革（Reformation）、罗马法的复兴运动，主要特征是强调人的尊严、人生的价值、人的现世生活、人的个性自由和批判教会的腐败虚伪。莎士比亚在《哈姆雷特》中赞叹道："人是多么了不起的一件作品！理想是多么高贵，力量是多么无穷，仪表和举止是多么端正，多么出色。论行动，多么像天使，论了解，多么像天神！宇宙的精华，万物的灵长！"[1]恩格斯则指出，文艺复兴"是一次人类从来没有经历过的最伟大的、进步的变革，是一个需要巨人而且产生了巨人——在思维能力、热情和性格方面，在多才多艺和学识渊博方面的巨人的时代"[2]。

文艺复兴的重要成就是宗教改革、人的发现和科学的发现。

---

① ［英］莎士比亚：《莎士比亚全集》（第九卷），人民文学出版社，1978年，第49页。

② 《马克思恩格斯全集》（第3卷），人民出版社，1960年，第445页。

在一定意义上，我们可以把宗教改革看作人文主义在宗教神学领域的延伸，而且其影响甚至比人文主义更大更深远。宗教改革直接的要求是消解教会的权威，变奢侈教会为廉洁教会，而从哲学上看，其内在的要求则是由外在的权威返回个人的内心信仰：因信称义（路德）、因信得救（加尔文）。

"人文主义"（humanism）一词起源于拉丁语的"人文学"（studia humanitatis），指与神学相区别的那些人文学科，包括文法、修辞学、历史学、诗艺、道德哲学等。到了19世纪，人们开始使用"人文主义"一词来概括文艺复兴时期人文学者对古代文化的发掘、整理和研究工作，以及他们以人为中心的新世界观。人文主义针对中世纪抬高神、贬低人的观点，肯定人的价值、尊严和高贵；针对中世纪神学主张的禁欲主义和来世观念，要求人生的享乐和个性的解放，肯定现世生活的意义；针对封建等级观念，主张人的自然平等。人文主义思潮极大地推动了西欧各国文化的发展和思想的解放，文艺复兴由于"首先认识和揭示了丰满的、完整的人性而取得了一项尤为伟大的成就"，这就是"人的发现"。

文艺复兴时代两个重要的发现：一是发现了人；二是发现了自然，即"宇宙的奥秘与人性的欢歌"。一旦人们用感性的眼光重新观察它们，它们便展露出新的面貌。文艺复兴主要以文学、艺术和科学的发现为主要成就：文学上涌现出了但丁、薄伽丘、莎士比亚、拉伯雷、塞万提斯等人，艺术上出现了达·芬奇、米开朗基罗、拉斐尔等人，科学上则以哥白尼、特勒肖、伽利略、开普勒、哈维等人为代表，还有航海上取得的重大成就，以哥伦布、麦哲伦为代表。伽利略有一段广为引用的名言："哲学是写在那本永远在我们眼前的伟大书本里的——我指的是宇宙——但是，我们如果不先学会书里所用的语言，掌握书里的符号，就不能了解它。这书是用数学语言写出的，符号是三角形、圆形和别的几何图像。没有它们的帮助，是连一个字也不会认识的；没有它们，人就在一个黑暗的迷宫里劳而无功地游荡着。"①

实验科学的正式形成是在 17 世纪，它使用的是数学语言（公式、模型和推导）和描述性的概念（质量、力、加速度等）。这种科学既不是归纳的，也不是演绎的，而是假说 - 演绎的（hypothetico - deductive）。机械论的自然是没有活力的，物质不可能是自身运动的原因。17 世纪的人们普遍认为上帝创造了物质并使之处于运动之中，有了这第一推动，就不需要任何东西保持物质的运动，运动是一种状态，它遵循的是惯性定律，运动不灭，动量守恒。笛卡尔说："我的全部物理学就是机械论。"新哲学家们抛弃了亚里士多德主义的质料与形式，柏拉图主义对万物的等级划分的目的论，把世界描述为一架机器、一架"自动机"（automaton），"自然是永远和到处同一的"。因此，自然界被夺去了精神，自然现象只能用自身来解释；目的论必须和精灵鬼怪一起为机械论的理解让路，不能让"天意成为无知的避难所"。所有这些导致了近代哲学的两个重要特征，即对确定性的追求和对能力或力量的追求。培根提出的"知识就是力量"，充分代表了近代哲学向以往世界宣战的口号。

马克思和恩格斯在《神圣家族》中指出："18 世纪的法国启

---

① ［美］M. 克莱因：《古今数学思想》（第二册），北京大学数学系数学史翻译组译，上海科学技术出版社，1979 年，第 33 页。

蒙运动，特别是法国唯物主义，不仅是反对现存政治制度的斗争，还是反对现存宗教和神学的斗争，而且还是反对 17 世纪的形而上学和反对一切形而上学，特别是反对笛卡尔、马勒伯朗士、斯宾诺莎和莱布尼茨的形而上学的公开而鲜明的斗争。"① 黑格尔在《哲学史讲演录》中写道："我们发现法国人有一种深刻的、无所不包的哲学要求，与英国人和苏格兰人完全两样，甚至与德国人也不一样，他们是十分生动活泼的：这是一种对于一切事物的普遍的、具体的观点，完全不依靠任何权威，也不依靠任何抽象的形而上学。他们的方法是从表象、从心情去发挥；这是一种伟大的看法，永远着眼于全体，并且力求保持和获得全体。"② 当代英国哲学家柏林在《启蒙的时代》中认为："十八世纪天才的思想家们的理智力量、诚实、明晰、勇敢和对真理的无私的热爱，直到今天还是无人可以媲美的。他们所处的时代是人类生活中最美妙、最富希望的乐章。"③ 本系列对启蒙运动哲学的描绘，让我们领略了作为启蒙思想的先驱洛克、三权分立的倡导者孟德斯鸠、人民主权的引领者卢梭、百科全书派的领路人狄德罗和人性论的沉思者休谟的魅力人格和深刻思想。

四、理性主义的时代：从笛卡尔到黑格尔

笛卡尔是西方近代哲学的奠基人之一，黑格尔称他为"现代

---

① 《马克思恩格斯全集》（第 2 卷），人民出版社，1957 年，第 159 页。

② ［德］黑格尔：《哲学史讲演录》（第四卷），贺麟、王太庆译，商务印书馆，1983 年，第 220 页。

③ ［英］以赛亚·柏林：《启蒙的时代》，孙尚扬译，光明日报出版社，1989 年，第 25 页。

哲学之父"。他自成体系，熔唯物主义与唯心主义于一炉，在哲学史上产生了深远的影响。笛卡尔在哲学上是二元论者，并把上帝看作造物主。但他在自然科学范围内却是一个机械论者，这在当时是有进步意义的。笛卡尔堪称 17 世纪及其后的欧洲科学界最有影响的巨匠之一，被誉为"近代科学的始祖"。笛卡尔的方法论对于后来物理学的发展有重要的影响。他在古代演绎方法的基础上创立了一种以数学为基础的演绎法：以唯理论为根据，从自明的直观公理出发，运用数学的逻辑演绎推出结论。这种方法和培根所提倡的实验归纳法结合起来，经过惠更斯和牛顿等人的综合运用，成为物理学特别是理论物理学的重要方法。笛卡尔的普遍方法的一个最成功的例子是，运用代数的方法来解决几何问题，确立了坐标几何学，即解析几何学的基础。

　　荷兰的眼镜片打磨工斯宾诺莎，在罗素眼里是哲学家当中人格最高尚、性情最温厚可亲的人。罗素说："按才智讲，有些人超越了他，但是在道德方面，他是至高无上的。"[①] 在哲学上，斯宾诺莎是一名一元论者或泛神论者。他认为宇宙间只有一种实体，即作为整体的宇宙本身，而"上帝"和宇宙就是一回事。他的这个结论是基于一组定义和公理，通过逻辑推理得来的。"斯宾诺莎的上帝"不仅仅包括了物质世界，还包括了精神世界。在伦理学上，斯宾诺莎认为，一个人只要受制于外在的影响，他就是处于奴役状态，而只要和上帝达成一致，人们就不再受制于这种影响，而能获得相对的自由，也因此摆脱恐惧。斯宾诺莎还主张"无知是一切罪恶的根源"。对于死亡，斯宾诺莎的名言是："自

---

① 〔英〕罗素：《西方哲学史》（下卷），马元德译，商务印书馆，1976 年，第 92 页。

由人最少想到死，他的智慧不是关于死的默念，而是对于生的沉思。"① 斯宾诺莎是彻底的决定论者，他认为所有已发生事情的背后绝对贯穿着必然的作用。所有这些都使得斯宾诺莎在身后成为亵渎神和不信神的化身。有人称其为"笛卡尔主义者"，而有神论者诋毁之为邪恶的无神论者，但泛神论者则誉之为"陶醉于神的人""最具基督品格"的人，不一而足。但所有这些身份都无法取代斯宾诺莎作为一位特征明显的理性主义者在近代哲学中的重要地位。

笛卡尔最为关心的是如何以理性而不是信仰为出发点，以自我意识而不是外在事物为基础，为人类知识的大厦奠定了一个坚实的地基；斯宾诺莎最为关心的是，如何确立人类知识和人的德性与幸福的共同的形而上学基础；而莱布尼茨的哲学兴趣是，为个体的实体性和世界的和谐寻找其形而上学的基础。笛卡尔的三大实体是心灵、物体和上帝，人被二元化了；斯宾诺莎的实体是唯一的神或自然，心灵和身体只是神的两种样式；而莱布尼茨则要让作为个体的每个人成为独立自主的实体，"不可分的点"。按照莱布尼茨的观点，宇宙万物的实体不是一个，也不是两个或者三个，而是无限多个。因为实体作为世界万物的本质，一方面必须是不可分的单纯性的，必须具有统一性；另一方面必须在其自身之内就具有能动性的原则。这样的实体就是"单子"。所谓"单子"就是客观存在的、无限多的、非物质性的、能动的精神实体，它是一切事物的"灵魂"和"隐德来希"（内在目的）。每个单子从一种知觉到另一种知觉的发展，也具有连续性。"连续

---

① ［荷］斯宾诺莎：《伦理学》，贺麟译，商务印书馆，1997 年，第 222 页。

性原则"只能说明在静态条件下宇宙的连续性,而无法解释单子的动态的变化和发展。在动态的情况下,宇宙这个单子的无限等级序列是如何协调一致的呢?莱布尼茨的回答是,因为宇宙万物有一种"预定的和谐"。整个宇宙就好像是一支庞大无比的交响乐队,每件乐器各自按照预先谱写的乐谱演奏不同的旋律,而整个乐队所奏出来的是一首完整和谐的乐曲。莱布尼茨不仅用"预定的和谐"来说明由无限多的单子所组成的整个宇宙的和谐一致,而且以此来解决笛卡尔遗留下来的身心关系问题。一个自由的人应该能够认识到他为什么要做他所做的事。自由的行为就是"受自身理性决定"的行为。"被决定"是必然,但是"被自身决定"就是自由。这样,莱布尼茨就把必然和自由统一起来了。莱布尼茨哲学在西方哲学史上具有极其重要的历史地位。在他之后,沃尔夫(Christian Wolff)曾经把他的哲学系统发展为独断论的形而上学体系,长期统治着德国哲学界,史称"莱布尼茨—沃尔夫哲学"。黑格尔在他的《哲学史讲演录》中这样评价沃尔夫哲学:"他把哲学划分成一些呆板形式的学科,以学究的方式应用几何学方法把哲学抽绎成一些理智规定,同时同英国哲学家一样,把理智形而上学的独断主义捧成了普遍的基调。这种独断主义,是用一些互相排斥的理智规定和关系,如一和多,或简单和复合,有限和无限,因果关系等等,来规定绝对和理性的东西的。"①

康德哲学面临的冲突来自牛顿的科学和莱布尼茨的形而上学、理性主义的独断论和怀疑主义的经验论、科学的世界观和道德宗教

---

① 〔德〕黑格尔:《哲学史讲演录》(第四卷),贺麟、王太庆译,商务印书馆,1978年,第185页。

的世界观之间的对立。因此，康德的努力方向就是要抑制传统形而上学自命不凡的抱负，批判近代哲学的若干立场，特别是沃尔夫等人的独断论，也要把自己的批判立场与其他反独断论的立场区分开来，如怀疑论、经验论、冷淡派（indifferentism）等。在反独断论和经验论的同时，他还要捍卫普遍必然知识的可能性，也就是他提出的"要限制知识，为信仰留下地盘"的口号，这就是为知识与道德的领域划界。他在《纯粹理性批判》中明确指出："我所理解的纯粹理性批判，不是对某些书或体系的批判，而是对一般理性能力的批判，是就一切可以独立于任何经验而追求的知识来说的，因而是对一般形而上学的可能性和不可能性进行裁决，对它的根源、范围和界限加以规定，但这一切都是出自原则。"

费希特是康德哲学的继承者。他在《知识学新说》中宣称："我还应该向读者提醒一点，我一向说过，而且这里还要重复地说，我的体系不外就是跟随康德的体系。"① 他深为批判哲学所引起的哲学革命欢欣鼓舞，但也对康德哲学二元论的不彻底性深感不满。因此，费希特一方面对康德保持崇敬的心情，另一方面也对康德哲学进行了批评。对费希特来说，康德的批判哲学是不完善的，理论理性和实践理性分属两个领域，各个知性范畴也是并行排列，没有构成一个统一的有机体系。康德不仅在自我之外设定了一个不可知的物自体，而且在自我的背后亦设定了一个不可知的"我自身"，这表明康德的批判也是不彻底的。按照费希特的观点，哲学的任务是说明一切经验的根据，因而哲学就是认识论，他亦据此把自己的哲学称为"知识学"（Wissenschaftslehre,

---

① 梁志学主编：《费希特著作选集》（卷二），商务印书馆，1994 年，第 222 页。

直译为"科学学")。于是费希特便为了自我的独立性而牺牲了物的独立性，将康德的理论理性和实践理性合为一体，形成了"绝对自我"的概念。从当代哲学的角度看，费希特的哲学是试图使客观与主观合一的观念论哲学，与实在论相对立。但他提供了丰富的辩证法思想，包括发展的观点、对立统一的思想、主观能动性的思想等。总之，费希特改进了纯粹主观的唯心论思想，推进了康德哲学的辩证法，影响了黑格尔哲学的形成。

正如周瑜的感叹"既生瑜何生亮"，与黑格尔同时代的谢林也发出了同样的感叹。的确，在如日中天的黑格尔面前，原本是他的同窗和朋友的谢林，最后也不得不承认自己生不逢时。但让他感到幸运的是，他至少可以与费希特并驾齐驱。谢林最初同意费希特的观点，即哲学应该是从最高的统一原则出发，按照逻辑必然性推演出来的科学体系。不过他很快也发现了费希特思想中的问题。在谢林看来，费希特消除了康德的二元论，抛弃了物自体，以绝对自我为基础和核心建立了一个知识学的体系，但他的哲学体系缺少坚实的基础，因为在自我之外仍然有一个无法克服的自然或客观世界。谢林认为，绝对自我不足以充当哲学的最高原则，因为它始终受到非我的限制。谢林改造了斯宾诺莎的实体学说，以自然哲学来弥补费希特知识学的缺陷，建立了一个客观唯心主义的哲学体系。谢林始终希望表明，他的哲学与黑格尔的哲学之间存在着某种根本的区别。这种区别就在于，他试图用一种积极肯定的哲学说明这个世界的存在根据，而黑格尔则只是把思想的观念停留在概念演绎之中。他对黑格尔哲学的批判动摇了唯心主义的权威，费尔巴哈的唯物主义为此要向谢林表示真诚的敬意，恩格斯称谢林和费尔巴哈分别从两个方面批判了黑格尔，从而宣告了德国古典唯心主义的终结。

作为德国古典哲学的最后代表和集大成者，黑格尔哲学面临的问题就是康德哲学的问题。的确，作为德国古典哲学的开创者和奠基人，康德一方面证明了科学知识的普遍必然性，另一方面亦通过限制知识而为自由、道德和形而上学保留了一片天地，确立了理性和自由这个德国古典哲学的基本原则。由于其哲学特有的二元论使康德始终无法建立一个完善的哲学体系，这就给他的后继者们提出了一个亟待解决的难题。黑格尔哲学面临的直接问题是如何消解康德的自在之物，将哲学建立为一个完满的有机体系，而就近代哲学而言，也就是思维与存在的同一性问题。自笛卡尔以来，近代哲学在确立主体性原则，高扬主体能动性的同时，亦陷入了思维与存在的二元论困境而不能自拔。康德试图以彻底的主体性而将哲学限制在纯粹主观性的范围之内，从而避免认识论的难题，但是他却不得不承认物自体的存在。费希特和谢林都试图克服康德的物自体，但是他们并不成功。费希特的知识学实际上是绕过了物自体。由于谢林无法解决绝对的认识问题，因而也没有完成这个任务。当费希特面对知识学的基础问题时，他只好诉诸信仰；当谢林面对绝对的认识问题时，他也只好诉诸神秘性的理智直观和艺术直观。

黑格尔扬弃康德自在之物的关键在于，他把认识看作一个由知识与对象之间的差别和矛盾推动的发展过程。康德对理性认识能力的批判基本上是一种静态的结构分析，而黑格尔则意识到，认识是一个由于其内在的矛盾而运动发展的过程。如果认识是一个过程，那么我们就得承认，认识不是一成不变的，而认识的发展变化则表明知识是处于变化更新的过程之中的，不仅如此，对象也一样处于变化更新的过程之中。因此，认识不仅是改变知识的过程，同样也是改变对象的过程，在认识活动中，不仅出现了新的知识，也出现了新的对象。黑格尔的《精神现象学》所展示的就是这个过程，它通过人类精神认识绝对的过程，表现了绝对自身通过人类精神而成为现实，成为"绝对精神"的过程。换句话说，人类精神的认识活动归根结底乃是绝对精神的自我运动，因为人类精神就是绝对精神的代言人，它履行的是绝对精神交付给它的任务。从这个意义上说，《精神现象学》也就是对于"绝对即精神"的认识论证明。

对黑格尔来说，这个艰苦漫长的"探险旅行"不仅是人类精神远赴他乡，寻求关于绝对的知识的征程，同时亦是精神回归其自身，认识自己的还乡归途。马克思曾经将黑格尔《精神现象学》的伟大成就概括为"作为推动原则和创造原则的否定的辩证法"①。在《精神现象学》中，黑格尔形象地把绝对精神的自我运动比喻为"酒神的宴席"：所有人都加入了欢庆酒神节的宴席，每个人都在这场豪饮之中一醉方休，但是这场宴席却不会因为我或者你的醉倒而终结，而且也正是因为我或者你以及我们大家的醉倒而成其为酒神的宴席。我们都是这场豪饮不可缺少的环节，而这场宴席本身则是永恒的。

黑格尔是有史以来最伟大的形而上学家，他一方面使自亚里

---

① ［德］卡尔·马克思：《1844 年经济学一哲学手稿》，刘丕坤译，人民出版社，1979 年，第116 页。

士多德以来哲学家们所怀抱的让哲学成为科学的理想最终得以实现，另一方面亦使形而上学这一古典哲学曾经漫步了两千多年的哲学之路终于走到了尽头。黑格尔哲学直接导致了马克思主义哲学的诞生：马克思和恩格斯在吸收了黑格尔辩证法的基础上打破了他的客观唯心主义思想体系，建立了辩证的唯物主义和历史的唯物主义，完成了哲学上的一场革命。黑格尔哲学是当代西方哲学批判的主要对象，也是西方哲学现代转型的重要起点。胡塞尔正是在摈弃了黑格尔本质主义的基础上建立了"描述的现象学"，弗雷格、罗素和摩尔等人也是在反对黑格尔哲学的基础上开启了现代分析哲学的先河。

五、20世纪西方哲学画卷：从现代到后现代

本丛书的一个重要特征是重视现代哲学的发展，这从整个系列的内容排列中就可以明显地看出来：本丛书共有九卷，其中前五卷的内容跨越了两千多年的历史，而展现现代哲学的部分就有四卷，时间跨度只有百余年，但却占整个系列的近一半篇幅。后面的这四卷内容充分展现了现代西方哲学的整体概貌：既有分析哲学与欧洲大陆哲学的区分，也有不同哲学传统之间的争论；既有对哲学家思想历程的全面考察，也有对不同哲学流派思想来源的追溯。从这些不同哲学家思想的全面展示，我们可以清楚地看到，20世纪西方哲学经历了从现代到后现代的历程。

从哲学自身发展的内在需要看，传统哲学的理性主义精神受到了当代哲学的挑战。从古希腊开始，理性和逻辑就被看作哲学

的法宝；只有按照理性的方式思考问题，提出的哲学理论只有符合逻辑的要求，这样的哲学家才被看作重要的和有价值的。虽然也有哲学家并不按照这样的方式思考，如尼采等人，但他们的思想也往往被解释成一套套理论学说，或者被纳入某种现成的学说流派中加以解释。这样哲学思维就被固定为一种统一的模式，理性主义就成为哲学的唯一标志。但是自20世纪60年代开始，从法国思想家中涌现出来的哲学思想逐渐改变了传统哲学的这种唯一模式。这就是后现代主义的哲学。

　　如今我们谈论后现代主义的时候，通常把它理解为一种反传统的思维方式，于是后现代主义中反复提倡的一些思想观念就成为人们关注的焦点，也由此形成了人们对后现代主义的一种模式化理解。但事实上，后现代主义在法国的兴起直接是与社会现实问题，特别是与现实政治密切相关的。我们熟知的"五月风暴"被看作法国后现代主义思想最为直接的现实产物，而大学生们对社会现实的不满才是引发这场革命的直接导火索。如果说萨特的自由主义观念是学生们的思想导师，那么学生们的现实运动则引发了像德里达这样的哲学家们的反思。在法国，政治和哲学从来都是不分家的，由政治运动而引发哲学思考，这在法国人看来是再正常不过的了，而这种从现实政治运动中产生的哲学观念，又会对现实问题的解决提供有益的途径。正是在这种意义上，后现代主义的兴起应当被看作西方哲学家的研究视角从纯粹的理论问题转向社会的现实问题的一个重要标志。

　　如今我们都承认，"后现代"并不是一个物理时间的概念，因为我们很难从年代的划分上区分"现代"与"后现代"。"后现代"这个概念主要意味着一种思维方式,即一种对待传统以及处理现实问题的视角和方法。从这个意义上来说,特别是从对待传统的不同态度上来看,我们在这里把"后现代"的特征描述为"重塑启蒙"。近代以来的启蒙运动都是以张扬理性为主要特征的,充分地运用理性是启蒙运动的基本口号,这也构成了现代哲学的主要特征。但在后现代主义者的眼里,启蒙不以任何先在的标准或目标为前提,当然不会以是否符合理性为标准。相反,后现代哲学家们所谓的启蒙恰恰是以反对现代主义的理性精神为出发点的。这样,启蒙就成为反对现代性所带来的一切思想禁令的最好标志。虽然不同的哲学家对后现代哲学中的启蒙有不同的理解和解释,但他们不约而同地把对待理性的态度作为判断启蒙的重要内容。尽管任何一种新的思维产生都会由于不同的原因而遭遇各种敌意和攻击,但对"后现代"的极端反应却主要是由于对这种思想运动本身缺乏足够的认识,而且这种情况还由于人们自以为对"现代性"有所了解而变得更为严重。其实,我们不必在意什么人被看作"后现代"的哲学家或思想家。我们应当关心的是,"后现代"的思想为现代社会带来的是一种新的启蒙。这种启蒙的意义就在于,否定关于真实世界的一切可能的客观知识,否定语词或文本具有唯一的意义,否定人类自我的统一,否定理性探索与政治行为、字面意义与隐晦意义、科学与艺术之间的区别,甚至否定真理的可能性。总之,这种启蒙抛弃了近代西方文明大部分的根本思想原则。在这种意义上,我们可以把"后现代主义"看作对近现代西方启蒙运动的一种最新批判,是对18世纪以来近代社会赖以确立的某些基本原则的批判,也是对以往一切批判的延续。归根结底，这种启蒙就是要打破一切对人类生活起着支配作用、占有垄断地位的东西，无论它是宗教信念还是理性本身。

历史地看，后现代对现代性的批判只是以往所有对现代性批判的一种继续，但西方社会以及西方思想从现代到后现代的进程却不是某种历史的继续，而是对历史的反动，是对历史的抛弃，是对历史的讽刺。现代性为人类所带来的一切已经成为现实，但后现代主义会为人类带来什么却尚无定数。如今，我们可以在尽情享受现代社会为我们提供的一切生活乐趣的同时对这个社会大加痛斥，历数恶果弊端，但我们却无法对后现代主义所描述的新世界提出异议，因为这原本就是一个不可能存在的世界，是一个完全脱离现实的世界。然而换一个角度说，后现代主义又是对现代社会的一个很好的写照，是现代性的一个倒影、副产品，也是现代性发展的掘墓人。了解西方社会从现代走向后现代的过程，也就是了解人类社会（借用黑格尔的话说）从"自在"状态到"自为"状态的过程，是了解人类思想从对自然的控制与支配和人类自我意识极度膨胀，到与自然的和谐发展和人类重新确立自身在宇宙中的地位的过程。尽管这是一个漫长的历史进程，对人类以及自然甚至是一个痛苦的过程，但人类正是在这个过程中真正认识了自我，学会了如何与自然和谐相处，懂得了发展是以生存为前提这样一个简单而又十分重要的道理。

最后，我希望能够对本丛书的编排体例说明一下。整个丛书按照历史年代划分，时间跨度长达两千五百多年，包括了四十九位重要哲学家，基本上反映了西方哲学发展历史中的重要思想。我特别注意到，本丛书中的各卷结构安排独特，不仅有对卷主的生平介绍和思想阐述，更有对卷主理论观点的专门分析，称为"术语解读与语篇精粹"，所选的概念都是哲学家最有特点、最为突出，也是对后来哲学发展产生重要影响的概念。这些的确为读者快速把握哲学家思想和理论观点提供了非常便利的形式。这种编排方式很是新颖，极为有效，能够为读者提供更为快捷的阅读体验。在这里，我要特别感谢该丛书的主编佟立教授，他以其宽阔的学术视野、敏锐的思想洞察力以及有效的领导能力，组织编写了这套丛书，为国内读者献上了一份独特的思想盛宴。还要感谢他对我的万分信任和倾力相邀，让我为这套丛书作序。感谢他给了我这样一个机会，把西方哲学的历史发展重新学习和仔细梳理了一遍，以一种宏观视角重新认识西方哲学的内在逻辑和思想线索。我还要感谢参加本丛书撰写工作的所有作者，是他们的努力才使得西方哲学的历史画卷如此形象生动地展现在读者面前！

  是为序。

2017 年 8 月 18 日

前　言

　　西方哲人智慧，是人类精神文明成果的重要组成部分，也是人类社会历史发展的产物。从古希腊到当代，它代表了西方各历史时期思想文化的精华，影响着人类社会发展进步的方向。我们对待不同的文明，需要取长补短、交流互鉴、共同进步。如习近平指出："每种文明都有其独特魅力和深厚底蕴，都是人类的精神瑰宝。不同文明要取长补短、共同进步，文明交流互鉴成为推动人类社会进步的动力、维护世界和平的纽带。"① 寻求文明中的智慧，从中汲取营养，加强中外文化交流，为人们提供精神支撑和心灵慰藉，对于增进各国人民友谊，解决人类共同面临的各种挑战，维护世界和平，都具有重要的实践意义。习近平指出："对待不同文明，我们需要比天空更宽阔的胸怀。文明如水，润物无声。我们应该推动不同文明相互尊重、和谐共处，让文明交流互鉴成为增进各国人民友谊的桥梁、推动人类社会进步的动力、维护世界和平的纽带。我们应该从不同文明中寻求智慧、汲取营养，为人们提供精神支撑和心灵慰藉，携手解决人类共同面临的各种挑战。"② 本丛书坚持以马克思主义哲学为指导，深入考察西

---

　　① 习近平于 2017 年 1 月 18 日在联合国日内瓦总部的演讲。
　　② 习近平于 2014 年 3 月 27 日在联合国教科文组织总部的演讲。

方哲学经典，汲取和借鉴国外有益的理论观点和学术成果，对于加快构建中国特色哲学社会科学，促进中外学术交流，为我国思想文化建设，提供较为丰厚的理论资源和文献翻译成果，具有重要的理论和现实意义。

如果说知识就是力量，那么智慧则是创造知识的力量。智慧的光芒，一旦被点燃，顷刻间便照亮人类幽暗的心灵，散发出启迪人生的精神芬芳，创造出提升精神境界的力量。

古往今来，人们对知识的追求，对智慧的渴望，一天也没停止过，人们不断地攀登时代精神的高峰，努力达到更高的精神境界，表现出对智慧的挚爱。热爱智慧，从中汲取营养，需要不断地交流互鉴，克服认知隔膜，克服误读、误解和误译。习近平指出："纵观人类历史，把人们隔离开来的往往不是千山万水，不是大海深壑，而是人们相互认知上的隔膜。莱布尼茨说，唯有相互交流我们各自的才能，才能共同点燃我们的智慧之灯。"①

"爱智慧"起源于距今两千五百年前的古希腊，希腊人创造了这个术语"Φιλοσοφία"。爱智慧又称"哲学"（philosophy）。希腊文"哲学"（philosophia），是指"爱或追求（philo）智慧（sophia）"，合在一起是"爱智慧"。人类爱智慧的活动，是为了提高人们的思维认识能力，试图富有智慧地引导人们正确地认识自然、社会和整个世界的规律。哲学家所探讨的是人类认识世界和改造世界的根本性问题，其中最基本的问题是思维与存在、精神与物质、主观与客观、人与自然等关系问题。对这些问题的研究，丰富了人类思想文化的智库，对于推动物质文明和精神文明

———————

① 习近平于 2014 年 3 月 28 日在德国科尔伯基金会的演讲。

建设，发挥了重要作用。如习近平指出："人类社会每一次重大跃进，人类文明每一次重大发展，都离不开哲学社会科学的知识变革和思想先导。"①

西方哲学源远流长，从公元前 6 世纪到当代，穿越了大约两千五百多年的历史，其内容丰富，学说繁多，学派林立。习近平总书记在哲学社会科学工作座谈会上的讲话中深刻揭示了西方思想文化发展的历史规律，阐明了各个历史时期许多西方重要的哲学家、思想家和文学艺术家对社会构建的深刻思想认识。习近平指出："从西方历史看，古代希腊、古代罗马时期，产生了苏格拉底、柏拉图、亚里士多德、西塞罗等人的思想学说。文艺复兴时期，产生了但丁、薄伽丘、达·芬奇、拉斐尔、哥白尼、布鲁诺、伽利略、莎士比亚、托马斯·莫尔、康帕内拉等一批文化和思想大家。他们中很多人是文艺巨匠，但他们的作品深刻反映了他们对社会构建的思想认识。"②英国资产阶级革命、法国资产阶级革命和美国独立战争前后"产生了霍布斯、洛克、伏尔泰、孟德斯鸠、卢梭、狄德罗、爱尔维修、潘恩、杰弗逊、汉密尔顿等一大批资产阶级思想家，形成了反映新兴资产阶级政治诉求的思想和观点"③。

习近平在谈到马克思主义的诞生与西方哲学社会科学的关系时指出："马克思主义的诞生是人类思想史上的一个伟大事件，而马克思主义则批判吸收了康德、黑格尔、费尔巴哈等人的哲学思想，圣西门、傅立叶、欧文等人的空想社会主义思想，亚当·斯密、大卫·李嘉图等人的古典政治经济学思想。可以说，没有

---

①②③　习近平于 2016 年 5 月 17 日在哲学社会科学工作座谈会上的讲话。

18、19 世纪欧洲哲学社会科学的发展，就没有马克思主义的形成和发展。"① 习近平为我们深刻阐明了马克思、恩格斯与以往西方哲学家、同时代西方哲学家的关系。历史表明，社会大变革的时代，一定是哲学社会科学大发展的时代。"当代中国正经历着我国历史上最为广泛而深刻的社会变革，也正在进行着人类历史上最为宏大而独特的实践创新。这种前无古人的伟大实践，必将给理论创造、学术繁荣提供强大动力和广阔空间。这是一个需要理论而且一定能够产生理论的时代，这是一个需要思想而且一定能够产生思想的时代。"②

20 世纪以来，西方社会矛盾不断激化，"为缓和社会矛盾、修补制度弊端，西方各种各样的学说都在开药方，包括凯恩斯主义、新自由主义、新保守主义、民主社会主义、实用主义、存在主义、结构主义、后现代主义等，这些既是西方社会发展到一定阶段的产物，也深刻影响着西方社会"③。他们考查了资本主义在文化、经济、政治、宗教等领域的矛盾与冲突，反映了资本主义社会的深刻危机。如贝尔在《资本主义文化矛盾》中所说："我谈论七十年代的事件，目的是要揭示围困着资产阶级社会的文化危机。从长远看，这些危机能使一个国家瘫痪，给人们的动机造成混乱，促成及时行乐（carpe diem）意识，并破坏民众意志。这些问题都不在于机构的适应能力，而关系到支撑一个社会的那些意义本身。"④ 欧文·克利斯托曾指出，资产阶级在道德和思想

---

①②③ 习近平于 2016 年 5 月 17 日在哲学社会科学工作座谈会上的讲话。

④ ［美］丹尼尔·贝尔：《资本主义文化矛盾》，赵一凡、蒲隆、任晓晋译，生活·读书·新知三联书店，1989 年，第 73～74 页。

上都缺乏对灾难的准备。"一方面，自由主义气氛使人们惯于把生存危机视作'问题'，并寻求解决的方案。（这亦是理性主义者的看法，认为每个问题都自有答案。）另一方面，乌托邦主义者则相信，经济这一奇妙机器（如果不算技术效益也一样）足以使人获得无限的发展。然而灾难确已降临，并将不断袭来。"①

　　研究西方哲学问题，需要树立国际视野，加快构建中国特色哲学社会科学。一是要坚持马克思主义哲学的指导地位，二是要坚持传承中国传统文化的优秀成果，三是要积极吸收借鉴国外有益的理论观点和学术成果，坚持外国哲学的研究服务我国现代化和思想文化建设的方向。恩格斯指出："一个民族想要站在科学的最高峰，一刻也不能没有理论思维。但理论思维仅仅是一种天赋的能力。这种能力必须加以发展和锻炼，而为了进行这种锻炼，除了学习以往的哲学，直到现在还没有别的手段。"②习近平继承和发展了马克思主义，他指出："任何一个民族、任何一个国家都需要学习别的民族、别的国家的优秀文明成果。中国要永远做一个学习大国，不论发展到什么水平都虚心向世界各国人民学习，以更加开放包容的姿态，加强同世界各国的互容、互鉴、互通，不断把对外开放提高到新的水平。"③

　　西方哲人智慧丛书共分九卷，分别介绍了各历史时期著名哲学家的思想。

　　《古希腊罗马哲学家的智慧》(*Wisdom of Ancient Greek & Roman*

　　①　[美]丹尼尔·贝尔：《资本主义文化矛盾》，赵一凡、蒲隆、任晓晋译，生活·读书·新知三联书店，1989年，第74页。
　　②　《马克思恩格斯选集》（第三卷），人民出版社，1972年，第467页。
　　③　习近平于2014年5月22日在上海召开外国专家座谈会上的讲话。

Philosophers），我们选编的著名哲学家代表有：苏格拉底（Socrates）、柏拉图（Plato）、亚里士多德（Aristotle）、普罗提诺（Plotinus）、塞涅卡（Lucius Annaeus Seneca）等。

《中世纪哲学家的智慧》(*Wisdom of Medieval Philosophers*)，我们选编的著名哲学家代表有：奥古斯丁（Saint Aurelius Augustinus）、阿伯拉尔（Pierre Abelard）、阿奎那（Thomas Aquinas）、埃克哈特（Meister Johannes Eckhar）、奥卡姆（Ockham William）等。

《文艺复兴时期哲学家的智慧》(*Wisdom of Philosophers in the Renaissance*)，我们选编的著名哲学家、思想家的重要代表有：但丁（Dante Alighieri）、彼特拉克（Francesco Petrarca）、达·芬奇（Leonardo di ser Piero da Vinci）、马基雅维里（Niccolò Machiavelli）、布鲁诺（Giordano Bruno）等。

近代欧洲哲学时期，我们选编的著名哲学家代表有：洛克（John Locke）、孟德斯鸠（Charles de Secondat, Baron de Montesquieu）、卢梭（Jean – Jacques Rousseau）、狄德罗（Denis Diderot）、休谟（David Hume）、笛卡尔（Rene Descartes）、斯宾诺莎（Baruch de Spinoza）、莱布尼茨（Gottfried Wilhelm Leibniz）、康德（Immanuel Kant）、黑格尔（Georg Wilhelm Friedrich Hegel）等。为便于读者了解世界历史上著名的启蒙运动和理性主义及其影响，我们把近代经验主义哲学家、启蒙运动时期的哲学家、近代理性主义哲学家、德国古典哲学家等重要代表选编为《启蒙运动时期哲学家的智慧》(*Wisdom of Philosophers in the Enlightenment*) 和《理性主义哲学家的智慧》(*Wisdom of Rationalistic Philosophers*)。

《分析哲学家的智慧》(*Wisdom of Analytic Philosophers*)，我们

选编的著名哲学家的重要代表有：罗素（Bertrand Russell）、维特根斯坦（Ludwig Josef Johann Wittgenstein）、卡尔纳普（Paul Rudolf Carnap）、蒯因（Quine Willard Van Orman）、普特南（Hilary Whitehall Putnam）等。

《现代人本主义哲学家的智慧》(*Wisdom of Modern Humanistic Philosophers*)，我们选编的著名哲学家的重要代表有：叔本华（Arthur Schopenhauer）、尼采（Friedrich Wilhelm Nietzsche）、柏格森（Henri Bergson）、弗洛伊德（Sigmund Freud）、萨特（Jean - Paul Sartre）、杜威（John Dewey）、列维－斯特劳斯（Claude Lévi - Strauss）等。

《科学－哲学家的智慧》(*Wisdom of Scientific Philosophers*)，我们选编的著名哲学家、科学家的重要代表有：爱因斯坦（Albert Einstein）、石里克（Friedrich Albert Moritz Schlick）、海森堡（Werner Karl Heisenberg）、波普尔（Karl Popper）、库恩（Thomas Sammual Kuhn）、费耶阿本德（Paul Feyerabend）等。

《后现代哲学家的智慧》(*Wisdom of Postmodern Philosophers*)，我们选编了后现代思潮的主要代表有：詹姆逊（Fredric R. Jameson 国内也译为杰姆逊）、霍伊（David Couzen Hoy）、科布（John B. Cobb Jr.）、凯尔纳（Douglas Kellner）、哈钦（Linda Hutcheon）、巴特勒（Judith Butler）等。

本丛书以西方哲人智慧为主线，运用第一手英文资料，以简明扼要、通俗易懂的语言，阐述各历史时期先贤智慧、哲人思想，传承优秀文明成果。为便于读者进一步理解各个时期哲学家的思想，我们在每章的内容中设计了"术语解读与语篇精粹"，选引了英文经典文献，并进行了文献翻译，均注明了引文来源，便于读者查阅和进一步研究。

本丛书有三个特点：

一是阐述了古希腊至当代以来的四十九位西方哲学家的身世背景、成长经历、学术成就、重要思想、理论内涵、主要贡献、后世影响及启示等。

二是选编了跨时代核心术语，做了比较详尽的解读，尽力揭示其丰富的思想内涵，反映从古希腊到当代西方哲学思潮的新变化。

三是选编了与核心术语相关的英文经典文献，并做了有关文献翻译，标注了引文来源，便于读者能够在英文和汉语的对照中加深理解，同时为哲学爱好者和英语读者进一步了解西方思想文化，提供参考文献。

需要说明的是，在后现代主义思潮中，有一批卓有建树的思想家，如福柯（Michel Foucault）、德里达（Jacques Derrida）、利奥塔（Jean - Francois Lyotard）、罗蒂（Richard Rorty）、贝尔（Daniel Bell）、杰姆逊（Fredric R. Jameson）、哈桑（Ihab Hassan）、佛克马（Douwe W. Fokkema）、斯潘诺斯（William V. Spanos）、霍尔（Stuart Hall）、霍兰德（Norman N. Holland）、詹克斯（Charles Jencks）、伯恩斯坦（Richard Jacob Bernstein）、格里芬（David Ray Griffin）、斯普瑞特奈克（Charlene Spretnak）、卡斯特奈达（C. Castaneda）等。我在拙著《西方后现代主义哲学思潮》(天津人民出版社，2003 年）和《全球化与后现代思潮研究》(天津人民出版社，2012 年）中，对上述有关人物和理论做

了浅尝讨论，欢迎读者批评指正。

西方后现代思潮与西方生态思潮在理论上互有交叉、互有影响。伴随现代工业文明而来的全球性生态危机，超越了国家间的界限，成为当代人类必须面对和亟需解决的共同难题。从哲学上反省现代西方工业文明，批判西方中心论、形而上学二元论和绝对化的思想是当代西方"后学"研究的重要范畴，这些范畴所涉及的理论和实践进一步促进了生态哲学思想的发展，从而形成了"后学"与生态哲学的互动关系和有机联系。一方面，"后学"理论对当代人类生存状况的思考、对时代问题的探索、对现代性的质疑和建构新文明形态的认识，为生态哲学的研究提供了理论基础；另一方面，生态哲学关于人与自然的关系研究，关于生态伦理、自然价值与生物多样性及生命意义的揭示，对种族歧视、性别歧视、物种歧视的批判，丰富了哲学基本问题的研究内容和言说方式，为当代哲学研究提供了新的范式。二者在全球问题的探索中，表现出殊途同归的趋势，这意味着"后学"理论和生态思潮具有时代现实性，促进了生态语言学（ecolinguistics）和生态思想（ecological thought）在全球的传播。我在《天津社会科学》（2016年第6期）发表的《当代西方后学理论研究的源流与走向》一文，对此做了初步探讨，欢迎读者批评指正。

在当代西方生态哲学思潮中，涌现出一批富有生态智慧的思想家，各种流派学说在人与自然、人与人、人与社会的关系问题上（包括生态马克思主义、心灵生态主义等），既存在着相互渗透、相互影响和相互融合的倾向，也存在着分歧。他们按照各自的立场、观点和方法，研究人类共同关心的人与生态环境问题，即使在同一学派也存在着理论纷争，形成了多音争鸣的理论景观。主要代表有：

施韦泽（Albert Schweitzer）、利奥波德（Aldo Leopold）、卡逊（Rachel Carson）、克利考特（J. Baird Callicott）、纳斯（Arne Naess）、特莱沃（Bill Devall）、塞逊斯（George Sessions）、福克斯（Warwick Fox）、布克金（Murray Bookchin）、卡普拉（Fritjof Capra. Capra）、泰勒（Paul Taylor）、麦茜特（Carolyn Merchant）、高德（Greta Gaard）、基尔（Marti Kheel）、沃伦（Karen J. Warren）、罗尔斯顿（Holmes Rolston）、克鲁岑（Paul Crutzen）、科韦利（Joel Kovel）、罗伊（Michael Lowy）、奥康纳（James O'Connor）、怀特（Lynn White）、克莱顿（Philip Clayton）、梭罗（Henry David Thoreau）、艾比（Edward Abbey）、萨根（Carl Sagan）、谢帕德（Paul Shepard）、福克斯（Matthew Fox）、卡扎（Stephanie Kaza）、洛夫洛克（James Lovelock）、马西森（Peter Matthiessen）、梅茨纳（Ralph Metzner）、罗扎克（Theodore Roszak）、施耐德（Gary Snyder）、索尔（Michael Soule）、斯威姆（Brian Swimme）、威尔逊（Edward O. Wilson）、温特（Paul Winter）、怀特海（Alfred North Whitehead）、戈特利布（Roger S. Gottlieb）、托马肖（Mitchell Thomashow）、帕尔默（Martin Palmer）、蒂姆（Christian Diehm）、怀特（Damien White）、托卡（Brian Tokar）、克沃尔（Joel Kovel）、瓦尔·普鲁姆伍德（Val Plumwood）、卡罗尔·J. 亚当斯（Carol J. Adams）、克里斯坦·蒂姆（Christian Diehm）、海森伯（W. Heisenberg）、伍德沃德（Robert Burns Woodward）等。我在主编的《当代西方生态哲学思潮》（天津人民

出版社，2017年）中，对有关生态哲学思潮做了浅尝讨论。2017年5月31日《天津教育报》以"服务国家生态文明建设"为题，做了专题报导。今后有待于深入研究《西方生态哲学家的智慧》，同时希望与天津人民出版社继续合作，努力服务我国生态文明建设。

习近平指出："文明因交流而多彩，文明因互鉴而丰富。文明交流互鉴，是推动人类文明进步和世界和平发展的重要动力。"① 这为哲学社会科学工作者开展中西学术交流与互鉴指明了方向。

我负责丛书的策划和主编工作。本丛书的出版选题论证、写作方案、写作框架、篇章结构、写作风格等由我策划，经与天津人民出版社副总编王康老师协商，达成了编写思路共识，组织了欧美哲学专业中青年教师、英语专业教师及有关研究生开展文献调研和专题研究工作及编写工作，最后由我组织审订九卷书稿并撰写前言和后记，报天津人民出版社审校出版。

参加编写工作的主要作者有：

《古希腊罗马哲学家的智慧》：吕纯山（第一章至第五章）、刘昕蓉（第一章术语文献翻译、第二章术语文献翻译、第五章术语文献翻译）、李春侠（第三章术语文献翻译）、张艳丽（第四章术语文献翻译）、方笑（搜集术语资料）。

《中世纪哲学家的智慧》：聂建松（第一章）、张洪涛（第二章、第三章、第四章）、姚东旭（第五章）、任悦（第一章至第五章术语文献翻译）。

---

①　习近平于2014年3月27日在联合国教科文组织总部的演讲。

《文艺复兴时期哲学家的智慧》：金鑫（第一章至第四章）、曾静（第五章）、夏志（第一章至第三章术语文献翻译）、刘瑞爽（第四章至第五章术语文献翻译）。

《启蒙运动时期哲学家的智慧》：骆长捷（第一章至第五章）、王雪莹（第一章、第二章、第三章术语文献翻译）、王怡（第四章、第五章术语文献翻译，选译第一章至第五章开篇各一段英文）、袁鑫（第一章至第五章术语解读）、王巧玲（收集术语资料）。

《理性主义哲学家的智慧》：马芳芳（第一章）、姚东旭（第二章、第三章）、季文娜（第一章术语解读及文献翻译、第二章术语解读及文献翻译）、郑淑娟（第三章术语解读及文献翻译）、武威利（第四章、第五章）、郑思明（第四章术语文献翻译、第五章术语文献翻译）、袁鑫（第四章术语解读、第五章术语解读）、王巧玲（搜集第四章、第五章术语部分资料）。

《分析哲学家的智慧》：吴三喜（第一章）、吕雪梅（第二章、第三章）、那顺乌力吉（第四章）、沈学甫（第五章）、夏瑾（第一章术语解读及文献翻译、第三章术语解读部分）、吕元（第二章至第五章术语解读及文献翻译）、郭敏（审校第一章至第五章部分中文书稿、审校术语文献翻译）。

《现代人本主义哲学家的智慧》：方笑（第一章）、孙瑞雪（第二章）、郭韵杰（第三章）、张亦冰（第四章）、刘维（第五章）、朱琳（第六章）、姜茗浩（第七章）、马涛（审校第一章至第七章部分中文书稿、审校术语文献翻译）、于洋（整理编辑审校部分书稿）。

　　《科学－哲学家的智慧》：方笑（第一章并协助整理初稿目录）、孙瑞雪（第二章）、刘维（第三章）、张亦冰（第四章）、郭韵杰、朱琳（第五章）、姜茗浩（第六章）。冯红（审校第一章至第六章术语文献翻译）、郭敏（审校第一至第二章部分中文）、赵春喜（审校第三章部分）、张洪巧（审校第四章部分中文）、赵君（审校第五章部分中文）、苏瑞（审校第六章部分中文）。

　　《后现代哲学家的智慧》：冯红（第一章）、高莉娟（第二章）、张琳（第三章）、王静仪（第四章）、邓德提（第五章）、祁晟宇（第六章）、张虹（审校第二章至第六章术语文献翻译，编写附录：后现代思潮术语解读）、苏瑞（审校第一至六章部分中文书稿）、郭敏（审校附录部分中文）。

　　由于我们编著水平有限，书中一定存在诸多不足和疏漏之处，欢迎专家学者批评指正。

佟　立

2019 年 4 月 28 日

目　录

第一章　洛克：启蒙思想的先驱 ······························ 1

一、成长历程 ·· 3

（一）童年流光 ·· 3

（二）洛克在西敏公学 ···································· 5

（三）洛克在牛津大学基督教会学院 ······················ 7

（四）与沙夫兹伯利伯爵之交 ···························· 11

（五）避居荷兰 ··· 15

（六）辉格党的精神领袖 ································· 18

二、宗教政治观 ··· 21

（一）《人类理解论》 ···································· 21

（二）洛克的政治哲学 ··································· 29

（三）洛克论宗教宽容 ··································· 32

（四）洛克论教育 ······································· 34

三、后世影响 ··· 38

四、术语解读与语篇精粹 ··································· 40

（一）观念（Idea） ……………………… 40

（二）印象与观念（Impression and Idea） ………… 48

（三）观念论（Theory of Idea） ……………… 55

（四）白板（Theory of Tabula Rasa） ………… 62

（五）财产权（Property Right） ……………… 69

（六）宗教宽容（Religious Tolerance） ………… 77

（七）经验主义（Empiricism） ……………… 84

第二章　孟德斯鸠：三权分立的倡导者……………… 92

一、成长历程……………………………………… 94

（一）贵族出身 ……………………………… 94

（二）求学时代 ……………………………… 96

（三）法院生涯 ……………………………… 98

（四）巴黎生活 ……………………………… 102

（五）周游列国 ……………………………… 105

（六）著书立说 ……………………………… 107

二、法理精神观 ………………………………… 109

（一）《波斯人信札》 ……………………… 109

（二）《罗马盛衰原因论》 ………………… 118

（三）《论法的精神》 ……………………… 124

三、后世影响 …………………………………… 130

四、术语解读与语篇精粹 ……………………… 133

（一）启蒙（Enlightenment） …………… 133

（二）权力分立（Separation of Powers）·············· 139

（三）法的概念（The Conception of Law）·········· 144

（四）自由（Liberty）······························· 151

（五）专制主义（Despotism）······················· 157

（六）共和制（Republic）·························· 164

（七）君主制（Monarchy）························· 169

第三章　卢梭：人民主权的引领者················· 176

一、成长历程······································· 178

（一）少年卢梭······························· 178

（二）得遇贵人······························· 183

（三）声名鹊起······························· 186

（四）隐居著述······························· 190

（五）凄凉晚年······························· 193

二、人权意识观······························· 196

（一）论科学艺术························· 196

（二）论人类不平等的起源················· 198

（三）社会契约理论······················· 202

（四）《爱弥儿》························· 207

三、后世影响··································· 216

四、术语解读与语篇精粹··················· 220

（一）自然状态（The State of Nature）·········· 220

（二）自然权利（Natural Rights）·········· 228

（三）社会契约（Social Contract） ·················· 235

（四）正义（Justice） ·················· 242

（五）自然法（Natural Law） ·················· 248

（六）公意（General Will） ·················· 255

（七）忏悔录（Confessions） ·················· 262

第四章　狄德罗：百科全书派的领路人 ·················· 271

一、成长历程 ·················· 273

（一）制刀师之子 ·················· 273

（二）流浪生涯 ·················· 275

（三）《百科全书》 ·················· 278

（四）晚年境遇 ·················· 285

（五）挚友相交 ·················· 289

二、唯物哲学观 ·················· 293

（一）自然神论 ·················· 293

（二）唯物主义学说 ·················· 295

（三）对道德享乐主义的揭露 ·················· 298

（四）美学思想：美在关系说 ·················· 301

三、后世影响 ·················· 305

四、术语解读与语篇精粹 ·················· 308

（一）自然神论（Deism） ·················· 308

（二）唯物主义（Materialism） ·················· 314

（三）机械论（Mechanism） ·················· 322

（四）享乐主义（Hedonism） ……………………… 329

（五）百科全书派（The Encyclopedists） ……… 336

（六）无神论（Atheism） ………………………… 341

（七）怀疑论（Skepticism） ……………………… 348

第五章　休谟：人性论的沉思者 ……………………… 353

一、成长历程 …………………………………………… 355

（一）童年时光 …………………………………… 356

（二）求学爱丁堡 ………………………………… 358

（三）求学成病 …………………………………… 361

（四）著述等身 …………………………………… 363

（五）功成名就 …………………………………… 367

二、人文主义观 ………………………………………… 372

（一）人性哲学概论 ……………………………… 372

（二）因果关系理论 ……………………………… 377

（三）情感主义道德学说 ………………………… 381

（四）政治思想 …………………………………… 383

（五）宗教学说 …………………………………… 386

三、后世影响 …………………………………………… 388

四、术语解读与语篇精粹 ……………………………… 392

（一）理性（Reason） …………………………… 392

（二）人性（Human Nature） …………………… 397

（三）自然主义（Naturalism） ………………… 402

（四）情感主义（Sensationalism）……………………… 406

（五）效用（Utility）………………………………… 411

（六）同情（Sympathy）…………………………… 415

（七）道德感（Moral Sense）……………………… 421

参考文献 …………………………………………… 427

后　记 ……………………………………………… 431

第一章　洛克：启蒙思想的先驱

In the Knowledge of Bodies, we must be content to glean, what we can, from particular Experiments: since we cannot from a Discovery of their real Essences, grasp at a time whole Sheaves; and in bundles, comprehend the Nature and Properties of whole Species together. Where our Enquiry is concerning Co – existence, or Repugnancy to coexist, which by Contemplation of our Ideas, we cannot discover; there Experience, Observation, and natural History, must give us by our Senses, and by retail, an insight into corporeal Substances. The Knowledge of Bodies we must get by our senses, warily employed in taking notice of their Qualities, and Operations on one another...[1]

——John Locke

---

① Matthew Stuart（ed.）, *A Companion to Locke*, Chichester: Wiley Blackwell, 2016, p. 68. Note: The quotation above is originally from the Peter H. Nidditch edition of *An Essay Concerning Human Understanding*, bk. 4, ch. 12, sec. 12.

　　既然我们不能一下子就发现物体世界的实在本质从而掌握其整体，或者了解所有物种的本质和属性，那么想要认知物体世界，我们就必须乐于从各种特殊经验中去收集一切所得。我们无法通过沉思来发现自己接受共存还是排斥共存。经验、观察和自然历史会通过感知和传播来赋予我们对物质存在的洞察力。在认知物体世界的过程中，我们必须利用感官密切关注它们的性质和相互作用……

——约翰·洛克

青年时代的洛克

　　约翰·洛克（John Locke，1632—1704）是欧洲启蒙运动中最卓越的思想家之一，英国近代著名的经验主义哲学家，政治自由主义理论的开创者。他在哲学、政治、宗教、教育等方面都有重要建树，著有《人类理解论》《政府论》《论宗教宽容》等论著。他的理论集 17 世纪的哲学思想之大成，又为 18 世纪哲学的发展奠定了基础。他所提出的经验主义理论经贝克莱、休谟的继承和发扬而走向唯心主义和怀疑论。他的自由主义和宗教宽容思想深刻影响了欧洲思想家，尤其是法国启蒙思想家伏尔泰、卢梭等人。美国的开国元勋们将洛克的著作奉为经典，并将他的自由主义理论贯彻进宪法的制定和政体的设计之中。

洛克生前以谦逊、明智的美德为友人们所欣赏、推崇。这种品质在其为自己撰写的墓志铭中也可略见一斑。在那里，洛克以朴实的口吻来概括他的一生："这里躺着的是约翰·洛克。如果你好奇于他是一个什么样的人，那么答案就是：他是一个满足于谦虚的人，一个总是致力于寻求真理的训练有素的学者……"①

一、成长历程

（一）童年流光

约翰·洛克于 1632 年生于英国沃灵顿（Wrington）的一个清教徒家庭，为家中长子。他的曾祖父威廉·洛克（William Locke）爵士被称为英国亨利八世时期最伟大的商人，从事丝绸、天鹅绒等布匹贸易。他的祖父尼古拉斯（Nicholas）继承了布商职业，并将家从多塞特郡（Dorset）的巴克兰（Buckland）迁居到萨默塞特郡（Somerset）的潘思福德（Pensford），在那里发展、壮大

---

① ［美］格瑞特·汤姆森：《洛克》，袁银传、蔡红艳译，中华书局，2014 年，第 4 页。

了他的生意。尼古拉斯的长子，也就是洛克的父亲老约翰后来成为一名律师，他于 1630 年与比他年长 10 岁的艾格尼丝·基恩（Agnes Keene）结婚。基恩来自沃灵顿的鞣革商人家庭。婚后两人居住在波鲁顿村（Belluton）的一处房子，该房是洛克的祖父尼古拉斯赠予他们的。约翰·洛克虽是在沃灵顿的外祖父家出生，但他的童年时光主要还是在波鲁顿村度过。

　　洛克称自己的母亲是一位非常虔诚的女子，对他非常慈爱。但他的成长更多地受到父亲老约翰的影响。老约翰对医药、历史、伦理和修辞学都很感兴趣，记有很多相关笔记，有一些迹象表明，他曾有把儿子培养成一名学者的想法。洛克的挚友玛莎慕夫人这样描述洛克与父亲的关系："他父亲在他年轻时总是率先垂范，他后来说起时常常对此赞扬备至。他小时候父亲对他很严肃，让他满怀敬畏，保持距离，他长大成人时才逐渐放宽那种严肃，直到他学会做人严肃，像朋友似的同父亲很好地相处。"①

　　幼年洛克所生活的时代正处于英国国王查理一世与议会激烈斗争的时期，社会被分为保皇派和国会派两大派别。他的父亲老约翰便是国会派的一员。两大派别的斗争在 1642 年达到高潮，导致英国内战的爆发。战争爆发后，老约翰公开宣称支持国会。他的雇主亚历山大·波帕姆（Alexander Popham）召集了自己的骑兵团加入国会军队，波帕姆本人也成为国会军队的陆军上校。老约翰则在波帕姆的军队里担任上尉。尽管在战争期间遭受到经济损失，但老约翰对波帕姆的长年效忠为儿子约翰·洛克今后的发

----

　　① ［英］阿龙：《约翰·洛克》，陈恢钦译，辽宁教育出版社，2003 年，第 4 页。

展起到了至关重要的作用。波帕姆是国会议员，享有优先提名青年人进入伦敦名校——西敏公学（Westminster School）的权力。约翰·洛克由此受到波帕姆的提名，并得以进入西敏公学读书，开启了他的非凡人生。

（二）洛克在西敏公学

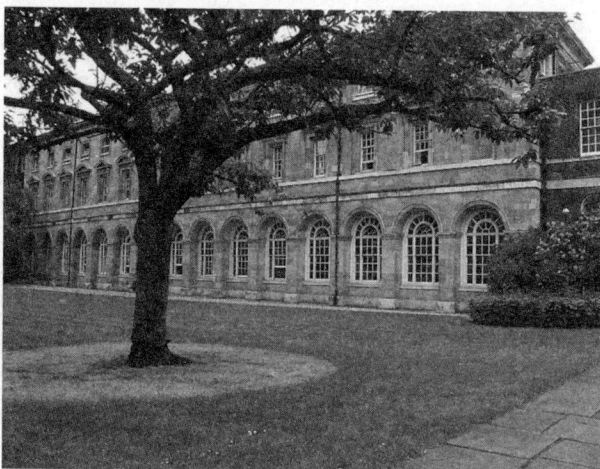

伦敦西敏公学

1647 年，洛克进入西敏公学就读，成为 250 名学生中的一员。在这些学生中，有 40 名为成绩优异的公费生（King's Scholars），由学校提供食宿；一部分为走读生，是本地居民的儿子；一部分为寄宿生，寄住在学校教师或西敏修道院协会会员提供的房子里；另外一些是外来学生，大多是从乡村来到学校，寄住在朋友或亲戚家里。洛克就属于最后这一种。

西敏公学教规严厉，课业繁重。课程包括拉丁语、希腊语、希伯来语和阿拉伯语，还包括地理、几何和算术。学生每天早上

5 点钟后就要作拉丁文祷告，之后是口语练习。6 点到 8 点之间进行拉丁语和希腊语的语法训练，学生根据指定的题目写拉丁语作文或背诵拉丁文，8 点后吃早饭。9 点到 11 点，教师选定一些学生给大家读他们所写的拉丁语或希腊语散文或韵文，这是前一天晚上布置的作业。写得不好的会遭到惩罚，写得好的学生则会受到表扬，并被列为模仿对象。11 点到 12 点是翻译练习，教师念出一段话，学生要当场将之译为拉丁语或希腊语。12 点到 1 点之间是午饭时间，即便在这个时间，学生们也被要求阅读拉丁手稿。午饭后，下午的课程依然很繁重，学生们需要熟记之前教师讲授的某段拉丁语或希腊语文本，掌握语法和修辞形式，并将它们由希腊语译为拉丁语，或从拉丁语译为希腊语，或者从散文改成韵文，从韵文改成散文。晚饭后则是学习地理的时间。即使在周六、周日，学生也需上课，只不过课程任务相对减少了一点。

　　繁重的学习任务也使洛克得到了良好的学术训练。1650 年，洛克获得了国王奖学金，成了一名公费生，不仅食宿得免，而且还有望进入与西敏公学有联系的大学继续深造。比如，牛津大学基督教会学院（Christ Church College, Oxford）和剑桥大学三一学院（Trinity College, Cambridge），每所大学每年仅仅挑选 3 名西敏公学的学生入读。1652 年，20 岁的洛克有幸成了入读大学的候选生。在筛选学生的过程中，校长理查德·巴斯比（Richard Busby）帮了洛克大忙。因为洛克是巴斯比最喜爱的学生之一，他答应洛克尽他所能地在学生中选择洛克来进行希伯来语演讲。最终，洛克作为 6 名入选同学中排名最后的一位被牛津大学基督教会学院录取，并获得了牛津大学基督教会学院奖学金。

（三）洛克在牛津大学基督教会学院

牛津大学基督教会学院

1652 年 11 月 27 日，洛克到牛津大学基督教会学院报到，在教堂里，洛克做了正式的宣誓，宣布遵守学院的法令条文，服从系主任和其他人员的指示，并将基督教会的荣誉作为自己的行动指南。与洛克一同入学的还有其他 40 名学生，他们大多都未获得奖学金。

入学第一年，学生每周要听两次语法、修辞讲座和关于亚里士多德、西塞罗或昆体良的讲座。还有每周三次的逻辑学和道德哲学讲座，需要学生参与并旁听相关争论。到入学第三年，有希腊学教授开设包括荷马、德摩西尼、埃索克罗特斯、欧里庇得斯等古典作家的讲座，学生此时不再仅仅现场观摩，而是会被要求参与两方争论，一方为支持者，一方则为反对者，能够成功完成任务的学生被称之为一般诡辩家（general sophister），能得到一本亚里士多德的逻辑学书作为奖励。经过进一步的逻辑训练和两场最终争论之后，这一学生可以申请他的学士学位。所有的讲座、争论以及专题报告都采用拉丁文，以便使学生能够用拉丁文自由交谈。

　　每位学生都有相应的导师，这些导师是从学院毕业生中遴选出来的，学生需要付给导师指导费用。比如洛克的导师托马斯·科尔（Thomas Cole）是一位比他大6岁的毕业于西敏公学的学长，这位导师并不正式教学，而是监督洛克的日常生活和活动，审查他在道德方面的发展情况，通过指定阅读内容和课下学习内容来对他的学业进行指导。

　　洛克并不喜欢基督教会学院的教学方式和教学内容。对于学院规定的学生必须参与各种正式辩论，洛克曾经抱怨说，吹毛求疵的逻辑争论教给人错误、混乱信息或导致固执己见；而就任何问题都发表滔滔雄辩则会使思想专注于智巧和虚饰的外表，而非真理。对于学院开设的亚里士多德主义逻辑学课程，洛克也提出了批评。他发现，很少有人能够通过学习这样的逻辑进行好的推理，换句话说，这种逻辑知识并不能为好的推理和判断提供良好基础。①

　　由于这种厌烦心理，洛克在学院里并不是学习特别用功的学生。相反，他喜欢结交那些愉快而聪慧的人，并从与他们的书信往来中获得乐趣。洛克在这一时期的交往对象有萨米尔·梯利

---

① Roger Woolhouse, *Locke：A Biography*, Cambridge University Press, 2007, p. 18.

（Samuel Tilly）、托马斯·格瑞菲尔德（Thomas Grenfeild）等人，这些人都比他年长，是他的老乡，也都是曾经毕业于牛津大学基督教会学院的学生。

1654 年，洛克的母亲生病去世了，洛克赶回家奔丧，一直待到第二年 9 月份。1656 年 2 月，洛克终于从基督教会学院顺利毕业。

毕业后，洛克原本打算到伦敦学习法律，但他最终还是回到牛津大学基督教会学院，继续攻读硕士学位。获得这一学位需要 3 年的课程学习时间。课程内容涉及几何学、天文学、自然哲学、道德哲学，等等。在这些课程中需要参与更多的论辩，并需要发表 6 篇正式的演讲。1658 年，经过 3 年的学习，洛克获得了硕士学位，此时的他已 26 岁，已经被誉为学院最博学、最有天分的年轻人。①

获得硕士学位后，洛克并没有中断他的学习和研究。这一时期，他对医学抱有浓厚兴趣，他喜欢做实验，并记有大量的医学笔记。但他的兴趣并不局限于此。1659 年，他的西敏公学的同窗亨瑞·斯塔布（Henry Stubbe）将其已出版的政治著作寄给洛克，书中论述了宗教宽容的思想。洛克在给斯塔布的信中谈到他对此书非常满意，并表达了与之相同的观点。

1660 年，洛克与罗伯特·波义耳（Robert Boyle）相识。波义耳是比洛克高五届的学长，他早在 1655 年就建立了实验室。很有可能是在波义耳的影响下，洛克开始对自然哲学感兴趣，并关注

---

① Roger Woolhouse, *Locke: A Biography*, Cambridge University Press, 2007, pp. 21 – 22.

笛卡尔的物理学。

当时的社会动乱使洛克格外珍惜他在牛津的学术生活。因为这种安定而熟悉的象牙塔生活使他能够最大限度地远离社会的动荡不安。因此，洛克不想在毕业后马上进入社会谋生，而是希望能继续这种学术研究。

1661 年，洛克的父亲老约翰得重病去世，仅留给他五百多镑遗产。料理完父亲的后事后，洛克重返牛津，他在基督教会学院已谋得了一份工作——担任学院工作人员，他还当选为希腊语讲师，后来又担任了学生导师。

1665 年，英国宣布与荷兰开战。此时的英国已结束了第二次内战，经过克伦威尔统治的短暂共和国时期之后，斯图亚特王朝复辟，查理二世登基。为了争取与荷兰接壤的勃兰登堡地区的中立，查理二世派出了一个使团与勃兰登堡选候接洽。33 岁的洛克担任使团首领瓦尔特·韦恩（Walter Vane）爵士的秘书，于同年 11 月陪同他前往选候的驻地克科夫斯（Cleves）。他们在此地停留了 3 个月，其间洛克的主要工作是为韦恩撰写官方信件，报告他与选候会谈的内容及进展。但洛克对这份新工作既无信心也无兴趣，因为这份工作没法给他带来学术研究所能给予的安全感和自由度。次年 1 月，洛克随使团返回伦敦，此后不久他获得了另一个参与外交事务的机会：驻西班牙的新大使桑德维奇（Sandwich）伯爵需要一名大使秘书，洛克被推荐担任。然而，之前的外交工作使洛克更加清楚自己的职业选择，他放弃了这次机会，宁愿把时间继续花费在教学和研究上面。

（四）与沙夫兹伯利伯爵之交

沙夫兹伯利伯爵

　　洛克热衷于做化学实验，他与好友大卫·托马斯（David Thomas）一道制造医药、从事化学疗法的研究、做人体解剖。在托马斯为病人看病时，洛克担任其助手，并于 1666 年 4 月获得了从医资格。同年 7 月，远在伦敦的托马斯委托洛克带给他的病人艾希礼勋爵 12 瓶矿泉水，供他在牛津时饮用，洛克由此得以与勋爵相识，此事成为他人生中的一个重要转折点。

　　艾希礼勋爵（The Lord Ashley），也就是后来的第一代沙夫兹伯利伯爵，全名安东尼·艾希礼·库柏，彼时年方四十，他罹患肋痛长达 20 年，这种日常的身体剧痛给他带来了极大的烦恼。此外，他还患有黄疸，身体虚弱，不思饮食。他发现酸性矿物质水能调养他的身体，洛克这次的使命就是到牛津附近的阿斯托普村为这位勋爵拿矿泉水。

然而洛克并没有拿到这些矿泉水，他与勋爵见面时解释说，尽管他尽了全力，但他没能从阿斯托普村得到那些矿泉水。艾希礼勋爵虽身有病痛，却是一位非常有教养、和蔼可亲的人。他在接待洛克时彬彬有礼，对于洛克的解释也报以最大的善意，他们的谈话进行得很愉快。勋爵的儿子也叫安东尼·艾希礼·库柏，当时正在基督教会学院读书。他们谈到托马斯，谈到勋爵儿子的教育，最后竟然谈到了诗歌。谈话结束后，勋爵对洛克抱有极大好感，称他是一位天才。洛克对勋爵的印象也极好，称他是一位令人着迷的人。之后，洛克接受了艾希礼勋爵的邀请，陪同他到阿斯托普一起饮用矿泉水。

1667 年，洛克接受艾希礼勋爵的任命，担任他的私人顾问和外科医生。洛克曾经解释过他的这一选择，他说：“和我的艾希礼勋爵在一起，就好像待在自己家里一样。生活在他的家庭，不仅受到勋爵本人的尊敬，而且受到他家庭中所有朋友的尊敬。”①艾希礼勋爵的孙子——第三代沙夫兹伯利伯爵在其祖父身边长大，深受洛克的影响，长大后以道德哲学家的身份闻名于世。他在谈到洛克与他祖父的关系时说：“洛克先生很尊敬我的祖父，给他体检时把他当作伟人，认为身体只是他的最小部分。洛克很快赢得了祖父的尊重，在其行医时祖父感受到他是一位伟人，祖父很看重其医术，然而这仅仅是洛克才能中微不足道的部分。祖父鼓励他改变自己的想法；不允许他在我们家之外行医，并诚恳地把

---

① Roger Woolhouse, *Locke: A Biography*, Cambridge University Press, 2007, p. 77.

他当作一位特殊的朋友。祖父要洛克研究宗教和国家事务，处理有关大臣的业务，他在这方面很成功，因此我祖父很快拿他当朋友看待，在各种事情上同他商量。"①

　　洛克成为艾希礼的私人顾问后，并没有中止他的科学研究。1668 年，在洛克搬进艾希礼位于伦敦的家——埃克赛特宅邸将近一年之际，艾希礼的腹痛和黄疸加重了，甚至出现了呕吐。国王医师推荐勋爵服用泻药，这非但没能止住疼痛，反而使其肋下生出了鸵鸟蛋大小的囊肿。洛克建议对囊肿进行烧灼治疗，逐渐将里面的液体排干，最终将其治愈。洛克在治疗其疾病时的对策及其医学观点令艾希礼印象深刻。艾希礼认为，洛克的才能远不仅仅局限于医学，他建议洛克从事政治活动。从此洛克开始涉足宗教和政治事务。他被委任为北美卡罗莱纳地区贵族委员会的秘书，帮助起草该殖民地的新宪法。1672 年 4 月，艾希礼勋爵被册封为沙夫兹伯利伯爵，并被任命为商业和殖民议会议长。同年 11 月，艾希礼又被任命为英格兰大法官。洛克也被任命为负责大法官的教会事务的秘书，后来又成为贸易和计划事务大臣。洛克不但在沙夫兹伯利的帮助下担任公职，而且也参与处理伯爵的家庭事务。由于伯爵工作繁忙，伯爵儿子的婚姻大事就交由洛克来费心了。洛克为之物色了一位令人满意的新娘，并为之操办了婚礼。

　　1675 年 2 月，洛克被牛津基督教会学院授予医学硕士学位，同时基督教会还决定为他发放终身医学奖学金。由于工作压力和过分操劳，洛克罹患了支气管疾病，他决定离开伦敦出去疗养。

① 转引自［英］阿龙：《约翰·洛克》，陈恢钦译，辽宁教育出版社，2003 年，第 17～18 页。

但他这次离开还有深层的政治原因，在 1673 年，由于沙夫兹伯利伯爵与国王意见不合，被免除了大法官职务。1675 年秋，伯爵与洛克一起讨论、撰写了一部宣传册，并于 1675 年 11 月匿名发表。这本册子涉及当时最近的政治事件，指斥国王的大法官托马斯·丹比（Thomas Danby）试图恢复英国高教会骑士党（High Church Cavalier party）。该册子出版 4 天后，英国上议院下令焚烧此书，洛克随即离开伦敦，前往法国。

洛克先是到了法国卡莱，后经阿贝维尔抵达巴黎，然后又去了里昂、阿维农和蒙彼利埃（Montpellier）。在疗养胜地蒙彼利埃居住了一年多的时间后，洛克返回巴黎，在那里居住一年，并结识了很多法国学者和科学界人士。这段经历不仅使洛克对法国当时的思想文化有进一步的认识，而且也使他能够近距离地观察法国的宗教、政治、经济状况，从而对照英国社会现状，对社会发展方向做进一步的反思，这为他的宗教理论和政治学理论的产生也提供了一定的思想准备。

1679 年 4 月，洛克离开巴黎返回伦敦。此时英格兰的局势依然很不太平，他的朋友兼保护人沙夫兹伯利伯爵卷入了政治斗争的漩涡，情况很不利。斯图亚特王朝与人民之间的矛盾日益尖锐。国王查理二世和他的王弟詹姆斯信仰天主教，而英国民众大多信仰新教。国王为了巩固王权，限制议会的权力，经常宣布关闭议会或推迟议会，并打算在没有议会的情况下进行统治。在宗教上，英国国王也与同样坚持天主教的法国国王路易十四联合。这些做法在民众中引起了恐慌，人们担心英国会变成像法国那样的天主教专制统治国家。与洛克一样，沙夫兹伯利伯爵是一名议会党人，他在民众中极力煽动反天主教和反对詹姆斯二世的浪潮，因此被下狱到了伦敦塔。1678 年，查理二世最终向反对派让步，他召集议会，释放沙夫兹伯利，并恢复了他的枢密院议长的官职。1679 年夏，国王试图废除约克公爵的王位继承权，向议会提交了"废黜法案"，但未被议会通过，国王再次解散议会。同年 10 月，沙夫兹伯利再次被罢官。1680 年，议会再次召开，随即又同样因为反对詹姆斯继承王位而被解散。沙夫兹伯利之后参加了蒙莫斯公爵党。蒙莫斯（Monmouth）公爵是查理二世的私生子，他是一名新教徒，受到一批议会党人的拥戴，沙夫兹伯利便是其中之一。此时的洛克虽然返回英国，但行踪诡秘，他只在伦敦短暂居留，更多时候居住在牛津，从事学术研究，并暗中进行政治活动。

1681 年，沙夫兹伯利遭到叛国的指控，再次被关进伦敦塔，几个月后被宣告无罪释放。1682 年，蒙莫斯公爵被捕，沙夫兹伯利隐居起来，后逃到荷兰。在此期间，洛克也受到保皇党人的监控。1683 年，沙夫兹伯利在荷兰患病，不久便去世了。他的遗体被运回英国，洛克参与料理了他的后事。

（五）避居荷兰

国内的形势对洛克来说非常危险，这最终促使他离开英国，逃到荷兰去。1683 年 9 月，洛克抵达荷兰鹿特丹，之后到达阿姆斯特丹，并在此度过了他旅居荷兰的第一个冬天，继续他的医学和哲学研究。在那里，他结识了荷兰著名神学家林波基（Limborch），并与之建立了深厚友谊。

由于洛克与沙夫兹伯利的私人关系，1684 年，国王命令牛津基督教会学院开除洛克的教职，并取消洛克的奖学金。迫于国王的压力，基督教堂学监不得不立即执行国王的命令。1685 年，查理二世去世，詹姆斯如愿继承王位。蒙莫斯公爵企图进行反叛，但不幸失败。人们指控洛克参与了这次叛乱。英国当局要求荷兰政府交出 85 名阴谋反叛英王的英国人，洛克的名字赫然在列。所幸荷兰当局并不同情天主教英国朝廷，也不用心去寻找这些罪犯。洛克逃到韦恩博士（Dr. Venn）家里，化名为范·登·林登（Van Den Linden）医生，并拒绝了来自国王的要求道歉的建议，说由于自己没有因犯罪而内疚，因此不能表示歉意。

1686 年 5 月，英国国会颁布的罪犯名单抹去了洛克的名字。伦敦的朋友写信跟他说，如果他回国，国王准备原谅他。但出于谨慎考虑，洛克仍然停留在荷兰。荷兰的气候很宜人，他多年的支气管炎在这里得到了康复。在 1687 年写给朋友克拉克的信中，洛克宣称自己已经健康如初。①

洛克在荷兰期间开始动笔写作，他在写给朋友克拉克的信中陈述了他的教育观点，后来这些信件以《关于教育的几点思考》为题于 1693 年发表。在 1685 年冬，洛克给林波基写了一封有关宗教宽容的长信。这封信后来以《论宗教宽容》为名于 1689 年匿名出版。除了这些，洛克还有一项更为宏大的写作计划，那就是撰写他的哲学著作《人类理解论》。1688 年，这部书的法文提纲刊登在莱克勒克（Leclerk）创办的《万有文库》（*Bibliotheque Universelle*）杂志上，并于 1690 年在英国出版。

---

① ［英］阿龙：《约翰·洛克》，陈恢钦译，辽宁教育出版社，2003 年，第 24 页。

荷兰威廉王子

　　1687 年 2 月，洛克移居鹿特丹，在那里居住了近两年。鹿特丹距海牙很近，荷兰奥伦治亲王威廉王子——詹姆斯二世的女婿就身在此地。洛克在鹿特丹尽心准备他的《人类理解论》一书，同时也不忘记思考政治问题，关注英国的政治发展。英国詹姆斯二世上台后，奉行君主专制政权，在国内推行天主教，遭到民众的激烈反对。英国的议会党人谋划让信奉新教的威廉王子登上英国王位。人们怀疑洛克迁居鹿特丹是为了接近威廉。据说他是威廉的顾问之一，直接或间接地为威廉出谋划策。

　　1688 年 4 月，威廉决定实施革命计划，反对詹姆斯二世，并于同年 11 月到达英国。1689 年 1 月，英国实现光荣革命，詹姆斯二世逃离英国。洛克留守在荷兰，直至 2 月 11 日，洛克陪同奥伦治公主一起渡海登陆英格兰，结束了他在荷兰长达五年半的流亡生涯。

（六）辉格党的精神领袖

晚年洛克画像

当洛克从荷兰返回英国时，他已经 56 岁了。他的代表性著作《论宗教宽容》《政府论》和《人类理解论》先后于 1689 年、1690 年出版。在为《政府论》一书撰写的序言中，洛克为光荣革命和威廉王统治的合法性做了有效论证。他说："以人民的同意，确立伟大复兴者登上威廉王的宝座，使他的尊号完好无亏……并向全世界证明英国人民公正无私，他们爱护自由正义和自然权利，下决心加以维护，在国家濒于奴役和崩溃的边缘之际拯救了国家。"①

洛克的这些著作在英国乃至整个欧洲风靡一时，他本人也被视为议会党人的精神领袖，受到英国自由、进步知识分子的欢迎。

① 转引自［英］阿龙：《约翰·洛克》，陈恢钦译，辽宁教育出版社，2003 年，第 39 页。

他经常参加帕布尔科（Pembroke）勋爵举办的沙龙，并在那里结识了牛顿。早在荷兰期间，洛克就曾拜读过牛顿已出版的著作《数学自然哲学原理》和《自然哲学原则》。在与牛顿的交谈中，洛克吸收了他的一些思想。

国王对洛克十分看重，多次想任命他为大使。但为了有更多的时间和精力从事学术工作，洛克拒绝了国王的任命，仅仅接受了上诉专员的职务，这一职务年薪200英镑。当时的英国处于工业革命的早期阶段，但伦敦的空气污染已十分严重，这对洛克虚弱的支气管和肺部非常不利。他先是搬到伦敦城外，后来又决定离开伦敦到埃塞克斯（Essex）的奥兹（Oates）去住，那里居住着他的老朋友玛莎慕夫人（Lady Masham）。1691—1704年，他一直住在玛莎慕夫人家里，并将之看成了自己的家。

尽管洛克离开了伦敦，但他仍然积极参与政治活动，是当时很多重要政治人物的亲密朋友。他是投资建设英格兰银行的股东之一，并于1696年担任新商业殖民局特派员，年薪1000英镑。在政治实践之外，洛克还是把更多的时间放在了哲学研究上。他与牛顿、克拉克等人经常探讨科学和神学问题。1695年，洛克发表了《基督教的合理性》一文，在该文中他试图证明，真正基督教的唯一基本教条是承认基督是救世主。

1697—1698年，洛克的呼吸道疾病加重了。他在写给克拉克的信中说道："我的时间全部被我的床和壁炉边所分享，因为我呼吸困难，不能行动，我不仅是房间的囚犯，而且也是我椅子的囚犯，因此任何人也不会像我这样真正地过着坐等死神的生活。"① 但在玛莎慕夫人等人的精心照料下，洛克的身体有所恢复。他于 1698 年重新返回伦敦任职，同时为他的亲戚朋友们的幸福不遗余力地付出。他喜爱、关心年轻人，尤其是朋友们的孩子。他自己充当了朋友的孩子的保护人，尤以玛莎慕家的孩子最为突出。在沙夫兹伯利伯爵去世后，洛克承担了他的孙子——沙夫兹伯利三世的学费，帮助他成为知名的政治家。他对他的外甥——彼得（Peter King）也很关心，在他的指导和帮助下，彼得当上了国会议员。他对朋友克拉克的孩子爱德华和伊丽莎白很慈爱，他们经常在他这里，一住就是几个星期，孩子们习惯了他的陪伴，几乎把他当作第二父母。

洛克在晚年时越来越关注神学问题，并着手研究《圣经》。他写了《加拉太书》《哥林多人书》《罗马人书》和《以弗所书》的释义，并且全部加了评注。1700 年，洛克的身体状况继续恶化，他辞掉了一切公务。1704 年，洛克觉得死期将至，因为他的呼吸已经难以支持其日常活动，事实上长期的慢性气管炎和肺气肿疾病已经诱发了充血性心力衰竭。1704 年 10 月 27 日下午，他坐在椅子上，请玛莎慕夫人为他读圣诗，过了一会儿，他感觉很不好受，要求玛莎慕夫人停止朗读，不久就停止了呼吸，享年 72 岁。他身后留下遗产 4000 ~ 5000 英镑，他将遗产的大部分馈赠给了 F. C. 玛莎慕，将全部遗稿和一半藏书给了他的外甥彼得。此外，他在遗嘱中惦记着每一位朋友，以及他的随从和穷人们。

---

① 转引自 [英] 阿龙：《约翰·洛克》，陈恢钦译，辽宁教育出版社，2003 年，第 43 页。

二、宗教政治观

（一）《人类理解论》

洛克一生奔波于政治活动和学术研究之间，令人慨叹的是，他能够最终将二者成功结合，既在学术领域建构了理论大厦，又通过政治实践，使自己的政治理想变为现实。就此而言，洛克堪称学者中的典范和政治家的楷模。然而，政治行为似乎掩盖了他的学术活动，因此，当洛克最重要的著作《人类理解论》于1690年问世时，人们很少知道，洛克是怎样写就这样一本厚厚的巨作的。

洛克在该书中所写的"赠读者"一文，可以使我们多少了解大概。在该文一开篇他就说："我现在要把我在无聊沉闷时所自行消遣的一点玩意儿置于你的手里。如果我这个消遣的玩意儿，有时亦可以开你的心，而且只要你在读时所感到的快乐如我在写作时所感到的一半，则你便不会怪自己，为什么把钱白花了，亦正如我不会怪自己为什么把辛苦白费了似的。"① 洛克在这里将他的著作称作是"一点玩意儿"，这是多大的谦逊呢？而他也提出了他的写作动机——是在无聊沉闷时的一种自行消遣。因此我们可以看出，洛克写作此书完全是出自个人乐趣，而非出自义务、追名逐利或谋求财物的动机。但是，这样的写作不会是不花力气的，洛克也提到了他的辛苦，尽管是出于乐趣而忙活，但他也希

---

① ［英］洛克：《人类理解论》（上），关文运译，商务印书馆，2009年，第10页。

望这样的忙活是有成果的，他的力气不是白白浪费了。

人们推测，大概在 1671 年，当洛克与几位朋友进行学术讨论时，就已经在构思、酝酿这样一本书了。根据洛克的朋友詹姆斯·蒂乐尔（James Tyrrell）的记述，在这一年他与洛克等人曾经讨论过宗教和道德的性质，大家各抒己见，争论不休。洛克在当时提出了一个新的疑问，即人类知识的限度问题，大家要求洛克就这个题目准备一篇论文。1671 年夏天，洛克花费大量时间来解决这一问题，并撰写了初稿。但到 1671 年秋，他对初稿很不满意，决定以更严格的方式来写出他的想法。但是这第二稿也没有写完，这一时期的洛克正在艾希礼勋爵的庇护下担任政治职务，事情多如牛毛，根本不可能花时间完成此书。直至 1675 年，洛克去法国度假时，才得以脱身俗务，重新思考他的《人类理解论》的写作。但当他于 1679 年返回英国后，他又被政务缠身。在沙夫兹伯利伯爵入狱或逃亡期间，洛克有短暂的闲暇来从事哲学思考。直至伯爵逝世后，洛克的《人类理解论》的研究才被重新提上日程。1684—1686 年避居荷兰期间，是他潜心思考和写作的时间。1686 年，《人类理解论》的写作基本完成，此后洛克又花费了两三年的时间进行修改和整理。1689 年年底，他的书已经印刷结束，开始在伦敦和纽约的书店出售。

《人类理解论》之所以广受重视，在于它抨击了旧有的哲学见解，为当时新科学的发展提供了一个新的理论基础。在这部著作中，洛克的很多论述针对当时流行的笛卡尔学派的形而上学思想，比如笛卡尔等人宣扬天赋观念、身心二元论，而洛克则反对天赋观念，坚持经验唯心主义理论。以下我们择其主要观点进行基本论述。

1. 反对天赋观念论

在《人类理解论》一书的引论中，洛克指出，他的研究目的在于"探讨人类知识的起源、确度（certainty）和范围，以及信仰的、意见的和同意的各种根据和程度"。至于如何来实现这一目标，洛克认为，需要研究我们的观念，看看凭借观念我们都获得了哪些知识，这些知识的确定性何在，范围有多大。因此，可以说，洛克是藉由观念来研究知识的。那么他首先要解决的问题就是：观念是什么，它是如何出现在心中的。在研究这一问题时，洛克首先批驳了天赋观念理论。

当时的笛卡尔主义者主张，我们的理解中有一些天赋的原则、原始的意念，这些原则和意念在心灵一开始存在时就存在了。洛克认为，这种天赋观念的假设是不恰当的，因为人只需运用自己的天赋能力，而不需要借助于天赋观念，就能够获得知识。

首先，天赋观念论的一个重要论据是：人们普遍同意，有一些思辨或实践的原则是人类一致承认的，因此这些原则一定是天赋的。洛克反驳说：第一，普遍同意并不能证明天赋原则的存在，因为即便存在世所公认的真理，也不足以证明这一真理就是天赋的，或许有别的途径使我们达到普遍同意。第二，人类并没有普遍公认的原则，因此用它来证明天赋观念的存在是站不住脚的。比如，有些可以配称之为天赋观念的原则，像"凡存在者存在""一件事物不能同时存在而又不存在"虽然被视为普遍真理，但人类中大部分人根本不知道这样的真理。尤其是儿童和白痴等就不知道它们。要说某种天赋原则印在人心中，同时又发现我们根本意识不到它，这岂不是荒谬吗？

洛克假设天赋观念论者辩解说，人类虽然在起初不能认识这些天赋原则，但只要他们一开始应用理性，就可以发现这些原则。对此洛克反驳说：第一，如果理性的运用能够帮助我们认识天赋原则，那岂不证明这些原则恰恰不是天赋的？第二，即便同意是理性的运用使我们立刻认识一些自明真理，我们也发现它与事实不符。因为儿童可能在认识"一物不能同时存在又不存在"这一公理前，早就能够运用理性；大部分文盲和野人即使到了能运用理性的年纪，也会过很多年还不知道这样的真理。第三，我们发现人在运用理性时，不仅能认识这些普遍真理，而且能认识其他的真理，这样一来，天赋原则与其他知识也就毫无分别了。第四，即使在开始运用理性时这些真理就能够被发现，那也不足以证明它们就是天赋的。洛克认为，"人类在能运用理性时，就能承认这些公理"的真实意义不过是说，有了推理能力，我们才可以逐渐形成抽象观念。儿童由于不能先得到那些普遍观念，所以要在熟悉了特殊观念并理性运用很久之后，才能理解这些抽象观念。在此洛克阐释了他对认识的起源的理解。他认为，最初的认识是感官获得一些特殊观念，并将之保存在记忆中，然后人心才进一步把观念抽象化，学会使用概括名词，语言的运用又促进了理性能力的增长。因此，所有的观念都是后天获得的，而非天赋的。第五，有人或许会说，那些普遍真理是在理解中储存着的，人心不用任何教导，它一经提出就能够获得同意。洛克指出，如果这样的同意是"天赋"的标记，那么成千上万的相似命题都可以说是天赋的了。因为获得同意的命题太多了。归根结底，洛克认为普遍同意不能成为某些原则是天赋原则的充分理由。

其次，在洛克看来，如果存在天赋观念，那么它就应当最先被人想到，但是洛克指出，那些被看作是天赋观念的普遍真理并不是人们最先知道的，而且离了它们人们也可以对事物形成清楚的认识。这样一来，假设天赋原则是一切知识的基础不就是荒谬的了吗？

最后，洛克认为天赋的命题应该是最清楚明白的观念。但是，他发现那些被看作天赋观念的普遍公理却是最难理解的，以至于儿童、白痴和人类中的大部分人都不明白。因此，洛克最后概括他的观点：没有天赋原则，因为即使人们认为最普遍的真理，也不是所有人都普遍同意的。如果在知识和科学方面不存在天赋原则，那么在其他方面也就不可能有东西配称为天赋的了。

洛克的最终结论是，既没有天赋的理论原则，也没有天赋的实践原则。所有的观念和原则都需要凭借经验和观察来获得。

2. 观念理论

在批驳了天赋观念论以后，洛克进一步阐释了观念的真正来源及其范围。洛克认为，最初的心灵如同一块白板，根本没有任何先天的印记，只是通过感觉和反省，心灵才获得了观念。一切观念都由这两种途径获得。当物体刺激感官时，感官会按照物体刺激它的方式，将关于事物的清楚的知觉传达到心灵，我们由此就获得了冷、热、酸、甜、白、硬等一切可感物的观念。这种"获得"是完全被动的，是一种来自事物的"被给予"。既然这些观念由感官而来，洛克将观念的这一来源统称为"感觉"。当我们在心灵中用理性来考察观念时，会知觉到自己有各种心理活动，心灵在反省这些心理活动时，便产生了另一套观念。洛克认为，属于这一类的观念包括知觉、思考、怀疑、相信、推论、认识、意欲，等等。这些观念是人心在反省自己的内心活动时所获得的，因此洛克将它们的来源称为"反省"。

人最先获得的是感觉观念，然后才逐渐有反省观念。比如儿童初入世时，靠感官来接触世界，注意力几乎全部消耗在观察外物上，很少会反省内心的活动，直至成年之后，人才把注意力关注到内心活动上来。也就是说，先是感官提供给心灵以思想的材料，然后心灵才逐渐扩大自己的思想活动，增长自己的思想能力，从而获得一套新观念，即反省观念。

洛克进一步将观念分为两类：简单观念和复杂观念。简单观念是只含有一种单纯现象的观念，它不能再被区分为其他不同的观念。简单观念有四种来源：一种纯粹来自某个单一的感官，比如眼睛看到白色、鼻子闻到香味等；一种来自两个以上的感官，比如空间、形相、广袤、静止、运动等观念；一种由感觉和反省两种途径而来，比如快乐、痛苦、能力、存在、单位、连续等；还有一种则完全来自反省，比如知觉、思维、意向或意欲等观念。复杂观念是心灵利用简单观念为材料和基础而构成的。也就是说，人心可以把自己的能力施加到简单观念上，形成三种复杂观念。第一，心灵把几个简单观念合成一个复合观念，从而形成一切复杂的观念；第二，心灵把两个观念并列起来同时观察，就得到一切关系观念；第三，心灵通过抽象作用，形成抽象观念。就第一种复杂观念而言，它包含情状、实体和关系三大类；第一类情状观念又可被区分为简单情状和混杂情状。简单情状包括空间、绵延、无限性、能力等；混杂情状包括义务、醉酒、谎言、伪善等。第二类实体观念包括单一实体和集合实体；第三种关系观念包括因果关系、同一性与差异性等。

在洛克看来，心灵中既有清楚、明白的观念，也有模糊、混乱的观念；既有实在的观念，也有幻想的观念；既有真实的观念，也有虚妄的观念；既有相称的观念，也有不相称的观念。观念之间存在相互联络，它受习惯、意志和身体的影响，因人而异。除了列举简单观念和复杂观念之外，洛克还指出了心灵的一些官能，比如，知觉能力、把握能力、分辨能力等。

3. 第一性质、第二性质和第三性质

洛克认为，我们在心中观察到的任何东西都是观念。但这种观念不是心灵主动产生的，而是外物凭借它的能力在心中打下的印记。因此，洛克区分了观念和产生观念的外物性质。简单来说，外物刺激感官的那种能力就被称之为物体的性质。比如，洛克举例说，一个雪球有能力在我们心中产生白、冷、圆等观念，则雪球中所存在的产生这些观念的各种能力就叫作各种性质。而这些能力、性质给人心造成的感觉、知觉，则被称之为观念。

洛克进一步认为，外物性质是外在事物本身所固有的，具有客观性，受外物的作用而在心中产生的观念则内在于心灵。那么这里有一个问题：外物性质与它所造成的心灵观念之间有没有相似关系呢？换句话说，我们对雪球形成的白、冷、圆的观念能否

等同于雪球本身固有的性质呢？

洛克的回答是，当物体刺激感官时，它所产生的有些观念与物体本身所存在的性质是一致的，它所产生的另一些观念则并不能在物体中找到相似的来源。据此，洛克区分了物体的第一性质和第二性质。物体的第一性质，也叫原始性质，包括凝性、广袤、形相、静止、数目等，它们与物体完全不能分离，凡物存在必然具备这些基本性质。当物体作用于感官时，心灵产生的关于物体的凝性、广袤、形相等观念与物体的这些性质之间是相互对应的。但是，还存在物体的第二性质，确切地说，它们并不是物体本身固有的性质，而是物体借助于其第一性质的细小分子在心中产生各种感觉的那些能力。比如颜色、声音、滋味等，都是借助于物体中的体积、形相、组织和运动而表现于心中。这些观念就叫作第二性质。如果说第一性质的观念与物体的第一性质相似，那么第二性质的观念在物体中则并无原型。

洛克还区分了物体的第三种性质，它是指一物体作用于另一物，从而使该物发生改变的能力。比如，火在蜡上产生一种新颜色或新密度，也是凭借火的原始性质，即火的小分子的体积、组织和运动而产生的能力使蜡发生改变，就如同火借助于它的原始性质所产生的能力（第二性质）在我心中热的或烧的感觉一样，两种能力都是一种性质，都是根据火的同样的原始性质而产生的。只不过，我们通常不把火对蜡的改变看作是火的性质，而往往只把它看作是一种能力罢了。洛克将火的能力称之为第三性质。归根结底，这种第三性质与第二性质是一种性质。

洛克之所以区分物体的第一性质和第二性质，与常识中感觉的不恒定性有关，比如同样一种颜色，在色盲症患者眼中就是不同的，我们的味觉也会随身体状况而发生变化。一种味道在平时觉得甜，在生病时可能会感到苦，等等。既然这些感觉在某些时候会因人而异，甚至同一个人在不同时间、地点的感觉也会发生变化，那么，洛克认为，最妥当的办法是不将这些感觉归之于物体本身，而仅仅将之归结为物体凭借能力在心灵产生的一些完全没有原型的新的感觉。但是洛克却将心灵中关于物体的广袤、形状等的观念看作是有客观对应物的，而不是将之也看作是物体能力所产生的完全有别于物体本身的感觉，对此洛克其实并没有给出更多的理论说明。贝克莱就觉察到他的这一理论的妥协性，更进一步地指出，如果第二性质不存在于物体中，那么第一性质也可以如此。因此，物体是不存在的，所有存在的仅仅是那些被感知的东西。这样，从洛克开启的经验论就逐渐倒向了主观唯心论和怀疑论。

（二）洛克的政治哲学

洛克的政治理论思想主要体现在其代表作《政府论》一书中。该书共分两篇，上篇从讨论父权入手，批判君权神授的封建王权思想，下篇则重点论证了议会民主制的合法性。在这一过程中，洛克阐释了他的社会契约论思想，确立了古典自由主义理论的历史地位。

首先，洛克驳斥了当时以菲尔默（Robert Filmer）为代表的保皇党人所鼓吹的君权神授思想——这种思想主张国王的权力直接来自上帝，王位应该世袭。洛克指出，菲尔默并没有证明亚当为何是拥有绝对权力的君主。亚当并不因为上帝赐予他父亲的权力，而享有对儿女的绝对权威和对世界的统治权，即便他有这样的权力，他的继承人也无权享有这种权力；即便他的继承人能够享有这种权力，但由于没有自然法或上帝的明文法来确定谁是合法继承人，因此在不确定继承权的情况下也就没法确定统治权。即使这些都被确定，但对于谁是亚当的长房后嗣已无从查考，因此继承权仍然是无法确定的。归根结底，洛克认为，建立在父权基础上的君权神授思想是站不住脚的，我们需要重新思考并说明政府的起源和本质。如同霍布斯一样，洛克也认为人类存在一个原初的自然状态。但这种自然状态并非霍布斯所言的人与人互相战争的状态，而是人人自由、平等的状态。

自然状态下的人们遵守自然法，即理性的约束。这种自然法包括：人人享有平等和自由权利，可以自由支配自己的人身和财产，但任何人不得侵害他人的生命、健康、自由或财产；人与人之间完全平等，不存在任何从属关系；人不但要保全自身，而且应该尽其所能地保存其余的人类。在自然状态下，所有的东西都归大家共有，但如果有人将自己的劳动施加于某种自然物上，那么他就享有了对此物的所有权，这就是财产权。

尽管自然法规定了每个人的权利和义务，但总有人会僭越自然法的规定，侵犯他人的权利，为了约束所有人不去侵犯他人的权利，每个人都有权惩罚不遵守自然法的人，充当自然法的执行者，比如，将一个杀人犯处死，调解财产纠纷。但是，一方面，人们享有的权利面临种种威胁，这些权利事实上是很不确定的；另一方面，每个人都充当自然法的代言人也会给仲裁带来麻烦，因为在自然状态下，人们缺乏判断是非的统一标准和处理纠纷的共同尺度，而且人人都有偏私之心和报复之心，使他们很难成为公正的裁判者。即便能够做出公正裁决，也缺少权力支持公正判决，并将之执行。正是因为这些危险和不便，人们愿意为了保护自己的生命权、财产权，联合组成国家并将自己置于政府的统治之下。

那么通过什么方式来组成国家呢？洛克认为，通过权利转让的方式，人们签订契约，同意将他们所享有的仲裁权利让渡给一部分人，由他们来专门执行仲裁任务，由此就产生了政府。但除了将仲裁权利转让给政府之外，人们依然享有他在自然状态中所享有的生命权、自由权和财产权利。政府的目的就是保护人民的生命权、自由权、财产权。

对于自由的人民来说，什么政体是合适的呢？洛克区分了三种政体形式：民主制、寡头制和君主制。洛克认为，上述三种政体没有一种是绝对完满的，相比单一政体，他更赞同混合政体，即立宪君主制或有限君主制。人民选举一个立法会议，议会享有立法权。君主享有执行权，即执行立法机关通过的法律，并向立法权负责。洛克认为，在一切有节制的君主国或组织良好的政府中，立法权和行政权分别掌握在不同的人手里。

如果君主撇开立法机关进行统治，或者干扰立法机关的工作和自由，或者不经人民同意就擅自改换选举立法机关的办法，或者将人民交由外国势力摆布，或者不能积极行使他的行政权力而使国家陷入无政府状态，那么人民就有权罢免他。洛克认为，如果统治者试图掌握绝对权力，置人民的利益于不顾，那么人民有权诉诸武力进行反叛。

综上可以看出，洛克在批判陈腐的君权神授理论的基础上，提出了一种新的社会契约理论。这一理论宣扬人有天赋的平等、自由和财产权利，政府的目的就是保障人民的生命、自由和财产，政府的权力的合法来源是人民的同意，因此人民有权推翻任何企图侵犯人民利益、掌握绝对权力的统治者。洛克的政治理论顺应了时代潮流，为1689年英国光荣革命提供了充分的理论支持，正是在这个意义上，人们将洛克视为辉格党人的理论代言人。

（三）洛克论宗教宽容

1685年，洛克在给荷兰朋友林波基所写的一封长信中阐述了他的宗教宽容思想。此文于1689年以《论宗教宽容》为名在荷兰匿名发表，引起了很大反响。此文发表后，遭到牛津大学女王学院的一位名叫尤纳斯·普罗斯特的教士的反驳。该教士认为，为促进纯正的宗教，采用强制手段是正当、合法的。为反驳普罗斯特的观点，洛克先后于1690、1692和1704年以书信的方式写了三篇论宗教宽容的论文，可惜最后一篇尚未完稿，洛克就去世了。[①]

在这些书信中，洛克论证了他的宗教宽容的观点。他指出，宽容是纯正教会的特征标志，因为宽容、仁慈、友善正是《圣经》所要宣扬的。在洛克看来，真正的宗教"不是为了制定浮华的仪式，也不是为了攫取教会的管辖权或行使强制力，而是为了依据德性和虔诚的准则，规范人们的生活"[②]。若失却了圣洁的生

---

① ［英］洛克：《论宗教宽容》，吴云贵译，商务印书馆，2009年，前言。
② 同上，第1页。

活、纯洁的行为、仁慈和忍让精神，那么即便僭取了基督徒的美名，也不是真正的信徒。

他认为，宗教迫害直接违背了基督教信仰，教派纷争和互相倾轧对于灵魂的拯救是莫大的障碍。诉诸武力而强迫别人改宗是最不道德的事，相反，宽容对那些在宗教问题上持有异见的人，与基督的福音和人类的理智完全一致。

洛克进一步区分了政府和教会的职能。他认为，国家的目标是为了谋求、维护和增进公民们的利益，而政府官员的职责就是公正地执行平等的法律，保护公民的各项权利，也就是说，政府的权力仅限于公共事务，不能也不应当以任何方式来掌管灵魂的事。而教会是人们自由、自愿结合的团体，用来礼拜上帝，以达到拯救灵魂的目的。既然它的宗旨是礼拜上帝、以求永生，那么它的所有规定都应当有助于这一目的。教会不应干涉公民的世俗事务，任何情况下都不得使用强力。它唯一的手段是规劝、训诫和勉励。如果教徒屡次违反教规，教会可以将之开除，但任何情况下都不得对被除名者使用粗鲁的语言或行为，使他们的身体或财产蒙受损失。教士们不但应当戒绝各种形式的迫害，而且还有进一步的义务，即以和平、友善的态度对待一切人，以仁慈和宽厚劝诫一切人。

再者，既然国家和教会各司其职，那么国家也不能应用权力来干涉教会的事务。洛克指出了教会的两件主要事务，即教会的崇拜仪式和教义、信条。就外部礼仪而言，官员无权用法律来规定教会的任何礼拜形式，也无权禁止教会所采用的礼拜形式。至于教会所宣扬的宗教信条，政府官员也不应禁止在任何教会里传布或表达。

最后，洛克用一段著名的话概括了他的宗教宽容观点，那就是："每个人应当享有同其他人同样的权利。你容许以罗马的方式礼拜吗？也请容许以日内瓦的方式礼拜。你容许在集市上讲拉丁语吗？也请容许那些想讲拉丁语的人在教堂里讲拉丁语。你以为任何人在自己家里跪着、立着、坐着或取其他姿势，或者穿白、穿黑、穿长、穿短这些都合法的吗？那也就不要把在教堂里喝酒、吃面包和以水施洗定为非法。一句话，凡属法律准许人们在日常生活中自由做的事，也请允许每个教会在神圣礼拜时享有这种自由。请保证任何人不至因为这些原因而蒙受生命、人身、房屋和财产上的任何形式的损害。"①

（四）洛克论教育

在洛克避居荷兰期间，他应朋友爱德华·克拉克夫妇的邀请，为抚养、教育他们的儿子小爱德华·克拉克出谋划策，为此洛克给他们写了很多教育方面的信件。后来这些信件以《关于教育的一些思考》为名于 1693 年发表。

洛克喜爱儿童，与朋友的孩子们有密切的接触和交往，并深受孩子们的喜爱。他对儿童的观察是细致入微的，这有助于他对儿童教育，尤其是绅士家庭的儿童教育形成深入的认识。他的这些教育思想与其哲学理论、宗教思想和政治思考紧密相关，而又自成一体，是欧洲近代早期教育论著中最重要、最有影响力的思

---

① ［英］洛克:《论宗教宽容》，吴云贵译，商务印书馆，2009 年，第 45 页。

想之一。

洛克认为，培养儿童，首先是要把他培养成一位拥有健康体魄和健康心灵的人。对于如何使儿童养成健康的体格，洛克有如下建议：不要让孩子穿得或盖得过暖，洗冷水澡，让孩子学习游泳，穿宽松衣服，进行室外活动，饮食宜清淡，少饮酒和烈性饮料，少吃水果，要让孩子享受睡眠，并养成早睡早起、按时排便的习惯，此外，当孩子生病时，要尽量少让孩子服用药物。

洛克认为，身体的强健在于它能忍受困苦，而心灵的强健也在于此，这重点表现在，人能否克制自己的欲望，超越自己的嗜好，用理性来指导人的思想和行为。洛克认为，良好的德行需要从小加以培养。要让儿童养成服从纪律、遵从理性的习惯，而不是一味地对他们溺爱，纵容他们为所欲为。一旦孩子在年幼时养成不服从理性约束，而听凭欲望指引的习惯，那么当他们到了能够运用理性的年龄，也一定很少倾听和服从他的理性。因此，越是在年龄小、理性较少的情况下，越是要将之置于管教者的权力约束之下。如果孩子想要凭哭闹得到不适于他的东西，那么不要纵容他们，孩子越是纠缠不休，大人越要拒绝。

洛克认为，应当在幼童时期对孩子严加管教，形成父亲的权威，使之畏惧；而等孩子渐渐长大，父母要逐渐接纳他，使他成为亲密的朋友，使孩子对父亲怀有敬爱之情。而不是相反，在幼年时过度纵容、溺爱孩子，等到他们长大了，才想起来要严厉管教他们，这样只会使子女与父亲更加疏远。

对幼童不能一味溺爱，另一方面，也不能对幼童过多地惩罚。洛克认为，严厉的惩罚在教育上的危害很大，也很难培养出优秀的人才。惩罚、鞭挞只会使儿童对逼迫他们要做的事产生更大的厌恶。这种奴隶式的规训方法只会产生奴隶式的脾性：也许儿童因害怕惩罚而假装服从，但一旦无人看管，他们就会放纵自己。过分的严厉可能会打垮一个孩子，从而治愈他的桀骜不驯，但与此同时也打垮了他的心智，使他终究成为一个无用之人。因此，如果想培养出聪明、善良、富有创造力的人，靠鞭打、奴役、惩罚是不适当的。

儿童不但应当极少受到鞭打，也应当避免受到暴怒的斥责。如果儿童做错了事，父母必须使用冷静、和蔼的言语加以制止，而不是急声呵斥，使他明白你所不悦的是他所犯的错误，而非他本身。暴怒的斥责往往会夹杂粗鲁、恶劣的言辞，这无异于把粗言秽语教给了儿童，并认定了它们的合法性。

除了惩罚方法之外，还有一种奖励方法，也应避免采用。洛克认为，凡是用苹果、糖球或一切儿童所喜爱的东西来引诱儿童读书的人，只是在强化他的享乐思想，纵容他的危险癖好。不能因为一些该做的事情就许之以金钱、食物、漂亮的新衣，等等。这样会所使儿童把这些作为终极目标，从而养成奢侈、自负和贪婪等劣习。

在洛克看来，大多数人采用的惩罚和奖励方法都是错误的，都是以儿童身体的痛苦和快乐作为惩罚对象。正确的奖励或惩罚应该关注孩子的心灵，使之获得尊重和有羞耻之心。比如用表扬或称赞对儿童良好的行为加以肯定，并报之以喜悦、友善的态度，会使他们发现被人尊重和看重是很快乐的；当儿童做得不好时，对他施以冷漠、怠慢的态度，并使周围人都保持这种态度，则会使儿童不安，并能够意识到自己的错误，产生羞耻之心。久而久之，儿童就会觉得，只要他做得好，就能够受到人们的尊重、赞赏和喜爱；不良的行为、举止则会使自己名誉受损，被人怠慢和鄙视。这样，他的欲望目标就能够有助于德行的培养了。

与学校教育相比，洛克更看重家庭教育。他建议物色一个良好的家庭教师，尽量让孩子待在家里接受教育，而不是到学校与别的学生厮混。由于学校里学生过多，教师在培养学生时，很难做到因材施教，而且学生中鱼龙混杂，儿童很容易接触到不良同伴，败坏他的德行。在选取家庭教师方面，洛克认为，首先要看重其品质和教养，此外，家庭教师还要能熟谙世事，使孩子很快了解社会，并对之加以引导。父母和家中其他人要对家庭教师非常尊重，只有这样，才可能使他们的孩子也尊重自己的老师。

洛克认为，重要的是培养儿童的德行，要培养儿童坚毅、仁爱、勤劳、诚实、虔信、谦逊的品质，还要使他们养成良好的举止、礼仪，避免在交往和言谈中的粗俗、轻蔑、戏谑、吹毛求疵、好辩、刁难等各种不良态度。在学问的培养上，要使他将学习看作一种游戏、消遣，或者一种荣誉、乐趣。进而教他阅读和写字，学习法语、拉丁语，进而学习地理、算术、天文学、几何、历史、伦理学、法律、逻辑、修辞、自然哲学等。最后还要使儿童学习跳舞、击剑、绘画、园艺等技艺，使年轻人参与一些无害的消遣。

洛克的教育著作以道德教育为核心，论述了如何引导儿童获得德行。这一著作不仅具有理论意义，也有实践价值。当时他的朋友们接受了他的教育指导，将之贯彻到对自己的孩子的教养过程中去，发现成果惊人，很多人都写信向他表示感谢。他的朋友威廉·默林纽克斯（William Molyneux）在写给洛克的信中谈到，在采用了洛克的教育方法后，他五岁的儿子取得了很大的进步。《教育片论》一书出版后，越来越多的人找到洛克，咨询教育孩子的方法。这本书出版后，已逐渐成为英国人普遍接受的教育理论。在今天看来，这些理论仍然是新颖的、有价值的。

三、后世影响

在西方哲学史上，洛克占据着重要地位。他是近代经验主义哲学的开山鼻祖，他反驳笛卡尔的天赋观念论，将观念的来源完全归结为经验和反省，由此确立了经验论的基本原则。之后的贝克莱和休谟都接受了洛克的这一原则，并将之贯彻得更为彻底。贝克莱认为，物质事物只是感觉观念的集合，而这些观念的来源不是我们自身，而是上帝，除此之外，不存在任何独立于精神的物体。因此，他反对洛克关于物体的第一性质和第二性质的划分，指出无论第二性质还是第一性质，都仅仅存在于心灵，而无外部对应物。休谟根据经验主义原则，进一步指出，存在的只有知觉，并不存在那种所谓的支持知觉的心灵实体。因此，经院哲学中所预设的上帝、物体和心灵三大实体在休谟那里被彻底摒弃。由此人们惊讶地发觉，从洛克的温和经验论那里竟然发端出了怀疑论。为解决怀疑论问题，康德将自己的哲学称为先验唯心论，并对笛卡尔和贝克莱的经验唯心论进行了驳斥，从而开创了德国古典唯心论传统。

洛克的经验主义理论虽然在今天看来是过于简单的，不为今天的人所接受，而仅仅被作为一种理论对照和理论批判的对象，但他所倡导的经验主义原则在当代并没有过时。自 20 世纪以来，无论是采用逻辑分析方法，还是诉诸语言分析方法，无论是早期的实证主义研究、语言学转向，还是当代兴盛的自然主义研究，英美哲学家都秉持了洛克开创的经验主义传统，本能地拒斥哲学中一切先验的东西。

洛克的另一影响深远的思想当属他的政治理论。他继承自然法理论传统，开创了古典自由主义理论，将自由、平等和权利观念确立为近代政治哲学的核心术语。他建立了一种不同于霍布斯理论的新的社会契约论，并早在孟德斯鸠之前就提出了分权理论和君主立宪思想。当代政治自由主义者，无论激进派还是保守派，都深受洛克的古典自由主义的影响，比如罗尔斯在《正义论》中就重新确立了自然状态，并借用了传统社会契约论的理论框架，将之提升到一种新的理论高度。诺齐克则继承、发扬了洛克的自然权利观念，并提出了最小政府的观念，这一观念实际上重申了洛克的这一见解：政府的功能仅在于保护人民的生命、自由和财产安全。

在 18 世纪的欧洲，数洛克对法国启蒙思想家的影响最大。当时的法国处于波旁王朝的专制统治之下，而英国则经过光荣革命成了新教国家，自由、平等等理念被写进了《权利法案》。对于英国的社会进步，法国知识分子莫不抱有一份向往之情。孟德斯鸠在晚年通过考察英国的社会现状和阅读洛克的著作，写下了《论法的精神》，将洛克已提出的权力分立思想发扬光大。伏尔泰在《哲学通信》中称赞了英国的宗教宽容政策，他赞美洛克"写下了心灵的历史"，并极力向法国传播洛克的理论。狄德罗在未编写百科全书之前，曾像流浪汉一样在巴黎闲逛，当他读到伏尔泰的《哲学通信》时也不免对伏尔泰所宣扬的洛克学说、对海峡对岸的英国抱一份欣羡之情。卢梭在写作《社会契约论》和《爱弥儿》时，他的脑海中也一定会经常浮现出洛克的政治理论和教育思想。

洛克对美国的建立无疑也产生了重大影响，他的理论对美国宪法的制定具有指导作用。《独立宣言》开篇所表达的思想就与洛克的思想基本一致，美国宪法序言中所称的不可转让之权利即是洛克所谓的生命权、自由权和财产权。列奥·施特劳斯的著作《政治哲学史》曾经这样评价洛克：约翰·洛克被称作美国的哲学家，就一个哲学家曾是一个伟大国家的国王而言，他是我们的国王。因此，我们美国人比世界上其他的民族更有责任和经验判断他的学说的正确性。①

四、术语解读与语篇精粹

（一）观念（Idea）

1. 术语解读

观念是指人心中的感性形象与认识对象之间的关系，不同的

---

① See Leo Strauss, Joseph Cropsey（eds.），*History and Political Philosophy*, The University of Chicago Press, 1987, p. 510.

哲学体系对观念有不同的理解。古希腊的德谟克里特认为理性来自感性认识，突出了感觉形象的重要性。柏拉图的回忆说认为观念不在现象世界，是事物的本质，感觉只起一种刺激作用。唯理论者按照柏拉图的理解，认为观念的形式是以观念作为感觉材料的判断者，因而把柏拉图的回忆说，即天赋观念说作为唯理论的基础。英国的霍布斯认为观念来源于感性形象，观念即形象或现象，它由外界事物作用感觉器官而产生，并存在于人的头脑中。洛克广泛使用观念一词，认为它是人思考时理解的对象，该词包含了形象、意念、类的含义，感觉材料被包含于观念之中。洛克认为一切认识均由观念而来，因而拒绝天赋观念的存在。

贝克莱认为物是观念的集合，而观念由心灵所产生，但他又认为精神实体不是这样的观念的集合，而是"意念"，他没有否定精神实体的存在。休谟提出印象与观念的区别，但认为观念来源于印象，观念的联想形成事物的形象，事物并非实在的。德国的康德试图把唯理论与经验论对观念的看法结合起来，由于自在之物刺激人的感官所产生的印象与观念，并非必然，因而偏于唯理论。黑格尔继承了康德关于知性观念与理性观念的观点，认为绝对观念是理性观念与现实的统一。马克思从唯物主义出发继承了对观念的唯物主义观点并批判其唯心主义理解，认为观念不过是通过人的认识过程而移入人的头脑中的，并由人的头脑加以改造过的对客观事物的印象。

2. 语篇精粹

语篇精粹 A

Uncompounded appearances. The better to understand the nature, manner, and extent of our knowledge, one thing is carefully to be observed concerning the ideas we have; and that is, that some of them are simple and some complex.

Though the qualities that affect our senses are, in the things themselves, so united and blended, that there is no separation, no distance between them; yet it is plain, the ideas they produce in the mind enter by the senses simple and unmixed. For, though the sight and touch often take in from the same object, at the same time, different ideas; — as a man sees at once motion and colour; the hand feels softness and warmth in the same piece of wax: yet the simple ideas thus united in the same subject, are as perfectly distinct as those that come in by different senses. The coldness and hardness which a man feels in a piece of ice being as distinct ideas in the mind as the smell and whiteness of a lily; or as the taste of sugar, and smell of a rose. And there is nothing can be plainer to a man than the clear and distinct perception he has of those simple ideas; which, being each in itself uncompounded, contains in it nothing but one uniform appearance, or conception in the mind, and is not distinguishable into different ideas.

The mind can neither make nor destroy them. These simple ideas, the materials of all our knowledge, are suggested and furnished to the mind only by those two ways above mentioned, viz. sensation and reflection. When the understanding is once stored with these simple ideas, it has the power to repeat, compare, and unite them, even to an almost infinite variety, and so can make at pleasure new complex ideas. But it is not in the power of the most exalted wit, or enlarged understanding, by any quickness or variety of thought, to invent or frame one new simple idea in the mind, not taken in by the ways before mentioned; nor can any force of the understanding destroy those that are there.[①]

译文参考 A

　　纯而不杂的形象。欲动察事物内里的观念，宜先了解事物的本质、方式以及我们对事物的认知程度；换言之，有些观念是简单的，而有些观念是复杂的。

　　尽管影响人类感官的属性，就事物本身而言，相互关联、相互混合乃至难以分割，抑或密无间隙，但是观念却可清晰了然，因为观念经过各种感官作用，一旦在心中形成，就变得简单且不杂染。因为，即使视觉和触觉作用于同一物体，对此物产生的观念仍会各异，同理，就像人类通过视觉可看到物体的运动和颜色，通过手指可感触到蜡质的柔度和热度，然而会各有所异。虽然会对同一物体的感知各异，但是由此产生的种种观念却清晰分明。人类由冰块而感知到冷和硬，在心中产生独立的观念，正如由百合而感知香气和白色，又如由玫瑰而感知香甜的味道。没有什么能比知觉更能辨析这些清晰明白的简单观念。每一个观念本身单纯不杂，只包含一种纯一的现象或一种源于心智上的辨析，所以不可能分辨不出各异的观念。

　　人的内心不能创造观念，亦不能损毁观念。作为人类认识世

---

　　①　John Locke, *An Essay concerning Human Understanding*, edited by Jim Manis, Pennsylvania State University, 1690, pp. 101 – 102.

界的素材，这些简单的观念通过上述两种途径进入心灵：感受与反思。储存于大脑的观念一旦被理解，便产生了强大的力量对各种观念进行复述、比较、关联，其形式简直千变万化，进而通过理解再任意造出新的复杂观念来。不过，人的才智无论多么高超，理解无论多么广大，如果不通过上述的两种途径，也不可能凭借快速变幻的思想，发明创造出又一个崭新的观念。当然，任何理解的力量也不能损毁那些原本就存在的观念。

语篇精粹 B

Perception the first simple idea of reflection. Perception, as it is the first faculty of the mind exercised about our ideas; so it is the first and simplest idea we have from reflection, and is by some called thinking in general. Though thinking, in the propriety of the English tongue, signifies that sort of operation in the mind about its ideas, wherein the mind is active; where it, with some degree of voluntary attention, consider anything. For in bare naked perception, the mind is, for the most part, only passive; and what it perceives, it cannot avoid perceiving.

Reflection alone can give us the idea of what perception is. What perception is, every one will know better by reflecting on what he does himself, when he sees, hears, feels, &c., or thinks, than by any discourse of mine. Whoever reflects on what passes in his own mind cannot miss it. And if he does not reflect, all the words in the world cannot make him have any motion of it.

Arises in sensation only when the mind notices the organic impression. This is certain, that whatever alterations are made in the body, if they reach not the mind; whatever impressions are made in the body, if they reach not the mind; whatever impressions are made on the outward parts, if they are not taken notice of within, there is no perception. Fire may burn our bodies with no other effect than it does a billet, unless the motion be continued to the brain, and there the sense of heat, or idea of pain, be produced in the mind; wherein consists actual perception.[①]

译文参考 B

知觉是一种最初的对简单观念的反思。知觉作为心智的第一大功能，被运用于大脑的观念中，因此它成为我们经过反思后所获得的最原初、最简单的一种观念。一般来说，知觉也被称作思想。不过就英文本义而言，"思想"是指心智活动作用于观念的某种操控，心智一旦变得活跃，思想也会在某种程度上自动地考察一切事物。在赤裸裸的知觉中，心智大多是被动的，而且它所知觉的亦是它所不能不知觉的。

只有反思在单独进行时才可以获得"何为知觉"这一观念。知觉是什么？相比之下，如果通过话语来获取知觉，不如通过对某个人的所行、所见、所听、所触、听思等进行反思，这样会更好地了解什么是知觉。无论是谁，只要对心灵经历的事件进行反思，就不会感觉不到。如果不进行反思，就算穷尽世界上所有的言语去对他讲，亦不能使他明白什么是知觉。

---

① John Locke, *An Essay concerning Human Understanding*, edited by Jim Manis, Pennsylvania State University, 1690, p. 126.

只有心智注意到身体部分，感官才会被唤醒。可以肯定的是，身体内部无论有何变化、有何印记，只要未达于心灵处，或者身体外部无论有何印记，只要未获得心灵处的关注，都将无从谈论知觉。如果大脑不能连续运转，身体将不能感受到热，亦不会有疼痛的观念，知觉将无从产生，那么用火烧我们的身体则无异于用火烧一块木料。

语篇精粹 C

This idea how got. The mind being every day informed, by the senses, of the alteration of those simple ideas it observes in things without; and taking notice how one comes to an end, and ceases to be, and another begins to exist which was not before; reflecting also on what passes within itself, and observing a constant change of its ideas, sometimes by the impression of outward objects on the senses, and sometimes by the determination of its own choice; and concluding from what it has so constantly observed to have been, that the like changes will for the future be made in the same things, by like agents, and by the like ways, —considers in one thing the possibility of having any of its simple ideas changed, and in another the possibility of making that change; and so comes by that idea which we call power. Thus we say, fire has a power to melt gold, i. e. to destroy the consistency of its insensible parts, and consequently its hardness, and make it fluid; and gold has a power to be melted; that the sun has a power to blanch wax, and wax a power to be blanched by the sun, whereby the yellowness is destroyed, and whiteness made to exist in its room. In which, and the like cases, the power we consider is in reference to the change of perceivable ideas. For we cannot observe any alteration to be made in, or operation upon anything, but by the observable change of its sensible ideas; nor conceive any alteration to be made, but by conceiving a change of some of its ideas.

Power, active and passive. Power thus considered is two—fold, viz. as able to make, or able to receive any change. The one may be called active, and the other passive power. Whether matter be not wholly destitute of active power, as its author, God, is truly above all passive power. ①

译文参考 C

获取观念的方式。心智时时都在凭借感官获取它所见到的不断变化的外界事物中各种简单的观念，留意观念怎样从当下走向到灭亡，而另一种新观念怎样开始出现。不仅如此，心灵还凭借感官不断反思自身所发生的各种现象，进而观察时时变化的各种观念，这一观察有时来自感官对外在事物的印象，有时来自内心的决定与判断。随后，心智就根据日常观察到的作出论断：动因相同，方式相同，同类事物将会发生同样的变化——想一想，有可能会使简单观念得以改变，也有可能去制造那种变化，由此我们将获取观念的方式称之为能力。因此我们就说，火具有冶金的能力，能把金的不可觉察的部分的密度和硬度毁坏，使它变为流体，而金亦有被熔的能力。日光有使蜡褪色的能力，而蜡亦有被

---

① John Locke, *An Essay concerning Human Understanding*, edited by Jim Manis, Pennsylvania State University, 1690, p. 218.

日光褪色的能力，蜡的黄色褪掉，而呈现白色。在这一过程中，相似的情形下，所谓能力，就是针对可觉察的各种观念的变化而言的。如果没有对可感觉的观念的洞察，我们无法观察到它发生的变化或作用。如果缺少对观念变化的观测，也无法观测到即将发生的变化。

能力可分成主动与消极。能力分为两种：一种是能引起变化的，一种是能接受变化的。前一种可叫作主动的能力，后一种可叫作消极的能力。物质是否像造物者——上帝一样，根本不缺乏主动的能力，就如书中作者所述，消极能力简直望尘莫及。

（二）印象与观念（Impression and Idea）

1. 术语解读

印象与观念是指知觉中的不活泼部分与活泼部分。印象是通过感受等情感进入人心灵的最强的知觉，初次出现于心灵中。观念是我们的感觉、情绪在思维中的微弱意象，是印象中较为活泼的知觉的摹本，通过印象中的原料，思想构成观念。印象与观念都可以分为简单的与复合的。简单的印象和观念不能够被再度区分或分析，而复合的印象和观念则可以分为许多部分。心灵的全部知觉既表现为印象，也表现为观念，是双重的；印象与观念极为相似，互为反映，观念以印象为基础，但在强烈程度和活泼程度方面则不同，盲目的人没有色的印象，不能形成色的观念；耳聋的人没有声音的印象，也不可能有声音的观念。观念对印象的摹本不是精确的摹本，而是对原来的印象作了某些改变而形成的，例如神的观念即由反省自己心的活动与漫无限制地扩大善和智慧的性质而构成。印象与观念都可以通过一定的秩序与关系联系起来，由这种联系而形成人们的知识。

2. 语篇精粹

语篇精粹 A

How often may a man observe in himself, that whilst his mind is intently employed in the contemplation of some objects, and curiously surveying some ideas that are there, it takes no notice of impressions of sounding bodies made upon the organ of hearing, with the same alteration that uses to be for the producing the idea of sound? A sufficient impulse there may be on the organ; but it not reaching the observation of the mind, there follows no perception: and though the motion that uses to produce the idea of sound be made in the ear, yet no sound is heard. Want of sensation, in this case, is not through any defect in the organ, or that the man's ears are less affected than at other times when he dose hear: but that which uses to produce the idea, though conveyed in by the usual organ, not being taken notice of in the understanding, and so imprinting no idea in the mind, there follows no sensation. So that wherever there is sense or perception, there some idea is actually produced, and present in the understanding.

Children, though they may have ideas in the womb, have none innate. Therefore I doubt not but children, by the exercise of their senses about objects that affect them in the womb, receive some few ideas before they are born, as the unavoidable effects, either of the bodies that environ them, or else of those wants or diseases they suffer; amongst which (if one may conjecture concerning things not very capable of examination) I think the ideas of hunger and warmth are two: which probably are some of the first that children have, and which they scarce ever part with again. [1]

译文参考 A

当一个人潜心地思考一些事物、好奇地思忖某些固有观念时，他会忽略发声物体对听觉器官烙下的印象，那么这个人多久才能察觉到声音的产生？纵然器官受到充分的刺激，可是心智观察不到，亦生不起知觉来。正如声音的观念虽然作用于耳朵，人也不能听到声音。在这种情形下，感官功能起不了作用，并非传导的器官有缺陷，也不是耳朵接受的声音刺激比平常的小，而是声音观念虽然传输到器官，可是理解的功能并未开启，于是心中没有观念的烙印，也就没有对声音的感觉了。因此，只要感觉或是知觉存在，就有观念产生，并且存在于理解之中。

就连母胎中婴儿有的观念，也非与生俱来的。因此，我相信婴儿在母胎中是受到物象的影响才使感官发生作用，因而他们出生前便得到了些许观念。这些观念的产生是不可避免的，或由周围的物体所致，或由遭遇的贫困或疾病所致。在这些观念中，如果有人假设有些事物经不起检验，那么饥饿和温暖这两个观念就是，它们或许是婴儿最先具有的观念，而且还是将来不可或缺的。

---

① John Locke, *An Essay concerning Human Understanding*, edited by Jim Manis, Pennsylvania State University, 1690, pp. 126 – 127.

语篇精粹 **B**

A man begins to have ideas when he first has sensation. What sensation is. If it shall be demanded then, when a man begins to have any ideas, I think the true answer is, —when he first has any sensation. For, since there appear not to be any ideas in the mind before the senses have conveyed any in, I conceive that ideas in the understanding are coeval with sensation; which is such an impression or motions made in some part of the body, as produces some perception in the understanding. It is about these impressions made on our senses by outward objects that the mind seems first to employ itself, in such operations as well call perception, remembering, consideration, reasoning, &c.

The original of all our knowledge. In time the mind comes to reflect on its own operations about the ideas got by sensation, and thereby stores itself with a new set of ideas, which I call ideas of reflection. These are the impressions that are made on our senses by outward objects that are extrinsical to the mind; and its own operations, proceeding from powers intrinsical and proper to itself, which, when reflected on by itself, become also objects of its contemplation—are, as I have said, the original of all knowledge. Thus the first capacity of human intellect is, —that the mind is fitted to receive the impressions made on it; either through the senses by outward objects, or by its own operations when it reflects on them. This is the first step a man makes towards the discovery of anything, and the groundwork whereon to build all those notions which ever he shall have naturally in this world. All those sublime thoughts which tower above the clouds, and reach as high as heaven itself, take their rise and footing here: in all that great extent wherein the mind wanders, in those remote speculations it may seem to be elevated with, it stirs not one jot beyond those ideas which sense or reflection have offered for its contemplation. ①

译文参考 B

当人的感觉初次诞生时，观念便开始形成。感觉是何物？如果需要回答人何时拥有观念？真正的答案则是：最初产生感觉的那一刻。因为在感官未将观念传输到心灵之前，心中似乎不会有任何观念，所以我认为理解中的观念和感觉是同时产生的。观念就是在身体某部分形成的一种印象或是运动，并从理解中产生出知觉。正是外界物象作用在感官上而形成的印象使人的心灵运用心智进行所谓的知觉、记忆、考虑和推理等。

一切人类知识的源泉。当心智回顾着感觉形成的观念时，又作用于内心形成新观念，并被储存起来，这一新观念被称为反思观念。外界物象作用在感官上而形成的印象并非心灵本有的。来自于心灵的内在能力所发生的各种作用，则在自我反思这些作用时，又成为心灵思维的对象。正如上述所说，它们就是一切人类知识的源泉。所以心中留下的印象是由外物经过感官印于心智上，或是在反思时，印象作用于心内。因此人类智慧的最初能力，就是心智具有的接受由它形成的这些印象的能力。印象可以通过外

---

① John Locke, *An Essay concerning Human Understanding*, edited by Jim Manis, Pennsylvania State University, 1690, pp. 100 – 101.

界物象引发感觉，也可以在反思时通过自身产生的作用而获得，这是人类探索事物的基础。只有在此基础上才能建立与这个世界相应的一切观念。一切思想，无论多么崇高，都要立足于此。心智虽然思维玄妙，遥遥叵测，也离不开感官或者反思所提供的那些用于思维的观念。

语篇精粹 C

Some antipathies an effect of it. That there are such associations of them made by custom, in the minds of most men, I think nobody will question, who has well considered himself or others; and to this, perhaps, might be justly attributed most of the sympathies and antipathies observable in men, which work as strongly, and produce as regular effects as if they were natural; and are therefore called so, though they at first had no other original but the accidental connexion of two ideas, which either the strength of the first impression, or future indulgence so united, that they always afterwards kept company together in that man's mind, as if they were but one idea. I say most of the antipathies, I do not say all; for some of them are truly natural, depend upon our original constitution, and are born with us; but a great part of those which are counted natural, would have been known to be from unheeded, though perhaps early, impressions, or wanton fancies at first, which would have been acknowledged the original of them, if they had been warily observed. A grown person surfeiting with honey no sooner hears the name of it, but his fancy immediately carries sickness and qualms to his stomach, and he cannot bear the very idea of it; other ideas of dislike, and sickness, and vomiting, presently accompany it, and he is disturbed; but he knows from whence to date this weakness, and can tell how he got this indisposition. Had this happened to him by an overdose of honey when a child, all the same effects would have followed; but the cause would have been mistaken, and the antipathy counted natural. [1]

译文参考 C

有些人的反应是嫌弃。人们因袭习俗而在心中生出的联想，或许没人去探究，不过有谁认真思忖过自我或他人的这种现象？其产生恰是由于人类所表现出的同情和厌烦产生强大作用，而且联想的效应似乎自然而然、有规律地产生。虽说自然而生，但最初也是两种观念的偶然结合。联想的产生或是由于初次印象的力量，或是由于后来放纵的力量，二者结合得固结不解，在心灵内如影随形，就像一个观念似的。不过我只是说，大多数的嫌弃是如此生成的，并非所有都是这样。因为有些嫌弃确乎是本有的，与生俱来的。不过大多数被归类于天生的嫌弃明显是由于在萌芽时期一些未经留意的印象或张狂的幻想所致，如果留心观察一下，就应当承认它们是始作俑者。成年人过度饮食蜂蜜后，耳朵根本不能听蜂蜜之名，只要一听到，立马就会胃不舒服，接下来就是反感、恶心、呕吐，所以他根本就不能想这个观念，只要一想就会使他烦心起来。不过他知道这种病状由何而来，并且能说出这种嫌弃是如何生成的。如果这种情形是由于在幼年过度饮食蜂蜜

---

① John Locke, *An Essay concerning Human Understanding*, edited by Jim Manis, Pennsylvania State University, 1690, pp. 381–382.

的话，类似的反应虽然也会有，但会被误以为这种对蜂蜜的反感是天生的。

（三）观念论（Theory of Idea）

1. 术语解读

洛克驳斥天赋观念的存在，但接受了心灵通过观念形成其世界图景的假设。他宽泛地使用了"观念"一词，在他的著作中，有时将"观念"与"知觉"等同起来，在此意义上，观念使我们通过感官感知事物，或者在反省中以内省方式意识到我们自己的感觉和思想，有时观念是理智中这些感觉事项和内省事项的摹本。在洛克看来，观念是思想或感觉经验的内容，是我们所具有的关于某个对象的思想。有时观念是心灵的直接对象。我们直接知觉到的东西是观念，而不是物理对象。观念被说成是记忆和想象的对象。这种说法是一种知觉表象论。有时观念也被说成是我们可以对其具有观念的性质或性质的集合。洛克把观念分为简单观念和复杂观念。前者是不能进一步分解为组成部分的观念，这种观念包括我们关于红色、痛苦和点的观念。后者是由简单观念结合而成的观念，包括抽象普遍的观念和某些反省观念，洛克把知识界定为对观念的联系和一致的知觉。

2. 语篇精粹

语篇精粹 A

Ideas in the mind, qualities in bodies. To discover the nature of our ideas the better, and to discourse of them intelligibly, it will be convenient to distinguish them as they are ideas or perceptions in our minds; and as they are modifications of matter in the bodies that cause such perceptions in us: that so we may not think (as perhaps usually is done) that they are exactly the images and resemblances of something inherent in the subject; most of those of sensation being in the mind no more the likeness of something existing without us, than the names that stand for them are the likeness of our ideas, which yet upon hearing they are apt to excite in us.

Whatsoever the mind perceives in itself, or is the immediate object of perception, thought, or understanding, that I call idea; and the power to produce any idea in our mind, I call quality of the subject wherein that power is. Thus a snowball having the power to produce in us the ideas of white, cold, and round, —the power to produce those ideas in us, as they are in the snowball, I call qualities; and as they are sensations or perceptions in our understandings, I call them ideas; which ideas, if I speak of sometimes as in the things themselves, I would be understood to mean those qualities in the objects which produce them in us.

Primary qualities of bodies. Qualities thus considered in bodies are, First, such as are utterly inseparable from the body, in what state soever it be; and such as in all the alterations and changes it suffers, all the force can be used upon it, it constantly keeps; and such as sense constantly finds in every particle of matter which has bulk enough to be perceived; and the mind finds inseparable from every particle of matter, though less than to make itself singly be perceived by our senses: v. g. ①

译文参考 A

　　观念储存于心灵，性质储存于身体。为了更好的弄清人类的思想本质，更理智地进行探讨，需要加以区别：首先它们是心中的观念和知觉，其次它们是人体内引起知觉产生的物质变状。区分后，我们可能不再认为它们仅是意象或主体固有的某种相似物。看到了存在的某物，就会对某物产生知觉，听到了代表某物的名称，心中就会产生观念，因为它们刺激了我们的身体。

　　无论是内心本身的观察，还是通过物象获得的知觉、思想、理解，都称之为观念。凡是能在心灵内生成观念的那种能力，我称之为主体的内在属性。于是在我们心中，雪球具有可产生白、冷、圆等观念的能力，这一存在于雪球中并在心灵生成观念的能力，我称之为性质；至于它们在心智理解中所生的那些感觉或知觉，则被称之为观念。谈到观念，如果可以说成是事物本身固有的话，就可以理解为物象的属性促使了观念的产生。

　　什么是物体的第一属性？据观察，不论在什么情形之下，物质属性都是完全不能和物体分离的，比如，无论物体发生了什么变化，或是外界作用于物体的力量多大，它恒常保留这些属性。又如，依靠感官仅能观察到体积较大的物质分子，但是不易察觉到微细的物质分子，但是依靠人的心智却可以洞察一切物质分子，心智与物质分子密不可分。

---

　　① John Locke, *An Essay concerning Human Understanding*, edited by Jim Manis, Pennsylvania State University, 1690, pp. 116－117.

语篇精粹 B

Pain has the same efficacy and use to set us on work that pleasure has, we being as ready to employ our faculties to avoid that, as to pursue this: only this is worth our consideration, that pain is often produced by the same objects and ideas that produce pleasure in us. This their near conjunction, which makes us often feel pain in the sensations where we expected pleasure, gives us new occasion of admiring the wisdom and goodness of our Maker, who, designing the preservation of our being, has annexed pain to the application of many things to our bodies, to warn us of the harm that they will do, and as advices to withdraw from them. But he, not designing our preservation barely, but the preservation of every part and organ in its perfection, hath in many cases annexed pain to those very ideas which delight us. Thus heat, that is very agreeable to us in one degree, by a little greater increase of it proves no ordinary torment: and the most pleasant of all sensible object, light itself, if there be too much of it, if increased beyond a due proportion to our eyes, causes a very painful sensation. Which is wisely and favorably so ordered by nature, that when any object does, by the vehemency of its operation, disorder the instruments of sensation, whose structures cannot but be very nice and delicate, we might, by the pain, be warned to withdraw, before the organ be quite put out of order, and so be unfitted for its proper function for the future. The consideration of those objects that produce it may well persuade us, that this is the end or use of pain. For, though great light be insufferable to our eyes, yet the highest degree of darkness does not at all disease them: because that, causing no disorderly motion in it, leaves that curious organ unharmed in its natural state. But yet excess of cold as well as heat pains us: because it is equally destructive to that temper which is necessary to the preservation of life, and the exercise of the several functions of the body, and which consists in a moderate degree of warmth; or, if you please, a motion of the insensible parts of our bodies, confined within certain bounds. [1]

译文参考 B

疼痛与快乐一样，具备同样的功效，能促使我们的机能发挥作用。就像通过人体的官能追求快乐一样，通过它们亦能避免疼痛。只要人们想到痛苦本是产生快乐的同一物象和观念，亦会产生痛苦。正是因为两者同时发生，人们往往在期待快乐的同时，却感受到痛苦。所以应该惊羡造物者的智慧和善意，它旨在保护我们的身体，把疼痛附加在人的身体上，是为了警告人们许多事物将给身体带来伤害，然后教导人们要躲避。不过造物者不仅仅旨在保护好我们的身体，还意在保护身体的各器官完好无缺，因此在多数情形下，它把痛苦附加在那些本能产生快乐的观念上。例如，热度在某一温度可令人惬意，可是温度剧增，则会令人异常痛苦。又如，光线本身原在一切可感物象中最令人惬意，可是光一旦太强，超出眼睛承受的能力，则会引发痛苦的感觉。自然界巧妙地安排了苦痛感，致使任何物象一旦运行过猛，原本构造

---

① John Locke, *An Essay concerning Human Understanding*, edited by Jim Manis, Pennsylvania State University, 1690, p. 112.

精妙灵敏的感官指数便会失调，我们以感受痛苦的方式受到警告，从而避而远之，以免造成器官的失灵及将来器官功能受损。只要思考那些产生痛苦的物象便足以令人相信，感受痛苦的目的与功用所在。虽说强烈的光线令眼睛不能忍受，但是极度的黑暗却不能使眼睛患病，因为黑暗不会造成眼动的失调，使眼睛这个奇异的器官在自然状态不受伤害。极冷与极热一样能使我们感觉痛苦，它们同样对心情不利，而心情是生命维持和身体器官机能运行所必需的，一种适宜的温度可以造就好心情，抑或说一定范围内的身体各部无疼痛感的运动也可以造就出愉悦心情。

语篇精粹 C

The word reason in the English language has different significations: sometimes it is taken for true and clear principles: sometimes for clear and fair deductions from those principles: and sometimes for the cause, and particularly the final cause. But the consideration I shall have of it here is in a signification different from all these; and that is, as it stands for a faculty in man, that faculty whereby man is supposed to be distinguished from beasts, and wherein it is evident he much surpasses them.

If general knowledge, as has been shown, consists in a perception of the agreement or disagreement of our own ideas, and the knowledge of the existence of our own ideas, and the knowledge of the existence of all things without us (except only of a God, whose existence every man may certainly know and demonstrate to himself from his own existence), be had only by our senses, what room is there for the exercise of any other faculty, but outward sense and inward perception? What need it there of reason? Very much: both for the enlargement of our knowledge, and regulating our assent. For it hath to do both in knowledge and opinion, and is necessary and assisting to all our other intellectual faculties, and indeed contains two of them, viz. sagacity and illation. By the one, if finds out; and by the other, it so orders the intermediate ideas as to discover what connexion there is in each link of the chain, whereby the extremes are held together; and thereby, as it were, to draw into view the truth sought for, which is that which we call illation or inference, and consists in nothing but the perception of the connexion there is between the ideas, in each step of the deduction; whereby the mind comes to see, either the certain agreement or disagreement of any two ideas, as in demonstration, in which it arrives at knowledge; or their probable connexion, on which it gives or withholds its assent, as in opinion. [①]

译文参考 C

英文中"推理"一词有多重含义：有时指正确而清晰的原理；有时指根据这些原理演绎的清楚而公允的推论；有时指原因，尤其特指最终的原因。不过我这里所讲的与上述含义完全不同。它是指人类的官能，这正是人与动物的不同之处，显然人类的官能远远优于动物。

有研究表明，如果想要基本常识存于我们对事物赞同或反对

---

① John Locke, *An Essay concerning Human Understanding*, edited by Jim Manis, Pennsylvania State University, 1690, pp. 663 – 664.

的知觉中，并存于我们的观念中，甚至除我们之外的一切事物中（上帝除外，因为无人不知上帝的存在，无须证明上帝的存在），就仅能依赖于感官。那么除了外面的感官和里面的知觉之外，还有别的官能施展的空间吗？还需不需要上面说的推理？非常需要：因为它既能扩展知识，又能调节我们内心的想法。既然推理与两者（即知识和意见）皆相关，就有必要去辅助身体上其他智力官能。实际上，推理具备睿智和推定两种官能，凭借前者可以寻求发现，凭借后者可以进行梳理，然后找出真理，这一过程被称之为推定或推断，它只存在于各观念间的知觉交合之处，对物象演绎推论。只要是心智所能企及，无论是赞同或是反对的观念，还是两者的结合，前者将在推理证明的过程中获得认知，而后者将在表述意见的过程中给予断定。

（四）白板（Theory of Tabula Rasa）

1. 术语解读

白板是西方哲学史上的感觉论者用以解释人的认识过程的用语。最早由古希腊的柏拉图提出，他把人的灵魂比作蜡块或蜡板，接受外界的感觉形成记忆，如印章打下的印记。但他认为这种感性认识是不可靠的，不是真理，不能把握理念。古希腊的亚里士多德认为，人在婴儿时期像一块白板（或一张白纸），上面一无所有，后来才接受来自外界事物的刺激，产生感觉和知觉，从而形成记忆和回忆。他把灵魂比喻成蜡块，在进行思维活动时，灵魂接受外界事物的刺激，像蜡块一样，留下痕迹。早期斯多亚学派继承了这种主张，他们认为理性认识来自知觉，初生的灵魂像一块空白的木板或一张白纸，它接受事物的表象正像蜡板接受图章的印记一样。这种表象来自不依赖人而独立存在的客体，没有在先的客体，就不会在心灵产生客体的表象；表象得到理解就是知觉，在此基础上形成"理解的表象系统"，即"技艺"和"科学"，技艺是经验的，并指向一个具体目的，科学是"确定的、坚定的和无可辩驳的"，逻辑思维的基础在感觉之中。英国哲学家洛克继承并发展了这种思想，他批判了天赋观念说，并认为人的一切观念和知识都源于经验，是外界事物在白板上留下的痕迹。但他并未因此否定凭借已获得的原材料进行反省，从而能获得普遍的知识这一原则。

2. 语篇精粹

语篇精粹 A

All ideas come from sensation or reflection. Let us then suppose the mind to be, as we say, white paper, void of all characters, without any ideas：—How comes it to be furnished? Whence comes it by that vast store which the busy and boundless fancy of man has painted on it with an almost endless variety? Whence has it all the materials of reason and knowledge? To this I answer, in one word, from experience. In that all our knowledge is founded; and from that it ultimately derives itself. Our observation employed either, about external sensible objects, or about the internal operations of our minds perceived and reflected on by ourselves, is that which supplies our understanding with all the materials of thinking. These two are the foundations of knowledge, from whence all the ideas we have, or can naturally have, do spring. ①

译文参考 A

一切观念皆源于感觉或反思。让我们做这样一种假设，假定心智是一张白纸，上面没有任何标记，没有任何观念，那么如何添加观念呢？又怎么通过人类无限的想象将千变万化的观念储存于这种纸上呢？所有关于推理和认知方面的材料又都是从哪里来的呢？简言之，我认为它是从亲历中来的。因为一切认知都是建立在并且最终源于自身的亲历经验。人类或运用外界的可感物，或运用内心的知觉与反思进行观察，为人类的理解提供一切思维的材料。此二者便是认知的基础，从而人类便有了观念，或者说种种观念便自然而然涌现出来。

语篇精粹 B

"What is, is," and "It is impossible for the same thing to be and not to be," not universally assented to. But, which is worse, this argument of universal consent, which is worse, this argument of universal consent, which is made use of to prove innate principles, seems to me a demonstration that there are none such: because there are none to which all mankind give an universal assent. I shall begin with the speculative, and instance in those magnified principles of demonstration, "Whatsoever is, is," and "It is impossible for the same thing to be and not to be"; which, of all others, I think have the most allowed title to innate. These have so settled a reputation of maxims universally

---

① John Locke, *An Essay concerning Human Understanding*, edited by Jim Manis, Pennsylvania State University, 1690, p. 87.

received, that it will no doubt be thought strange if any one should seem to question it. But yet I take liberty to say, that these propositions are so far from having an universal assent, that there are a great part of mankind to whom they are not so much as known.

Not on the mind naturally imprinted, because not known to children, idiots, &c. For, first, it is evident, that all children and idiots have not the least apprehension or thought of them. And the want of that is enough to destroy that universal assent which must needs be the necessary concomitant of all innate truths: it seeming to me near a contradiction to say, that there are truths imprinted on the soul, which it perceives or understands not: imprinting, if it signify anything, being nothing else but the making certain truths to be perceived. For to imprint anything on the mind without the mind's perceiving it, seems to me hardly intelligible. If therefore children and idiots have souls, have minds, with those impressions upon them, they must unavoidably perceive them, and necessarily know and assent to these truths; which since they do not, it is evident that there are no such impressions. For if they are not notions naturally imprinted, how can they be innate? And if they are notions imprinted, how can they be unknown? To say a notion is imprinted on the mind, and yet at the same time to say, that the mind is ignorant of it, and never yet took notice of it, is to make this impression nothing. [1]

---

[1] John Locke, *An Essay concerning Human Understanding*, edited by Jim Manis, Pennsylvania State University, 1690, pp. 28 - 29.

译文参考 B

"凡存在者存在","同一事物不可能既存在而又不存在"。这一论点并未得到普遍认可。更糟的是，人们普遍认同的是天赋原则，对我来说这根本就是不可证实的，因为不能以人们的普遍认同作为论证。下面我将以思辨模式和例证法证明"凡存在者存在"和"一种东西不可能既存在而又不存在"的论断。与一切论断相比，我认为这算是最配得上天赋原则头衔的吧。似乎从来没有任何人质疑那些被普遍认同了的公理，这不足为奇。不过我斗胆地讲一句，这些命题远称不上得到普遍认同，不过是大多数人不能认知真相而已。

心智并非天生就带有印记，从儿童、痴呆者等便可得以证实。显然儿童和痴呆者不具备基本的理解与思考能力。一旦心智进行理解和思考时，普遍的认同原则便会受到质疑，因为所有的天赋真理，其必要条件便是认同原则。在我看来，这就像一对矛盾体：心智有了真理的印记，却又不能知觉或理解这一印记。如果印记意味着一切事物，那么心智一定有且只有由知觉形成的真理。因此心智上如果没有知觉，同时心智又对一切事物有印记，那么这简直令人费解。照此说法，只要儿童和白痴的灵魂和心智上有印记，他们就必然会有知觉、会知晓这些真理，并承认这些真理是先天性的。很显然，一旦他们不具备的话，就没有印记之说了。因为那些印记如果不是天生地印入心中的观念，与生俱来又如何能讲的通呢？如果印记是先天烙印下的观念，又为何儿童和白痴不能认知呢？合理的解释就是：某一种观念印记在心灵上，但心灵忽略了这个印记，而且从不曾注意到它的存在，当然印记就无所生成了。

语篇精粹 C

No proposition can be said to be in the mind which it never yet knew, which it was never yet conscious of. For if any one may, then, by the same reason, all propositions that are true, and the mind is capable ever of assenting to, may be said to be in the mind, and to be imprinted: since, if any one can be said to be in the mind, which it never yet knew, it must be only because it is capable of knowing it; and so the mind is of all truths it ever shall know.

Nay, thus truths may be imprinted on the mind which it never did, nor ever shall know; for a man may live long, and die at last in ignorance of many truths which his mind was capable of knowing, and that with certainty. So that if the capacity of knowing be the natural impression contented for, all the truths a man ever comes to know will, by this account, be every one of them innate; and this great point will amount to no more, but only to a very improper way of speaking; which, whilst it pretends to assert the contrary, says nothing different from those who deny innate principles. For nobody, I think, ever denied that the mind was capable of knowing several truths. The capacity, they say, is innate; the knowledge acquired. But then to what end such contest for certain innate maxims? If truths can be imprinted on the understanding without being perceived, I can see no difference there can be between any truths the mind is capable of knowing in respect of their original: they must all be innate or all adventitious: in vain shall a man go about to distinguish them. He therefore that talks of innate notions in the understanding, cannot (if he intend thereby any distinct sort of truths) mean such truths to be in the understanding as it never perceived, and is yet wholly ignorant of. For if these words "to be in the understanding" have any propriety, they signify to be understood. So that to be in the understanding, and not to be understood; to be in the mind and never to be perceived, is all one as to say anything is and is not in the mind or understanding. If therefore these two propositions, "Whatsoever is, is," and "It is impossible for the same thing to be and not to be," are by nature imprinted, children cannot be ignorant of them: infants, and all that have souls, must necessarily have them in their understandings, know the truth of them, and assent to it.[①]

译文参考 C

不应该假设说，心灵从未认知到印记或者心灵从未曾意识到印记。因为一旦形成这样的假设命题，就要进行推理，那么凡是被推定为真命题，且在心智上又曾经得到认同，方能说这一假设命题印在了心灵上。如果说命题在不被认知时就印在心灵上，就一定是因为命题具备了认知功能，由此推定心灵应该知道所能知道的一切真理。

不仅如此，真理也许早已被印在了以前未曾认知，以后也不会认知的心智上。一个人也许长寿，可是或许到临死时仍不知道

---

① John Locke, *An Essay concerning Human Understanding*, edited by Jim Manis, Pennsylvania State University, 1690, pp. 28 - 29.

自己的心灵是有能力认知许多真理的。因此，假如认知的能力就是人们所争论的那个天然存在的印象，则人们所能知道的一切真理全都可以被说成是天生禀赋的。不过这个观点只不过是一种不妥当的说法罢了。假使有人佯装反对，其言辞与否定禀赋原则的言辞也没什么不同。我认为，没有人会否认人的心智有认知真理的能力，正如人言能力是先天的，知识是后得的。那么对某些天赋原则进行争辩究竟有什么目的呢？如果真理在没能知觉时就能印入在理解中，那么在我看来，心智在认知真理的能力上没有什么差异。一切对真理的印记要么是先天的，要么是后天的，如果妄图分别，只能是徒劳无益。因此，一个人在谈及理解中的先天概念时，如果他随后专指某一类明确的真理，不能说这类真理在未被知觉前就存于理解中，然后还全然不知觉这类真理的存在。因为若"存在理解中"这一用词适当的话，则应该指"要被理解"之义。因此，"存在理解中"不同于"要被理解"，"存在心智中"也不同于"要被知觉"，那将等同于，某事物同在心灵或理解中，同时又不在其中。因此，"凡存在者存在"，"同一事物不能同时存在而又不存在"，这两个命题如果是自然印入人心中的，则儿童应该知晓，所有的婴儿或是有灵性的生物，必然都在理解中知晓，必然都认知并认同这些真理。

（五）财产权（Property Right）

1. 术语解读

"财产权"既是法学概念，也属于经济学的范畴。从法学角度讲，财产权体现为人们拥有财产利益的权利。从经济学角度看，

"财产权"是一种经济关系,"财产权在《世界经济学大辞典》中的解释是指'法律关系主体依法享有的对物质财富和精神财富占有与支配的权利'"①。按照《政治经济学大辞典》的解释,财产权指的是"人们对于物质性财富的所有、占有、支配以及使用中所形成的社会关系,它体现着附着在物质上的人的权利"②。从拉丁文起源开始,财产权的概念经历了一系列词义变化,体现在洛克、卢梭、康德、费希特等思想家的论述中。一般来说,"就内涵而言,财产权是在一定社会形态中人们之间关于物质资料的所有、使用、支配、分配等一系列关系的法律表现;而外延主要包括所有权、使用权、支配权和收益权,等等"③。英国哲学家约翰·洛克在《政府论》中阐述了财产权。洛克的"财产权"有广义和狭义之分,"狭义的财产权是通常我们所说的'物权',也就是人身权利、社会政治权利等权利;广义的财产权,则是指人们各种权利的统称,主要包括生命权、自由权、财产权等权利"④。

2. 语篇精粹

语篇精粹 A

(1) That Adam had not, either by natural right of fatherhood, or by positive donation from God, any such authority over his children, or dominion over the world, as is pretended.

(2) That if he had, his heirs, yet, had no right to it.

---

①②③ 莫凡:《财产权概念的语义学考察》,《马克思主义与现实》,2013 年第 6 期。

④ 袁赛男:《论洛克〈政府论〉中"财产权"学说》,中共中央党校,2007 年硕士研究生毕业论文。

（3）That if his heirs had, there being no law of nature nor positive law of God that determines which is the right heir in all cases that may arise, the right of succession, and consequently of bearing rule, could not have been certainly determined.

（4）That if even that had been determined, yet the knowledge of which is the eldest line of Adam's posterity, being so long since utterly lost, that in the races of mankind and families of the world, there remains not to one above another, the least pretence to be the eldest house, and to have the right of inheritance: All these premises having, as I think, been clearly made out, it is impossible that the rulers now on earth should make any benefit, or derive any the least shadow of authority from that, which is held to be the fountain of all power, Adam's private dominion and paternal jurisdiction; so that he that will not give just occasion to think that all government in the world is the product only of force and violence, and that men live together by no other rules but that of beasts, where the strongest carries it, and so lay a foundation for perpetual disorder and mischief, tumult, sedition and rebellion, (things that the followers of that hypothesis so loudly cry out against) must of necessity find out another rise of government, another original of political power, and another way of designing and knowing the persons that have it, than what Sir Robert Filmer hath taught us. ①

---

① John Locke, *Two Treatises of Government*, edited by Thomas Hollis, A. Millar et al., 1764, p. 47.

译文参考 A

第一，亚当并没有天生的父权身份，也没有获得上帝对父权的赐予，所以他所享有的任何对儿女的这种权威或是享有的对于世界的统辖权都属于妄断；

第二，即使他享有这种权力，他的继承人并无权利享有这种权力；

第三，即使他的继承人享有这种权力，但是由于没有自然法则，也没有上帝的明文条例就不能确定在任何场合谁都是合法继承人，因此就无从确定继承权，也无从确定应该由谁来掌握统治权。

第四，即使被确定下来，谁是亚当的长房后嗣也早已无从查考，这就使人类各种族和世界上各家族，没有哪个比别的更能自称是最长的嫡裔，而享有继承的权利。

所有这些前提我认为已表达清楚，世界上的统治者想从以亚当的个人统辖权和父权为一切权力的根源的说法获益是不可能的。因为亚当的个人统治权以及父权被看成是权力之源，所以亚当不会令后人有此遐想。世界上所有的政府皆是强权与暴力的产物，无论哪一个。只要拿不出正当理由来举证，人们的生存与相处无外乎就是遵循动物的法则：弱肉强食。它令整个世界长期动荡不安、祸患四起、暴动频频、兵戈相觑（凡赞同此假设者都会大声疾呼，不要弱肉强食），针对该现状，就必须有新的政府、新的政治权力诞生，以及设计和明确一种谁该享有这种权力的新方式，而非主张君权神授理论的罗伯特·菲尔麦爵士所教导的方法。

语篇精粹 B

Whether we consider natural reason, which tells us, that men, being once born, have a right to their preservation, and consequently to meat and drink, and such other things as nature affords for their subsistence: or revelation, which gives us an account of those grants God made of the world to Adam, and to Noah, and his sons, it is very clear, that God, as king David says, Psal. CXV. 16. has given the earth to the children of men; given it to mankind in common. But this being supposed, it seems to some a very great difficulty, how any one should ever come to have a property in any thing: I will not content myself to answer, that if it be difficult to make out property, upon a supposition that God gave the world to Adam, and his posterity in common, it is impossible that any man, but one universal monarch, should have any property, upon a supposition, that God gave the world to Adam, and his heirs in succession, exclusive of all the rest of his posterity. But I shall endeavour to shew, how men might come to have a property in several parts of that which God gave to mankind in common, and that without any express compact of all the commoners.

God, who hath given the world to men in common, hath also given them reason to make use of it to the best advantage of life, and convenience. The earth, and all that is therein, is given to men for the support and comfort of their being. And tho all the fruits it naturally produces, and beasts it feeds, belong to mankind in common, as they are produced by the spontaneous hand of nature; and no body has originally a private dominion, exclusive of the rest of mankind, in any of them, as they are thus in their natural state: yet being given for the use of men, there must of necessity be a means to appropriate them some way or other, before they can be of any use, or at all beneficial to any particular man. The fruit, or venison, which nourishes the wild Indian, who knows no inclosure, and is still a tenant in common, must be his, and so his, i. e. a part of him, that another can no longer have any right to it, before it can do him any good for the support of his life. ①

译文参考 B

从自然推理的角度，人类一出生即享有生存权利，接下来是享有饮食以及大自然赐予的生存物质。此外，上帝的启示录阐释了上帝如何把所创的世界赐予亚当、亚当的后裔诺亚和诺亚的儿子们。显然，正如《旧约》待续篇中第一百一十五篇第十六节中大卫王所说，上帝把土地给了世人，为人类所共有。但假使这样，似乎还是很难理解，人们怎能对任何东西享有财产权呢？这一回答并不令人满意。有这样一种命题：上帝将世界赐予亚当和亚当的后人，如果该命题成立，就很难理解什么是产权。还有一种命题：上帝将世界只赐予亚当和他的继承人，不给亚当的其他后人，如果这一命题成立，除了全世界唯一的君主之外，谁也不可能享有任何财产。我将尽力阐释，说明人类怎会对上帝赐予的诸多东西享有产权，并且还不必经过全体世人的共同协议。

上帝不仅将世界赐予人类共享，还给予人类充分的理由将之运用于生活，从而获得最大便利。把土地和其中的一切赐予人类，

---

① John Locke, *Two Treatises of Government*, edited by Thomas Hollis, A. Millar et al., 1764, pp. 52 – 53.

是为了维持人类的生存和舒适的生活。虽然大自然孕育了果实，养育了动物，但即使这些都出自自然之手，也仍然归人类所共有。人类最初没有所有权，但后来所有权出现了，这也是自然而然的事。这些既然是给人类使用的，那么就有必要通过某种划拨归私的方式，使某一人使用，或是对某人有益。比如吃野果和鹿肉的野蛮印第安人，那时不懂得圈地畜牧时，还是无主土地的佃户，后来为了推持他们的生活，就必须把养活他们的鹿肉或野果变为己有，即变为他们的一部分，使别人不能再对其享有任何权利，这样才能带来益处。

语篇精粹 C

To which let me add, that he who appropriates land to himself by his labour, does not lessen, but increase the common stock of mankind: for the provisions serving to the support of human life, produced by one acre of inclosed and cultivated land, are (to speak much within compass) ten times more than those which are yielded by an acre of land of an equal richness lying waste in common. And therefore he that incloses land, and has a greater plenty of the conveniencies of life from ten acres, than he could have from an hundred left to nature, may truly be said to give ninety acres to mankind: for his labour now supplies him with provisions out of ten acres, which were but the product of an hundred lying in common. I have here rated the improved land very low, in making its product but as ten to one, when it is much nearer an hundred to one: for I ask, whether in the wild woods and uncultivated waste of America, left to nature, without any improvement, tillage or husbandry, a thousand acres yield the needy and wretched inhabitants as many conveniencies of life, as ten acres of equally fertile land do in Devonshire, where they are well cultivated?

Before the appropriation of land, he who gathered as much of the wild fruit, killed, caught, or tamed, as many of the beasts, as he could; he that so imployed his pains about any of the spontaneous products of nature, as any way to alter them from the state which nature put them in, by placing any of his labour on them, did thereby acquire a propriety in them; but if they perished, in his possession, without their due use; if the fruits rotted, or the venison putrified, before he could spend it, he offended against the common law of nature, and was liable to be punished; he invaded his neighbour's share, for he had no right, farther than his use called for any of them, and they might serve to afford him conveniencies of life. ①

译文参考 C

关于这一点，我还要补充说明，人类通过劳作把土地划归私有后，人类的共同物品并未因此而减少，反而增加了。经过圈地耕种的一英亩私有土地产出的供应人类生活的产品，比同样肥沃而任其荒芜的一英亩共有土地（保守地讲）所产的要多十倍。所以说，圈地的人从十英亩土地上所得到的生活必需品，比从一百英亩放任自流的土地所得到的要丰厚得多，若说多给了人类九十英亩土地也是真实的——因为一个人从十英亩土地上劳作收获的

---

① John Locke, *Two Treatises of Government*, edited by Thomas Hollis, A. Millar et al., 1764, p. 55.

产品至少等于从一百英亩土地上所生产的产品。这里已经把改良土地的产量定得很低，只定为十比一，而事实上是更接近于一百比一。试问，美洲大陆的野生丛林及尚未开垦的千亩荒地，如果顺其自然，不加改良、疏于农耕、不做畜牧的话，为贫困居民所提供的物产能否和英国德文郡肥沃而精良耕作的十英亩土地上所产出的同样多呢？

在土地划归私有前，无论谁都可以尽其所能，采摘野果、宰杀牛羊、捕猎野兽或驯养动物。人类因苦于靠天吃饭，便花大力气劳作，用各种手段改造大自然，以改变自身所处的境况，于是人类获取了所有权。不过有谁如果使用不当，把所拥有的东西毁坏了，如水果、鹿肉等食用不完而造成腐烂变质，便是违背了大自然的定律，有可能受到惩戒。之所以称某人侵占了邻舍的财产，是因为凡是超出必要用途的东西，他便没有所有权，那些东西仅为他提供生活便利而已。

（六）宗教宽容（Religious Tolerance）

1. 术语解读

"宗教宽容"政策形成于启蒙运动时期，是指个人可以选择非国家认可的宗教信仰；对宗教信仰者与反宗教者持宽容的态度。中世纪时期，宗教宽容思想受到神权的控制，带来了教权腐败、迫害异教徒等宗教灾难。启蒙运动时期宗教宽容政策逐步形成。法国启蒙思想家伏尔泰以理性的态度看待宗教问题，"他在其著作《论宽容》一书中阐述到'宗教宽容'是'铭刻于每个人心中的自然法'"①。法国启蒙思想家让-雅克·卢梭也持有"宗教宽容"的观点，他认为宗教是为人类社会服务，为人作战的工具。并且卢梭还认为宗教存在的另一个合理性就在于它能满足人类情感的需要。②

英国哲学家约翰·洛克早年的宗教思想是反对宗教宽容的，③到后期演变为主张宗教宽容。在其著作《论宗教宽容——致友人的一封信》一书中，他从正面和反面分别阐释了其宗教宽容的思想。从正面来解释，宗教宽容就是指在不同的宗教信仰范围内，不能强迫他人信仰他们所不信仰的东西。从反面看，其宗教宽容也并非毫无限制，在主张宗教宽容的同时，也规范着个人的行为。④

2. 语篇精粹

语篇精粹 A

Reason, therefore, here, as contradistinguished to faith, I take to be the discovery of the certainty or probability of such propositions or truths which the mind arrives at by deduction made from such ideas, which it has got by the use of its natural faculties; viz. by sensation or reflection.

Faith, on the other side, is the assent to any proposition, not thus made out by the deductions of reason, but upon the credit of the proposer, as coming from God, in some extraordinary way of communica-

---

① ② ④ 蒋玲：《卢梭的宗教宽容观解读》，西南政法大学，2014 年硕士研究生毕业论文。

③ 吴飞：《洛克论宗教宽容》，《北京大学学报》（哲学社会科学版），2008 年第 4 期。

tion. This way of discovering truths to men, we call revelation.

No new simple idea can be conveyed by traditional revelation. First, Then I say, that no man inspired by God can by any revelation communicate to others any new simple ideas which they had not before from sensation or reflection. For, whatsoever impressions he himself may have from the immediate hand of God, this revelation, if it be of new simple ideas, cannot be conveyed to another, either by words or any other signs. Because words, by their immediate operation on us, cause no other ideas but of their natural sounds: and it is by the custom of using them for signs, that they excite and revive in our minds latent ideas; but yet only such ideas as were there before. For words, seen or heard, recall to our thoughts those ideas only which to us they have been wont to be signs of, but cannot introduce any perfectly new and formerly unknown simple ideas. The same holds in all other signs; which cannot signify to us things of which we have before never had any idea at all. [①]

译文参考 A

因此，我可以这样阐释理智与信仰的矛盾对立：某一命题或真理的确定性或可能性，源于心智通过演绎获得观念，并通过身体官能（感觉或反思）获得，这就是理智。

另一方面，信仰依赖于说教者的信用，而非依据理性的推理，去认同某一命题。以上帝这一特殊的交流方法向世人展示真理，

---

① John Locke, *An Essay concerning Human Understanding*, edited by Jim Manis, Pennsylvania State University, 1690, pp. 685 – 686.

这一方式就被称作启示。

　　传统的启示不能传递新的简单观念。首先，可以说凡是蒙上帝启发的人，却难用启示方式与他人交流感受或反思中没有的新的简单观念。因为不论从上帝那里获得了什么印象，这个启示只要是新的简单观念，就不能用言语、文字或其他指示符号传递给其他人。因为当言语直接作用于我们内心时，除了引起声音观念，并不能引起别的观念。而惯常的指示符号，虽能刺激或重新唤起头脑中潜藏的观念，也只是因为被唤起的观念以前就存在。所闻所见的文字只能从我们的思想中唤起那些标记过的观念，并不能传输任何新的、以前不知的简单观念。至于别的指示符号亦如是，也无法传递给我们观念中从未有过的任何事物。

语篇精粹 B

　　The toleration of those that differ from others in matters of religion is so agreeable to the Gospel of Jesus Christ, and to the genuine reason of mankind, that it seems monstrous for men to be so blind as not to perceive the necessity and advantage of it in so clear a light. I will not here tax the pride and ambition of some, the passion and uncharitable zeal of others. These are faults from which human affairs can perhaps scarce ever be perfectly freed; but yet such as nobody will bear the plain imputation of, without covering them with some specious colour; and so pretend to commendation, whilst they are carried away by their own regular passions. But, however, that some may not colour their spirit of persecution and unchristian cruelty with a pretence of care of the public weal and observation of the laws; and that other, under pretence of religion, may not seek impunity for their libertinism and licentiousness; in a word, that none any impose either upon himself or others, by the pretences of loyalty and obedience to the prince, or of tenderness and sincerity in the worship of God; I esteem it above all things necessary to distinguish exactly the business of civil government from that of religion and to settle the just bounds that lie between the one and the other. If this be not done, there can be no end put to the controversies that will be always arising between those that have, or at least pretend to have, one the one side, a concernment for the interest of men's souls, and, on the other side, a care of the commonwealth.

The commonwealth seems to me to be a society of men constituted only for the procuring, preserving, and advancing their own civil interests. [1]

译文参考 B

对于那些在宗教问题上持有异议的人实行宽容，这与耶稣基督的福音和人类的理智相符，与人类的真知灼见更是如此相像，但是这样的宽容使人们竟无视它的必要性和优越性，真是荒诞不堪。我不愿指摘有些人的傲慢和野心，或是另一些人的偏激和狂热。这些过错固然是人类难以完全避免的，然而没有人不以掩饰自身的虚伪来避免承担罪责。人类常常因激情澎湃而得意忘形，而另一面又强装着赞许他人。有的人佯装热衷公益、遵纪守法，也粉饰不住其迫害他人的意图和泯灭天良的凶残，有的人假借宗

---

① John Locke, *A Letter concerning Toleration*, translated by William People, edited by Jim Manis, Pennsylvania State University, 1690, p. 7.

教信仰，也不能开脱其自由思想（对宗教事务的）和放荡行为。总之，谁都不能以效忠君王之名或敬仰上帝为幌子，自欺欺人。我认为首要一点就是要区分出政府公务与宗教事务，并划清二者的界限。如果做不到这点，那么对应该多关注人的灵魂，还是更应该多关心国民利益的争论就会喋喋不休，此起彼伏。

在我看来，国家是由人们组成的一个社会，人们组成这个社会仅仅是为了谋求、维护和增进公民自身的利益。

语篇精粹 C

First, because the care of souls is not committed to the civil magistrate, any more than to other men. It is not committed unto him, I say, by God; because it appears not that God has ever given any such authority to one man over another as to compel anyone to his religion. Nor can any such power be vested in the magistrate by the consent of the people, because no man can so far abandon the care of his own salvation as blindly to leave to the choice of any other, whether prince or subject, to prescribe to him what faith or worship he shall embrace. For no man can, if he would, conform his faith to the dictates of another. All the life and power of true religion consist in the inward and full persuasion of the mind; and faith is not faith without believing. Whatever profession we make, to whatever outward worship we conform, if we are not fully satisfied in our own mind that the one is true and the other well pleasing unto God, such profession and such practice, far from being any furtherance, are indeed great obstacles to our salvation. For in this manner, instead of expiating other sins by the exercise of religion, I say, in offering thus unto God Almightly such a worship as we esteem to be displeasing unto Him, we add unto the number of our other sins those also of hypocrisy and contempt of His Divine Majesty.

In the second place, the care of souls cannot belong to the civil magistrate, because his power consists only in outward force; but true and saving religion consists in the inward persuasion of the mind, without which nothing can be acceptable to God. And such is the nature of the understanding, that it cannot be compelled to the belief of anything by outward force. Confiscation of estate, imprisonment, torments, nothing of that nature can have any such efficacy as to make men change the inward judgment that they have framed of things. [1]

译文参考 C

首先，不应该责成地方行政官必须比他人更多地关注人类的灵魂，因为上帝并未赋予地方官这一权力。既然上帝从未赋予谁这一权威，也未用它迫使民众笃信自己的宗教，就不能因为人民赞同就把这一权力交由地方行政官掌管。因为谁都不会放弃对自己的灵魂的拯救，而盲目地交由他人来定夺。无论是国王，还是臣民，都不能由他人来决定应该持有何种信仰和敬仰，谁都不能，即便想这样也不行，不能使自己的信仰屈从于他人的指令。真正的宗教的生命与力量是内在的，遍布整个心智的，信仰一旦没有了，信念就不称其为信仰。不论我们做过何种表白，或是遵奉任何心外之法，如果对自己表白的真诚性、敬仰上帝的奉行从内心

① John Locke, *A Letter concerning Toleration*, translated by William People, edited by Jim Manis, Pennsylvania State University, 1690, pp. 8 – 9.

里不是十分满意，这样的表白和行动便毫无裨益，而且还给救赎造成巨大的障碍。因为这样做不仅不能通过宗教仪轨忏除所造的罪过，反倒会冒犯万能的上帝，在过往的种种罪过之上又新添伪善和对神圣陛下的蔑视之罪。

其次，关注人类的灵魂不属于地方行政官的职权，因为他的权力仅限于外部职能，只有真正救众生的宗教方能掌管遍布整个心智的内在灵魂，舍此别无其他能为上帝所接受。因而，没有任何外力能迫使谁去信仰什么，这正是人类所应该解悟的。即使使用监禁、酷刑、没收财产等外在手段，均不能改变人们业已形成的对有关事物的内在判断。

（七）经验主义（Empiricism）

1. 术语解读

经验主义认为一切观念都是从经验认识概括而来的，经验是知识的唯一来源。经验主义与"唯理论"或"理性主义"相对，认为人们所知道的一切，除了逻辑与数学的知识外，都最后以感觉材料为依据。理性不依赖于感觉与经验就不能给人们以现实的知识。经验论分为唯物主义和唯心主义。前者承认经验来源于外部客观实在，后者则否认经验的客观来源。亚里士多德认为感觉是认识的来源，只有外界事物印上痕迹才有感觉。

文艺复兴时期的经验论是近代经验论的先声。它强调经验和实验的知识。近代经验论随着自然科学的发展，要求哲学家对自然科学的研究加以总结和概括，因此对知识论问题进行了系统的、深入的论证，形成认识论上的一个派别，与理性派展开长期争辩。

英国唯物主义经验论者培根、霍布斯、洛克等，坚持知识来源于感觉经验。洛克把经验区分为感觉经验与内省经验，他认为知识的来源也应包括内心活动而产生的观念。贝克莱认为感觉观念不产生于外部事物，也不反映外部事物。物是观念的集合，其存在就在于被感知。而休谟则对感觉印象产生的原因持存疑的态度，认为它们究竟从何而来是不可知的，任何哲学名词如不能归于感觉印象就没有意义。

2. 语篇精粹

语篇精粹 A

I have put into thy hands what has been the diversion of some of my idle and heavy hours. If it has the good luck to prove so of any of thine, and thou hast but half so much pleasure in reading as I had in writing it, thou wilt as little think thy money, as I do may pains, ill bestowed. Mistake not this for a commendation of my work; nor conclude, because I was pleased with the doing of it, that therefore I am fondly taken with it now it is done. He that hawks at larks and sparrows has no less sport, though a much less considerable quarry, than he that flies at nobler game: and he is little acquainted with the subject of this treatise—the understanding—who does not know that, as it is the most elevated faculty of the soul, so it is employed with a greater and more constant delight than any of the other. Its searches after truth are a sort of hawking and hunting, wherein the very pursuit makes a great part of the pleasure. Every step the mind takes in its progress towards knowledge makes some discovery, which is not only new, but the best too, for the time at least.

For the understanding, like the eye, judging of objects only by its own sight, cannot but be pleased with what it discovers, having less regret for what has escaped it, because it is unknown. Thus he who has raised himself above the alms – basket, and, not content to live lazily on scraps of begged opinions, sets his own thoughts on work, to find and follow truth, will (whatever he lights on) not miss the hunter's satisfaction; every moment of his pursuit will reward his pains with some delight; and he will have reason to think his time not ill spent, even when he cannot much boast of any great acquisition. [①]

译文参考 A

我已经把排遣闲暇以及减负繁忙的方法交付于你们手中。如果有幸证明这种方法可以令您开心，哪怕您在阅读时产生的愉悦只如我在写作时所获快乐的一半，便不会怪自己花了冤枉钱，正如我不会怪自己枉费辛苦一样。您莫误会这番话是我为自己的著作鼓吹，亦莫要揣测。我的确因乐于写作，才会在完稿后十分欣喜。一个专捕百灵和麻雀的猎手，其捕猎技能不见得比专捕更高级的飞鸟的猎手逊色，虽然所捕的猎物稍逊。如若有谁不知道解悟是什么，也许是他不熟悉这部专著的主题——解悟。解悟乃是灵魂深处最高级的官能，最能体会出强烈而恒常的愉悦。它追寻真理的方式亦如打猎一样，就是因为乐在追寻之中。在认知的进

---

① John Locke, *An Essay concerning Human Understanding*, edited by Jim Manis, Pennsylvania State University, 1690, p. 9.

程中，心灵每行一步，都能有所发现，至少就当下而言，是崭新的，而且是最好的。

理解如同眼睛一样，仅能凭借所见而判断物象，因此它对于自己所发现的东西非常欣喜，至于看不到的，它亦不觉得可惜，因为它根本就不曾知道。凡是自力更生、不安于慵懒生活之人，都会将思想付之于行动，去探寻真理，追随真理。这样，无论他收获如何，都会产生一种捕猎后的满足感。追求过程中的每一时刻所付出的辛苦都将以快乐作为回报，纵然未能有巨大的斩获，亦不至于说自己的时光是白白荒废了。

语篇精粹 B

Since the mind, in all its thoughts and reasonings, hath no other immediate object but its own ideas, which it alone does or can contemplate, it is evident that our knowledge is only conversant about them.

Knowledge is the perception of the agreement or disagreement of two ideas. Knowledge then seems to me to be nothing but the perception of the connexion of and agreement, or disagreement and repugnancy of any of our ideas. In this alone it consists. Where this perception is, there is knowledge, and where it is not, there, though we may fancy, guess, or believe, yet we always come short of knowledge. For when we know that white is not black, what do we else but perceive, that these two ideas do not agree? When we possess ourselves with the utmost security of the demonstration, that the three angles of a triangle are equal to two right ones, what do we more but perceive that equality to two right ones does necessarily agree to, and is inseparable from, the three angles of a triangle?

This agreement or disagreement may be any of four sorts. But to understand a little more distinctly wherein this agreement or disagreement consists, I think we may reduce it all to these four sorts: I. identity, or diversity. II. relation. III. Co – existence, or necessary connexion. IV. Real existence.

Of identity, or diversity in ideas. First, As to the first sort of agreement or disagreement, viz. identity or diversity. It is the first act of the mind, when it has any sentiments or ideas at all, to perceive its ideas; and so far as it perceives them, to know each what it is, and thereby also to perceive their difference, and that one is not another. This is so absolutely necessary, that without it there could be no knowledge, no reasoning, no imagination, no distinct thoughts at all.[1]

译文参考 B

在一切思想和推理中，心智中只有自身的观念而绝无其他直接的物象。因此，显然人类的认知仅能与观念相通。

所谓认知，就是针对认同或反对这两种观念的知觉。在我看来，认知无外乎是人类观念在与认同进行连接时产生的一种知觉，或是在反对乃至抵触连接时产生的另一种知觉。认知只存于知觉中，有知觉的地方才能有认知，没有知觉，无论人类如何去想象、猜度、坚信，仍然不能获得认知。当我们知晓了白不是黑的时候，难道不是因为我们知觉到这是两个对立的观念吗？当我们坚信三角形

---

[1] John Locke, *Two Treatises of Government*, edited by Thomas Hollis, A. Millar et al., 1764, pp. 515 – 516.

的内角之和是 180 度，并认定这个定理的合理性的时候，难道不是因为我们知觉到三角形的三个内角之和必然等于两个直角之和吗？

认同或是反对可分为四类。为了进一步清晰理解二者的构成，我们可以把它们归为四种：①同一性或差异性；②相互关系；③共存或必然联系；④真实存在。

观念的同一性或差异性。首先，就认同与反对的第一类，即同一性和差异性而言，只要心智内有了任何情感或观念，心智的第一个行动就是去感知这些观念。在感知的过程中，去认知种种观念，进而认知这些观念的差异性，即这一个不是那一个。这是绝对必要的，没有了知觉，则根本不可能有知识、推论、想象和清晰的思想。

语篇精粹 C

Distinct and confused, what. As a clear idea is that whereof the mind has such a full and evident perception, as it does receive form an outward object operating duly one a well-disposed organ, so a distinct idea is that wherein the mind perceives a difference from all other; and a confused idea is such an one as is not sufficiently distinguishable from another, from which it ought to be different.

Objection. If no idea be confused, but such as is not sufficiently distinguishable from another from which it should be different, it will be hard, may any one say, to find anywhere a confused idea. For, let any idea be as it will, it can be no other but such as the mind perceives it to be; and that very perception sufficiently distinguishes it from all other ideas, which cannot be other, i. e. different, without being perceived to be so. No idea, therefore, can be undistinguishable from another from which it ought to be different, unless you would have it different from itself: for from all other it is evidently different.

Confusion of ideas is in reference to their names. To remove this difficulty, and to help us to conceive aright what it is that makes the confusion ideas are at any time chargeable with, we must consider, that things ranked under distinct names are supposed different enough to be distinguished, that so each sort by its peculiar name may be marked, and discoursed of apart upon any occasion: and there is nothing more evident, than that the greatest part of different names are supposed to stand for different things. Now every idea a man has, being visibly what it is, and distinct from all other ideas but itself; that which makes it confused, is, when it is such that it may as well be called by another name as that which it is expressed by; the difference which keeps the things (to be ranked under those two different names) distinct, and makes some of them belong rather to the one and some of them to the other of those names, being left out; and so the distinction, which was intended to be kept up by those different names, is quite lost. ①

译文参考 C

观念的清晰与混淆。清楚的观念是指心智受到外界物象刺激后，促使相应的感官运行和配置，获得充分而明显的知觉。清晰

---

① John Locke, *Two Treatises of Government*, edited by Thomas Hollis, A. Millar et al., 1764, pp. 347-348.

的观念是指心智所见与别的观念厘然有别；混淆的观念则指一种观念与另一种观念本应区分开来，却未做厘定。

观念的反驳。如果说观念不应该混淆，但是本应与其他有差别的观念一旦没有充分地加以区分，那么就会有人说，能从混淆的观念找出差别实属不易。应该任观念自然生成，因为任何观念都是由心智的知觉所为，而且这种知觉足以充分地把它同别的一切观念区分开来。因此，观念只要有差别，就能被知觉。任何一种观念都能和另一种不同的观念加以区分，除非你横加干涉，因为它同任何别的观念都是截然不同的。

观念的混淆性和名称的提及。为了除去这一困难，也为了帮助大家来正确设想观念的混淆性究竟是由何引起的，我们必须予以探究。事物因名称各异，便能加以区分，每一类都用其特定的名称进行标识，在任何情况下都能用言语区分。大都以不同的名称代表不同的事物，这是再明显不过的了。个人的每一观念都清晰分明，与其他的观念均有差别（除了与自身无差别），但是使观念变得混淆的原因是：表示它的那个名称不是一个特有的名称，两种事物本来各异，名称也应各异，但是应有的差异被人忽略，致使此名称本应属于此物所用，反而为彼物所用。因此原本想借用不同名称进行标识的作用就失效了。

第二章 孟德斯鸠：三权分立的倡导者

Laws take the place of all these virtues, which are not at all needed. The state gives you a dispensation from virtue...Honor, that is to say, the prejudice of each person and of each condition, takes the place of the political virtue of which I have spoken, and impersonates it on all sides. It is capable of inspiring the most noble actions, and, in conjunction with the power of the laws, can lead to the purpose of government like virtue itself. [1]

——Charles de Secondat, Baron de Montesquieu

法律代替了所有这些美德，并不是意味着这些美德毫无必要。国家赋予你一种美德之外的东西……荣誉，即每一个体或者每种身份的偏见代替了我所提及的政治美德，而且从各方面都体现了这种政治美德。它能激发最高尚的

---

① Thomas Chaimowicz, *Antiquity as the Source of Modernity: Freedom and Balance in the Thought of Montesquieu and Burke*, Transaction Publishers, 2008, p. 13. Note: The quotation above is originally from Montesquieu's *De l'esprit des lois*, II, 1.

行为,与权力和法律相关,能够像体现美德自身一样实现政府的目标。

——夏尔·德·色贡达,孟德斯鸠男爵

孟德斯鸠肖像

孟德斯鸠(Montesquieu,1689—1755),原名夏尔-路易·德·色贡达(Charles – Louis de Secondat),是法国著名的启蒙思想家,伟大的政治哲学家。他在哲学、政治学、法学、历史学、社会学等学科领域都有广泛建树,这使他成为18世纪法国启蒙运动的早期代表人物,影响深远。他所倡导的自由平等、人道主义、宗教宽容等启蒙理念,成为法国人进行反封建、反专制压迫斗争的理论来源之一,他提出的"三权分立""君主立宪"学说为现代西方资本主义政治制度确立了一般原则,并成为美国实行联邦政府体制的理论指南,甚至对中国近代的革命实践都产生过重要影响。

一、成长历程

(一) 贵族出身

　　孟德斯鸠出身于一个贵族家庭，其家族历史渊源流长。色贡达家族于 15 世纪初移居法国佩里戈地区（Perigord），效忠于查理七世（Charles Ⅶ）。他的先祖得宠于纳瓦尔女王（Nawal queen），于 1561 年获得了孟德斯鸠封地，孟德斯鸠的名字就来源于这一地名。其曾祖父雅克·德·色贡达（Jacques Ⅱ de Secondat）继承了孟德斯鸠封地，并在后来受封为孟德斯鸠男爵，他可以说是孟德斯鸠家族的真正创始人。孟德斯鸠的祖父让-巴普迪斯特-加斯东·德·色贡达（Jean – Baptiste – Gaston de Secondat）是家中长子，其岳父为波尔多（Bordeaux）高等法院院长，后来他被任命为该法院庭长。让-巴普迪斯特-加斯东·德·色贡达育有六子：长子让-巴普迪斯特继承了爵位，并担任了波尔多高等法院（the Bordeaux parlement）的庭长；四子雅克·德·色贡达（Jacques Ⅲ de Secondat）便是孟德斯鸠的父亲，他是一名士兵；另外四子全部做了教士。孟德斯鸠的母亲是出身于古老贵族家庭的玛丽·弗朗索瓦丝·德·佩奈尔（Marie Francoise de Pesnel），她为孟德斯鸠家族带来了陪嫁——位于法国西南部波尔多附近的拉布莱德庄园（La Brède）。由于孟德斯鸠的伯父让-巴普迪斯特唯一的幼子夭折，孟德斯鸠不但继承了其母亲带来的拉布莱德男爵爵位，而且还幸运地继承了伯父的孟德斯鸠男爵的爵位和财产。

　　孟德斯鸠于 1689 年 1 月 18 日出生于拉布莱德庄园，并于当天在拉布莱德的教区教堂里受洗，碰巧门前来了一位乡村乞丐，于是他的母亲便请这位名叫夏尔（Charles）的乞丐做他的教父，并以这位教父的名字来命名这位未来的思想家，以使他永远不忘他作为一名贵族应对穷人承担的义务。事实上，尽管小夏尔出身于贵族家庭，他的童年时光却大多在农民中间度过。像大多数贵族孩子一样，夏尔一出生就被交给奶娘抚养，跟奶娘一起住在乡村，过着简朴的农民生活。他与同龄的农家子弟都有很深的友谊。即使3岁后回到自己的家，他的同奶兄弟也会经常踩着高跷来看望他。这种幼时的成长环境使孟德斯鸠养成了一口地道的农民方言，在成年以后也没能改变。

孟德斯鸠的家庭具有浓厚的宗教氛围，他有一个姐姐，两个兄弟和两个妹妹，他与他们感情甚笃。他的这些兄弟姊妹成年后全部做了修女或修士——对于不能继承家族爵位或财产的贵族子

拉布莱德城堡

弟来说，这不失为一份体面的职业。他的母亲是一位虔诚的教徒，她对子女体贴温存，对穷人乐善好施，可惜在孟德斯鸠 7 岁的时候，她就撒手人寰，以至于她的形象在成年后孟德斯鸠的记忆中已变得十分朦胧。幼年丧母或多或少会对孟德斯鸠的个性成长带来影响，他的父亲雅克·德·色贡达在教育孩子方面面临着种种苦恼，为了使小孟德斯鸠的身心都得到良好的培养，他很快将他送进了拉布莱德教区的小学，在那里他接受初等教育直到 11 岁。

（二）求学时代

1700 年，父亲将孟德斯鸠送往朱伊公学（College of Juilly, Catholic）就读。朱伊公学是当时法国著名的贵族寄宿学校，学费高昂，它由奥拉托里修会（Oratory）创办于 1641 年，坐落在巴黎郊外一处偏僻清幽的地方。这所学校开设人文社会科学班和哲学班，传授笛卡尔主义学说。由于教学内容新颖，管理纪律严明，学风良好，吸引了大批优秀学生前来学习。孟德斯鸠在这所学校接受了全面的知识训练。他掌握了法语、拉丁语、希腊语，并对哲学、历史等课程抱有浓厚的兴趣，是笛卡尔主义的忠实拥护者。少年孟德斯鸠的文学才能也在此期间初露锋芒，他自己曾提到："我在朱伊公学曾写了一出悲剧的若干片段，后来付之一炬。"[1]

1705 年，16 岁的孟德斯鸠顺利完成了论文答辩，离开朱伊公学，回到了波尔多，进入波尔多法律学院（the law school in Bordeaux）攻读法律。这一选择并不出人意料，因为根据家族安排，

---

[1] Charles Louis de Secondat, Baron de Montesquieu, *My Thoughts* (Mes Pensées), translated, edited, and with an Introduction by Henry C. Clark, Liberty Fund, 2012.

孟德斯鸠在未来要接替他的伯父成为波尔多高等法院的庭长。在当时的法国，法律制度日趋完善，17世纪70年代，路易十四先后颁布了一系列法律敕令，包括民法、刑法、商业法等。这些政策促使人们日益重视法律教育。当时的波尔多法律学院不但讲授教会法，也讲授世俗法。学生可在入学第二学年申请学士学位，并提交学术论文进行答辩，通过后方可获得学士学位。入学第三学年可申请硕士学位，如需取得博士学位，还应在取得硕士学位一年以后当众授课并写作论文进行答辩。孟德斯鸠于1708年顺利毕业，并取得法律学士学位。

时年19岁的孟德斯鸠尚未达到在波尔多高等法院担任推事（Counsellor）的年龄，而且刚刚大学毕业，仅仅掌握了一些法律理论，缺乏司法实践。因此，孟德斯鸠的伯父让-巴普迪斯特说服他的父亲将他送往巴黎进行职业培训。1709年至1713年，孟德斯鸠在他的朱伊公学的教师德莫利特教士（Desmolet）的推荐下，留在巴黎跟随巴黎高等法院的司法官实习，以熟悉法律事务。在此期间，孟德斯鸠积累了6册法律学习笔记，在这些笔记中不光有对查士丁尼学说和法典的摘录、评论，还有对实际诉讼案的记录和思考，这为他后来从事法律工作打下了良好的基础。孟德斯鸠的兴趣不仅仅局限于法律，他还从事写作，广泛结交巴黎的文人学者，据说他与法国著名的诗人、法兰西学院院士丰特耐尔（Fontenelle）就结识于这一时期。他在朱伊公学的同学尼古拉·弗莱雷（Nicolas Frèret）是一位中国迷，在他的影响下，孟德斯鸠对遥远的中国产生了兴趣。弗莱雷向孟德斯鸠介绍了在皇家图书馆担任翻译的一位中国人——黄嘉略（Hoange）。通过与黄嘉略接触，孟德斯鸠对中国的语言、历史、政治体制、民俗文化等有了进一步的了解。人们推测，这段交往很有可能为孟德斯鸠后来写作《波斯人信札》提供了某种契机和灵感，而在该书的主人公郁斯贝克的经历中，也不难看到中国人黄嘉略的影响。事实上，这一时期的经历对孟德斯鸠思想的影响极为深远。孟德斯鸠在其后来的经典著作《论法的精神》一书中论述政治制度时，对中国的政治、文化也进行了分析和批评。

（三）法院生涯

在巴黎的生活增长了孟德斯鸠的见识，也使他熟悉了巴黎人的习俗与情感。然而，1713 年 11 月，一件突如其来的变故，使这位在巴黎如鱼得水的青年不得不回到拉布莱德，担起家庭重任。孟德斯鸠的父亲过世了，他在遗嘱中将长子孟德斯鸠指定为他的遗产继承人，并叮嘱他要关心拉布莱德的穷人，娶一位像她母亲那样虔诚的基督徒为妻。

料理完父亲的后事，接管家族事务之后，年轻的孟德斯鸠在伯父让-巴蒂尔特和叔父约瑟夫神父的指引和帮助下，准备在波尔多的高等法院谋一个职位。1714 年 2 月，孟德斯鸠花费 2.4 万里弗尔买下了波尔多高等法院空缺的推事职位，并于 3 月宣誓就职。波尔多高等法院是一个相当古老的机构，它建立于 1462 年，由 1位院长（Premier Prèsident）、9 名以上庭长（Prèsident à mortier）和 91 位推事组成。当时的法院主要由贵族把持，很多人的职位都是靠购买、继承、赠予或婚约而得来，不少成员是著名的法学家、政治家和人文主义者。法院的职责在于对正义的维护，并以此职责作为法院的权柄来对抗王权，比如宣布国王应像普罗大众一样遵守古老的基本法，否则就是对正义的践踏。人们或许会问，这样一个维护正义的机构，其职位却可以随便买卖，这难道不是对正义的最大亵渎吗？孟德斯鸠对此怎样看呢？他在《论法的精神》一书中曾经辩解道："在实行君主政体的国家里，买卖官职是件好事，因为，作为家族的一种职业，它可以使人们做那些仅仅为了博取好名声而不愿意做的事；它可以使每个人各尽其责，从而使国家长治久安。"①孟德斯鸠认为，买卖官职从表面看来是一种弊端，但长远来看却有益处。它可以作为官职世袭的补充，从而能使官职与金钱自由交换，既可以使穷官通过卖官换取财富，又为新富阶层提供了进入贵族阶层的机会，增强了社会各阶层之

现在的波尔多高等法院

---

① ［法］孟德斯鸠：《论法的精神》（上卷），张雁深译，商务印书馆，1982 年，第 5 章第 19 节。

间的流动性。

总而言之，不管孟德斯鸠喜不喜欢波尔多高等法院的推事职位，他买下这个职位，在某种意义上也就为自己赢得了某种身份和社会地位，这对于他今后的发展是至关重要的。在波尔多高等法院这个小圈子里，他结交了博威克公爵（The duke of Berwick），博威克公爵对他赞不绝口，并在后来将他引荐到宫廷；他与法院庭长德·加斯科（De Gascq）过从甚密，后者是波尔多科学院的创始人之一。像德·加斯科一样，孟德斯鸠的法院同僚中有很多人是波尔多科学院的核心成员，因此不难想象，孟德斯鸠在进入波尔多高等法院仅仅两年，就被引荐为波尔多科学院的常任院士，在那里发展起他终其一生对科学研究的浓厚兴趣。

孟德斯鸠担任法院推事不久，便开始着手实现父亲的一个重要遗愿：为拉布莱德庄园寻找一位合适的女主人，以使家族血脉得以延续。他先是选中了波尔多酒商德尼斯（Denis）的女儿，后来悔婚，两个月后，也就是 1715 年 3 月，他与让娜·德·拉尔提哥（Jeanne Lartigue）签了婚书，她来自一个更为体面、富有的家庭，是波尔多城一位新贵族的女儿。尽管这位新娘不美，还有些跛足，但她为孟德斯鸠带来了十万里弗尔的嫁资。这桩婚姻大大增加了孟德斯鸠的财富，不但如此，次年 2 月，让娜·德·拉尔提哥便为孟德斯鸠生下了家族继承人——让-巴普蒂斯特（Jean - Baptiste），自此以后她在拉布莱德精心料理家庭事务，使孟德斯鸠日后能够逍遥出游，潜心写作、思考，而无需有后顾之忧。

正当孟德斯鸠的事业、家业蒸蒸日上时，他的人生的领路人——他的伯父让-巴普蒂尔特于 1716 年 4 月去世了。他将他的全部产业，包括爵位、家产、职位都留给了侄子孟德斯鸠。年仅27 岁的孟德斯鸠成了男爵，并继承了伯父的波尔多高等法院庭长的职位，但由于没有担任法官 10 年的资历，他仅仅拥有庭长这一头衔，在年满 40 岁以前，不能主持法庭事务并享有相应的荣誉和收入，参加庭讯时仅有表决权。

　　担任法院庭长的职务并不轻松，需要参加高等法院的各种会议，研究案卷，诵读法律条文，还要参与地方政治生活。孟德斯鸠在波尔多高等法院工作得似乎并不开心。在《波斯人信札》第68 封信中，孟德斯鸠曾经带着揶揄的口吻谈到法官这一职业："承蒙一位法官多次盛情邀请，前几天，我到他家吃晚饭。谈天说地之余，我对他说：'先生，我似乎觉得您的职业十分辛苦。'他回答道：'并不像您所想象的那样。从我们干这一行的方式来说，只不过是儿戏而已。''您这话是什么意思！你们脑子里不是整天装着他人的事情吗？''您说得有道理，这些事并不有趣，因为我们对这些事一点也不感兴趣，可正因此，这个职业并不像您所说的那么令人厌倦……我们这些法官，没必要以无用的知识来装填自己。我们要这些法律书籍有什么用？几乎所有的案情都是建立在假设的基础之上，而且背离一般的准则。'"①

　　孟德斯鸠在法院的表现相对平庸，他似乎更愿意花时间从事学术研究和家务田产的管理。自他被波尔多科学院吸收为正式成员之后，他倒是一直踊跃参与科学院活动，每次举行学术会议，孟德斯鸠必到场提交或宣读他的会议论文。1716 年，他在科学院

---

① ［法］孟德斯鸠：《波斯人信札》，梁守锵译，商务印书馆，2009 年，第 68 封信。

宣读了《论罗马人的宗教政策》一文，这篇文章可以看作他后来写作《罗马盛衰原因论》的某种铺垫。1725 年，他在科学院发表了以《论鼓励我们从事科学研究的各种原因》为题的演说，论述了科学对人类思想进步所起的重大作用。当然，他还做科学实验，写过很多自然科学方面的论文，不过远没有他在人文社科方面的成果显著。孟德斯鸠从科学院里学到的科学意识和方法，为他今后的学术道路打下了坚实的基础。

孟德斯鸠还兢兢业业地发展自己的家业，作为一名地主，他在拉布莱德发展牧场、农场，并大量开垦土地，种植葡萄，酿制葡萄酒。在他的努力下，拉布莱德庄园的葡萄酒远销英国、荷兰。他还充分利用自己的法律知识顽强地保护自己的产业利益，并不惜为此打官司。但是，不管孟德斯鸠多么看重他的家庭财产，与波尔多相比，他还是更愿意待在巴黎。从 1718 年起，孟德斯鸠就经常缺勤波尔多高等法院的事务，终于在 1726 年，他卖掉了从伯父那里继承的法院庭长的职位，开始全身心地投入巴黎生活。

（四）巴黎生活

作为一个外省人，想在巴黎的上流社会站稳脚跟并非易事，对孟德斯鸠来说同样如此。在波尔多，波尔多高等法院庭长这一职务本身就是良好身份的象征，但到了巴黎，情况就变了，在这里庭长身份完全算不上什么好出身。但我们也要注意到，孟德斯鸠刚刚大学毕业就曾经在巴黎停留过三四年，尽管之后他回到了波尔多，继承了男爵爵位和波尔多高等法院庭长职位，但他一有机会还是会到巴黎来。可以说，在 1709—1726 年这十几年的时

18 世纪的巴黎城市

间，孟德斯鸠从未真正离开过巴黎。他与巴黎的文人学者甚至达官贵人都一直保持着某种联系。更为重要的是，孟德斯鸠的《波斯人信札》一书于 1721 年出版，在巴黎甚至整个法国都受到了广泛欢迎，这无疑为这位有才华的年轻人进军巴黎提供了一块好的敲门砖。凭着他的文学盛名，他早年结识的博威克公爵将他引荐进了巴黎的宫廷社交圈，法国科学院秘书丰特耐尔则将他推荐进了巴黎著名的文化沙龙——德·朗贝尔夫人（Madame De Lambert）沙龙。

博威克公爵是英国詹姆斯二世的私生子，孟德斯鸠与他相识于波尔多，当他在巴黎居住时，孟德斯鸠也多次受邀来访，并结识了公爵的家人和朋友，包括一些军界要人。随着交际圈的不断扩大，孟德斯鸠成功进入了巴黎的贵族圈，甚至经常出入波旁公爵的城堡。这个骄奢淫逸的圈子为他提供了各种写作素材，包括风流秘史，甚至他本人也与一两位贵族夫人发生了暧昧不清的情感纠葛。这些经历所产生的影响在他的著作《尼德的神殿》《波斯人信札》都可见一斑。

摆脱了乏味的法官职业和平淡的家庭生活，身在巴黎的孟德斯鸠凭着《波斯人信札》一书的成功而小有名气，随后他将目光瞄准了法兰西学院，这是法国所有的文人学者都心向往之的地方，虽然他年轻气盛，不久前还在《波斯人信札》中对法兰西学院极尽挖苦。在那里他说道："我听人谈到一种法庭，名叫法兰西学士院。世上没有一个法庭比它更不受尊敬的了。因为，据说这个法庭作出决定，人民便将它推翻，而且把一些法律强加给它，它却不得不遵守。"①

1728 年年初，距离《波斯人信札》的出版不到 8 年，孟德斯鸠经过与他人的艰苦竞争，已经跻身于他所讽刺的法兰西学院四十院士之列。他得以幸运地进入法兰西学院要归功于一个人，这就是德·朗贝尔夫人。德·朗贝尔夫人的沙龙会集了法国重要的贵族人物和文人学士，名噪一时。1724 年，在丰特耐尔的帮助下，孟德斯鸠被德·朗贝尔夫人所接待，并得到后者的赏识。这一沙龙每周二、周三进行聚会讨论，这种交谈和讨论所营造的良好的知识氛围对孟德斯鸠的思想发展大有裨益，这一时期的孟德斯鸠不再专注于文学创作，而对道德问题、政治经济问题都产生了兴趣，这为他今后的写作奠定了基础。

---

① ［法］孟德斯鸠：《波斯人信札》，梁守锵译，商务印书馆，2009 年，第 73 封信。

（五）周游列国

斩获法兰西学院院士这一桂冠之后，孟德斯鸠踌躇满志，准备涉足外交界。碰巧这时他得到一次到奥地利旅行、并被引荐到奥地利政界的机会，自此孟德斯鸠开始了对欧洲各国的观光考察。1728 年，博威克公爵的外甥沃尔德格里夫（Waldegrave）即将作为乔治二世的大使动身前往维也纳，孟德斯鸠可以搭便车一同前去。他们于 4 月 5 日离开巴黎，于 4 月 26 日抵达维也纳。他在那里被引荐给奥地利皇帝和宫廷大臣们，5 月还到匈牙利参观了煤矿。彼时他一到维也纳就给国内的朋友写信，希望能够在外交界谋一职务，但似乎没得到什么实质性的回应。6 月底他从匈牙利回到维也纳以后，决定取道格拉茨（Gratz），然后乘船去威尼斯（Venice），陪同前往的是沃尔德格里夫的朋友雅各布（Jacob）骑士，他们于 8 月 16 日到达威尼斯，在此期间他利用机会会见了一些名人，包括曾在法国实施改革，失败后隐居在威尼斯的约翰·劳（John Law）。① 孟德斯鸠与约翰·劳有过两次谈话，后来这些谈话被记录在孟德斯鸠的《回忆录》中。

9 月他离开威尼斯，经米兰、都灵、热那亚、佛罗伦萨，最后到达罗马。他与罗马教廷的一些人来往，并会见知识界和上流社会的人物。他的《罗马盛衰原因论》一书的写作很有可能酝酿于这个时期。另外，他的论文《论罗马居民的节俭及其与古代

---

① 约翰·劳，苏格兰人，欧洲金融家，呼吁在欧洲推行纸币。1715—1720 年他被法国摄政王奥尔良公爵重用，在法国建立银行、发行纸币，这一政策失败后，约翰·劳只好逃到意大利避难，后死于威尼斯。

罗马人饮食无度之对比》也是在当地开始写的，这篇论文于 1732 年在波尔多科学院宣读。

孟德斯鸠的意大利之行从 1728 年 8 月一直持续到 1729 年 7 月。他离开罗马后去了那不勒斯，又从那不勒斯返回罗马，然后又到了波罗尼亚。当时的意大利小国林立，各国都有不同的政治体制和统治方式，这为孟德斯鸠考察、比较各种政治制度提供了很好的视角。此外，孟德斯鸠对意大利的艺术作品很感兴趣，这些艺术体验对于他后来的美学思想来说，是一个开端。

离开意大利之后，孟德斯鸠继续向东，走遍了德国和荷兰。他在德国第二次参观了矿山，后来根据搜集的材料写了《德国的矿业》。此外，他对当地的宗教状况、政府收入、军队建设等都进行了悉心观察和记录。

1729 年 10 月，孟德斯鸠结束了对荷兰的游览。他在阿姆斯特丹经沃尔德格里夫的介绍，认识了英国大使切斯特菲尔德伯爵（Lord Chesterfield），后者陪同他一起渡海去英国。他于 11 月 3 日抵达伦敦。起初他对伦敦的印象很坏，在笔记中抱怨伦敦的街道很脏、在伦敦交不到任何朋友。但他很快就被切斯特菲尔德伯爵引荐给了宫廷和政界，并参加了议会上下院的会议。当时的英国已经完成了资产阶级革命，确立了君主立宪政体，议会具有立法权，而国王只有行政权，国王的任何决策都要受到议会的掣制。约翰·洛克的政治哲学思想成为引领时代风气的理论象征，社会充满活力，上上下下都充斥着自由的气氛。孟德斯鸠对英国的政治体制十分推崇，正是基于对这一政治制度的考察，他认识到，行政权和立法权的分离对形成一个良好、稳定的自由社会至关重要。这些思想正是他在《论法的精神》一书中所要阐明的。孟德斯鸠在英国待了一年多的时间，直至 1731 年春才返回法国。在此期间，他还加入了伦敦王家学会和英国共济会，这些机构推崇科学研究精神和宗教宽容态度。

孟德斯鸠在英国上层社会的活跃性以及他在英国的过久停留引起了法国驻伦敦大使的注意，后者将孟德斯鸠的情况汇报给了法国外交部。此前不久，孟德斯鸠还给外交部写信希望能在使馆获得职位，但由于种种原因，再加上驻法大使的这封信，外交部方面未给孟德斯鸠任何回应，他企图参与外交事务的愿望基本破灭了。

（六）著书立说

经历了长达 3 年的国外旅行，放弃了在外交界崭露头角的抱负，孟德斯鸠回到拉布莱德，处理他疏忽已久的家庭事务。他的工作重心重新转到最为擅长的学术研究上。之后两年的时间他没再去巴黎，而是待在家里静心完成一项重要任务：对《罗马盛衰原因论》一书的写作。孟德斯鸠很早就对罗马历史感兴趣，而他不久前的意大利和英国之行为他写作此书积累了足够的素材。《罗马盛衰原因论》是孟德斯鸠的第一部严肃著作，它于 1734 年出版，尽管它无法再像当年《波斯人信札》出版那样广受欢迎，甚至遭到了一些批评，但却改变了这位以《波斯人信札》而成名的作者在人们心目中的印象，为他作为一名审慎而深刻的作家的声望奠定了基础。

与《罗马盛衰原因论》的写作相比，孟德斯鸠的写作重头戏还在后面，这就是《论法的精神》一书。他对这部书的写作和修改整整花费了 15 年时间，可以说这部书耗尽了他的心力，几乎搞垮了他的身体。在这期间，孟德斯鸠的健康状况开始变差，他的眼睛经常发炎，视力逐年减退，最后几近失明。

这本书先是在出版时费尽周折。为防止巴黎审查机关的阻挠，孟德斯鸠最初在 1747 年想把它送到荷兰出版。之前的《波斯人信札》和《罗马盛衰原因论》都是在荷兰出版的。他委托他的朋友加斯科（Guasco）神甫照管此事。但次年情况就发生了变化，由于政局不利，当时的荷兰境内面临战争的危险，孟德斯鸠只好放弃在荷兰出版的打算。他转而寄望于在瑞士出版此书。幸好他结识了日内瓦驻法国代表皮埃尔·穆赞（Pierre Mussard），后者将书稿带到日内瓦，将之交给了出版商巴瑞劳（Barrilot），他答应承担印书的费用并要求享有关于此书的收益。在印书的过程中，孟德斯鸠仍然在不断修改书稿，这使得印刷工作变得很繁难，这本书印了一年多才印完。

该书最终于 1748 年在日内瓦出版，此后又相继在法国、荷兰、英国出版。人们争相购买，各种译本也纷纷面世。到 1749 年年底，孟德斯鸠统计到他的著作有 22 个版本，遍及整个欧洲。然而，在最初的赞美和叫好声过后，随之而来的却是铺天盖地的批评。法国的包税人、耶稣会和詹森教派纷纷对此书发起了攻击，因其对基督教的淡漠态度，此书也一度面临被罗马教廷、巴黎索尔邦神学院列为禁书的厄运。面对种种批评和风险，孟德斯鸠始终坚持自己的基本观点，并写下了《为〈论法的精神〉辩护》一文。他认为，人们对此书的批评不过是基于误解和偏见，他的言论丝毫没有违背基督教教义之处，相反，"在捍卫基督教这一点上，他比宗教卫道士所想象的做得更好"①。

尽管《论法的精神》的出版为孟德斯鸠带来了数不清的麻烦和忧虑，却也为他赢得了极大的声望。1748 年，他当选波尔多科学院院长，1751 年，他当选斯坦尼斯拉斯科学院院士，1753 年，他被选为法兰西学士院院长。他的视力的严重衰退影响了他做事的兴趣，但他还是将大部分时间用来修改《论法的精神》，准备新版的《波斯人信札》和新版《论法的精神》。1755 年 1 月 29 日，孟德斯鸠在巴黎感染肺炎，病情迅速恶化，13 天后，这位伟大的思想家溘然长逝。噩耗传出后，人们纷纷给孟德斯鸠的亲属写信哀悼，并在报纸上发表悼文，纪念这位闻名遐迩的启蒙思想家。在这些悼文中，无不提到孟德斯鸠的著作在人类思想史上的伟大地位。

二、法理精神观

（一）《波斯人信札》

《波斯人信札》是孟德斯鸠的第一部作品，它于 1721 年出版，一问世就获得了巨大成功，为青年孟德斯鸠赢得了文名，成为他进入巴黎上流社会的"资格证书"。这本书由 161 封信组成，它们是旅居巴黎的波斯人郁斯贝克和里加与友人、眷属、仆人之间的通信。《波斯人信札》通常被视为一部书信体小说，叙述内

---

① ［法］孟德斯鸠：《波斯人信札》，梁守锵译，商务印书馆，2009 年，第 447 页。

容在波斯老爷的后房秘闻与巴黎社会生活画卷之间不断切换；但就其实质而言，它更像一部时文论集，主要是对当时的法国乃至欧洲的政治、经济、宗教、风俗、文化的全面分析与评论。孟德斯鸠假借波斯人之口来谈论巴黎，这种巧妙安排的写作形式，使得书中的一些大胆的议论得以免受责难。就像孟德斯鸠本人所说："企图把所谓触犯宗教之事归罪于《波斯人信札》，这是不大可能的。"因为，"说话的是一个波斯人，他必然对耳闻目睹的一切感到惊讶"[1]。同时孟德斯鸠又用波斯人的后房生活作为点缀，使整部书乍看起来不那么严肃，表面看来"有流血、肉欲和死亡，还有些许色情的作料"[2]，这种可读性使它广为人接受，而其内在所展现的人文精神、批判精神，使其成为启蒙运动时期的一部重要作品，也为孟德斯鸠后来的巨著《论法的精神》做好了理论准备。

既然《波斯人信札》可被视为一部小说，那么它也有基本的故事情节。简而言之，它所讲述的是，波斯贵族郁斯贝克在朝廷中率性直言，敢于讲真话，揭丑恶，导致四面树敌，为躲避敌人的暗算，郁斯贝克假装热爱科学，请求国王准许他远游欧洲以学习西方科学。获得恩准后，他带着奴仆与朋友里加一道，离开波斯，途径奥斯曼帝国、意大利，最后抵达巴黎。郁斯贝克和里加在信中大谈在巴黎的见闻，而他离开的时间愈长，他的思乡情绪越强烈，以至于精神委顿、心力交瘁。随着他的离开，他家后房内部也日益混乱，他的阉奴总管不断写信向他报告坏消息，搅得

---

① ［法］孟德斯鸠：《波斯人信札》，梁守锵译，商务印书馆，2009年，第309页。
② 同上，第7页。

郁斯贝克心神不宁。令人讽刺的是，郁斯贝克一方面赞叹欧洲社会的自由、平等，批判亚洲专制社会的种种弊端，另一方面在处理家庭事务、对待他的阉奴和女人时，又完全遵循波斯社会的传统，表现出暴君的特质。最后他授权阉奴在后房大逞淫威，对有越轨行为的女人进行残酷镇压，而他所信任的宠妾罗珊娜也被发现不贞，并自杀。在本书的最后一封信中，罗珊娜临死前向郁斯贝克发出了独立、自由的宣言："我可以生活在奴役之中，但我始终是自由的；我按照自然的法律改造了你的法律，我的精神一直保持着独立。"①

《波斯人信札》中关于自由与专制、社会正义、平等、宗教宽容等问题的论述，体现出鲜明的时代特征和发人深思的启蒙精神，正是这一点使它成为一部历久弥新的佳作。在此我们萃取该书中一些重要的思想观点，以飨读者。

1. 论正义

什么是正义？正义对社会有什么样的影响？在《波斯人信札》第 11 ~ 14 封信中，孟德斯鸠借郁斯贝克的口，以讲故事的方式论述了正义原则对人类社会的必要性，以及自由与专制的起源。

有一个阿拉伯的小民族，叫特洛格洛迪特，这一民族的人极端凶狠残暴，每个人都只顾自身利益，不管他人死活。这个小国的人有的生活在山区，有的生活在平原。有一年大旱，山坡上的旱地因缺水而颗粒无收，而平原的土地因有水灌溉而丰收。山区

---

① ［法］孟德斯鸠：《波斯人信札》，梁守锵译，商务印书馆，2009 年，第 306 页。

的人几乎全部饿死，因为平原的人不肯救济他们。第二年大涝，地势低的田地全部被淹，有一半人闹饥荒，可他们也得不到任何帮助。不但如此，对于田产、女人，人们之间抢来抢去，争斗、凶杀不断。后来一场瘟疫在此蔓延，一位邻国的高明医生来到这里，帮助人们解除了疫情，但却收不到任何诊金。后来瘟疫再次流行，这些特洛格洛迪特人都跑来找这位医生医治，被他唾骂并拒绝了。最后，这些特洛格洛迪特人几乎全部灭亡，只剩下两家人因为避开与同胞相处，住在最偏僻的地方而幸免于难。这两家人心地正直，崇尚道德。他们认识到，个人利益无法与公共利益割裂开来，关照他人的利益就是为自己积福。于是他们以德性来培养子女，用敬神来淳化风俗，使人与人之间以仁爱为联结纽带，每个人都愿意为他人而献身。

有外族人嫉妒特洛格洛迪特人的繁荣昌盛，决定劫掠他们的家园，而特洛格洛迪特人的德性和献身精神使他们愿意为保卫亲人和民族而勇敢战斗，于是外族人仅仅为贪图利益而发动的进攻迅速失败了。特洛格洛迪特人日益强大，最后他们决定召开大会，选一位最公正的老者做国王。而这位被选的老者得知情况后痛哭流涕，认为特洛格洛迪特人即将堕落。因为当一个民族需要有人统治时，他们不就是要放弃自由、遭受奴役了吗？

在孟德斯鸠看来，正义首先是一种德性，是对公共利益和他人利益的尊重；其次，它是一种规则，这种规则约束人们履行协议，使人们在商业贸易中进行等价交换，对别人提供的服务给予相应的回报；最后，正义是自由和幸福的源泉。一个不正义的个人不可能获得自由与幸福，一个不正义的民族和社会也不可能发展壮大。在孟德斯鸠眼中，国家的诞生和制度法律的确立不过是对作为道德的正义的一种消极补充，它的弊端在于，它很容易给人们带来专制和压迫。

2. 论专制与自由

在《波斯人信札》中，孟德斯鸠在多处对各国政体进行考察，并对自由社会与专制社会的状况加以对比。

首先，什么样的政府形式最为合理呢？孟德斯鸠认为，最完善的政府是以最小代价达到其统治目的的政府。这种所谓的最小代价就是，以最合乎人道的方式来统治人民。那么，什么是最合乎人道的统治方式呢？在孟德斯鸠看来，有两种基本的政治体制，一种为共和体制，一种为专制体制。前者将生杀予夺之权授予法庭，甚至连君王也必须站到法庭前接受审判，后者则将人民的一切事务交由君王的个人意志，君主的权力不受任何制约；前者能够给人民以尊严和自由，后者则是暴力的化身。这种共和政体在欧洲有它的雏形，而在以波斯为代表的亚洲各国，人民则往往受到专制压迫。因此，孟德斯鸠在对比欧洲的共和国家与亚洲专制政府时谈道："荣誉、名声以及道德的祭坛似乎是在各共和国以及人们能够口称'祖国'的那些国家中建立起来的。在罗马、雅典、拉栖第梦，最杰出的功劳，只要用荣誉作为酬谢便已足够。"① "可是，在你们波斯，职务和禄位，只是标志着国君喜怒无常的特性，因此，这种竞相为善的精神，在你们波斯人心中，

---

① ［法］孟德斯鸠：《波斯人信札》，梁守锵译，商务印书馆，2009 年，第 168 页。

岂不应当完全湮灭了吗？在波斯，名誉与品德，如果不佐以君王的恩宠，是被视为想入非非之事，它们随得宠而生，随失宠而灭。"①

即便在欧洲的君主制国家，君王的权力也不可能像亚洲各国的君主权力那么大。因此，欧洲的权贵若失宠于君主，最多是得不到君主的关照和恩典，而在集权专制国家，失宠于君王的人往往死于非命。孟德斯鸠讽刺道："亚洲君主所能采取的最笨拙的办法，就是像他们实际做的那样躲在宫中，深居简出。他们想使自己更令人可敬，但是他们让人尊敬的是王权，而不是国王；他们使臣民心中向王座，而不是向某一个人尽忠。"②

在孟德斯鸠看来，只有共和政体能够给民众带来较大的自由，因为这种政府形式对人民的统治较为温和。这种自由能够给社会带来繁荣富庶。在共和国家，因为没有特权，人们之间的贫富差距也没有那么大。而在专制国家则不然，"君主、廷臣和少数人占有全部财富，而同时，所有其他人则呻吟于极度贫困之中"③。

概而言之，孟德斯鸠通过比较两种体制所带来的现状，论证了共和体制下的自由的社会氛围，批判专制体制给民众甚至君王本人带来的约束和苦难。在这些论述中，孟德斯鸠已经有意无意地触及权力制约问题，认识到权力的制约对于国家发展和社会稳定的好处。这些思想种子经过二十年的酝酿，终于在他而后写出的《论法的精神》一书中有了详尽、系统的表达。

---

① ［法］孟德斯鸠：《波斯人信札》，梁守锵译，商务印书馆，2009 年，第 169 页。
② 同上，第 192 页。
③ 同上，第 230 页。

3. 宗教批判

《波斯人信札》中有大量笔墨涉及对基督教的批判和对教会、教士的辛辣讽刺，甚至流露出无神论和宗教相对主义的思想。这些大胆的论断全仗这本书体裁的巧妙而幸免于难。毕竟，上述论断是一个波斯人在信中所写，所有的观点所带来的危险也似乎都应当由这个波斯人承担，而作者的身份在这里似乎仅仅是一个转述人。

孟德斯鸠指责教会的某些教义是对人性的剥夺，比如教士和修女都发愿终身禁欲，并被视为德性。孟德斯鸠讽刺这种禁欲的职业除了使大批人成为人民的寄生虫之外毫无用处。教会制定了各种教规戒律让人们来遵守，而教皇、主教们的唯一工作就是免除人们对这些规则的遵守。更糟糕的是，人们把时间浪费在对宗教问题的不断争吵之中，甚至由宗教狂热引起疯狂的宗教迫害。孟德斯鸠认为，我们应当信奉宗教宽容，允许各宗教间自由竞争。因为，"也只有疯子才居然会强迫他人改信宗教。要我改变宗教信仰的人，即使别人强迫他，无疑也绝不改变他的宗教信仰，因此，他感到奇怪：我居然愿意做一件哪怕拿全世界和他交换，他自己也不愿意做的事"①。

在书中的某些地方，孟德斯鸠甚至借郁斯贝克和里加之口，对宗教的本质进行探究，对基督教教义提出了质疑，表现出无神论的倾向。比如，在第59封信中，里加谈道："郁斯贝克，在我

---

① ［法］孟德斯鸠：《波斯人信札》，梁守锵译，商务印书馆，2009年，第162页。

看来，我从来都只是暗地里根据自身的经历来判断事物的。黑人把魔鬼画成皮肤雪白耀眼，而他们的神黑的如炭。有些民族的维纳斯双奶拖到屁股，总之所有的偶像崇拜者都让他们的神祇长着人的面孔，并把自己的一切好尚秉性加在神祇身上，对于这些我并不感到惊奇。有人说得很对：'如果三角形也要创一个神，那么这些偶然崇拜者就会给他们的神三条边。'"①在另一处郁斯贝克也在信中谈到："神把亚当置于人间天堂中，条件是亚当不吃某种果子。对于一个可能了解个人灵魂将要做出何种决定的神来说，这是个荒谬的告诫：因为，归根结底，神在他的恩惠上附加条件，岂非可笑之举？这也像一个人，明知巴格达会陷落，却对另一个人说：'如果巴格达没有陷落，我给你一百托曼。'这岂不是完全莫名其妙的玩笑？"②

孟德斯鸠在书中对教士也极尽讽刺挖苦。在嘲笑教士训诫的冗长无聊时，他讲了这样一个故事：有个患失眠症的病人，35天不能睡觉，他不信任医生给他开的鸦片药，却去找书店老板，要耶稣会教父写的劝善书。书店老板奉上葛珊神父的《神圣朝廷》，病人的儿子开始朗读，他"首先感到了药效，念到第二页时，他便口齿不清，舌头不灵了，而所有在场的人都感到倦乏无力。片刻之后，除了病人外，大家鼾声大作，而病人坚持了许久，最后也沉沉地入睡了"③。原来，这书竟有这等妙用，它胜过医生开的药效，可以让最无法入睡的人也昏昏欲睡。孟德斯鸠的幽默描写

① ［法］孟德斯鸠：《波斯人信札》，梁守锵译，商务印书馆，2009年，第107页。
② 同上，第134页。
③ 同上，第284页。

令人忍俊不禁，更发人深思。

4. 人权思想

孟德斯鸠还在论述自由与专制时，对专制政体下的奴隶制度、一夫多妻制和男尊女卑思想提出了强烈批判。

书中郁斯贝克的后院阉奴总管是奴隶制的悲惨牺牲品，他自白自己被关在可怕的囚牢里，身心遭到摧残。他在主子身边小心服侍，为得到并维系主人对他的信任，过着如履薄冰的日子。但同时他又成为这种制度的帮凶。他所经历的非人折磨，使他人格扭曲，心理变态。当他成为总管后，他媚上欺下，既想尽办法讨好主人，又是主子镇压下人的得力工具。他假公济私，残忍对待其他的黑奴，借着主子的威望对后院的女人们发号施令。孟德斯鸠借阉奴总管的这一可悲形象对不人道的奴隶制度做出了有力的鞭挞。

孟德斯鸠同样反对一夫多妻制度，主张男女平等。他讽刺波斯的一夫多妻制时谈道："先知说：'去找你们的妻子吧！因为你们对于她是必需的，就像是她们的衣裳；同样她们对你们也是必需的，就像是你们的衣裳。'这个教条使一个真正的穆斯林劳瘁不堪。一个人根据教规准许有四个妻子，再加上四个小老婆，或者四个女奴，这个人岂不是要被这么多衣服压垮了？"① 在孟德斯鸠笔下的波斯社会，郁斯贝克授权他的妻子将7岁女儿关禁闭，阻断她与任何男子的交往；他的妻子们出门要用布把全身裹住，

① ［法］孟德斯鸠：《波斯人信札》，梁守锵译，商务印书馆，2009年，第214页。

以防被人看到。相比之下，在他所谓的欧洲自由社会里，女人可以像男人那样自由社交，丈夫对妻子只有微小的权力；父亲对子女，主人对奴仆，也是如此，他们的一切纠纷均诉诸法庭。通过这样的对比，孟德斯鸠宣扬了男女平等的人权思想。

（二）《罗马盛衰原因论》

古罗马斗兽场的外景　　　　　　古罗马斗兽场的内景

　　1734年，孟德斯鸠的著作《罗马盛衰原因论》出版，奠定了他作为一名严肃的启蒙思想家的地位。早在读书时期，孟德斯鸠就对罗马着迷，并用拉丁文写过题为《罗马史》的作业。西塞罗是他最崇敬的罗马演说家和政治家，为此他专门写下了《论西塞罗》。此外，他还写过《苏拉与欧克拉底的对话》。如果说对罗马历史的多年兴趣为孟德斯鸠写就《罗马盛衰原因论》积累了丰富素材的话，1728—1731年的欧洲之行，则在很大程度上成为他写作该书的直接动因。

　　这本书看似是一本历史研究著作，而其实质则是政治学研究。在这本书中，孟德斯鸠将罗马盛衰的根本原因归结为制度的变迁。

他试图表明，只有共和传统得到发扬、自由精神弥漫、法律健全的社会，才能够得以长久地发展壮大，而专制下的暴政、奢侈风气下腐化堕落的生活方式、社会道德的沦丧会像发酵的菌种一样败坏整个健康的社会，最终将它彻底葬送。苏联学者巴士金将该书视为法国资产阶级革命的思想源泉之一。他指出，人们能够从这本书中直接得出一条政治结论：如果法国人民十分热爱自己的祖国，他们就应当彻底消灭国王的专制统治和封建的等级关系。①

罗马原本是一个小邦，却在数百年间成为横跨欧亚的大帝国。那么它最初是怎么发展起来的？这个民族尚武好战、坚韧勇敢、信守誓约、善于学习，这些优秀的品德成为罗马人强劲发展的动力。罗马人是靠战争来维持生存和发展壮大的，在战场上获胜并劫掠战利品的人胜利归来将会受到全城热烈的欢迎，这就在民众中间造就了一种热爱荣誉、崇尚勇敢的德性。战利品是公共的，在士兵中间平均分配，保证这一点的一个有效措施就是每个人都发誓不私吞任何东西，而罗马人对誓约的虔诚成为军纪严明的一个重要原因。孟德斯鸠指出，最足以使罗马成为世界霸主的一个原因就是他们善于学习，而不故步自封，"他们经常不断对一切民族作战的时候，他们只要是看到比自己更好的习惯，他们立刻就放弃了自己原有的习惯"②。

如果说最初罗马人的生存和壮大得益于上述这些优秀品格的话，那么它后来的成功则从根本上有赖于良好的制度。罗马的首领在创建社会制度时就避免了专制制度，这一点是耐人寻味的，

---

① 参见［法］孟德斯鸠：《罗马盛衰原因论》，婉玲译，商务印书馆，1962 年。
② ［法］孟德斯鸠：《罗马盛衰原因论》，婉玲译，商务印书馆，1962 年，第 2 页。

它或许有偶然因素，但它显然跟这个民族的特性有关。最初罗马也经历了王政时期，但国王并非世袭，也不能拥有绝对权力，而要受到元老院和公民大会的遏制。这种王政制度也曾退化为专制制度，但很快人民就把国王赶跑了，并且为了避免国王滥用职权，他们不再需要国王，而是选举执政官来行使行政权力，由此确立了较为完善的共和制度。

罗马共和制度中有以下三个重要机构：一是人民会议。其包括库里亚会议、百人队会议和特里布斯会议。这些会议的主要功能是表决法律提案，选举官吏，其中最重要的是百人队大会。它采用公开投票的方式选举领导阶层。二是罗马的元老院。其成员为终身制，由贵族担任。百人队会议所提交的议案都需经过元老院的批准。除此之外，它还掌握财政权和外交权。三是执政官。人民大会每年从贵族中选举出两名来担任执政官。两名执政官的权力相等，任期仅为一年。执政官能够指挥军队，并在必要时召集元老院会议和百人队大会。这些执政官为了重新当选，总是在任期内想方设法地建功立勋。因此，罗马的共和制度不仅营造了民主的风气，也缔造了伟大贤明的统治者。在这种制度下，人民并不怎样嫉妒他们的领袖，因为他们可以任意夺回政权，有效制裁任何滥用权力的个人。

此外，罗马还设有独裁官、监察官和保民官。独裁官是在国家处于非常时期时，由元老院提名，由执政官任命。任期仅为半年，在任期内享有决断重大事务的全权。监察官主持人口审查，一般由退任的执政官或曾经受过严格考验、资历深厚、德高望重的元老担任，他能够处理家庭或社会纠纷，对元老院成员进行监督，把不合格的元老赶出元老院。保民官的权力在于保护人民、限制官吏的权威。他们的权力最早是应公民的请求来反对高级官吏（独裁官除外），后来这种权力发展成反对官吏的命令、反对元老院的决定、甚至是反对交付人民大会的建议的权力。

罗马共和体制的重要特征就是权力分立。罗马的立法权、司法权以及行政权等权力分散掌握在不同的机构手中。立法权由人民大会、元老院和执政官共同行使。执政官召集元老院和人民大会，担任主席，提出建议和法案；人民大会通过法律提案并选举各级官吏；元老院则对人民大会通过的法案拥有审查权和否决权。

司法权也是如此。共和初期，司法权由执政官掌握，后来由裁判官掌握，执政官仅任命法官和组织掌握审判权的法庭，不再管理具体的审判事务。在格拉古改革以前和苏拉独裁之后，法官从元老院中选出，这样，元老院也参与了司法审判。人民大会也享有部分司法权，因为无论是执政官还是常设法庭都只能审理一般性案件，而上诉案件，尤其是涉及死刑的案件则由人民大会审理。

执政官、独裁官享有行政权力。但执政官必须就国家事务咨询元老院。总的来说，国家政策由元老院制定，而执政官只是执行者。

孟德斯鸠评价说："罗马的政府是十分完善的，因为自从它产生以来，它的制度就足以使或是人民的精神，或是元老院的力量，或是某些高级官吏的威望永远能够制裁任何滥用权力的事件。"①

罗马完善的政治体制为罗马的强大提供了坚实的支撑。除此之外，在经济方面，罗马实行土地平均分配，这使得人民强大起来，并使他们当中的每个人都愿意为国家献身。罗马还是一个热爱法律的民族。孟德斯鸠指出："在像罗马和拉栖第梦这样的共和国里，人们遵守法律并不是由于恐惧或由于理智，而是由于热爱法律；因此不可能有比这样的共和国更加强大有力的了，因为那时除了一个好政府的贤明之外，还要加上一个派别所能拥有的全部力量。"②

随着罗马版图的扩张，罗马的政治制度、社会状况发生了一系列变化，这就为罗马的灭亡埋下了伏笔。

首先，政治制度的变化——由共和国逐渐过渡到帝国。当罗马的统治范围较小时，共和国容易维持，但当罗马征服世界，军队不得不留驻在他们所征服的地方时，权力就越来越集中在将领手中，而士兵也从效忠国家变成单纯地效忠自己的将领。在共和国中，某些公民因他们的荣誉、功勋和德性而压倒其他公民，使得人民把一些非常重要的任务托付给他们，于是，这些人逐渐将国家权力掌握在自己手中。苏拉、庞培、恺撒就是这样一些人，他们努力试图将共和国变为帝国。恺撒死后，屋大维以他的声望取得了地位，并恢复了社会秩序，他被尊为奥古斯都，罗马成了真正的帝国。在独裁政府的统治下，罗马日益腐败。

其次，罗马精神的衰亡。战争带来了财富，使罗马人耽于享

---

① ［法］孟德斯鸠：《罗马盛衰原因论》，婉玲译，商务印书馆，1962年，第53页。
② 同上，第19页。

乐、骄奢浮华。由于罗马人自古以来以战争为生，罗马的公民不从事任何生产，将商业和手工业看作是下贱的行业。罗马在意大利各民族的支持下征服了世界，它也不得不将罗马公民权授予这些民族。这样罗马原有的民族精神就不复存在，人们也就不再像以前那样热爱罗马。罗马人的信守契约、安贫乐道等美德也逐步丧失了。

最后，罗马军队的衰落。罗马人凭借纪律严明、作战勇敢的军队征服了世界。然而随着帝国的衰落，军队成为国家沉重的财政负担。与此同时，罗马人丧失了他们的军纪，放弃了他们的装备和武器，甚至丢掉了在营地设防的习惯。于是当蛮族人骚扰、进攻罗马的行省时，这些军队很快就被击溃了。一拨拨蛮族人的不断劫掠使罗马的帝国版图越来越小，当罗马提供的贡物不够蛮族人维持生活时，他们就定居在罗马帝国内部了。在罗马的内部成立了一个个蛮族王国，西罗马被瓜分，最终灭亡了。东罗马延续的时间要长久些，它遭遇了多次十字军东征，并最终被土耳其人灭亡。

孟德斯鸠的《罗马盛衰原因论》为我们展示了一幅国家兴衰的画卷。一个国家的发展、繁荣是由政治、经济、文化、教育、民族精神等众多因素共同决定的，而政治制度无疑起到基础性作用。良好的政治制度能够带来自由向上的精神，能够增强国家和民族的凝聚力，能够使国家和民族发展壮大。罗马的兴起得益于它良好的政体，其衰亡的根本原因在于政体的更迭。孟德斯鸠的政治哲学思想在这本薄薄的历史论著中已初露端倪。

（三）《论法的精神》

《论法的精神》是孟德斯鸠的巅峰之作，也是一部呕心沥血之作，这从孟德斯鸠写作此书的时间之久、耗费的精力之大中可见一斑。该书主要论述法律与各类政体、风俗、气候、宗教、商业等之间应有的关系，阐述政治自由和三权分立学说，并提出了君主立宪制的思想。该书分六编，共三十一章。第一编（一至八章）论述法与政体之间的关系，分别论述了三种政体：共和政体、君主政体和专制政体；第二编（九至十三章）论述政治自由、三权分立和君主立宪的思想；第三编（十四章至十九章）论述法律与气候和地理环境的关系；第四编（二十章至二十三章）论述法与贸易、货币、人口的关系；第五编（二十四至二十六章）论述法与宗教的关系；第六编（二十七至三十一章）主要论述法兰克人的封建法理论与君主政体之间的关系。以下我们择其紧要作一介绍。

1. 法与政体

什么是法？孟德斯鸠在书的开篇就给出了对法的一般定义。他指出，法是源于事物本性的必然关系。万物皆有法。人与其他事物一样受制于不变的法则。像传统的自然法理论家一样，孟德斯鸠也主张最初的法是自然法。自然法依据人的存在本质而产生，是人在组成社会之前便接受的法。由于人最初的认知能力很有限，只知道自身的弱小，极端怯懦，互相躲避，所以第一条自然法便是和平。人要想生存就需要满足基本需求，第二条自然法就是设法填饱肚子。第三条自然法是两性之间的亲近，第四条则是在社会中共同生活的愿望。

孟德斯鸠指出，人一旦生活在社会中便不再感到弱小，于是国与国、人与人之间便处于战争状态了。处理不同民族之间关系的法律被称为万民法或国际法，处理统治者与被统治者之间关系的法律被称之为政治法。所有这些法都是人为法，是人在社会中所缔结的法律。一个国家的法律应当与它的政体的性质和原则相适应，还要顾及国家的物质条件，气候、地理条件，人民的生活方式、宗教信仰、风俗习惯，等等。如果我们从这些方方面面去审视法律，考察法律与上述问题的关系，那么这就是在探讨法的精神。

孟德斯鸠区分了三种政体：共和政体、君主政体和专制政体。共和政体是全体人民或部分人民掌握最高权力的政体，与之相应它可以被区分为民主政体和贵族政体；君主政体是由一人依据法律单独执政的政体；专制政体也是由一人执政，但并不依据法律，而是依据这个人的意愿和喜怒无常的心情来处理一切。

与这三种政体相应，存在相应的基本法。比如在民主政体下，规定民主选举须采用公开投票的方式、规定只有人民才可立法等法则被作为基本法。君主政体要求在君主和人民之间存在许多中间权力和阶层；但在专制政体国家没有基本法，也没有法律监管机构，受到尊敬的只是宗教或习俗。

支持民主政体的原则是平等原则，它的动力是美德，是对祖国的爱、对荣耀的追求等。而君主政体的动力是荣宠，它激发高贵行为，如能辅以法律的力量，则能像美德那样实现政体的目标。

专制政体国家的原则是畏惧，它的目的是安定。它是这一政体的动力，畏惧越大，政权越稳固，畏惧减弱，政权也就岌岌可危了。

在每种政体中，教育法应与政体原则相适应。共和政体中的教育法以美德为目标；君主政体中的教育法以荣宠为目标；专制政体中的教育法以畏惧为目标。

国家立法也应该符合政体原则。在民主国家，应当将平等和节俭写进法律；在君主政体下，法律应当适应荣宠这一原则，因此法律应当支持贵族，促进一切贸易，整饬税收等。在专制政体下，法律很简单，它所要适应的是畏惧这一原则。

在共和政体和君主政体下，法律和司法程序都比较繁复，因为公民的荣宠、财产、生命和自由等较受重视。而在专制政体下，几乎什么法律也没有，因为法官本身就是法律。而在宽和的政体下，刑罚较少、较轻，严苛的刑罚适用于专制政体，不大适用于君主政体和共和政体。在共和国内，财富分配较为均衡，这种政体需要节俭，而君主政体则适合奢侈。孟德斯鸠评论说，共和政体毁于奢侈，君主政体毁于贫穷。

三种政体的腐化则始于其原则的腐化。在民主政体下，当人民追求极端的平等，不再愿意将权力交给官吏、法官等来行使的时候，那么民主政体的平等原则就腐化了，它也就会很快丧失美德，最终会演变为专制体制。在君主政体下，当君主不愿意统领大局，而事必躬亲，或者滥用权力、施政严苛，当贵族丧失人民的尊敬时，那么君主政体的荣宠原则就腐化了，君主政体退化为专制政体。专制政体的原则本身就是腐化的，这种政体的灭亡原因在于它的内在弊病。总之，无论何种政体，一旦政体原则腐化，法律也跟着变坏转而影响国家。

2. 政治自由与三权分立

"自由"是一个含义丰富的概念，不同的人对自由的理解也不尽相同。孟德斯鸠对"自由"的定义是，"自由是做法律所许可的一切事情的权利"[①]。

法律的一个主要职能就是保障政治自由。从政体的角度而言，政治自由通过法律分配国家立法权、司法权和执行权而确立；从公民的角度而言，政治自由是享有安全或自认为享有安全。

首先，我们来看政治自由与政体的关系。每个国家都有三种权力：立法权、行政权和司法权。如果公民想要享有政治自由，那么就需要有一个能够确保政治自由的政府。什么样的政府能够保证公民自由呢？孟德斯鸠认为，只有那些将三种权力分置的政府才能够保证自由。也就是说，立法权和行政权不能集中在一个人或一个机构手中，司法权也不能与立法权和行政权合并。如果三种权力合而为一，那么这样的国家必然是专制国家。孟德斯鸠认为，只有权力未被滥用的国家，才有政治自由。但权力总是倾向于被滥用，所以为了防止这一点，必须通过事物的统筹协调，以权力制约权力。

其次，就政治自由与公民的关系而言，公民的政治自由，即公民所享有的安全应当受法律的保护。这既依赖于良好的刑法，因为对公民安全的威胁以诉讼最为严重，又要有合理的税收，这

---

① ［法］孟德斯鸠：《论法的精神》，张雁深译，商务印书馆，1987年，第184页。

关乎公民的财产安全。孟德斯鸠指出，确定国家收入的依据绝不是人民能够拿出多少，而是人民应该拿出多少。①

3. 君主立宪制

孟德斯鸠以英国为例说明了英国的法律是如何确立政治自由的。英国是君主制国家，但在英国，在法律的约束下，三种权力得到分立和制约。这种政治体制是君主立宪制的典型代表。

首先，立法权。各地区的公民投票选举地区代表，组成代表机构；少数贵族组成贵族集团。平民代表机构和贵族集团分别享有立法权，两个集团（在英国分别称为下院和上院）分别集会、讨论，分别对彼此的议案享有否决权。立法机构不但享有立法权，而且还有权审查它所制定的法律的实施情况，在这个意义上，立法机构具有审查行政机构的权力。

其次，行政权。君主掌握行政权，并根据情况规定立法机构的召集时间和会期，君主享有军队指挥权，还享有立法否决权。②在这个意义上，行政权对立法权有一定的钳制。

最后，司法权。司法权由法院掌握。君主不能被控告或审判，但他的大臣应当能够被控告和审判。贵族集团作为立法机构不能拥有司法权。但有两种例外：第一，如果是贵族犯法，那么他不应被普通法庭传唤，而应被贵族集团，也就是上院传唤。第二，如果立法机构中的平民代表机构，也就是下院作为原告控告某一

---

① ［法］孟德斯鸠：《论法的精神》，张雁深译，商务印书馆，1987年，第252~253页。

② 自光荣革命以来，英国的行政权力主要由内阁来行使，内阁对国王负责，同时也要获得下院的支持，对下院负责。在孟德斯鸠时代，行政权已经开始从国王手中转移到内阁手中。

公民在公共事务中侵犯了人民利益，那么它也应当向贵族集团，也就是上院提出申诉。

由上可知，在英国，三种权力分别被不同的人群、阶层或机构所掌握，并且互相掣制。平民阶层和贵族阶层都各自享有立法权，而且双方都可以否决对方的议案，这在维护自身阶层利益的同时，也避免了两个阶层互相侵犯对方的利益。君主享有行政权，并应接受立法机构的审查。君主不参与立法，但为了保护自己，他可以对立法享有否决权，这样他就能够否决那些他不希望人们提出的议案。拥有司法权的法院独立于立法机构和行政机构。但它并不能无条件地审判任何人。贵族和受下院控告的人必须由上院来审判，以避免法律被滥用。在孟德斯鸠看来，英国的政治体制使人民的公民自由、贵族和教会的特权以及国王的权力三者达成了高度协调。①

4. 环境决定论

孟德斯鸠还就地理位置、气候、土壤对人的性格、生活方式、民族精神、社会风俗和政体的影响作了论述。他认为，气候决定了一个国家和民族的方方面面。法律应当与当地的环境因素相适应。

首先，气候可以影响体质与性格。寒冷的气候能够使人精力充沛、感觉迟钝，所以北方人通常强壮、粗笨，热爱活动，南方炎热的气候则使人体质纤细、柔弱敏感，过分炎热就会使人萎靡

---

① ［法］孟德斯鸠：《论法的精神》，张雁深译，商务印书馆，1987年，第198页。

怠惰。

其次，孟德斯鸠将亚洲和美洲地区的奴隶制度也归结为气候原因。比如气候酷热使人精神委顿，只有借助惩罚才能让人履行艰苦的义务。奴隶制较易出现在专制国家，因为那里的公民本来就没有什么自由，卖身为奴也容易被接受。但孟德斯鸠总体上反对奴隶制，因为奴隶制"不但违背公民法，也违背自然法"①。

最后，妇女所处的奴役地位也与气候有关。气候炎热地区人的需求不多，较易养活家庭，所以那里实行多妻制。政治奴役也与气候有关。寒冷能使人勇敢，炎热则使人性格怯懦。同样，自由精神畅游欧洲，而奴役精神则主宰亚洲，这也受气候和地理位置的影响。

孟德斯鸠将地理环境作为一个人和民族性格、法律、政体形成的主要原因，这一观点被称为环境决定论。应当指出，地理环境的确对这些因素有影响，但如果将之作为根本原因则未免绝对化了。

三、后世影响

孟德斯鸠的启蒙理论深刻地影响了西方政治民主化进程，为近代西方政治与法律理论发展奠定了坚实基础。他的人道主义、宗教宽容、政治自由等启蒙理念，引领了18世纪法国启蒙思潮，对法国百科全书学派的代表人物狄德罗、霍尔巴赫、爱尔维修等

---

① ［法］孟德斯鸠：《论法的精神》，张雁深译，商务印书馆，1987年，第288页。

人产生过重要影响，而他的政治哲学思想，尤其是三权分立学说，对德国古典哲学家康德、谢林、黑格尔也产生过不同程度的影响。

在孟德斯鸠去世后不到 40 年，法国大革命爆发，《人权宣言》确立了人权、法制和公民自由等基本原则。对于这些原则的确立，我们显然不能排除孟德斯鸠的理论影响和贡献。尽管革命后的法国并没有走上孟德斯鸠的理论所指引的道路，但他所倡导的分权原则却被奉为圭臬。孟德斯鸠的理论影响不局限于法国，它还漂洋过海，在大洋彼岸的美洲生根发芽，成为美国宪法和联邦政体的主要指引者。被称之为"美国宪法之父"的詹姆斯·麦迪逊曾经说："在立宪问题上，自始至终被我们倾听和援引的，是著名的孟德斯鸠。"[1]

美国宪政制度的制定和实施充分贯彻了孟德斯鸠的三权分立思想。汉密尔顿曾指出，分权制衡与由民意支撑的民主共和政体值得信任，应该努力建立孟德斯鸠所设计的"联邦共和国"，将其作为捍卫人民政府的手段。[2]

杰斐逊无疑是激进民主派的代表，他在强调民主的同时亦承认了分权、代议制等宪政原则，认为权力集中在同一些人手里是"专制统治的真谛"，即使是由多数人行使权力也并不使情况有所好转，"173 个暴君肯定和 1 个暴君一样地富于压迫性"，"选举产生的专制政府并不是我们所争取的政府，我们争取的政府不仅仅要建立在自由原则上，而且政府各项权力必须平均地分配给几个

---

① ［法］路易·戴格拉夫：《孟德斯鸠传》，许明龙、赵克非译，商务印书馆，1997 年，第 493 页。

② ［美］汉米尔顿、杰伊、麦迪逊：《联邦党人文集》，程逢如等译，商务印书馆，2004 年。

政府部门，每个政府部门都由其他部门有效地遏制和限制，无法超越其合法范围"。①

值得指出的是，孟德斯鸠是最早对东方文化和政治体制进行研究的启蒙思想家。他的思想对近代中国也曾产生过重要影响。

19世纪末，孟德斯鸠的思想和著作传入中国，在中国的先进文人尤其是留学生中广为传播。梁启超的《法理学大家孟德斯鸠之学说》是最早介绍孟德斯鸠生平和思想的文章。之后，张相文将孟德斯鸠的《论法的精神》一书译为《万法精理》出版，随后，严复将之译为《法意》一书出版。1915年孟德斯鸠的另一部著作《波斯人信札》也被翻译家林纾译为中文，题名为《鱼雁抉微》。

在当时的中国，无论是改良派还是革命派都对孟德斯鸠的分权学说推崇备至，各派按自己的理解阐述这一思想。1901年，改良派的代表人物梁启超在《立宪法议》一文中阐述了孟德斯鸠的政体论，并主张在中国设立立法机构，实行分权制。然而1906年，梁启超在《新民丛报》上发表《申论种族革命与政治革命之得失》一文，重新审视孟德斯鸠的三权分立学说，认为就中国的现有条件来看，很难将这种学说变为现实。梁启超认为，"凡是国家，必然有其最高主权，而最高主权是不应分也不可分的。三个机关分别行使司法、立法和行政权，其中任何一个也不能单独行使最高主权，这样，最高主权需交给全体国民来行使。于是，问题又回到了国民总意……对于中国这样地广人众，人民久困专制的国家来说，全民公决既不可能，国民总意便不能行使国家最高

---

① ［美］杰斐逊：《杰斐逊选集》，朱曾汶译，北京商务印书馆，1999年，第2页。

主权，国家最高主权无人行使，三权分立便会破坏国家主权"①。

革命派的代表人物孙中山对孟德斯鸠的三权分立学说也很推崇。但他从法国等国家的政治体制中看到，由于人民不能直接掌握权力，他们选出的议会容易形成专制，不受人民的监督。因此他主张设立监察机关，确保人民对国家权力的监督。他还主张设立考试机关，以便公正选拔各级官吏。这样，他提出了"五权分立"的构想，并将之作为三民主义中民权主义的主要内容。这种"五权分立"的构想显然脱胎于孟德斯鸠的三权分立学说。

在 19 世纪末至 20 世纪初这段时间，国人对孟德斯鸠的思想认识不断深入，这一学说对当时中国的社会变革起到了理论指引的作用，也反映了中国近代旧民主主义革命的酝酿和发展。在 21 世纪的今天，西方发达资本主义国家并没有完全抛弃孟德斯鸿的政治、法律原则，在当代中国，我们也应该在建立和健全社会主义民主和法治的过程中，汲取《论法的精神》中值得借鉴的因素。

四、术语解读与语篇精粹

（一）启蒙（Enlightenment）

1. 术语解读

广义的启蒙可以追溯到苏格拉底，即摆出真理，是西方哲学

---

① 许明龙：《孟德斯鸠与中国》，国际文化出版公司，1989 年，第 135 页。

的关键。法国启蒙多是以救世主式的面目揭示真理，却未自觉到理性的界限，而康德的启蒙则深入到与理性划界相关，使人人独立自主地使用自己的理智。恩格斯在《反杜林论》中指出"……一切都必须在理性的法庭面前为自己的存在做辩护或者放弃存在的权利。思维着的悟性成了衡量一切的唯一尺度"。作为启蒙运动的核心思想，理性是一种贯穿于法国哲学、自然科学、政治、历史等领域的思维方式。而人们也把理性看作是一种发现真理、确定真理的能力和力量。

孟德斯鸠的启蒙理论对西方政治民主化进程产生了深刻影响，同时也为近代西方政治与法律理论发展奠定了基础。孟德斯鸠对封建专制主义的批判、对宗教神学的批判、追求政治平等等论断都对狄德罗、爱尔维修等哲学家产生过重要的影响，引领了18世纪法国启蒙思潮。启蒙运动是一次伟大的思想解放运动，以伏尔泰、孟德斯鸠为代表，反封建、反宗教神学，进而推进到反对专制制度、要求建立资产阶级理性国家，因此启蒙运动比文艺复兴更具革命性；同时注重人的价值，丰富和发展人文精神的内涵，为人类社会创造了宝贵的精神财富，在推动人类文明的车轮前进的过程中发挥了不可替代的作用。

2. 语篇精粹

语篇精粹 A

Enlightenment is man's emergence from his self – imposed immaturity. Immaturity is the inability to use one's understanding without guidance from another. This immaturity is self – imposed when its cause lies not in lack of understanding, but in lack of resolve and cour-age to use it without guidance from another. Sapere Aude！（dare to know）"Have courage to use your own understanding！"—that is the motto of enlightenment.

Laziness and cowardice are the reasons why so great a proportion of men, long after nature has released them from alien guidance（natu-ra – liter maiorennes）, nonetheless gladly remain in lifelong immaturi-ty, and why it is so easy for others to establish themselves as their guardians. It is so easy to be immature. If I have a book to serve as my understanding, a pastor to serve as my conscience, a physician to de-termine my diet for me, and so on, I need not exert myself at all. I need not think, if only I can pay：others will readily undertake the irk-some work for me. ①

译文参考 A

启蒙运动的出现始于人类自我造成的不成熟性，当时人类未经指引，尚无能力运用自我的理解。这种不成熟性是自身造成的，它不是因缺乏理解能力，而是因未经指导从而缺乏对勇气与决心的运用能力，正如康德所说"要有勇气运用你自己的理解！"——这正是启蒙运动的口号。

懒惰和怯懦乃是原因所在，当大自然把人类从外部的桎梏中解放出来后，绝大多数人却仍然愿意终身处于不成熟状态之中，而其他人也轻易地以卫成者自居创建自己的生活。不成熟状态下

---

① Immanuel Kant, *Foundations of the Metaphysics of Morals and What is Enlightenment*, translated by L. W. Beck, Liberal Arts Press, 1959, p. 1.

的生活是多么安逸。如果有书能开启我的理解，有牧师能灌输我的道德，有医师能制定我的食谱……那么我就无须事必躬亲了。只要事情划算，我就无须去思考，自有别人会替我去做这类伤脑筋的事。

语篇精粹 B

Thus, it is difficult for any individual man to work himself out of the immaturity that has all but become his nature. He has even become fond of this state and for the time being is actually incapable of using his own understanding, for no one has ever allowed him to attempt it. Rules and formulas, those mechanical aids to the rational use, or rather misuse, of his natural gifts, are the shackles of a permanent immaturity. Whoever threw them off would still make only an uncertain leap over the smallest ditch, since he is unaccustomed to this kind of free movement. Consequently, only a few have succeeded, by cultivating their own minds, in freeing themselves from immaturity and pursuing a secure course.

But that the public should enlighten itself is more likely; indeed, if it is only allowed freedom, enlightenment is almost inevitable. For even among the entrenched guardians of the great masses a few will always think for themselves, a few who, after having themselves thrown off the yoke of immaturity, will spread the spirit of a rational appreciation for both their own worth and for each person's calling to think for himself. But it should be particularly noted that if a public that was first placed in this yoke by the guardians is suitably aroused by some of those who are altogether incapable of enlightenment, it may force the guardians themselves to remain under the yoke—so pernicious is it to instill prejudices, for they finally take revenge upon their originators, or on their descendants. Thus a public can only attain enlightenment slowly. Perhaps a revolution can overthrow autocratic despotism and profiteering or power – grabbing oppression, but it can never truly reform a manner of thinking; instead, new prejudices, just like the old ones they replace, will serve as a leash for the great unthinking mass. ①

译文参考 B

对个人而言，想从天性的圈圈中经过奋斗冲破不成熟的状态，是很艰难的。因为自己已经习惯于这种状态了，而且当下也的确不知道怎么运用理解，当然从来也没有人允许他去做这种尝试。那些机械地辅助人类合理运用或者滥用天赋的条条框框会一直桎梏着人类，使其长期处于不成熟状态。谁若能丢弃它，谁就相当于从狭窄的沟渠里犹犹豫豫地跨越一跳，毕竟他不习惯于这类自由式跃起。因此只有少数人能通过培植自己心智，成功地摆脱不成熟，从而寻求出一条安稳的大道。

大众的确很有可能进行自我启蒙；只要能允许他们自由，启蒙运动是不可避免的。因为哪怕是广大群众所拥戴的卫成者，总会有几人去思考；他们一旦摒弃了不成熟性的羁绊，就会向大众传播这样一种精神：理性地鉴赏自我价值和号召大众自我思考。

---

① Immanuel Kant, *Foundations of the Metaphysics of Morals and What is Enlightenment*, translated by L. W. Beck, Liberal Arts Press, 1959, p. 2.

但是需要值得注意的是，起初被卫成者套上枷锁的大众，如果受到一些毫无启蒙能力之人的蛊惑，也会强迫那些摒弃羁绊的卫成者处于枷锁之中。可见，播撒下偏见是多么的可怕，始作俑者最终遭受果报，甚至他们的后代也不能幸免，因此启蒙运动在大众中只能缓慢进行。通过一场革命，也许能推翻独裁专制、暴力和权势的压迫，却绝不能变革一种思想意识。相反，种种新的偏见又会更迭陈旧的偏见，将永远束缚那些没有思想的大众。

语篇精粹 C

Laws, taken in the broadest meaning, are the necessary relations deriving from the nature of things; and in this sense, all beings have their laws: the divinity has its laws, the material world has its laws, the intelligences superior to man have their laws, the beasts have their laws, man has his laws.

Those who have said that a blind fate has produced all the effects that we see in the world have said a great absurdity; for what greater absuidity is there than a blind fate that could have produced intelligent beings?

There is, then, a primitive reason; and laws are both the relaitons that exist between it and the different beings, and the relations of these various beings to each other.①

译文参考 C

从广义上说，法是从事物本性中衍生的必然关系。在此意义

---

① Montesquieu, *The Spirit of the Laws*, translated and edited by Anne M. Cohler, Basia C. Miller & Harold S. Stone, Cambridge University Press, 1989, p. 3.

上，万物皆有法：上帝有其法；物质世界有其法；超智能生物有其法；兽类有其法；人类有其法。

有人认为世界上所见的万物皆是命运盲目缔造的结果，这是极端荒谬的说法。因为还有什么比盲目命运竟能缔造智能生物之说更荒谬的吗？

于是，存在着一种原始的理性。法就是存在于理性和万物之间的关系，同时也是万物彼此之间的关系。

（二）权力分立（Separation of Powers）

1. 术语解读

分权思想的源头可以追溯到古希腊罗马时期，柏拉图在《政治家篇》中依据统治者人数的多少和统治者统治方式是否依据法律，将现实政体分了六大类，分别是：君主政体、贵族政体、依法统治的民主政体、不依法统治的政体、寡头政体和僭主政体。亚里士多德在《政治学》中指出一切政体都是由三个要素构成的，即议事机能、行政机能和审判机能。

孟德斯鸠是西方政治哲学史上分权学说的集大成者，其著作《论法的精神》充分吸收前人的思想精华，在分权和制衡理论的基础上，完善了洛克的分权理论，构建了近代最完善的三权分立模式。孟德斯鸠认为每个国家都有三种权力，即立法权、行政权和司法权。"为了防止滥用权力，必须通过事物的统筹协调，以权力制止权力。"[①] 这三种权力必须分属不同的人、不同的机构，

---

① ［法］孟德斯鸠：《论法的精神》，许明龙译，商务印书馆，2014 年，第 185 页。

否则就会滥用权力，出现侵害公民自由的现象。这也成为资本主义政治制度的基本原则。

2. 语篇精粹

语篇精粹 A

It is true that in democracies the people seem to do what they want, but political liberty in no way consists in doing what one wants. In a state, that is, in a society where there are laws, liberty can consist only in having the power to do what one should want to do and in no way being constrained to do what one should not want to do.

One must put oneself in mind of what independence is and what liberty is. Liberty is the right to do everything the laws permit; and if one citizen could do what they forbid, he would no longer have liberty because the others would likewise have this same power.

Democracy and aristocracy are not free states by their nature. Political liberty is found only in moderate governments. But it is not always in moderate states. It is present only when power is not abused, but it has eternally been observed that any man who has power is led to abuse it; he continues until he finds limits. Who would think it! Even virtue has need of limits.

So that one cannot abuse power, power must check power by the arrangement of things. A constitution can be such that no one will be constrained to do the things the law does not oblige him to do or be kept from doing the things the law permits him to do. ①

译文参考 A

诚然，民主下的人民仿佛可以随心行事，可是政治自由绝不意味着人可以随心行事。在一个国家或是一个有法可依的社会里，自由仅限于有权做应该做的事和决非任意去做不应该做的事。

一个人必须牢记，自主和自由的意义区别。自由是做法律允许的事的权利；倘若公民做了法律禁止的事情，那就没有自由权利，因为其他公民同样也有这个权力。

就性质而言，民主制国家和贵族制国家都不是自由的。在温和的政体下可能会有政治自由，但温和的国家未必会有政治自由。只有权力未被滥用时，才有政治自由。但是一直以来，人一旦拥有权力就会滥用权力，而且无所不用其极。谁能想到，连道德都需要底线！

为了防止权力的滥用，必须通过采取措施，用权力制衡权力。宪法可以这样规定：不强制任何人去做不涉及法律义务的事，也不强迫任何人不去做法律允许的事。

语篇精粹 B

In each state there are three sorts of powers: legislative power, executive power over the things depending on the right of nations, and executive power over the things depending on civil right.

By the first, the prince or the magistrate makes laws for a time or for always and corrects or abrogates those that have been made. By the

---

① Montesquieu, *The Spirit of the Laws*, translated and edited by Anne M. Cohler, Basia C. Miller & Harold S. Stone, Cambridge University Press, 1989, pp. 155 – 156.

second, he makes peace or war, sends or receives embassies, establishes security, and prevents invasions. By the third, he punishes crimes or judges disputes between individuals. The last will be called the power of judging, and the former simply the executive power of the state.

When legislative power is united with executive power in a single person or in a single body of the magistracy, there is no liberty, because one can fear that the same monarch or senate that makes tyrannical laws will execute them tyrannically.

Nor is there liberty if the power of judging is not separate from legislative power and from executive power. If it were joined to legislative power, the power over the life and liberty of the citizens would be arbitrary, for the judge would be the legislator. If it were joined to executive power, the judge could have the force of an oppressor.

All would be lost if the same man or the same body of principal men, either of nobles, or of the people, exercised these three powers: that of making the laws, that of executing public resolutions, and that of judging the crimes or the disputes of individuals. ①

译文参考 B

每个国家都有三种权力：立法权、适用国家事务的行政权和适用公民权利的行政权。

根据第一种权力，君主或执政官来制定临时或永久的法律，

---

① Montesquieu, *The Spirit of the Laws*, translated and edited by Anne M. Cohler, Basia C. Miller & Harold S. Stone, Cambridge University Press, 1989, pp. 156 – 157.

修改或废除已有的法律。根据第二种权力，他们有对外维护和平或者宣战的权力，有权派遣或接受使节，维持治安，抵御外侵。根据第三种权力，他们有权惩治罪犯，裁决公民争端。第三种权力又称司法权，第二种权力简称为国家行政权。

立法权和行政权如果同时由某个人或是某个部门垄断，自由则荡然无存，人们就会担心，同一位君主或同一个议会可能会制定出暴虐的法律并暴虐地实施这些法律。

司法权如果不与立法权和行政权分立，就没有自由而言。一旦司法权与立法权合并，处置公民的生命和自由的权力将形成专断，法官即是立法者。在这种情形下，法官将持有统治者的力量。

如果单由某一个人，或是单由贵族或单由平民组成的某个政体垄断行使这三种权力，即制定法律的权力、执行国家决议的权力及裁决罪行或个人争端的权力，一切将不复存在。

语篇精粹 C

Here, therefore, is the fundamental constitution of the government of which we are speaking. As its legislative body is composed of two parts, the one will be chained to the other by their reciprocal faculty of vetoing. The two will be bound by the executive power, which will itself be bound by the legislative power.

The form of these three powers should be rest or inaction. But as they are constrained to move by the necessary motion of things, they will be forced to move in concert.

As executive power belongs to the legislative only through its faculty of vetoing, it cannot enter into the discussion of public business. It is not even necessary for it to propose, because, as it can always disapprove of resolutions, it can reject decisions on propositions it would have wanted left unmade. [1]

译文参考 C

这就是我们所说的政府基本宪法。立法机构由两个部门组成，彼此以否决权相互牵制，又同受行政权的制约，而行政权则受立法权的制约。

三权在形式上属于休眠或静止状态，但不可避免因受到事情的推动而不得不前行，因此三权只得一同前行。

行政权参与立法时仅能行使否决权，而不能参与公共事务的讨论。行政机构根本不必提交议案，因为它的权力是否决或通过议案，并且有权否决不符合它意愿的法案。

（三）法的概念（The Conception of Law）

1. 术语解读

孟德斯鸠关于法的定义不同于柏拉图的"理念说"，也不同于阿奎那的"神权说"，而是通过对社会本质理论的构建和对法律与理性之间关系的考察，提出了"关系中的法"为理性定位。这也是他的主要理论贡献之一。[2] 孟德斯鸠把广义的"法"规定为"由事物的性质产生出来的必然关系"，贯穿于一切事物的

---

① Montesquieu, *The Spirit of the Laws*, translated and edited by Anne M. Cohler, Basia C. Miller & Harold S. Stone, Cambridge University Press, 1989, p. 164.

② 苏瑞莹：《孟德斯鸠"法"精神内蕴》，《前沿》，2007 年第 12 期。

"根本理性"中。孟德斯鸠试图寻求人类社会治国安邦的良策。具体来说，孟德斯鸠把法律分为自然法和人为法。他通过对法的研究认为，人类在进入社会状态之前，是处于自然状态之中，出于生命的本能，人们遵从着"自然法"；随着人类逐渐从自然状态过渡到社会状态，为了保证每个人享有自由平等的天赋权利，于是就以自然法为基础制定了"人为法"。孟德斯鸠强调了法的理性精神。他认为法是人类社会存在的根本理性与各种存在物之间的联系，同时也是存在物彼此之间的关系。

2. 语篇精粹

语篇精粹 A

God is related to the universe, as creator and preserver; the laws according to which he created are those according to which he preserves; he acts according to these rules because he knows them; he knows them because he made them; he made them because they are related to his wisdom and his power.

As we see that the world, formed by the motion of matter and devoid of intelligence, still continues to exist, its motions must have invariable laws; and, if one could imagine another world than this, it would have consistent rules or it would be destroyed.

Thus creation, which appears to be an arbitrary act, presupposes rules as invariable as the fate claimed by atheists. It would be absurd to say that the creator, without these rules, could govern the world, since the world would not continue to exist without them.

These rules are a consistently established relation. Between one moving body and another moving body, it is in accord with relations of mass and velocity that all motions are received, increased, diminished, or lost; every diversity is uniformity, every change is consistency. [1]

译文参考 A

上帝作为宇宙的缔造者和守护者，与宇宙有关系。上帝创造宇宙时所依据的法就是他守护宇宙之法。上帝之所以依照这些法，是因为他了解这些法；他之所以了解这些法，是因为这些法由他制定；上帝能制定这些法是因为这些法与他的智慧和权力存在着联系。

如我们所知，世界的形成缘于物质的运动，它虽不具备智慧，却依旧存在，因此宇宙的种种运动必定存在恒定的规律。如果有人能够再想象出另一个世界，那么那个世界也必有定律，否则就会被毁灭。

因此，好像是任意所为的创造，其实是恒常不变的规律，这种恒常规律就是无神论者所说的命运。如果造物主没有这些规律而能够主宰世界的话，那便是荒谬之谈，因为世界如果没有规律将不复存在。

这些规律是一种持久建立的关系，即两个运动物体之间，其运动的或增，或减，或有，或无，均取决于物体的质量和速度的关系；多样即是同一，变化即是稳定。

---

[1] Montesquieu, *The Spirit of the Laws*, translated and edited by Anne M. Cohler, Basia C. Miller & Harold S. Stone, Cambridge University Press, 1989, pp. 3 −4.

语篇精粹 B

Prior to all these laws are the laws of nature, so named because they derive uniquely from the constitution of our being. To know them well, one must consider a man before the establishment of societies. The laws he would receive in such a state will be the laws of nature.

The law that impresses on us the idea of a creator and thereby leads us toward him is the first of the natural laws in importance, though not first in the order of these laws. A man in the state of nature would have the faculty of knowing rather than knowledge. It is clear that his first ideas would not be speculative ones; he would think of the preservation of his being before seeking the origin of his being. Such a man would at first feel only his weakness; his timidity would be extreme: and as for evidence, if it is needed on this point, savages have been found in forests; everything makes them tremble, everything makes them flee.

In this state, each feels himself inferior; he scarcely feels himself an equal. Such men would not seek to attack one another, and peace would be the first natural law.

Hobbes gives men first the desire to subjugate one another, but this is not reasonable. The idea of empire and domination is so complex and depends on so many other ideas, that it would not be the one they would first have.

Hobbes asks, If men are not naturally in a state of war, why do they always carry arms and why do they have keys to lock their doors?

But one feels that what can happen to men only after the establishment of societies, which induced them to find motives for attacking others and for defending themselves, is attributed to them before that establishment. ①

译文参考 B

自然法是所有这些法的前身，之所以称作自然法，是因为万物的构成皆由它衍生。必须思考社会形成之前的人的活动，才能清晰地认识自然法。人在社会形成之前所接受的法则就是自然法。

自然法的首要的一条就是将造物者的观念传输给我们，并令我们心向往之。虽然它不是自然法的第一条，却依其重要性被列为自然法之首。自然状态下，人类只具备认知的官能而不具备认知能力。很显然，人的最初思想不具备思辨意识。人类首先想到的是生存，然后才会去探索自己的起源。这就是人类，起初只是感到自己弱小，因而极其怯懦。如需要证实这一说法，丛林中的野蛮人便是证据：但凡任何事物都会令他们战栗，令他们闻风而逃。

在这种情况下，人人都感觉自己微弱，所以相互平等的感觉微乎其微。因此谁也不会想去攻击对方，和平于是成为自然法的第一条法则。

英国哲学家霍布斯提出人最初的欲念是相互制服，这种说法没有道理。由于君权意识和独尊的思想异常复杂，且依托于其他诸多思想之上，它们绝不可能是人类的最初思想。

---

① Montesquieu, *The Spirit of the Laws*, translated and edited by Anne M. Cohler, Basia C. Miller & Harold S. Stone, Cambridge University Press, 1989, p. 6.

霍布斯提出质疑，如果人类不是先天就处于战争状态，那为什么总要全副武装，又为什么总要给自己的住所上锁呢？其实，这些被归于社会形成之前的事情是在社会形成之后发生的，接着才促使人类攻击他人、保全自我。

语篇精粹 C

Law in general is human reason insofar as it governs all the peoples of the earth; and the political and civil laws of each nation should be only the particular cases to which human reason is applied.

Laws should be so appropriate to the people for whom they are made that it is very unlikely that the laws of one nation can suit another.

Laws must relate to the nature and the principle of the government that is established or that one wants to establish, whether those laws form it as do political laws, or maintain it, as do civil laws.

They should be related to the physical aspect of the country; to the climate, be it freezing, torrid, or temperate; to the properties of the terrain, its location and extent; to the way of life of the peoples, be they plowmen, hunters, or herdsmen; they should relate to the degree of liberty that the constitution can sustain, to the religion of the inhabitants, their inclinations, their wealth, their number, their commerce, their mores and their manners; finally, the laws are related to one another, to their origin, to the purpose of the legislator, and to the order of things on which they are established. They must be considered from all these points of view.

This is what I undertake to do in this work. I shall examine all these relations; together they form what is called THE SPIRIT OF THE LAWS.

I have made no attempt to separate political from civil laws, for, as I do not treat laws but the spirit of the laws, and as this spirit consists in the various relations that laws may have with various things, I have had to follow the natural order of laws less than that of these relations and of these things.

I shall first examine the relations that laws have with the nature and the principle of each government, and, as this principle has a supreme influence on the laws, I shall apply myself to understanding it well; and if I can once establish it, the laws will be seen to flow from it as from their source. I shall then proceed to other relations that seem to be more particular. ①

译文参考 C

一般而言，法是人类治理地球上的所有居民的理性依据。各国的政治法律和民法只不过是人类应用理性的具体个案而已。

法律应该由各国自己制定，并适合于自己国家的民众，所以一个国家的法律很难适用于另一个国家。

法律无论是以政治法律还是民法的形式，它的制定都应该与当前的或是即将建立的政体性质和原则相吻合。

法律的制定应该考虑到本国的自然条件，如气候，严寒、酷

① Montesquieu, *The Spirit of the Laws*, translated and edited by Anne M. Cohler, Basia C. Miller & Harold S. Stone, Cambridge University Press, 1989, pp. 8-9.

热或温宜等；领土的性质，其地理位置和疆域大小；以及民众的生活方式，农耕、狩猎、放牧等。法律应该在自由程度，宗教信仰、民众倾向、国家财富、人口数量、商业贸易、风俗习惯等方面符合宪法。最后，法律还应相互参照，关注法律的起源、司法意旨，以及法律赖以建立的各种事物的秩序。总之，必须从方方面面去考虑法律的制定。

这就是我著书的内容。我将审视这些关系，并写入《论法的精神》一书中。

我并非想把政治法律和民法分开，因为我不是在探讨法，而是在探讨法的精神。鉴于法的精神存在于法与各种事物可能发生的关系之中，我不得不先注重法的关系和事物的顺序，而较少顾及法的自然顺序。

我首先审视法与政体性质和原则的关系，由于这种原则对法有巨大的影响，我将倾全力去解读这一影响。一旦廓清了它们之间的关系，法的起源与流向将会一清二楚。其次，我将论述其他更为具体的关系。

（四）自由（Liberty）

1. 术语解读

自由是西方政治文明中一个重要的价值取向。洛克认为自由是人们享有的不可剥夺的自然权利，[①] 是自然权利的本质内容。

---

① 参见［英］戴维·米勒、韦农·波格丹诺主编（英文版）：《布莱克维尔政治学百科全书》（修订版），邓正来主编（中文版），中国政法大学出版社，2002 年，第458 页。

虽然自由不可剥夺，但这是在人们能够接受法律的状态下，若没有了法律，便没有了自由。①

法国启蒙思想家孟德斯鸠在近代自由主义的鼻祖洛克的基础上进一步阐发了对自由含义的理解。哲学意义上的自由和政治意义上的自由不同，哲学意义上的自由是指人能够行使自己的意志。② 而政治意义上的自由是从自由与法律关系的角度，认为自由与法律约束相联系。法律不是限制自由，而是扩大自由。自由是做法律许可的一切事情的权利。同时，孟德斯鸠重视个人的安全感，注重使每个人都认为他本身是安全的。因此必须建立政府来保全自由，使每一个人能够享受这种自由。

2. 语篇精粹

语篇精粹 A

I have said that, in the former instance, liberty is formed by a certain distribution of the three powers, but in the latter it must be considered with a different idea in view. It consists in security or in one's opinion of one's security.

It can happen that the constitution is free and that the citizen is not. The citizen can be free and the constitution not. In these instances, the constitution will be free by right and not in fact; the citizen will be free in fact and not by right.

---

① 参见 [英] 洛克：《政府论》（下篇），叶启芳、瞿菊农译，商务印书馆，2004 年，第 36 页。

② 参见 [法] 孟德斯鸠：《论法的精神》（上册），张雁深译，商务印书馆，2005 年，第 188 页。

Only the disposition of the laws, and especially of the fundamental laws, forms liberty in its relation to the constitution. But, in the relation to the citizen, mores, manners, and received examples can give rise to it and certain civil laws can favor it, as we shall see in the present book.

Philosophical liberty consists in the exercise of one's will or, at least (if all systems must be mentioned), in one's opinion that one exerts one's will. Political liberty consists in security or, at least, in the opinion one has of one's security. ①

译文参考 A

我在前一个例子中讲过，自由是从三权的某种分配方式中形成的，但是在后一个例子中，还需用另一种思想对自由加以审视。自由是享有安全或者自认为享有安全。

可能出现这种情况：宪法是自由的，但公民并不自由；公民是自由的，但宪法不是。针对这种情况，可以解读为：虽然宪法规定权利是自由的，但事实上并不自由；虽然公民事实上是自由的，但权利上并不自由。

唯有通过法律的分配，尤其是基本法的分配，自由才能与宪法相关，与自由相关的，如公民的道德、行为方式以及日常习惯等也可以呈现自由。所以正如书中论述的，某些公民法也能促成自由。

从逻辑上来讲，自由即行使自己的意志，或者（假如必须涉

---

① Montesquieu, *The Spirit of the Laws*, translated and edited by Anne M. Cohler, Basia C. Miller & Harold S. Stone, Cambridge University Press, 1989, pp. 187 – 188.

及所有的体系）至少是自认为在行使自己的意志。政治自由是享有安全，或者至少是自认为自己享有安全。

语篇精粹 B

For, if disputes were formed on the occasion of the violation of the fundamental laws and a foreign power appeared, there would be a revolution that would not change the form of the government or its constitution, as revolutions formed by liberty are but a confirmation of liberty.

A free nation can have a liberator; a subjugated nation can have only another oppressor.

For any man who has enough strength to drive out the one who is already the absolute master in a state has enough strength to become one himself.

Because, in order to enjoy liberty, each must be able to say what he thinks and because, in order to preserve it, each must still be able to say what he thinks, a citizen in this state would say and write everything that the laws had not expressly prohibited him from saying or writing.

This nation, always heated, could more easily be led by its passions than by reason, which never produces great effects on the spirits of men, and it would be easy for those who governed it to make it undertake enterprises against its true interests. ①

---

① Montesquieu, *The Spirit of the Laws*, translated and edited by Anne M. Cohler, Basia C. Miller & Harold S. Stone, Cambridge University Press, 1989, p. 327.

译文参考 B

假如自由违反了基本法，就会引发争端，外族势力便乘虚而入，从而导致革命的爆发。然而，这样的革命既不会改变政府，也不会改变体制，因为这种由自由引发的革命只能证实自由存在。

每个自由的国度会有一位解救者，而每个被征服的国家却有不同的压迫者。

凡是有足够的力量把一个国家的专治君主赶下台的人，肯定也有足够的力量成就自我。

人若要享受自由，就必须讲出他的想法；人若要保住自由，也必须讲出他的想法。国家的任何一位公民都应该通过语言和文字把自己的想法表达出来，但前提是，这些想法不是法律明文禁止的。

一个民族如果总是头脑发热，就很容易受情绪控制，而不受理智的控制。由于理智绝不会使人的精神产生太大的波动，所以统治者很容易利用情绪因素挑动这个民族做出一些不利于本民族真正利益的举动来。

语篇精粹 C

Although all states have the same purpose in general, which is to maintain themselves, yet each state has a purpose that is peculiar to it. Expansion was the purpose of Rome; war, that of Lacedaemonia; religion, that of the Jewish laws; commerce, that of Marseilles; public tranquility, that of the laws of China; navigation, that of the laws of the Rhodians; natural liberty was the purpose of the police of the savages; in general, the delights of the prince are the purpose of the despotic states; his glory and that of his state, that of monarchies; the independence of each individual is the purpose of the laws of Poland, and what results from this is the oppression of all.

There is also one nation in the world whose constitution has political liberty for its direct purpose. We are going to examine the principles on which this nation founds political liberty. If these principles are good, liberty will appear there as in a mirror.

Not much trouble need be taken to discover political liberty in the constitution. If it can be seen where it is, if it has been found, why seek it?

Political liberty in a citizen is that tranquility of spirit which comes from the opinion each one has of his security, and in order for him to have this liberty the government must be such that one citizen cannot fear another citizen. [1]

译文参考 C

一般来说，各国的目标都一样，都是为自我保护，但每个国家各有自己独特的具体目标。罗马帝国的目标是扩张，斯巴达的目标是战争，犹太人的目标是宗教，马赛的目标是商贸，中国的目标是公共宁静，罗得人的目标是航海，蛮族的目标是保持自由的天性。简言之，暴政国家的目标是愉悦君主，君主立宪国家的目标是荣耀君主及其国家；波兰法律的目标是人人独立，结果却是受人压迫。

---

[1] Montesquieu, *The Spirit of the Laws*, translated and edited by Anne M. Cohler, Basia C. Miller & Harold S. Stone, Cambridge University Press, 1989, pp. 156 – 157.

世界上还有一个国家，其政治体制的直接目标就是政治自由。我们会对这个国家的政治自由原则进行审视。如果这些原则确实很好，自由就会如同在镜中一样，显现得清清楚楚。

从宪法中探寻政治自由，不需要费多大力气。倘若能够知道它的所在，并且已经找到了，又何必再去探寻呢？

公民的政治自由是一种精神上的宁静，这种想法源自人人都需要有安全感。为了享有这种自由，政府必须要保证它的每一位公民不惧怕另一位公民。

（五）专制主义（Despotism）

1. 术语解读

专制主义产生于西方文化的语境中。从词源上看，"专制主义"对应的英语是 Despotism，其词根是 Despot。法语中的对应词 Despote 指统治其奴隶般臣民的蛮族国王。[①]

孟德斯鸠对"专制主义"进行了严厉批判。他在《论法的精神》中首先指出"专制主义"中的专制是指个人依据其意志统治国家。[②] 其次，专制国家是没有法律的，君主的意志能够主宰一切。最后，专制政体的原则是恐怖，旨在培养臣民的奴性，使他们绝对服从君主的意志；只有君主拥有自由，其他人都沦为奴隶，更无平等可言。由此专制必然导致腐化。孟德斯鸠坚持了亚里士

---

① 参见邓正来主编：《布莱克维尔政治学百科全书》，中国政法大学出版社，1992 年，"专制 Despotism"条。

② 参见［法］孟德斯鸠：《论法的精神》（上册），张雁深译，商务印书馆，1961 年，第 19 页。

多德以来的观点，他认为东方是专制的，西方是自由的。黑格尔更是把东方专制主义纳入其历史哲学，认为东方是落后的形态。这种认为"专制"属于东方的西方中心主义的价值偏见始终存在。

2. 语篇精粹

语篇精粹 A

Just as there must be virtue in a republic and honor in a monarchy, there must be FEAR in a despotic government. Virtue is not at all necessary to it and honor would be dangerous.

The prince's immense power passes intact to those to whom he entrusts it. People capable of much self – esteem would be in a position to cause revolutions. Therefore, fear must beat down everyone's courage and extinguish even the slightest feeling of ambition.

A moderate government can, as much as it wants and without peril, relax its springs. It maintains itself by its laws and even by its force. But when in despotic government the prince ceases for a moment to raise his arm, when he cannot instantly destroy those in the highest places, all is lost, for when the spring of the government, which is fear, no longer exists, the people no longer have a protector.

The people must be judged by the laws, and the important men by the prince's fancy; the head of the lowest subject must be safe, and the pasha's head always exposed. One cannot speak of these monstrous governments without shuddering. The Sophi of Persia, deposed in our time by Myrrweis, saw his government perish before it was conquered because he had not spilled enough blood.

History tells us that Domitian's horrible cruelties so frightened the governors that the people revived somewhat during his reign. In the same way, a flood, destroying everything on one bank, leaves stretches of land on the other where meadows can be seen in the distance. ①

译文参考 A

就像共和政体强调道德，君主政体强调荣耀一样，专制的国家强调震慑。专制政体下根本不需要道德，荣耀亦是危险的。

专制政体下君主将无限权力全部转交给他所委托之人。鉴于自尊心浓重的民众有可能反抗，专制政体必须令其畏惧，对民众的反抗进行震慑，将之扼杀于萌芽状态。

一个温和的政体，只要愿意，就可以松一松绷紧的弹簧，而不至于发生危险，它可以继续以法律和强力维持这个政体。可是在专制下，君主只要有一刻心慈手软，只要没能快速击败权重之人，这个专制政体便会垮台。一旦专制的震慑之举措不复存在，人民便不再有依怙了。

民众应受法律裁决，权贵应受君主裁决，底层臣民的人头可保安然，可权重者的脑袋会随时搬家。谈及专制的残暴，人人皆不寒而栗。被米利维伊斯废黜的波斯国王，在被征服前就已经垮台，究其原因，是国王未能用足够的生命捍卫政权。

历史记载，罗马帝王图密善在位时的残暴手段令官员们战栗，

① Montesquieu, *The Spirit of the Laws*, translated and edited by Anne M. Cohler, Basia C. Miller & Harold S. Stone, Cambridge University Press, 1989, pp. 28 – 29.

但平民却可稍稍得以休养生息，恰如洪灾只摧毁了河岸的一侧，而另一侧则幸免于难，远处的草场依稀可见。

语篇精粹 B

In despotic states the nature of the government requires extreme obedience, and the prince's will, once known, should produce its effect as infallibly as does one ball thrown against another.

No tempering, modification, accommodation, terms, alternatives, negotiations, remonstrances, nothing as good or better can be proposed. Man is a creature that obeys a creature that wants.

He can no more express his fears about a future event than he can blame his lack of success on the caprice of fortune. There, men's portion, like beasts, is instinct, obedience, and chastisement.

It is useless to counter with natural feelings, respect for a father, tenderness for one's children and women, laws of honor, or the state of one's health; one has received the order and that is enough.

In Persia, when the king has condemned someone, no one may speak to him further about it or ask for a pardon. If he were drunken or mad, the decree would have to be carried out just the same; if it were not, he would be inconsistent, and the law cannot be inconsistent. This has always been their way of thinking: as the order given by Ahasuerus to exterminate the Jews could not be revoked, it was decided to give them permission to defend themselves.

There is, however, one thing with which one can sometimes counter the prince's will: that is religion. One will forsake one's father, even kill him, if the prince orders it, but one will not drink wine if the prince wants it and orders it. The laws of religion are part of a higher precept, because they apply to the prince as well as to the subjects. But it is not the same for natural right; the prince is not assumed to be a man. ①

译文参考 B

在专制国家中，绝对服从是政体的本质，君主的旨意一旦下达，就应立竿见影地精准生效，犹如一球击中另一球似的干脆利落。

君王与臣民之间不存在调和、修正、妥协、交情、对等、协商之说，亦无纳谏或上书良策一说，人类就是一种服从发号施令者的生物。

人们不必担忧将来之事，也不必把失败归咎于命运。在这方面，人的命运与动物相似，即本能、服从和责罚。

人类与情感、孝亲、疼子、爱妻、荣耀、健康状况抗衡是徒劳无益的，只需遵命行事就足够了。

波斯君王定某人罪后，谁也不能跟国王再提及此人，或为他求情。即使国王酒醉或神志不清时颁布的王命也必须执行，否则国王将前后不一致，法律亦不能前后不一。这就是他们的思维方式，就像波斯国王亚哈随鲁，曾下令灭绝犹太人，由于不能收回成命，所以只得准许犹太人进行反抗。

不过，有一样事物有时候可以用来对抗君主的旨意，那就是

---

① Montesquieu, *The Spirit of the Laws*, translated and edited by Anne M. Cohler, Basia C. Miller & Harold S. Stone, Cambridge University Press, 1989, pp. 28 – 30.

宗教。如果君王命令某人弃父乃至杀父，此人就要执行。但是，如果国王命令某人喝酒，此人可以不执行。宗教的戒律是至高无上的，无论是君主还是臣民都要遵从。不过，就自然权利而言，情况就不同了，君主并不被视为普通人。

语篇精粹 C

Just as education in monarchies works only to elevate the heart, education in despotic states seeks only to bring it down. There, education must bring about servility. It will be a good, even for the commander, to have had such an education, since no one is a tyrant there without at the same time being a slave.

Extreme obedience assumes ignorance in the one who obeys; it assumes ignorance even in the one who commands; he does not have to deliberate, to doubt, or to reason; he has only to want.

In despotic states, each household is a separate empirc. Therefore, education, which comes mainly from living with others, is quite limited there; it is reduced to putting fear in the heart and in teaching the spirit a few very simple religious principles. Knowledge will be dangerous, rivalry deadly; and, as for the virtues, Aristotle cannot believe that any are proper to slaves; this would indeed limit education in this government.

Therefore, education is, in a way, null there. One must take everything away in order to give something and begin by making a bad subject in order to make a good slave.

Well! Why would education be intent upon forming a good citizen to take part in the public unhappiness? If he loved the state, he would be tempted to relax the springs of the government; if he failed, he would be ruined; if he succeeded, he would run the risk of ruining himself, the prince, and the empire. [1]

译文参考 C

君主政体的教育旨在提升心智，专制政体的教育则旨在降低心智，这样教育带来的肯定是卑屈。即使对将军而言，接受这样的教育也是一件好事，因为任何人若要当暴君，同时也得当奴隶。

绝对服从显示出服从者的无知，也显示出发号施令者的无知。一个人对服从无须思索、怀疑和推理，只需愿意即可。

在专制的国家，每个家庭都是一个单独的王国。教育主要来自于与人相处，因此在这里变得非常受限。教育变成仅仅教人在心中有敬畏及记住几条简单的宗教信条。知识招致危险，竞争足以致命。至于道德，亚里士多德认为没有什么能适合于对奴隶的教育，这的确限制了专制政体的教育。

因此，从某种意义上来说，专制政体无教育。为了予之，就要先取之；为了令奴隶顺从，就先令臣民无知。

为什么教育要致力于培养一批有为的公民去分担民众的疾苦？只要他们爱国，就会想方设法缓解政体的强压。如果失败，他们会身败名裂；如果成功，他们会面临毁掉自我、毁掉君王、毁掉帝国的危险。

---

① Montesquieu, *The Spirit of the Laws*, translated and edited by Anne M. Cohler, Basia C. Miller & Harold S. Stone, Cambridge University Press, 1989, pp. 34 – 35.

（六）共和制（Republic）

1. 术语解读

共和制这个词在英语中为 republic，起源于拉丁文，是指公众事务与公众财产。在西塞罗的著作《论共和国》中，他对共和国这一概念下了定义，认为"国家是一个民族的财产，是很多人依据正义的协议而建立起来的集合体"[①]。西塞罗阐述的这种制度，使各个阶层的利益都得到保证，从而达到平衡。与西塞罗不同，孟德斯鸠认为，"共和政体是全体人民或仅仅一部分人民握有最高权力的政体"[②]。孟德斯鸠强调在共和政体中分权制衡的重要性，这一观点是近代共和理论的突破。

美国联邦党人深受孟德斯鸠分权理论的影响，主要关心政制的层面。汉密尔顿认为人"野心勃勃、存心报仇而且贪得无厌"[③]，"如果不受外部制约，个人或群体都将对他人施加暴政"[④]。综上所述，"共和制"理念是西方政治制度的重要特征，美国政治制度对于分权制衡的发展，使"共和制"的理念日臻完善。

---

① ［古罗马］西塞罗：《国家篇 法律篇》，沈叔平、苏力译，商务印书馆，1999 年，第 35 页。
② ［法］孟德斯鸠：《论法的精神》（上册），张雁深译，商务印书馆，1961 年，第 8 页。
③ ［美］汉密尔顿、杰伊、麦迪逊：《联邦党人文集》，程逢如等译，商务印书馆，2004 年，第 264 页。
④ ［美］达尔：《民主理论的前言》，顾昕、朱丹译，生活·读书·新知三联书店、牛津大学出版社，1999 年，第 3 页。

2. 语篇精粹

语篇精粹 A

In a republic when the people as a body have sovereign power, it is a democracy. When the sovereign power is in the hands of a part of the people, it is called an aristocracy.

In a democracy the people are, in certain respects, the monarch; in other respects, they are the subjects.

They can be the monarch only through their votes which are their wills. The sovereign's will is the sovereign himself. Therefore, the laws establishing the right to vote are fundamental in this government. Indeed, it is as important in this case to regulate how, by whom, for whom, and on what issues votes should be cast, as it is in a monarchy to know the monarch and how he should govern.

Libanius says that in Athens a foreigner who mingled in the people's assembly was punished with death. This is because such a man usurped the right of sovereignty. [①]

译文参考 A

只有在共和国的全体人民掌握政权时，它才是民主国家，如果是部分人掌政就是贵族专政。

民主政权下的人民一方面是君主，另一方面是臣民。

他们只有在投票表决意愿时能成为君主。当权者的意愿就是

---

① Montesquieu, *The Spirit of the Laws*, translated and edited by Anne M. Cohler, Basia C. Miller & Harold S. Stone, Cambridge University Press, 1989, pp. 10 – 11.

当权者本身。这种政体下所确立的选举权是根本之法。当然，制定投票方式、由谁投、投给谁、何事要投票也都很重要，不亚于在一个君主政体下需要知道谁是君主及他将如何治理他的王国。

公元4世纪的希腊哲学家里巴尼乌斯曾说，雅典的一个外邦人因混入公民议会而被处死，那是因为他篡夺了统治政权。

语篇精粹 B

It is in republican government that the full power of education is needed. Fear in despotic governments arises of itself from threats and chastisements; honor in monarchies is favored by the passions and favors them in turn; but political virtue is a renunciation of oneself, which is always a very painful thing.

One can define this virtue as love of the laws and the homeland. This love, requiring a continuous preference of the public interest over one's own, produces all the individual virtues; they are only that preference.

This love is singularly connected with democracies. In them alone, government is entrusted to each citizen. Now government is like all things in the world; in order to preserve it, one must love it.

One never hears it said that kings do not love monarchy or that despots hate despotism.

Therefore, in a republic, everything depends on establishing this love, and education should attend to inspiring it. But there is a sure way for children to have it; it is for the fathers themselves to have it.

One is ordinarily in charge of giving one's knowledge to one's children and even more in charge of giving them one's own passions.

If this does not happen, it is because what was done in the father's house is destroyed by impressions from the outside.

It is not young people who degenerate; they are ruined only when grown men have already been corrupted. ①

译文参考 B

共和政体需要的是全面掌握教育权。专制政体下的惧怕源于本身的震慑和惩罚；君主政体下的荣耀是情执所致，反过来又加深情执。然而，政治道德却是放弃小我，这通常是一件十分艰难的事。

这样的道德可定义为热爱法律和热爱祖国。这种大爱，始终要求把公共利益置于个人利益之上，造就了个人的优秀品德，这就是先公而后私。

大爱常常为民主政体所独有，只有在民主政体下，才可以把政府委托给每位公民。政府同世界万物一样，若想得以保存，就要受到爱护。

从未听过哪个国王不爱君主政体，或者哪个专制君主憎恨专制政体。

因此，共和政体的一切都依赖于树立对法律和祖国的热爱，教育意在激发这种爱。有一种可靠的方式能让儿童具有这种爱，就是先让父辈们有这种爱。

一般来说，人们只是负责给孩子们传授知识，其实更要负责

---

① Montesquieu, *The Spirit of the Laws*, translated and edited by Anne M. Cohler, Basia C. Miller & Harold S. Stone, Cambridge University Press, 1989, pp. 35 – 36.

传授他们一种热忱。

假如孩子没受到这样的熏陶，原因就是来自外界的影响破坏了家庭教育。

年轻人并非堕落的一代，他们堕落只是因为在成长的过程中受到了腐化。

语篇精粹 C

A people having sovereign power should do for itself all it can do well, and what it cannot do well, it must do through its ministers.

Ministers do not belong to the people unless the people name them; therefore it is a fundamental maxim of this government that the people should name their ministers, that is, their magistrates.

The people, like monarchs and even more than monarchs, need to be guided by a council or senate. But in order for the people to trust it, they must elect its members, either choosing the members themselves, as in Athens, or establishing some magistrate to elect them as was occasionally the practice in Rome.

The people are admirable for choosing those to whom they should entrust some part of their authority. They have only to base their decisions on things of which they cannot be unaware and on facts that are evident to the senses. They know very well that a man has often been to war, that he has had such and such successes; they are, then, quite capable of electing a general. ①

---

① Montesquieu, *The Spirit of the Laws*, translated and edited by Anne M. Cohler, Basia C. Miller & Harold S. Stone, Cambridge University Press, 1989, p. 11.

译文参考 C

掌权之人应该尽力做好一切事情，自己做不好的事情，必须交由阁僚去做。

不是民众选出的阁僚就不属于人民的群体，因此这种政体的一个基本准则就是由人民任命自己的阁僚，即地方行政官。

人民就像君王，甚至比君王更甚，他们更需要一个委员会或参议院来指路。不过，为了取信于民，应该由人民遴选委员会的成员，就像雅典的选举那样；或者可以按照罗马的做法由人民推选出执政官。

值得称赞的是，人民推举自己信任的人，并委托其替自己行使某些权力。当选者不过是依照人人皆知的事例或有目共睹的事实做出决定而已。他们很清楚，某人经常参与征战并屡建战功，于是非常愿意推选某人做将军。

（七）君主制（Monarchy）

1. 术语解读

君主制是一种国家元首为君主，行使绝对权力的政体，君主通常为世袭制。君权神授的观点在中世纪的欧洲非常盛行。柏拉图为使社会各阶级掌控政权，他倾向于君主制与贵族制、民主制的混合政体。贵族制可以弥补君主制的不足。[①] 亚里士多德、托马斯·阿奎那等哲学家也赞同这种混合形式的君主制，但阿奎那

---

① 参见［美］列奥·施特劳斯、约瑟夫·克罗波西主编：《政治哲学史》（上），李天然等译，河北人民出版社，1993 年，第 80 页。

希望君主的权力在一定程度上受到限制，其中重要的手段就是制定法律。君主以荣誉为原则，依据法律进行统治。[①] 因而，君主制一般指有限君主制，君主受到不同社会阶层的制约，受到法律的限制。

英国使宪政君主制不断走向成熟。而在法国，伏尔泰赞成开明的绝对主义君主制，孟德斯鸠则持消极态度。孟德斯鸠认为专制和君主制很相似，君主制很容易滑向专制政体。这也成为法国推翻君主制、走向共和的思想诱因。[②]

2. 语篇精粹

语篇精粹 A

When an exorbitant authority is given suddenly to a citizen in a necessarily assume mediate channels through which power flows; for, if in the state there is only the momentary and capricious will of one alone, nothing can be fixed and consequently there is no fundamental law.

The most natural intermediate, subordinate power is that of the nobility. In a way, the nobility is of the essence of monarchy, whose fundamental maxim is: no monarch, no nobility: no nobility, no monarch; rather, one has a despot.

In a few European states, some people had imagined abolishing all

① See James M. Blythe, *Ideal Government and the Mixed Constitution in the Middle Ages*, Princeton University Press, 1992, p. 43, p. 49.

② 参见［法］孟德斯鸠:《论法的精神》（上册），商务印书馆，2004 年，第 18～22、28～32、135 页;《论法的精神》（下册），第 134 页。

the justices of the lords. They did not see that they wanted to do what the Parliament of England did. If you abolish the prerogatives of the lords, clergy, nobility, and towns in a monarchy, you will soon have a popular state or else a despotic state. [①]

译文参考 A

如果给予公民一种法律范围外的权力，必然需要一些中间渠道，以保障权力得以顺畅行使。一个国家倘若听凭一人朝令夕改、反复无常的意志，那就什么也定不下来，自然也就没有基本法。

最天然的中间和从属的权力就是贵族的权力，贵族在一定意义上构成了君主政体的实质，其基本准则就是：没有君主就没有贵族，没有贵族就没有君主，更准确地说，有一个暴君。

在某些欧洲国家里，有些人曾想废除领主的一切司法权，他们没有意识到，这是英国议会已经做过的事。如果在一个君主政体中废除领主、僧侣、贵族和城市的特权，这个政体立即就会变成平民政体或者别的专制政体。

语篇精粹 B

I hasten and I lengthen my steps, so that none will believe I satirize monarchical government. No; if one spring is missing, monarchy has another. HONOR, that is, the prejudice of each person and each condition, takes the place of the political virtue of which I have spoken and represents it everywhere. It can inspire the finest actions; joined with the force of the laws, it can lead to the goal of government as does

---

① Montesquieu, *The Spirit of the Laws*, translated and edited by Anne M. Cohler, Basia C. Miller & Harold S. Stone, Cambridge University Press, 1989, pp. 15 – 16.

virtue itself.

Ambition is pernicious in a republic. It has good effects in monarchy; it gives life to that government; and it has this advantage, that it is not dangerous because it can constantly be repressed.

You could say that it is like the system of the universe, where there is a force constantly repelling all bodies from the center and a force of gravitation attracting them to it. Honor makes all the parts of the body politic move; its very action binds them, and each person works for the common good, believing he works for his individual interests.

Speaking philosophically, it is true that the honor that guides all the parts of the state is a false honor, but this false honor is as useful to the public as the true one would be to the individuals who could have it.

And is it not impressive that one can oblige men to do all the difficult actions and which require force, with no reward other than the renown of these actions?[1]

译文参考 B

我得加速阐释了，否则没有人会认为我在讥讽君主政体。不，如果君主政体的一根发条失灵，还会有另一个，那就是荣耀。荣耀是每个人和每个阶层都具有的特质，并取代了我所说的政治道德，而且处处得以体现。荣耀激发善行，若再以法律辅佐，政体

---

① Montesquieu, *The Spirit of the Laws*, translated and edited by Anne M. Cohler, Basia C. Miller & Harold S. Stone, Cambridge University Press, 1989, pp. 26 – 27.

便得以实现政治道德的目标。

野心在共和政体中是有害的，在君主政体下却效果良好。野心赋予了君主政体生命力。野心的一大优点就是，由于总是受到抑制，不会具有危险性。

你可能会说，它好像是个宇宙体系，既有不停地让各种物体远离中心的排斥力，又有将各种物体拉回中心的重力。荣耀令政体各机构进行政治运转，通过运转把各部门连接起来，使每个人都在为共同利益而奋斗，同时使之坚信他们是在为个人利益而奋斗。

从哲学意义上讲，用荣耀指挥国家各个部门，是一种伪荣耀。但是，这种伪荣耀就像真荣耀一样能有益于公众。

这不是逼迫人们去做各种费力又艰难，而且不计报酬的事，除非这些事能令人名扬天下，否则就是勉为其难。

语篇精粹 C

Just as democracies are ruined when the people strip the senate, the magistrates, and the judges of their functions, monarchies are corrupted when one gradually removes the prerogatives of the established bodies or the privileges of the towns. In the first case, one approaches the despotism of all; in the other, the despotism of one alone.

"what ruined the dynasties of Tsin and Sui," says a Chinese author, "is that the princes, instead of limiting themselves like the ancients to a general inspection, which is the only one worthy of a sovereign, wanted to govern everything by themselves without an intermediary." Here the Chinese author gives us the cause for the corruption of almost all monarchies.

A monarchy is ruined when a prince believes he shows his power more by changing the order of things than by following it, when he removes the functions that are natural to some to give them arbitrarily to others, and when he is more enamoured of what he fancies than of what he wills.

A monarchy is ruined when the prince, referring everything to himself exclusively, reduces the state to its capital, the capital to the court, and the court to his person alone.

Finally, it is ruined when a prince misunderstands his authority, his situation, and his people's love, and when he does not realize that a monarch should consider himself secure, just as a despot should believe himself imperiled. [1]

译文参考 C

如果人民剥夺了议员、行政官和法官的职权,民主政体就此解体;如果某人逐渐剥夺当权集团的特权或城市的优先权时,君主政体就此腐败。第一种假设的结果是国家变成大众专制,第二种假设的后果是国家变成一人专制。

一位中国作家写道:"晋朝与隋朝灭亡的原因是,国君不愿像祖辈那样只做唯一有利政权之事,即统领大局,他们对理政独断专行。"这位中国作家一语道破了所有君主政体腐败的原因。

只要君王认为改变事物的秩序更能展示他的权力,或者剥夺

---

① Montesquieu, *The Spirit of the Laws*, translated and edited by Anne M. Cohler, Basia C. Miller & Harold S. Stone, Cambridge University Press, 1989, pp. 116 – 117.

某些人的世袭职务，专断地授予另一些人时，又或是沉湎享乐而玩物丧志时，君主政体行将灭亡。

只要君王独断专行，把全国系于都城，把首都系于宫廷，把宫廷系于自己一身时，君主政体行将灭亡。

只要君王误判自己的权威、形势以及臣民的爱戴，或者君王不懂得如何保证王座安稳，犹如专权者意识不到自己岌岌可危，君主政体行将灭亡。

第三章　卢梭：人民主权的引领者

If I had had to choose my place of birth, I should have chosen a society of a size confined to the range of human faculties, that is to say to the possibility of being well governed, and where, everyone being equal to his task, no one would have been compelled to commit to others the functions with which he was entrusted: a State where, since all the individuals know one another, neither the shady stratagems of vice nor the modesty of virtue could have escaped the Public's gaze and judgment, and where this gentle habit of seeing and knowing one another would have made the love of one's Fatherland a love of the Citizens rather than of the soil. [1]

———Jean – Jacques Rousseau

如果我能选择自己的出生地，我希望选择

---

[1]　Jean – Jacques Rousseau, *The Discourses and Other Early Political Writings*, Cambridge Texts in the History of Political Thought, Cambridge University Press, 1997, p. 114.

一个面积不大，恰好限定在人类才能所及的范围之内，即有可能被人类治理井然的社会。在此，人人都能胜任己责，没有人被迫将自己的职责委托于他人；在这样一个国家里，人们彼此相识，无论是阴谋诡计还是谦逊美德，都逃不过公众的目光和裁断；彼此相见相知的文雅氛围使得人们将公民友爱而非土地之爱视为对祖国的热爱。

——让-雅克·卢梭

卢梭肖像

让-雅克·卢梭（Jean – Jacques Rousseau）1712 年出生在瑞士日内瓦（Geneva）的一个平民家庭。卢梭幼年丧母，随后父亲也离家出走，从童年时期以来他一直过着寄人篱下的生活。这铸就了他敏感、多疑的性格，也造就了他天才般细腻的情感和对世界的敏锐感悟力，使他成为自学成才的典范。卢梭在哲学、政治、教育、文学、音乐等领域都有很深造诣，他的多部论著，如《论不平等的起源》（1755）、《爱弥儿》（1762）、《社会契约论》（1762）、《新爱洛依丝》（1761）和《忏悔录》（1782）等都是享誉世界的名著。1778 年卢梭在巴黎北部的阿蒙农维拉（Ermenonville）逝世。

10 年之后，法国大革命爆发，卢梭的学说在雅各宾派中备受推崇。1794 年，法国国民议会将他的遗骸移往巴黎先贤祠，巴黎万人空巷，人们手持灯火列队迎候卢梭灵柩的到来。在移葬仪式上，国民议会主席宣布：“我们的道德、风俗、法律、感情和习惯有了有益健康的改造，应该归功于卢梭。”①

一、成长历程

（一）少年经历

1712 年 6 月 28 日，在日内瓦，一名婴儿呱呱坠地。他带有天生的病根——先天性膀胱畸形，生下来几乎是个死孩子，而且他的到来不久就要了他母亲的命。谁也不会预料到，这个婴儿不但能够长大成人，而且在数十年后会给我们这个世界制造出如此大的波澜，他就是卢梭。

---

① ［美］马斯特：《卢梭的政治哲学》，胡兴建、黄涛等译，华东师范大学出版社，2013 年。

卢梭从小就备受宠爱，他的父亲、姑母、乳娘、亲友、邻居无不对他百依百顺。卢梭自己在回顾这段生活时说道："可以说，任何一个国王的孩子也没有受到过我幼年时候受到的那种百般疼爱。"[①] 卢梭的父亲祖上是法国人，他在日内瓦是一位小有名气的钟表匠，卢梭的母亲是牧师的女儿，去世后遗留给他一些藏书。卢梭在五六岁时就开始和父亲一起阅读这些书籍，甚至夜以继日、通宵达旦地读。这无疑培养起了他爱好阅读的习惯。卢梭曾经在他晚年写就的《忏悔录》中指出，通过书籍阅读和与父亲之间的讨论，他养成了热爱自由和共和制度的精神，也养成了不受任何奴役、束缚的高傲性格。卢梭的姑母会唱许多优美的小曲和歌谣，他年少时经常陪伴在姑母身边，看她做针线活，听她唱歌。卢梭认为，他对音乐的热爱是受了姑母的影响。成年后的卢梭通过自学创作了一套音乐记谱法，他后来创作的歌剧《乡村巫师》在法国宫廷演出，获得极大成功。

卢梭有一个哥哥，很早就离家出走了。后来卢梭的父亲与一位法国上尉发生争执，被判入狱，为躲避灾祸也远走他乡。卢梭落到了无父无母的境地，身边最亲近的人都离他而去。于是卢梭由他的舅舅——时任日内瓦城防司令部军官做监护人。他与同龄的表兄一起被送到乡下郎伯西埃牧师家接受教育，在那里他们度过了一段愉快的时光，他与表兄也结下了亲密的友谊。但是后来发生的一件事改变了一切。

有一天，卢梭一个人在一间屋子里温习功课，一位女仆进来，

---

① 《卢梭全集》（第1卷），李平沤译，商务印书馆，2012年，第22页。

把郎伯西埃小姐的几把梳子放在砂石板上烘干。过了一会儿她来拿梳子时，发现一把梳子的一排齿全部折断了。人们怀疑卢梭弄坏了梳子，可是卢梭矢口否认。牧师和他的妹妹郎伯西埃小姐认为他在撒谎，联合起来训诫他，逼他承认，并将贝尔纳舅舅也找来了。他的表兄也因为另外一件事遭到指控，他们两人都挨了打。人们几次盘问和责打卢梭，卢梭依然不承认，人们只好把这称之为"魔鬼般的顽强"。他和表兄对大人们的做法充满了气愤、恼怒和失望，而且深深地感到不公。这是卢梭生平所遭受到的第一桩不公正的对待，也改变了他对周遭世界的看法。卢梭在叙述这件事时说道："我童年时候的天真到此就宣告结束，从此以后，我再也享受不到那种纯洁的幸福了。"① 之后，在郎伯西埃牧师家的乡村生活对卢梭来说变得毫无乐趣可言，他和表兄对他们的教导人也不再像以往那样怀有尊敬、信任之情了。几个月后，他们被贝尔纳舅舅接回了家，和郎伯西埃家分道扬镳。

从郎伯西埃先生家回到日内瓦之后，卢梭又在舅舅家住了两三年。由于他母亲的遗产不够他继续学业，因此在舅舅为卢梭选定职业之前，他一直过着闲散的生活。卢梭的父亲后来在瑞士沃州（Vaud）的一个小城尼翁（Nyon）定居，卢梭有时也去看望他。并在他 11 岁时在那里遇到了爱情。据卢梭本人的说法，他爱上了年方 22 岁的德维尔松小姐，同时还爱着一位名叫戈登的小姑娘，只不过这些感情都很短暂。

最后，人们终于为卢梭安排了将来要从事的职业——做一位

---

① 《卢梭全集》（第 1 卷），李平沤译，商务印书馆，2012 年，第 36 页。

诉讼代理人。贝尔纳舅舅安排他到法院书记官马塞隆先生家跟他熟悉业务。但是卢梭非常讨厌这份工作。而马塞隆先生对卢梭也极不满意，认为他愚不可教，最后干脆把他赶出了事务所。这件事也影响到人们对他的智力和性格的判断。卢梭的出身，他所处的经济环境，再加上学习诉讼业务的失败，最终使贝尔纳舅舅认为，他可能适合从事更为低贱的职业，也就是说，像他的父亲那样做一名手艺人。于是卢梭就被送到了一个雕刻匠那里当学徒。

当卢梭要成为一名手艺人时，他的生活也就发生了根本的转变。远离书籍，远离一切高尚的娱乐和趣味，劳累、饥饿和奴役时刻折磨着卢梭，并使他很快就堕落了下去。原来那个风流倜傥、多愁善感的卢梭不见了，取而代之的是一个说谎精、一个小偷。卢梭原本还是很喜欢雕刻工作的，他喜欢画图样，对雕刻的刀法也很感兴趣。但是他的师傅杜康曼先生是一个粗鲁、专横的人，经常打骂卢梭。在杜康曼家里，卢梭整天没完没了地干活，饭只能吃半饱，好菜永远吃不到口。这使卢梭渐渐变成了馋鬼，经常偷东西，为此挨打也就成了家常便饭，最终使卢梭破罐子破摔，用继续偷窃作为对挨打的报复。但即便在这种情况下，卢梭仍然没有放弃他对书籍的热爱。他经常到书店租书看，几乎把学徒时所得的收入都花在了这上面。他的师傅不允许他看书，遇见他看书就是一顿打骂，把书撕烂、扔掉、烧毁。而卢梭则宁折不弯，愈不让他看书，他就愈要看，甚至到了像疯子一样非看书不可的境地。可以说，在那段黑暗时期，读书成了卢梭全部的精神寄托。

外在环境的恶劣和独自阅读的爱好渐渐使卢梭养成了喜欢幻想、离群索居的孤僻性格。卢梭对周遭的一切都不感兴趣，也都不喜欢。而他所喜欢、向往的东西离他又那么遥远。阅读书籍为他营造了一个新的精神环境，使他能够暂时从严苛的生活中抽身出来。借助于想象，卢梭可以把书中所获得的场景加以变化，为自己服务，使自己成为他想成为的那种人物，这给他带来了很多乐趣，也铸就了他非凡的想象力。

到星期天的时候，卢梭有时也会跟伙伴们一起到城外散步。一玩起来，卢梭少年的天性就又恢复了，他玩得比谁都起劲、比谁都高兴，甚至连何时回城都会忘记。卢梭曾经两次因过分贪玩忘记了回城的时间而被关在城门外，这自然免不了师傅的责罚。杜康曼师傅警告他，若再犯这个错误，必然加重处罚。然而，可怕的第三次还是来临了。有一天卢梭和他的两个伙伴一起回城，碰巧这次城门比规定时间提早半个小时关闭，他们紧赶慢赶，还是亲眼看见通往城门的吊桥被高高地吊起来了。那两个伙伴决定回到师傅家接受更重的处罚，而卢梭则向他们告别，拿定主意再也不回师傅家了。

在临走之前，卢梭捎信给他的贝尔纳表兄，希望再见一面。自卢梭当上学徒之后，由于身份悬殊，他与贝尔纳表兄的来往也慢慢变少了。但贝尔纳表兄接到卢梭的信还是迅速赶来见他。他并没有劝卢梭留下来，也不打算跟他一起走，而是送给他一些礼物，让他在逃亡中使用。后来两人再也没有见面，也没有任何通信。那么卢梭本人如何看待与贝尔纳表兄的这次会面呢？让人意外的是，他把这看作他人生中的第一桩阴谋。在他看来，贝尔纳表兄的态度是很可疑的，不大可能出自他的本意，因为依卢梭对他的了解，若依本心，表兄至少会劝他不要走，或者跟他一起走，但他并未表露丝毫，相反还鼓励卢梭逃跑。卢梭认为，表兄的行为有可能是来自表兄的母亲的主意，甚至是受表兄的父亲的指使，以此来摆脱他这个穷亲戚。尽管卢梭的推断不无道理，但从中也能看出他的敏感、多疑。而这样的推测无疑对卢梭本人的情感也造成了伤害，加重了他多疑的性情，使他更倾向于用消极的态度来看待人事。

（二）得遇贵人

华伦夫人肖像

1728 年，年仅 16 岁的卢梭离开了日内瓦城，远走他乡，迎接他的是未卜的前途。起初他在日内瓦周围的乡村转悠，此地的农民都盛情款待他。后来他一路走到了离日内瓦不远的萨瓦公爵辖区的孔菲涅翁（Confignon）。这里有一位名叫德·朋维尔的神甫，是历史上煊赫一时的朋维尔家族的后裔。^① 卢梭了解这段历史，对这位后人很感兴趣，于是便登门拜访。朋维尔神甫热情好客，用丰盛的饭菜招待了卢梭。卢梭原是新教徒，而这位先生则力图说服卢梭改宗天主教。虽然卢梭毫无改教意愿，但为了不扫神甫的兴，他只好敷衍应付。于是德·朋维尔大发善心，指使卢梭到安纳西（Annecy）去见一位仁慈的夫人，这位名叫路易丝·德·华伦（Louise de Warens）的夫人刚刚皈依天主教，她能够帮助卢梭走出迷途。卢梭原本不愿去，但耐不住神甫的催促，加上身无分文，安纳西未尝不是一个去处，于是就慢慢前往。

卢梭第一次见到华伦夫人时，不禁大吃一惊。他原以为德·朋维尔先生口中的善良夫人是一位面目可憎的老太太，没想到竟是一位美丽佳人。在未见这位夫人之前，卢梭为了博取她的好感，已专门写了一封展示自我才华的信。此刻他哆哆嗦嗦地将朋维尔先生的信和他自己的信一并呈上。华伦面带微笑，当面打开，细细阅读了这两封信，然后就打发人带卢梭去吃饭，让他在家中等她。卢梭对年轻的华伦夫人一见钟情，尽管她婉言劝说他回到他父亲那里，可是卢梭坚持要留在她身边。于是为了卢梭的前程，华伦夫人把他送到了都灵的教养院。卢梭的父亲和舅舅先后都到孔菲涅翁和安纳西来寻找卢梭。当他们得知卢梭被送往都灵的天主教教养院后，都没有再继续追寻他。卢梭认为，父亲和舅舅之所以这么做，是因为不愿意承担抚养他的任务。这是卢梭多疑、敏感的性格的再次体现。

---

① 朋维尔是17世纪萨顿公爵的食客，曾经宣布要一勺一勺地吃信奉新教的日内瓦人的肉。

卢梭在都灵教养院接受充分教导后，便被带到天主教堂，宣誓放弃他原来信奉的宗教并接受洗礼。等所有的仪式完毕后，人们就让卢梭脱离了教养院。卢梭随身带着二十多个法郎在都灵城游荡，先后在雕刻店、维尔塞里斯夫人家和古丰伯爵家做仆人。他在维尔塞里斯夫人家侍奉夫人直至其去世，在那里他有幸结识了萨瓦省的神甫格姆先生。格姆对卢梭有良好的影响，在很多方面都对他谆谆教导，是卢梭后来所写的《爱弥儿》一书中所提到的萨瓦省的神甫的原型。卢梭还结识了维尔塞里斯夫人的侄子德·拉·洛克伯爵。后者对他颇为嘉许，并许诺为他谋一份好差事。卢梭离开维尔塞里斯夫人家之后，这位洛克伯爵专门差人找到他，把他引荐到古丰伯爵家当差。卢梭的天赋和才华使他获得了伯爵的青睐，并有幸受到伯爵的小儿子——有望晋升主教的古丰神甫的教导。古丰家族甚至决定悉心栽培他，将他培养成一位有才学的人、一位古丰家族的忠实效劳者。但是后来卢梭在此地遇上了一个名叫巴克勒的日内瓦人，此人是他在日内瓦当学徒时的伙伴。卢梭对巴克勒十分着迷，几乎到了不见他不行的地步，把仆人的职责抛到了九霄云外，还打算和巴克勒一起旅行。在斥责、劝阻无效的情况下，伯爵下令把他辞退。卢梭一点也不后悔，第二天就去辞行。这次古丰家族的年轻继承人法弗里亚伯爵出面见他，再次提议让卢梭留在这里，只要他保证不再见巴克勒。但跟巴克勒一起自由旅行的诱惑是如此之大，使卢梭完全丧失了理智，他毫不犹豫地拒绝了伯爵的好意，神气十足地离开了。卢梭就这样白白葬送了他的锦绣前程，重新开始了流浪生活。随着钱袋的逐渐空瘪，卢梭和伙伴的行程不得不加快，走到尚贝里的时候，卢梭已经决定重新回到华伦夫人那里了。于是他的朋友巴克勒和他友好告别。卢梭怀着忐忑的心情走进了华伦夫人的家，让他安心的是，华伦夫人再次接纳了他。

年近 19 岁的卢梭此后在华伦夫人家断断续续地待了将近 10 年。华伦夫人是他的母亲、姐姐、密友和情人。他在她家里读书、学习写作，采集植物，接受音乐教育，去过神学院学习，当过希腊教士的翻译，去巴黎谋过生，还在尚贝里的土地普查局做过文书登记员。这一时期的卢梭对音乐、文学、哲学、植物学、几何学都产生了浓厚兴趣。在卢梭 30 岁的时候，他与华伦夫人之间的感情发生了一些变化，华伦夫人家庭财政的日益拮据和她挥霍成性的作风使卢梭感到深深的忧虑。碰巧这时他在音乐方面摸索出一套新的记谱法，于是怀着发财、成名的勃勃雄心，卢梭向巴黎进军了。

（三）声名鹊起

卢梭将他的音乐记谱法在巴黎学士院进行了宣读，并以此为基础写下了《现代音乐论》一书，但该书出版之后反响平平。后来卢梭经人指点去拜访巴黎的贵妇人藏瓦尔夫人、布洛勒伊夫人和杜宾夫人，并与杜宾夫人的继子弗兰格耶先生交好。这些交往使卢梭有机会获得驻威尼斯大使秘书的差事，不过后来跟那位荒唐的大使闹翻了，他的外交生涯也就结束了。

卢梭初到巴黎就结识了哲学家狄德罗，当时他正在主持《百科全书》的编写，并邀请卢梭写作《百科全书》的音乐部分。卢梭还认识孔狄亚克，并将他介绍给狄德罗，三人经常一起聚会。

但是狄德罗后来入狱，《百科全书》的编写工作中断了，卢梭为了救这位好友，曾写信给路易十五的情妇蓬巴杜尔夫人，但并未得到回复。所幸的是，狄德罗不久就被放了出来，被允许在监狱附近活动，还能够会见朋友。于是卢梭几乎天天去看他。1749年的一天，卢梭又像往常一样去看望狄德罗，他随身携带了一本《法兰西信使》杂志边走边读。忽然，他看到第戎学院公告次年征文的题目：《科学与艺术的复兴是否有助于敦化风俗》。他脑海中马上出现了一个构思，这使他激动不已。见到狄德罗后，他向狄德罗说明了原因，狄德罗鼓励他写文章应征。卢梭照办了，写好后拿给狄德罗看，经他指点做了些修改就寄了出去。第二年，这篇文章获奖了，狄德罗就负责把它印刷出版，并给卢梭写信报告出版情况和所产生的效果："真是直冲云霄，这样的成功还没有前例呢。"[1]

这次成功给了卢梭自信和勇气。随后，卢梭的音乐才华也受到人们的瞩目——他所创作的《乡村卜师》在音乐家杜克洛先生的帮助下最终在枫丹白露上演，大获成功。国王和蓬巴杜尔夫人都观看了这次演出。当晚，人们通知卢梭去觐见国王，说国王要赐予他一笔年金。而卢梭想到要见国王就紧张不安，年金两个字对他来说更不啻为一副枷锁。在他看来，接受了这笔赠予，他就有可能得阿谀奉迎、噤若寒蝉了。于是他并没有去见国王，而是一早就溜走了。两天后，卢梭遇到了狄德罗，狄德罗强烈建议卢梭争取这笔年金，于是二人爆发了一场激烈争吵。对于狄德罗的

---

① ［法］卢梭：《忏悔录》（第二部），范希衡译，徐继曾校，商务印书馆，1986年，第448页。

表现，卢梭曾带着轻蔑的语气说道："我简直没有料到，一个哲学家对这种问题会这样热衷。"

1753年，第戎学院又发布了"人类不平等的起源"的征文题目，卢梭又一次动笔了。他专门为此进行了一场旅行，钻进树林里去构思默想。他在献词中将《论人类不平等的起源》这本书献给日内瓦共和国。此书写成后，卢梭去了一趟日内瓦，重新皈依新教，并恢复日内瓦公民权。之后该书在荷兰印刷出版。

卢梭离开华伦夫人之后，在巴黎的一家旅馆遇到一位名叫戴莱斯·勒·瓦瑟（Thérèse Le Vasseur）的女仆，卢梭喜欢她淳朴的风度和温柔善良的眼神。这位女仆虽然出身低微、头脑迟钝，但对卢梭不离不弃，被卢梭看作是最好的伴侣。他们不久就同居了，但直至晚年卢梭才与她结婚，不过是为了给她一个名分，作为对她这么多年形影相伴的报答。他们一共育有五个孩子，都被卢梭送进了育婴堂。作为《爱弥儿》一书的作者，卢梭给人的形象是致力于对儿童的爱和教育的，而他的做法似乎违背了他本人的教导。正因为此，他受到他的论敌的攻击，尤其是伏尔泰专门写了一本小册子《公民对于〈山中书简〉的看法》，添油加醋地揭露卢梭的私生活，将卢梭形容成一个忘恩负义、背离荣耀和信仰的恶棍。正是为了洗刷污名，卢梭才决定写作一部自传，这就是《忏悔录》。

卢梭在《忏悔录》中毫不隐讳丢弃孩子一事，也对此做了辩解。第一，卢梭认为他没有经济能力抚养子女，把他们交由国家来抚养更好，免得将来力所不及时将他们遗弃，那样对他们的伤害反而更大，就像他自己受到来自家庭的伤害那样。第二，他与戴莱斯并未结婚，把孩子送出去可以保全她的脸面。第三，戴莱斯有一个复杂的、缺乏教养的家庭，哥哥是个无赖小偷，母亲永远教唆女儿跟卢梭作对。卢梭一想到自己的孩子要在这样的家庭成长就心里发抖，在他看来育婴堂的教育与之相比则好得多。第四，卢梭也不打算把他们交由他的贵族朋友们抚养，因为"人家会使他们怨恨他们的父母，也许还会出卖他们的父母：这就万万不如让他们根本不知道自己的父母是谁为好"①。尽管有各种理由，卢梭的良心还是受到了谴责，以致一生都生活在这种懊悔不安之中。在《忏悔录》中，卢梭坦承，对这件事他并不心安理得，尤其是对《爱弥儿》一书的反思令他意识到，抚养孩子的义务是任何理由都不能免除掉的。

无论怎样，自1750年以来，凭借歌剧和论文，卢梭在巴黎成了风云人物，成为人们竞相结交的对象。名声给卢梭带来了坚持自我的勇气，也给他带来了无尽的烦恼。除了论敌的增多以外，还有一件令卢梭痛心的事，那就是朋友的疏远。卢梭自己说："在我默默无闻的时候，凡是认识我的人一直都爱我，我没有一个仇人；但是，我一旦成名，就一个朋友也没有了。"② 随着卢梭的名声越来越大，卢梭也越来越厌恶社交、应酬，他决心过一种清贫、独立、简朴、安静的生活。但在卢梭看来，他的这些朋友，包括狄德罗、格里姆、霍尔巴赫等人全不赞同他的活法，总要过来横加阻拦，甚至介入他的家庭。而他事业上的成功则引起了这些人的嫉妒和排斥，使他们再也不像从前那样用诚挚、坦率的态

---

① ［法］卢梭：《忏悔录》（第二部），范希衡译，徐继曾校，商务印书馆，1986年，第441页。
② 同上，第447页。

度来对待他了。于是，卢梭逐渐厌倦甚至恨透了巴黎生活，热切盼望能够远离喧嚣，到乡间居住。

（四）隐居著述

日内瓦的卢梭雕像

卢梭原本打算搬离巴黎，住到日内瓦去。但他的一位朋友——埃皮奈夫人（De Epinay）很了解他的心意，并给了他一个惊喜。原来，卢梭有一次跟埃皮奈夫人散步，走到离巴黎不远处的蒙莫朗西（Montmorency）森林边时，看到那里有一片漂亮的菜园和一所破烂的房子，称之为隐庐（Hermitage）。卢梭忍不住叫道："啊！夫人，多么美妙的住所啊！这才是为我天造地设的一个退隐地点呢。"埃皮奈夫人当时表现出毫不在意的样子，事后却派人拆掉破房子，重建了一所新房子，并带卢梭旧地重游，盛情邀请卢梭搬到这里来住。卢梭十分感动，虽没有马上答应，但内心已经动摇了。加上埃皮奈夫人的再三催促，并鼓动戴莱斯和她的母亲一起来说服卢梭，最终卢梭答应了。第二年，也就是1756年春天，卢梭迫不及待地搬进了隐庐。而他的这次退隐，受到巴黎朋友的一致嘲笑，他们预言，不出三个月，卢梭就会耐不住寂寞，跑回巴黎来。对这种玩笑，卢梭一律不加理睬。他尽情享受着乡野乐趣，将全部精力投注在思考和写作上。《新爱洛伊斯》一书的构思和写作就在这一时期。

卢梭在隐庐居住写作时，埃皮奈夫人的小姑子乌德托夫人（Countess Sophie De Houdetot）闲来无事也前来拜访他。她的丈夫是军官，不在家，她的情人圣朗贝尔也在外服役。乌德托夫人在蒙莫朗西的幽谷里租了一处漂亮房子，离隐庐很近，两人经常互相拜访。卢梭狂热地爱上了她，把她当成了他的小说主人公朱丽的化身。这是一场柏拉图式的恋爱，乌德托夫人爱自己的情人圣朗贝尔，只打算与卢梭保持友谊，圣朗贝尔是卢梭的朋友，出于对他的敬重，卢梭对乌德托夫人的行为也一直克制在友情的范畴之内。卢梭对乌德托夫人的爱慕引起了埃皮奈夫人的嫉恨。埃皮奈夫人把他的桃色新闻散布给巴黎的朋友，连圣朗贝尔也知道了，这使乌德托夫人决定中断与卢梭的来往。卢梭得知埃皮奈夫人的作为后十分气愤，于是就与这位夫人闹开了，虽然两人和好了一段时间，但最终决裂。卢梭于1757年12月带病搬出了埃皮奈夫人提供给他的隐庐。

孔代亲王的财物总管马达斯先生得知卢梭的境况，为他提供了一处适宜的庇所，这座房子位于蒙莫朗西的路易山脚下的花园里。刚搬过去不久，卢梭就读到了达朗贝尔在百科全书中撰写的《日内瓦》这篇文章。文中主张在日内瓦建立剧场。对于这种主张，百科全书派全持赞同意见，在此之前，伏尔泰也曾到日内瓦与当地贵族联系，试图在日内瓦建立剧场。然而对这些态度和做法，卢梭是持反对意见的。趁此机会，卢梭写下了《给达朗贝尔的信》，陈述他的观点，并在这篇文章上加了一个附注，宣布与狄德罗绝交。他之所以这么做，是因为他认为狄德罗也卷入了他与乌德托夫人恋爱的事。原来卢梭曾经把他对乌德托夫人的相处的某些细节向狄德罗吐露过，后来却发现狄德罗把这些都告诉了乌德托夫人的情人圣朗贝尔，对此卢梭是不能原谅的。他决心不再让他们打着朋友的幌子来陷害他。卢梭的这篇文章使百科全书派打算建剧场的计划被迫搁浅了。显然，卢梭与他们也彻底决裂了。

1758—1762 年，卢梭一直居住在蒙莫朗西。在此期间他完成了《爱弥儿》和《社会契约论》的写作。其中卢梭对《爱弥儿》一书尤为看重，认为该书是他最好的著作。然而，正是这部书，在出版之后却受到一片责骂。该书中的《萨瓦牧师的信仰告白》的内容有违教义，最终遭到法国当局的禁令。甚至卢梭得到小道消息：法国议院要对卢梭进行起诉，并在某日下令逮捕他。1762年6月9日，在贵族朋友们的帮助下，卢梭仓皇出逃，开始了为期8年的流亡生涯。

（五）凄凉晚年

晚年穿上亚美尼亚服装的卢梭

　　卢梭先是逃往瑞士。几天后，在法国当局的支持下，日内瓦通缉卢梭，并焚毁了《爱弥儿》一书。卢梭只好逃到普鲁士国王治下的衲沙泰尔邦（Neuchatel），在一个名叫莫蒂埃（Mtiers）的村子安顿下来，并穿上了长袍、圆帽的亚美尼亚衣服。在此期间，卢梭对日内瓦议会的做法深感失望，宣布放弃日内瓦公民权，这样一来激起了日内瓦民众对议会的不满，民众开始提各种各样的意见，但日内瓦检察长特龙香撰写的《乡间来信》一文终于把这股浪潮给压制下去了。在日内瓦民众的支持下，卢梭决定撰文反驳《乡间来信》，这就是他的《山中来信》。该书的出版进一步激起了日内瓦和法国当局的愤怒。日内瓦议会发表了一个宣言谴责这篇文章，不久之后，《爱弥儿》一书在巴黎也遭到焚毁。

在这一形势下，当地人也逐渐对卢梭激愤起来，甚至公开对他本人进行侮辱。牧师建议卢梭以后不要再去教会领圣餐了，卢梭拒绝了。于是教会传唤卢梭就信仰问题进行答辩，否则就将他开除出教。卢梭事先拟了一篇演说词，临到答辩那天，他紧张慌乱得完全丧失了勇气，于是只好写信托词不去。之后在牧师的煽动下，卢梭被当地人看作是反基督的人，人人欲除之而后快。卢梭白天不敢再外出了，夜晚住宅的窗台上也落满了石块。尽管国王发布了一道保护卢梭的诏书，但依然无济于事。卢梭只好逃离此地，奔往伯尔尼（Bern）管辖的位于比尔湖（Lake Bienne）中心的圣·皮埃尔岛（Isle St Pierre）。但短短五周之后，卢梭又收到了伯尼尔当局下达的命令：限他两周之内离开。

在卢梭最后逗留莫蒂埃期间，德·韦尔德林夫人曾携女儿前去看望他，见证了他所遭受的迫害。她强烈建议卢梭到英国去，并为他物色了一个合适的帮助者：哲学家大卫·休谟。休谟当时作为外交秘书待在巴黎，是巴黎上流社会的宠儿。在韦尔德林夫人的劝说下，休谟开始策划帮助卢梭逃往英格兰的方案，并写信给卢梭邀请他去英国。卢梭在回信中毫不犹豫地接受了休谟的提议。双方都向友人表达了对对方的极度尊崇。1766 年年底，卢梭抵达巴黎，作为过境客受到当局的宽容。1767 年 1 月 4 日，卢梭在休谟的陪伴下离开巴黎前往英国伦敦。

卢梭来到伦敦的消息轰动一时，他成为伦敦万众瞩目的焦点人物，连国王乔治三世也想一睹卢梭的风采。但生性孤僻爱静的卢梭并不喜欢这种感觉，他迫切希望找一处安静的住所。这一工作由休谟负责，但在寻找住所时却屡屡受挫。卢梭对住处有着较高的要求：安静、自由，租金还得便宜，等等。最后，卢梭选择了泰晤士河边的小村庄齐斯维克（Chiswick），并在那里与他的伴侣戴莱斯会合，之后又移往位于斯塔福德郡（Staffordshire）的伍顿庄园（Wootton Hall）。

然而阴暗总是如影随形。卢梭刚到伍顿庄园不久，就在一张英国报纸上看到了一封伪托普鲁士国王写给卢梭的信。信中对卢梭极尽讽刺。卢梭确信这封信出自达朗贝尔之手，并断定休谟也是同谋。除此之外，卢梭感觉自己被休谟监控了，他写的信件总是被拆，而别人写给他的信很多都没法到他手里，休谟还曾暗中调查卢梭的收入状况。最终，卢梭认为，休谟与百科全书学派是一丘之貉，邀请他来英国是一个圈套，目的就是为了陷害他，任意摆布他。而休谟这边也对卢梭牢骚满腹。休谟费心为卢梭向英王争取年金，但却迟迟得不到卢梭的答复，正当他烦躁不安时，却收到卢梭的一封信，信中指控休谟欺世盗名，并宣布与之终止交往。之后卢梭应休谟的要求写了一篇长长的指控信，直斥休谟的所作所为，并要求他为之辩护。休谟也从这封信中指控卢梭的12个谎言。并将他与卢梭的交恶情况转述给巴黎朋友寻求支持，最终将两人之间的龃龉公之于众。

卢梭在伍顿庄园居住了不到两年时间。当地潮湿的空气让他的伴侣戴莱斯身染病疴，烦躁的戴莱斯和庄园的管家从早吵到晚。为了戴莱斯的健康，卢梭打算移居伦敦或他处。卢梭辗转到林肯郡的斯波尔丁（Spalding），然后抵达多佛（Dover），在那里卢梭订了返往法国的船票，于1768年5月20日抵达法国。

在孔蒂亲王的关照下，卢梭住进了他的城堡。在英国居留期间，卢梭已经决定写一部回忆录，坦诚剖白自己的一生，在这段时间，卢梭的手稿基本完成了。1770 年，卢梭重返巴黎，又操起了抄乐谱的旧业。

卢梭的晚年生活是不幸的，他一直都受到被迫害妄想症的困扰，使他没法真正信任一个人，也无法克服深入骨髓的孤独感，这种疾病在他的晚年愈演愈烈。1778 年，卢梭和戴莱斯退居到巴黎北部的阿蒙农维拉（Ermenonville）的一栋农宅里，他于 7 月 2 日与世长辞，死后被葬在阿蒙农维拉的湖心小岛。法国大革命爆发 5 年后，卢梭的遗骸被移往巴黎先贤祠，他的灵柩被安放在其生前的论敌伏尔泰的旁边。

二、人权意识观

（一）论科学艺术

1749 年，卢梭应第戎学院的征文《科学与艺术的复兴是否有助于敦化风俗》，写下了这篇给他带来名声和荣誉的文章。卢梭开篇就以罗马诗人贺拉斯的诗句作题注："我们被善良的外表所欺骗。"单看这样一个题注，不难发现它已经隐约揭示了卢梭接下来所要阐述的思想。卢梭认为，科学与艺术带来了文明的进步，看似有利于敦化风俗，实际上却在暗中破坏人的灵魂。我们的灵魂正是因为科学与艺术的臻于完美而越发腐败。文明越昌盛，德行越衰退。

在论文的第一部分，卢梭首先回顾了欧洲文化和科学复兴的原因，指出了科学和艺术对人类生活的作用，即它使人们变得更加富于社会性，更文质彬彬、富于礼仪。但是，卢梭笔锋一转，指出了这样带来的后果——伪饰。人人都像是从同一个模子刻出来似的。"处处都要讲究礼貌，举止要循规蹈矩，做事要合乎习惯，而不能按自己的天性行事，谁也不敢表现真实的自己。"于是世风日下，人心不古。卢梭继续旁征博引，论述了强大的罗马和鼎盛时期的希腊是如何因学术的兴盛而逐渐衰败的。而在早期的波斯人、日耳曼人及希腊的斯巴达人那里，正是因为没有无用的知识的束缚，才得享纯洁的美德所铸就的幸福。卢梭举苏格拉底为时代的觉醒者，指出正是他意识到科学与艺术只会造成人们的狂妄自大、寡廉鲜耻，然而苏格拉底的努力终归无用，他对无知的赞美却最终使他饮鸩而死。

因此，科学和艺术只是给人们带来了一种感觉上的强大，归根结底却让人们过上骄奢淫逸、备受奴役的生活。

在第二部分，卢梭进一步论述了科学、艺术的本质，具体阐述它们给人类带来的危害。卢梭首先指出，科学和艺术都诞生于人们的种种坏思想。天文学诞生于迷信，雄辩术诞生于野心、虚荣、谄媚和谎言，法律诞生于不公，历史诞生于战争和阴谋，等等。

科学和艺术的第一个危害在于它只能助长人们的闲散，而对人类生活毫无用处。不但如此，它还会带来奢侈之风，奢侈会败坏风尚，使人趋时媚俗，加速社会道德的滑坡，最终使国家和民族自取灭亡。

科学和艺术的第二个危害在于它会破坏士兵的勇敢精神。卢梭指出，查理八世几乎是兵不血刃便占领了托斯堪尼和那不勒斯王国，他的臣子们都认为这么出乎意料的顺利，完全是由于意大利的王公贵族们都喜欢使自己成为精通工艺的艺术家和知识渊博的学者，而不愿意当勇猛好斗的战士。

科学和艺术的第三个危害是它会败坏我们的判断能力。人们不但没有学到区别真理与谬误的本领，反而学会了如何把二者混为一谈。最坏的后果是使人们越来越重才轻德。因此，卢梭批评说，我们有许多物理学家、几何学家、化学家、天文学家、音乐家、画家和诗人，但就是没有公民。

最后，卢梭指出，科学艺术对于少数天才来说是造福人类的工具，对多数民众来说，我们应当允许他们根据自己的天赋做自由选择。国家的统治者应当给具有伟大心灵的智者、贤者以应得的地位，使其以智慧来启迪人民。归根结底，道德是心灵质朴的人所探求的最高的科学，每个人都应当在欲望沉寂时倾听自己良知的声音。

（二）论人类不平等的起源

《论人类不平等的起源和基础》一文是卢梭应第戎学院的征文而写的第二篇论文。这篇论文既是卢梭的《论科学与艺术》一文所阐述的思想的后续发展，也可看作是他后来写作的《社会契约论》一书的基础和绪论。

为撰写这篇文章，卢梭专门到凡尔赛附近的风景区圣-日耳曼进行了一次为期 8 天的旅行，钻进树林深处去寻找原始时代的景象。对于这篇文章的内容，卢梭在《忏悔录》中说道："我拿人为的人和自然的人对比，向他们指出，人的苦难的真正根源就在于人的所谓进化。我的灵魂被这些崇高的沉思默想激扬起来了，直升腾至神明的境界；从那里我看到我的同类正盲目地循着他们充满成见、谬误、不幸和罪恶的路途前进，我以他们不能听到的微弱声音对他们疾呼：'你们这些愚顽者啊，你们总是怪自然不好，要知道，你们的一切痛苦都是来自你们自身的呀！'"①

卢梭指出，人与人之间生来是平等的，但我们却生活在一个不平等的世界。在现有社会中，人类之间存在两种不平等：一种为生理上的不平等，另一种为精神上或政治上的不平等。如果要弄清楚现今不平等的起因，就需要考察人原初的自然状态。但正是因为人们对于这种自然状态的无知，所以在探讨这一问题时才会众说纷纭。那么，我们究竟应当从何入手呢？卢梭认为，我们应当从人们在大自然中的样子来观察。

由于在自然中生活，野蛮人身体强健，很少生病，尽管没有衣服、住房，却能够凭借强壮的体力自我保护、猎获野兽。人与其他动物的唯一差别仅在于，人有自我完善的能力，而动物则在长成后就定型了。这种最初的人是孤独的，他们心情平静，无忧无虑。他们的心灵只受两种原动力的支配：自我保存和怜悯心。与其他同类相遇时，他们并不是互相争斗，而是彼此相安无事。他们在保护自己免受伤害的同时，也会尽量不去故意伤害他人。

随着人类数量的增多，自然资源不再能够充分满足他们的需要。土地、气候和季节的差异都有可能给人类带来生存上的困难。因此，人类不得不改变他们的生活方式，他们开始学会取火，学会使用工具，并尝试发明一些原始的工具，比如弓箭、鱼钩等来

---

① ［法］卢梭：《忏悔录》（第二部），范希衡译，徐继曾校，商务印书馆，1986年，第480页。

获取更多资源，甚至能够凭借机巧诱获、役使动物。最终他们不再居住在树上，而是开始使用工具来搭建房屋，他们建立了家庭，拥有了财产。卢梭认为，这是人类走向社会的第一步。

家庭中的共同生活使男女之间有了分工合作，语言也在家庭中产生并逐渐完善。家庭与家庭之间也开始发生越来越多的联系，形成了聚合的群体、部落。在人与人之间的交往中，那些最美、最壮、最善言辞、最灵巧的人，以及各种具有较高天分的人就受到瞩目，成为最受尊敬的人。这是人与人之间不平等的第一个阶段，正是从这些最初的偏爱心中，人们逐渐产生了虚荣、轻视、羞耻、羡慕等各种情感，并最终产生尊重观念等一系列道德观念，来影响人的行为。但总的来说，这一时期的人类是以家庭为单位，从事个体劳动，还未形成大规模的联合和互助活动。卢梭认为，这是人类最幸福的一个时代。

随着人类智巧的不断提高，冶金、农耕等更高的技术手段得到了应用，人们之间出现了分工，出现了农民和工人，双方进行互利合作。农耕导致了土地的分割，并造成了私有财产权的产生。卢梭指出："谁第一个把一块土地圈起来，硬说'这块土地是我的'并找到一些头脑十分简单的人相信他所说的话，这个人就是文明社会的真正缔造者。"①

随着分工合作的深入，人们获取的资源与以往相比大大增加了。而人的天赋的不平均就使得那些强壮的、头脑聪明的、心灵手巧的人能够在同等条件下获取更多的资源。于是，人与人之间

---

① [法]卢梭：《论人与人之间不平等的起因和基础》，李平沤译，商务印书馆，2009年，第87页。

的差别也就变得日益明显了。技术的发明、语言的进步、财产的不平等等构建了社会的新秩序。人类在这一过程中也习得了奸诈、虚伪、野心勃勃、冷漠、粗暴、吝啬等各种情感习性。

在最初的平等被打破后，社会陷入了混乱，富人巧取豪夺，穷人到处劫掠。人们，尤其是富人们不久就发现，这样的战乱状态对大家都不利。于是富人就呼吁大家应当团结起来，遵守一些规章，用法律来治理人类。由此人们就缔结公约，制定了保障私有财产和承认不平等现象的法律，从而一劳永逸地摧毁了天然的自由。卢梭将这样的社会状况描述为："弱者带上了新的镣铐，使富人获得了新的权力"，"要想在世界上找一个没有奴役的地方，已经不可能了"。①

最初的社会稳定基于人们对几条公约的遵守，但不可避免地总会有违背公约、践踏法律的行为发生。人们需要指派某些人来行使公权力，并给予这些人以一定的报偿或特权来补偿他们的艰苦劳动。而这些最初的官员也向人民承诺，他们将按委托者交给他们的权利来保障他们的应得。

卢梭并不认为最初的政府形式就是专制的，因为人民需要首领，只是为了保护他们的自由，人民并不会自愿选择一个飞扬跋扈的首领来压迫他们。专制的政治制度只是政府腐败造成的，是政府的统治走向极端的结果。尽管最初政府的建立是为了反对强权，但最后却演变为政府只有依靠强权才能存在。而人民已经习惯了处于依附地位，习惯社会给他们提供的安稳平静，因此他们

① ［法］卢梭：《论人与人之间不平等的起因和基础》，李平沤译，商务印书馆，2009年，第104页。

逐渐变得逆来顺受。国家的首领也就逐渐把自己看作国家的主人，把公民视为他们的奴隶。

因此，人类不平等现象分为三个阶段：一是法律和财产权的建立，在这一时期，富人和穷人的地位得到认可；二是行政官的设置，在这一阶段强者和弱者的地位得到认可；三是权力从合法走向专制，在这一时期，主人和奴隶的地位得到认可。卢梭认为，到第三个阶段，人类的不平等现象已经达到了极点，直到新的革命性巨变使政府瓦解，或通过改良使之接近于成为合法制度。

归根结底，卢梭认为，不平等的现象在人类处于自然状态时几乎是不存在的，而正是人类技术和知识的进步导致私有制的产生，从而使人与人之间的不平等日益扩大。这种不平等是违背自然法的。因为它与人们之间生理上的不平等不成比例，"不论人们怎么说，一个小孩子指挥一个老年人，一个傻子领导一个智者，一小撮人脑满肠肥，吃用不尽，而大多数人却缺乏食品而面带菜色，这显然是违反自然法的"①。

（三）社会契约理论

早在卢梭撰写《论人类不平等的起源和基础》一文之前，他就有一个宏大的计划，那就是他决心就法律、政府性质进行一次深入探讨。卢梭原本打算写的书名是"政治制度论"，他对这部书期许很高，但在巴黎逗留期间，这本书的写作进展缓慢。搬进埃皮奈夫人为他准备的隐庐后，他的写作进程明显加快了。但他

---

① ［法］卢梭：《论人与人之间不平等的起因和基础》，李平沤译，商务印书馆，2009 年，第 124 页。

后来还是觉得这本书的写作时间拖得太长，而他本人又一度打算放弃写作。于是，他决定把其中可以独立的部分抽离出来，整理好后单独出版，这本书就是《社会契约论》。

如果说卢梭在《论人类不平等的起源和基础》中的重点是批判，即批判人类由自然状态下的平等自由到结成社会后的不平等与奴役，并揭示了这种不平等的根源，那么《社会契约论》的重点则是建构，在这里，卢梭要勾勒出这样一幅理论图景，即如何从原始状态中确立一种合法、确凿的政治原则，从而建立起一个平等、自由的人类社会。

卢梭首先批判了那些为专制制度辩护的理论。格老秀斯认为，人民因为各种理由，总之是为了生存而将他们置于国王的统治之下，人民的地位并不高于国王。霍布斯主张，人民为了获得安全，将所有权利交给国家，国家具有至高无上的权利。亚里士多德也认为，人天生是不平等的，有的人生来就是奴隶，另一些人天生就是统治者。根据这样的理论，人们就推导出，人民天生具有服从统治者的义务，而统治者则享有统治人民的权利。卢梭认为，如果是受统治者强力的压迫，人民屈服于统治者，这是合理的，但在这种情况下，这种统治又算得上什么权利呢？又何谈人民的义务呢？

强力并不能产生任何权利，只有约定才能成为人间一切合法权威的基础。卢梭所要描述的就是这种经约定而产生政府的基本原则及其特征。他回溯到人的原初状态，指出当人类在这种自然状态下的生存岌岌可危的时候，人类就被迫改变自己的生活方式，也就是说，他们需要集合起来，共同协作。那么需要什么样的结合方式，才能使人类既享受到社会合作带来的益处，又免遭受奴役的命运呢？卢梭指出："'要寻找一种结合的形式，使它能以全部共同的力量来卫护和保障每个结合者的人身和财富，并且由于这一结合而使得每一个与全体相联合的个人又只不过是在服从其本人，并且仍然像以往一样地自由'。这就是社会契约所要解决的根本问题。"①

卢梭的这种社会契约概而言之就是：每个结合者及其自身的一切权利全部都转让给整个集体。既然所有人都把自己全部奉献出来了，大家的条件是同等的，也就不存在任何的不平等和不公正。每个人在与其他所有人订约的同时，也就是在与自身订约。这样的结合所构成的人民共同体是一个公共的"大我"，人民所凝结成的共同意志，就被称之为"公意"。人民的自由就在于服从公意。

个人也可能会有个别意志与公意相违背，如果他既想享受公民的权利，又不愿意承担公民的义务，那么为了不使契约成为一纸空文，全体就有权迫使他服从公意，也就是说，迫使他自由。在这样建立的社会中，每个人不光把他们自己，也把他们所享有的财富一起献给了集体。国家是全部财富的主人，而每个人就成为公共财富的保管者。个人对他的财产所具有的权利都从属于集体对所有人所具有的权利。

卢梭认为，只有公意能够按照国家创制的目的来指导国家的各种力量，而国家主权就是公意的运用，这种主权不可转让，也不可分割，否则公意就转变成了个别意志。公意是永远公正的，

---

① ［法］卢梭：《社会契约论》，何兆武译，商务印书馆，2008年，第19页。

永远以公共利益为依归的。如果人民中间出现了小集团，那么公意就不会产生，取而代之的是个别的意见。

公意与个人之间是什么关系？卢梭认为，公意是个人的公共人格，是公民的主权。但除此之外，公民还有包括生命、自由等在内的公民的私人权利。尽管公民同意为国家做任何服务，但主权者却不能给公民增添任何对集体来说毫无益处的约束，否则个人也就不会无条件地为国家做出牺牲了。

在讨论过在自然状态下建立起的这种社会契约的性质之后，卢梭将笔触转向立法。通过社会契约，人们构建了政治共同体，接下来人们还需要用立法来赋予它神圣性。那么由谁来创制法律呢？卢梭认为，应当由一个洞察人性并有能力改善人性的非凡人物来制定法律。当他进行立法时，应当考察人民是否宜于接受那些法律。法律体系主要包括四类：政治法、民法、刑法和风尚习俗。政治法是最根本的法，它体现的是整个共同体的秩序；民法则体现共同体的成员之间，以及成员与整个共同体的关系；刑法反映的是不服从和惩罚之间的关系；最后，风尚、习俗、舆论作为一种不成文的法律，深深烙在公民的心中，是国家的真正宪法。

共同体和法律被确立之后，还需要执行力量的配合。立法权只能属于人民，而行政权力的运用则属于政府。政府是公意的执行者，它可以将国家与主权者联系起来。组成政府的成员是行政官。行政官既有个人意志，追求个人的特殊利益，也有团体意志，它是全体行政官的共同意志，还有人民的意志，即公意。在好的立法条件下，公意占主导地位，个人意志毫无地位，团体意志也不重要。

政府具有不同的形式：如果政府事务依靠大多数甚至全体人

民，那么这样的政府形式就是民主制；如果政府权力被限制在少数人手里，那么这样的政府形式就是贵族制；如果把政府权力集中在一个人手里，那么这样的政府形式就是君主制。民主政府适合小国，贵族政府适宜于人数中等的国家，君主制则适合泱泱大国。民主制是一种没有政府的政府，它看起来是最好的体制，但也是最难真正实现的，这种政府形式的弊端在于不够稳定，易于发生内乱。贵族制包括三种形式：自然的贵族制、选举的贵族制和世袭的贵族制。三者之中，自然的贵族制适合民风淳朴的社会，选举的贵族制最好，世袭的贵族制最坏。这样的政府存在一定程度的财富不平等，但这种不平等并不会有损公正。君主制政府是由一个人即君王来代表公意。但在这种统治形式中，个人意志往往具有很大势力，很有可能会导致违反公意，从而造成对国家的伤害。君主制的另一个弊端在于它很难任人唯贤，在这种制度中得势的往往是骗子和阴谋家，而不是真正英明能干的人。

卢梭认为，上述三种基本的政府形式只是一种理论上的区分，实际上在现实世界中根本没有单一的政府，而通常是三种基本形式的混合。此外，并没有一种绝对可靠的政府形式能够适用于一切国家，一个在它治下公民人数繁衍最多的政府就是最好的政府。

任何政府形式都存在滥用职权和退化的倾向，因为个别意志总是在不断地反对公意，政府也就不断地反对人民的主权。当政府的成员篡夺了那种只能由他们的集体才能加以行使的权力，社会契约就被破坏了，那么就会出现国家的解体。

最后，卢梭指出，国家的契约只能有一个，那就是每个人与所有人相结合所形成共同体的那个契约。而政府的创建并不像霍布斯和洛克等人所主张的那样，是一种契约。它的建立完全是创建法律之后，为了满足执行法律的需要。

总而言之，卢梭在《社会契约论》一书中表达了这样两个基本观点：第一，主张人享有自由、平等等自然权利；第二，宣扬主权在民说，主张政府的建立是人民意志的产物，如果一个政府违反公意，那么人民就有权废除政府，恢复自由。这一理论所提出的天赋人权、自由平等思想影响深远，为一代代民主革命家提供了重要的理论武器。

（四）《爱弥儿》

《爱弥儿》一书是卢梭在蒙莫朗西隐居时期写就的主要作品，其写作初衷是应舍农索夫人的请求就儿童教育问题提出建议。卢梭原本只计划写一篇短文，没想到越写越多，欲罢不能，最后只好成书出版。然而，偏偏是这本书给卢梭带来了意想不到的厄运。卢梭在谈到此书出版后的情况时说道："这部书的出版，没有引起我所有的作品出版时曾博得的那种轰轰烈烈的喝彩声。从来没有一部著作曾获得那么多的私下的颂扬，也从来没有一部著作曾获得那么少的公开称赞。最有能力评论我这部书的人们对我说的话，给我写的信，都证实这是我最好的作品，同时也是最重要的作品。但是所有这些意见，说出时都带着最离奇的谨慎态度，就仿佛要说这部书好，非得保密不可。"[1] 在该书出版数日之后，卢梭就收到了即将被法国巴黎高等法院逮捕的秘密消息，仓皇逃离法国。

---

[1] ［法］卢梭：《忏悔录》（第二部），范希衡译，徐继曾校，商务印书馆，1985 年，第 708 页。

那么究竟是什么使得《爱弥儿》受到这么大的关注，又让它的作者吃这么多的苦头呢？这部书的副标题是"论教育"，乍看起来，它是一部教育学著作，但实际上是从教育的角度进一步阐发卢梭的政治社会理论，或者说书中所阐述的教育思想始终是以他的政治社会理论为基础的。尤其是书中的《一个萨瓦省的牧师的信仰自白》一文更是集中体现了卢梭的宗教、道德思想，成为他遭受迫害的主要内容来源。

在书中，卢梭构想了一位名叫爱弥儿的学生，卢梭是他的导师、保护人，从他出生起就一直教育他，直到他长大成人。在本书长达五卷的篇幅中，卢梭从对呱呱坠地的新生儿的抚养、照料谈起，分别论述在爱弥儿成长的不同阶段——幼年、少年和青年时期应当分别对之实施怎样的教育，从而使他成为一个独立、自由、幸福的人。卢梭的教育理念是自然教育。在他看来，有三种教育：自然教育、人的教育和事物的教育。自然教育是我们从自然那里获得的，它是我们的才能和器官的内在的发展；人的教育则是由人来教我们如何利用这种发展，事物的教育是指我们能够从影响我们的事物那里获得好的经验。卢梭认为，只有三种教育互相配合，协调一致，才能称之为良好的教育，才能实现自然的目标，即人的身心自由发展。

卢梭认为，在自然秩序下，人是平等的，而人受教育的方向就是取得良好的品格。他说："在我们中间，谁最能容忍生活中的幸福和忧患，我认为就是受了最好教育的人。"[1] 那么，如何实

---

① ［法］卢梭：《爱弥儿》，李平沤译，商务印书馆，1981 年，第 13 页。

现这种好的教育呢，卢梭提出了一个简单原则：遵循自然的法则。

当一个孩子出生后，必须首先保证他的身体的自由伸展，在此卢梭首先谴责了当时社会上习惯于将婴儿束缚于襁褓中的做法。卢梭同样鼓励母亲亲自哺乳，而不是给孩子找一位奶妈。为了培养孩子良好的体格，就应该把他带到乡下去养育，使他呼吸新鲜空气，洗冷水澡，穿宽松的衣服。就精神层面来看，最初婴儿对这个世界的认识完全依靠感觉，因此不要阻碍他的感觉认知。当婴儿有所需要时，他就会啼哭，那么我们应当给予他及时的帮助，但应掌握分寸，不能纵容那些没有道理的欲望。总而言之，人们应多给孩子以真正的自由，少让他们养成驾驭他人的习惯。当孩子开始学习讲话时，不要刻意教他们讲，也不要随时纠正孩子的发音。卢梭的看法是，不要拔苗助长，打乱、打断孩子语言发展的自然进程。

当孩子学会说话和走路之后，他就开始迈入了人生的第二个阶段：幼儿期。在这一时期，他开始有了自我意识，也有了自主性。我们要仁慈地对待他，爱护他。卢梭反对把儿童看作是缩小的成人，他认为，在人生秩序中，童年自有它的地位，必须尊重儿童的天性，把成人看作成人，把孩子看作孩子。如果打乱了自然秩序，那么我们只会造就一些年轻的博士和老态龙钟的儿童。

那么怎样把孩子培养成自由、幸福的人呢？在此卢梭提出了他的幸福和自由的原则。卢梭指出，人的感觉总体上可以分为两类：快乐和痛苦。痛苦的根源在于我们的愿望与能力的不相称。减少、摆脱痛苦的办法不是要去限制我们的欲望，而应当是减少那些超出我们的能力的欲望。卢梭指出，只要把你的生活限制在你的能力范围之内，那么你就不会痛苦了，真正自由的人就是只想他能够得到的东西，只做他喜欢做的事情，而不是妄想借别人的帮助来满足自己的欲望。卢梭将这一道德原则应用于儿童教育，他指出，一方面，父母在抚养、教育孩子的时候，既不要过分提供超过他的需要的东西，也不能向孩子提出那些超出他的能力的要求。孩子是柔弱的，他需要依赖成人，但不能任由成人摆布；另一方面，成人也不能因为孩子的柔弱就任由他提出任何要求，使他养成发号施令的恶习。因此，要及早培养孩子的自立和节制的精神，使他的能力与他的需要相称。

我们要做孩子的老师，就必须以身作则，为孩子树立做人的典范。在幼儿时期，我们就可以逐渐培养孩子的道德观念，第一个观念就应当是财产的观念。给孩子几样私有的东西，带他到田间劳动，当他种下一粒蚕豆，并给它浇水，看见它长起来时，告诉他"这是属于你的"，这就使他意识到他投入了他的劳动，这块土地上有他的东西，他有权制止他人的侵犯。第二，培养孩子信守承诺的品德，使他认识到，誓约是神圣不可破坏的。第三，不要让孩子养成撒谎的恶习，如果一个孩子违反了诺言，为了逃避惩罚就可能会撒谎。为了防止这一点，就不能仅仅因为他撒谎而处罚他，而要使他认识到，如果撒谎，就必须承担因撒谎而带来的一些不良后果。第四，教孩子为人忠厚，养成慷慨大方的习惯，最重要的是教孩子与人为善，绝不伤害别人。

在知识教育方面，这一时期不要煞费苦心地教孩子读书识字，重要的是使孩子先有学习的欲望。要让孩子保持无知的状态，先锻炼他的体格、感官，使他拥有获取智慧的良好工具。

当卢梭的爱弥儿度过了快乐的童年，年满十二岁时，他就开始进入少年时期了。卢梭认为，从十二岁到十五岁这段时期是生命中最珍贵的时期，因为这一时期个人的精力超过了他的欲望的需要。要利用这一时期重点进行智育。智力培育的精髓不是要教孩子很多东西，而是要使他头脑中获得完全正确、清楚的观念，而非一知半解。不是为了向他灌输真理，而要保证他心中不装填谬误。这种培育原则仍然是要着眼于培养孩子爱好学问的兴趣和好奇心，继而教给孩子研究学问的方法。要把理论与实际联系起来，使孩子真正领会理论能指导实践的伟大用处。先教他观察自然秩序，学习自然知识，然后带他观察社会关系，了解社会制度。卢梭认为，顶顶要紧的是，教爱弥儿学会一两项能够谋生的手艺，而非那些虚浮无实用的职业。技艺的选定要根据孩子的兴趣和天分，卢梭为爱弥儿选择了木工，使他养成锻炼身体和手工劳动的习惯。这样培养起来的爱弥儿身体强壮，思想健全，心灵自由而无欲念。他热爱劳动，性情温和、坚韧，充满勇气，也没有染上什么恶习。卢梭认为，他已经按照自然所允许的那样生活得尽量满意、快乐和自由了。

当爱弥儿年满十五岁时，他进入了青春期，他的相貌和性情都发生了变化，他开始觉得他需要一个伴侣了。这一时期要重点对他进行情感教育和道德教育。卢梭认为，要培养孩子胸中的高尚感情，使他成为一个有情感、有同情心的人。为此他提出了情感的三个原则。第一，人在心中设身处地地想到的，不是那些比我们更幸福的人，而是那些比我们更值得同情的人；第二，在他人痛苦中，我们所同情的只是我们认为我们也难免要遭遇的那些痛苦；第三，我们对他人痛苦的同情程度，不取决于痛苦的数量，而取决于我们为那个遭受痛苦的人所设想的感觉。因此，要根据这些原则深入一个青年的心，激发他的自然情感，使他成为仁慈、宽厚和有恻隐之心的人。为了克制而不是刺激青年的欲念，应当使他远离大城市，避免学到那些放荡的行为。在情感教育取得了成效，使青年学会爱人，并能够感受别人的爱之后，我们要对他进行道德教育，重点使他认识"良心"这一自然法则。

那么，什么是良心呢？在《一个萨瓦省的牧师的信仰自白》中，卢梭进一步阐明了他的良心原则。卢梭认为，在我们的灵魂深处生来就有一种正义和道德的原则，我们判断自己和他人的行为是好或是坏都要依据这一原则，这就是良心。良心能够激励人，使人爱善、向善。这种良心类似于人的本能，它完全独立于理智。卢梭大声讴歌良心对人的伟大作用，他说："良心呀！良心！你是圣洁的本能，永不消逝的天国的声音。是你在妥妥当当地引导一个虽然是蒙昧无知然而是聪明和自由的人，是你在不差不错地判断善恶，使人形同上帝！是你使人的天性善良和行为合乎道德。没有你，我就感觉不到我身上有优于禽兽的地方；没有你，我就只能按我没有条理的见解和没有准绳的理智可悲地做了一桩错事又做了一桩错事。"①

既然良心已经足以给我们提供行善避恶的指导，那么我们何必再倾听牧师的教导呢？由这种以良心为核心的道德理念，卢梭引申出了他的宗教观念。卢梭认为，宇宙的和谐向我们昭示了上

---

① ［法］卢梭：《爱弥儿》，李平沤译，商务印书馆，1981年，第417页。

帝的存在，也就是说，世界是由一个有力量、有智慧的意志统治着。然而，上帝在世界之外，我虽知道他存在，却因自身能力的局限而无法认识他。在卢梭看来，有辱上帝的事情，不是心中不想他，而是把他想错了。在这种情况下，所有关于上帝性质的争论也就变得毫无意义。

在宇宙万物中，人是最有才能的。人有意志自由，有行善作恶的能力，肉体和感官的欲念淹没了内在的情感，瞒过了良心的责备，才使人们作恶堕落。而一旦人摆脱欲念，惊喜地认识到上帝的存在，人心中的良心就被唤醒了。在这个意义上，良心与上帝是互通的，良心就是上帝的世俗代言人。而世俗宗教则是狭隘的，它只会滋生骄傲和不容异说，造成宗教争端和迫害。因此，卢梭总结说："真正的宗教的义务是不受人类制度的影响的，真正的心就是神灵的真正的殿堂，不管你在哪一个国家和哪一个教派，都要以爱上帝胜于爱一切和爱邻人如同爱自己作为法律的总纲；任何宗教都不能免除道德的天职，只有道德的天职才是真正的要旨；在这些天职中，为首的一个是内心的崇拜；没有信念，就没有真正的美德。"①

卢梭在对爱弥儿实施情感教育和道德教育的同时，还注意发展他的理智，培养他的理性去控制情感，因为只有这样，才能使他在没有外在约束的情况下真心实意地做一个好人，并因此感到自豪。那么如何来对付青年爱弥儿日益旺盛的欲念呢？卢梭认为，不能过分地强调用理性来压制这种欲念，而应当严肃地与他谈论

---

① ［法］卢梭：《爱弥儿》，李平沤译，商务印书馆，1981年，第454页。

与欲念相关的东西，要让他喜欢你的语言，并愿意将你看作知心人。在时机成熟的时候，卢梭对爱弥儿说："你的心需要一个女伴，让我们去寻找一个适合于你的伴侣。"这个未来的情人，卢梭将之命名为"苏菲"。就这样，卢梭带爱弥儿进入社交场合，培养他的审美力，选择真正有趣的消遣，以待时机成熟时找到那个理想的"苏菲"。

当爱弥儿成年之后，卢梭就对他进行两性教育，使他了解男女两性的特征及其异同。在这里，卢梭进一步谈及了男孩和女孩的教育问题。但卢梭的看法并没有脱离当时的世俗观念。卢梭认为，男女是为了双方的利益而生的，男人为了欲望而依赖女人，女人更多地因为需要而依赖男人。女人没有男人就不能生存。对女孩的教育也要先培养她的身体，使她长得灵巧，以便将来能生出健康的孩子。女孩和男孩具有同样的良知，因此要善于引导，培养她温顺、狡黠、有礼貌的天性，还要培养她树立正确的宗教观念，等等。卢梭为爱弥儿找到了苏菲，她正是按这样的教育培养起来的。于是爱弥儿和苏菲相爱了。但他们相识还不到五个月，卢梭认为他们还不适于结婚，必须要采取一些办法使这段感情经得起考验。于是，卢梭决定带爱弥儿离开，在走之前担保他们两年之后结婚。在两年内卢梭跟爱弥儿游历欧洲，去研究一个国家的人民，了解当地的自然风光、政治制度、艺术和人物等。最后，他使爱弥儿形成了这样的人生观：不违反自身需要的原则，不过多地奢求超出能力的东西，那么就能够保持自身的独立、自由。坚持自食其力，避免财富的奴役，乐生，但不畏死。卢梭听到爱弥儿的观点后很欢喜，他对当时的社会进一步提出了批判，他指出，世上现存的政治制度无一令人信任、满意，人们假借法律的名义追逐私利，因此法律之下也并无自由。但是我们仍然可以独善其身，使自然法则深深刻在心中，只要我们恪守内心的这些法则，就能够获得自由。卢梭最后向爱弥儿指出应尽的公民义务，那就是，爱邻人，爱自己生活的地方。就这样，卢梭带爱弥儿回到苏菲的身边，他们举行了婚礼。不久，爱弥儿发现，他就要做父亲了。

卢梭借对爱弥儿的教育，提出了他的宗教、道德观，论述了自由、幸福的本质和美好生活的真谛。故事原本到此该圆满结束了，但卢梭为此书又加了一个富有隐喻性的附录。如果说之前的论述描述了一个婴儿如何在良好的教育下成为独立、自由、幸福的人，那么这篇附录则对现实的社会所造就的人的堕落进行了无情的鞭挞，对如何坚守内心的道德原则进行了热情讴歌，充满了斯多葛主义的伦理学论调。附录收录了爱弥儿写给他的导师的两封书笺和一份摘录。在书笺中，爱弥儿陈述了他成家立业之后的遭遇。他与苏菲搬到了巴黎居住，这个城市在短短两年时间就毒害了他们的心灵，爱弥儿变成了一个风流绅士，苏菲移情别恋，于是他们彼此疏远，最后决裂了。爱弥儿逃走了，开始了漫长的旅途，他成了一名水手，遇上了海盗，被贩卖成了奴隶。虽身处奴役，但爱弥儿意识到他的意志和智慧是自由的。最后，爱弥儿来到了一个荒岛，他原来的妻子苏菲则在荒岛边的教堂里做修女，经历一些曲折之后，他们最终和好如初。爱弥儿和苏菲因在城市社会中生活而变得道德败坏，却在远离人群的孤岛上得到心灵的净化。卢梭的这种构思安排深刻体现了他对人类社会的消极批判态度，和对孤独的自然人能够聆听心中的道德原则的赞赏。

三、后世影响

法国大革命中人们高举卢梭的自由、平等、人权的旗号

卢梭对后世的巨大影响是毋庸置疑的。他的政治、道德思想深刻地影响了德国的两位伟大哲学家：康德和马克思。他的文学著作《忏悔录》《新爱洛伊斯》引领了后来的浪漫主义运动，受到拜伦、雪莱、司汤达、托尔斯泰等西方著名文学家、诗人的顶礼膜拜，他本人也被尊为浪漫主义运动之父。卢梭的自然主义教育理念第一次把儿童放在教育的中心地位，强调要把儿童看作儿童，尊重儿童的天性，开启了现代儿童教育的先河。在实践方面，卢梭对法国大革命的影响也是众所周知的，罗伯斯比尔对卢梭的理论推崇备至，并极力在实践中来履行卢梭的"公意"概念。他的天赋人权理论在美国《独立宣言》中也有明确体现。

　　当卢梭于 1762 年出版他的名著《爱弥儿》时，他远未料到，在偏僻的普鲁士小城哥尼斯堡，一位未来的伟大哲学家不久后就会孜孜不倦地阅读他的著作，深入汲取他书中的道德理论，并因而建立起一套精密深刻的哲学思想，他就是康德。卢梭在《爱弥儿》一书中曾大声呼吁："要始终按照你的良心去说，而不要计较是否会受到人家的称赞。"他指出："知识的滥用将产生怀疑。有学问的人都看不起卑俗的看法，他们每一个人都各持己见。正如盲目的信仰导致宗教的狂信一样，骄傲的哲学将导致傲慢的心理。要避免这样的极端，要坚持真理的道路。"① 这些论断莫不对康德产生巨大影响。康德在谈到卢梭时曾有一段名言："我生性是一个探求者，我渴望知识，不断地要前进，有所发明才快乐。曾有过一个时期，我相信这就是使人的生命有其真正尊严的，我就轻视无知的群众。卢梭纠正了我。我臆想的优点消失了。我学会了尊重人，认为自己远不如寻常劳动者有用，除非我相信我的哲学能替一切人恢复为人的共同的权利。"②

　　在阅读卢梭之前，康德专注的领域是自然科学，正是卢梭引导康德开始了对人的研究，关注人心中的道德，并尝试建立一种普遍的道德哲学。卢梭对宗教和自然的看法，对意志自由和良心的肯定，对平等、自由和人权的孜孜追求都深刻地影响着康德的哲学构思。

　　而另一位伟大的德国哲学家马克思则从卢梭那里汲取了对现

---

① ［法］卢梭：《爱弥儿》，李平沤译，商务印书馆，1981 年，第 456～457 页。
② ［英］康蒲·斯密，《康德〈纯粹理性批判〉解义》，韦卓民译，华中师范大学出版社，2000 年，第 39 页。

代社会的批判意识和对自由、平等、人民主权的探索精神。卢梭将自由视为人的天赋权利，而马克思也将自由作为人的本质，作为人的最高目标和价值所在。相应于这种对自由的推崇，卢梭强调要摆脱文明社会给人们带来奴役的枷锁，马克思也在讴歌人的自由的同时，将批判的矛头指向人类社会中不平等的根源：人与人之间关系的异化和人的奴役，并勾勒出一个摆脱了奴役、剥削，实现人的平等、自由发展的共产主义的美好蓝图。

在对社会不平等的解决方案上，卢梭与马克思也存在很大共性。卢梭批判私人财产权是社会不平等的根源，要解决这种不平等，就需要每个人献出一切权利，组成人民共同体，形成人民意志，而人民的主权就是这种公意的体现。这样做也就将自然人熔铸于共同体之中，使人变成公民。马克思的社会批判理论同样着眼于对私有制的鞭挞，提倡在共产主义社会消灭私有制，消灭剥削，从而实现人的自由、平等，使个人利益与社会利益达到某种统一。

卢梭既是启蒙运动中的重要人物，也是西方浪漫主义运动的先驱，他的文学著作，以及他的"回归自然"的呼声深刻影响了后来的文学家和艺术家们。1816年，乔治·拜伦和珀西·雪莱到日内瓦湖进行朝圣之旅，手中携带的正是卢梭的著作《新爱洛伊斯》。歌德、席勒、司汤达、托克维尔、叔本华等人都是卢梭的忠实崇拜者。年轻的托尔斯泰"常常戴着一枚镌有卢梭肖像的像章。他阅读了卢梭所有的著述，但对《新爱洛伊斯》《爱弥儿》和《忏悔录》尤为着迷"①。歌德曾经说"伏尔泰结束了一个旧时代，

① ［英］大卫·埃德蒙兹、约翰·艾丁诺：《卢梭与休谟：他们的时代思想》，周保巍、杨杰译，上海人民出版社，2013年，第287页。

而卢梭开辟了一个新时代"，他笔下的少年维特身上有着卢梭的理想人物的影子。司汤达的名著《红与黑》在很多地方也师法于卢梭的《忏悔录》。在卢梭那里，理想的人的发展意味着顺其自然的教育、充分自由的人性、健全的人格、完善的道德，浪漫主义的后继者们显然从卢梭那里继承了以人为本的人本主义精神。

在教育方面，20 世纪的哲学家、教育家杜威曾称赞卢梭实现了教育上的哥白尼革命。他改变了传统教育以教师为主体、儿童被动接受的主体教育模式，代之以自然、自由的教育原则，主张尊重儿童的天性，顺应自然来培养儿童，根据不同时期儿童的身心发育特点，因材施教，分别进行德、智、体、劳、美等教育，将他们培养成自由、幸福的人。现代儿童教育、素质教育等的教育理念都可以溯源到卢梭的教育学说。

从社会实践上来看，卢梭的著作对后来的法国大革命产生了直接影响，他本人也被誉为"法国大革命之父"。尽管卢梭本人并没有主张用暴力推翻不平等的社会，但他对现代社会的批判和对人民主权的赞美却无疑激励革命者将他的理论付诸现实。当时法国不同的革命派别都力图从自己的立场来解释卢梭的理论，卢梭的学说也就成了各派加以利用的理论工具。卢梭的自由、平等等人权主义思想不仅影响了法国社会的进程，而且对美国革命产生了不可低估的影响。《独立宣言》开篇就谈到"人人生而平等"，宣布人人都拥有天赋的生命、自由和追求幸福的权利。这些观点无疑在很大程度上来源于卢梭。

值得一提的是，卢梭的学说在 19 世纪末传入中国，曾在晚清知识界产生过广泛影响。当时的知识分子黄遵宪、郭嵩焘等人都接触过卢梭的学说，对他的民主理念甚为推崇。日本学者中江笃介最早把卢梭的思想介绍到日本，1898 年，上海同文译书局根据日本学者中江笃介的译本，翻译了卢梭的《社会契约论》，取名《民约通义》，这是该书最早的中译本。20 世纪初，卢梭的思想进一步传播，对革命党人产生了积极影响。梁启超编译了《卢梭学案》，1904 年，王国维也撰写了《法国教育大家卢梭传》，刘师培用民约论诠释传统典籍的《中国民约精义》也在这一年问世。当时的民主革命家邹容在《革命军》一书中把卢梭、孟德斯鸠等人的主张看作是"起死回生之灵药，返魄还魂之宝方"。陈天华也在自己的著作《猛回头》中介绍了卢梭"主权在民"的思想。1906年，同盟会机关报《民报》第二期刊发了马君武的《帝民说》，介绍了卢梭的"主权在民"思想。对当时的仁人志士来说，卢梭的思想正是他们推翻帝制、追求民主共和、追求自由平等的思想武器。

四、术语解读与语篇精粹

（一）自然状态（The State of Nature）

1. 术语解读

自然状态是 17、18 世纪资产阶级思想家为了反对君权神授、等级制度等封建思想假设出来的。英国唯物主义哲学家托马斯·霍布斯认为"自然状态"是在国家成立之前，每个人按照自己的本性生活的状态。在自然状态下，每个人都要实现"自然权利"，从而导致了一切人反对一切人的战争。英国唯物主义经验论哲学家约翰·洛克认为"那是一种完备无缺的自由状态，他们在自然法的范围内，按照他们认为合适的办法，决定他们的行动和处理他们的财产和人身"。① 在自然状态下人们受到自然法即理性的支配。

法国伟大的启蒙思想家让-雅克·卢梭也设定了"自然状态"，即在国家出现之前，人类按照自己的"本性"生活的状态。但是他既不同意霍布斯的观点，也不同意洛克的思想。在卢梭看来，在"自然状态"中，农业、工业、语言、住所、私有财产、法律等都不存在，人们之间也没有任何联系。② 自然状态并非一种理性的状态。私有财产的出现标志着自然状态已经发展到了文明社会。

2. 语篇精粹

语篇精粹 A

If I strip this being, thus constituted, of all the supernatural gifts which he may have received, and of all the artificial faculties, which we could not have acquired but by slow degrees; if I consider him, in a word, such as he must have issued from the hands of nature; I see an animal less strong than some, and less active than others, but, upon the whole, the most advantageously organized of any; I see him satisfy-

① ［英］洛克：《政府论》（下篇），叶启芳、瞿菊农译，商务印书馆，1996 年，第 5 页。
② 参见冒从虎、张庆荣、王勤田：《欧洲哲学通史》（下卷），南开大学出版社，2006 年，第 37 页。

ing the calls of hunger under the first oak, and those of thirst at the first rivulet; I see him laying himself down to sleep at the foot of the same tree that afforded him his meal; and behold, this done, all his wants are completely supplied.

The earth left to its own natural fertility and covered with immense woods, that no hatchet ever disfigured, offers at every step food and shelter to every species of beasts is confined to one peculiar instinct, man , who perhaps has not any that particularly belongs to him, appropriates to himself those of all other animals, and lives equally upon most of the different aliments, which they only divide among themselves; a circumstance which qualifies him to find his subsistence, with more ease than any of them.

Men, accustomed from their infancy to the inclemency of the weather, and to the rigour of the different seasons; inured to fatigue, and obliged to defend, naked and without arms, their life and their prey against the other wild inhabitants of the forest, or at least to avoid their fury by flight, acquire a robust and almost unalterable habit of body; the children, bringing with them into the world the excellent constitution of their parents, and strengthening it by the same exercises that first produced it, attain by this means all the vigour that the human frame is capable of. [1]

---

① Jean Jacques Rousseau, *On the Inequality among Mankind & Profession of Faith of a Savoyard Vicar*, [Online] Available: http: //www. en8848. com. cn, pp. 4 – 5.

译文参考A

如果抛开生物所禀受的一种超自然的天赋，或者抛开他长期习得的一切后天能力，去审视这种生物，再或者一言蔽之，如果我权当一定是自然之手造就了这种生物，那么可以看出这类动物并不比其他类动物强壮或敏捷，但总的来说，在构造方面比其他动物有优势。饥饿时他选择在橡树下饱餐，口渴时看见河沟就饱饮，然后他会在饱餐过的树下睡觉，他的需要就这样完全满足了。

如果天然造就的沃土和广袤无垠的森林覆盖的大地，不曾受到任何刀斧的毁坏，那么大地会为所有的依靠某种本能生存的动物提供饮食和住所。人类或许不具备动物的某种本领，于是分散于各种动物的生存环境中，观察并模拟它们的技能，逐渐掌握它们的本能，与它们一同分享大自然的美味，因此人比其他任何一种动物都更容易觅取食物。

人类从婴幼儿期就适应了险恶的天气，酷暑和严寒的气候，习惯了劳作的疲乏，学会了为捍卫生命赤手空拳去抗击森林中的猛兽，或是躲避猛兽而迅速逃离，所以，人在后天练就了强健的体魄。孩子一出世除了承继父母的优良体质，还依照长辈的锻炼方法增强自己的体质，以便获得人类能获得的所有精锐。

语篇精粹B

Let us therefore beware of confounding savage man with the men, whom we daily see and converse with. Nature behaves towards all animals left to her care with a prediction, that seems to prove how jealous she is of that prerogative. The horse, the cat, the bull, nay the ass itself, have generally a higher stature, and always a more robust constitution, more vigour, more strength and courage in their forests than in our houses; they lose half these advantage by becoming domestic animals; it looks as if all our attention to treat them kindly, and to feed them well, served only to bastardize them. It is thus with man himself. In proportion as he becomes sociable and a slave to others, he becomes weak, fearful, mean – spirited, and his soft and effeminate way of living at once completes the enervation of his strength and of his courage. We may add, that there must be still a wider difference between man and man in a savage and domestic condition, than between beast and beast; for as men and beasts have been treated alike by nature, all the conveniences with which men indulge themselves more than they do the beasts tamed by them, are so many particular causes which make them degenerate more sensibly.

Nakedness, therefore, the want of houses, and of all these unnecessaries, which we consider as so very necessary, are not such mighty evils in respect to these primitive men, and much less still any obstacle to their preservation. Their skins, it is true, are destitute of hair; but then they have no occasion for any such covering in warm climates; and in cold climates they soon learn to apply to that use those of the animals they have conquered; they have but two feet to run with, but they have two hands to defend themselves with, and provide for all their wants; it costs them perhaps a great deal of time and trouble to make their children walk; but the mothers carry them with ease; an advantage not granted to other species of animals, with whom the mother, when pursued, is obliged to abandon her young ones, or regulate her stapes by theirs. ①

译文参考 B

因此，我们应当分清野蛮人和我们日常所见与交谈的人类。自然界的运行是通过征兆给它管辖下的那些动物传递信息，这些征兆似乎是在证明对大自然特权的妒忌。通常森林里野生的马、猫、牛、驴等动物比家庭驯养的身躯高大，体质强壮，精力充沛、体魄健壮。它们一旦变成了家畜，便失去了大半的优势。它们表面上得到了人类的悉心饲养，实际上功能日趋退化。人类也是一样，在演变为社会群居的时候和成为他人奴隶的时候，也就变得软弱、胆小、卑屈。安逸的生活方式顷刻间削弱了人的力量和勇气。此外，野蛮人和文明人之间的差异，比野兽和家畜之间的差异要大一些。因为自然界对人和兽一视同仁，而人给予自己的享受比给所驯养的动物要多得多，这大概就是人的感官系统退化的主要原因吧。

所以，体无衣遮、睡无片瓦、一切非必需之物，这些在我们现代人看来是急需改善的，对原始人来说，并不是急需的。没有这些对他们的生存也没有多大妨碍。的确，原始人类皮肤上的毛发退化，但在温暖的气候下他们没必要穿衣，倘若在寒冷的气候下，他们很快就会利用所捕获的野兽的皮毛御寒。他们虽然只有双足行走奔跑，但会用双手防御和劳动以供己需。人类花费大量的时间和精力教孩子走路，但母亲们怀抱幼儿行走也不是难事，

---

① Jean Jacques Rousseau, *On the Inequality among Mankind & Profession of Faith of a Savoyard Vicar*, [Online] Available: http: //www. en8848. com. cn, pp. 7 – 8.

这是它类动物所没有的一大优势。它类动物中，在母兽被追捕时，便不得不抛弃它的幼崽，否则只能使自己的步子适应幼崽的步子。

语篇精粹 C

But though the difficulties, in which all these questions are involved, should leave some room to dispute on this difference between man and beast, there is another very specific quality that distinguishes them, and a quality which will admit of no dispute; this is the faculty of improvement; a faculty which, as circumstances offer, successively unfolds all the other faculties, and resides among us not only in the species, but in the individuals that compose it; whereas a beast is, at the end of some months, all he never will be during the rest of his life; and his species, at the end of a thousand years, precisely what it was the first year of that long period. Why is man alone subject to dotage? Is it not, because he thus returns to his primitive condition? And because, while the beast which has acquired nothing and has likewise nothing to lose, continues always in possession of his instinct, man, losing by old age, or by accident, all the acquisitions he had made in consequence of his perfectibility, thus falls back even lower than beast themselves? It would be a melancholy necessity for us to be obliged to allow, that this distinctive and almost unlimited faculty is the source of all man's misfortunes; that is this faculty, which, though by slow degrees, draws the mount of their original condition, in which his days would slide away insensibly in peace and innocence; that it is this faculty, which, in a succession of ages, produces his discoveries and mistakes, his virtues and his vices, and, at long run, renders him both his own and nature's tyrant. It would be shocking to be obliged to commend, as a beneficent being, whoever he was the first that suggested to the Oronoco Indians the use of those boards which they bind on the temples of their children, and which secure to them the enjoyment of some part at least of their natural imbecility and happiness. ①

译文参考 C

　　区分人与野兽的问题，仍存在种种论证的难点，而且还在继续争论。然而有一种区分的特质非常明显，是无可争议的，那就是身体的完善机能。生存环境令人类连续不断地促进其他各官能发展。这种机能不仅寄住物种之中，还寄住个体之中。一头野兽几个月长成后，外貌终老不会再变，同一兽类的样貌，即使千年后也仍然和千年之前相差无几。为什么唯有人类的样貌会衰老呢？难道因为人类要回归其原始状态？因为野兽在后天毫无所得，亦毫无所失，所以永远保持着它的本能。而人类在所有的后天习得完善之后，随着衰老或事件的发生，机能倒退，甚至还不如野兽。我们不得不接受，这种独有、无限的机能是人类一切不幸之源：它尽管进程缓慢，却使人类的机能从原始状态下的那份安宁而淳朴的岁月中不知不觉中逝去，从而远离原始；它伴随一生，造就了人类的智慧和谬误、邪恶和美德，最终把人类锻造成自己的和自然界的暴君，这对我们来说，虽未免可悲却是必然。奥里诺科河岸的印第安人，用木片贴在他们小孩的太阳穴上，确保小孩存

---

　　① Jean Jacques Rousseau, *On the Inequality among Mankind & Profession of Faith of a Savoyard Vicar*, [Online] Available：http：//www. en8848. com. cn, p. 9.

有一些天性的童真与幸福，这虽未免震惊却令人值得推荐。

（二）自然权利（Natural Rights）

1. 术语解读

古希腊哲学的自然法学说认为，自然权利是天赋的、不可侵犯的权利。自然权利思想在 17、18 世纪得到进一步的发展。近代思想家把自然权利看作"并非依据宪法或法律所获得的权利，而是个人依据自然法得来的权利；相反，国家与法律不得与它相违背"。自然权利包含着个体的自由权、生命权、财产权和幸福权等基本的权利。① 英国唯物主义哲学家托马斯·霍布斯认为自然权利的核心是个人生命的保全。英国经验论哲学家约翰·洛克在其著作《政府论》中指出："人们都是平等和独立的，任何人都不得侵害他人的生命、健康、自由和财产。"② 人的自然权利来自于全能的造物主。

在法国启蒙思想家让-雅克·卢梭看来，每个人都享有天赋的自由和平等的自然权利，每个人生而平等。因此在自然状态下，人们之间只存在着体力和年龄等方面的不平等，而在财产和政治上并不存在不平等；尽管人受到自然的支配，却有服从或反抗的自由。③

---

① 参见俞田荣：《自然法·自然权利·自然的权利》，《浙江社会科学》，2005 年第 1 期。
② ［英］洛克：《政府论》（下篇），叶启芳、瞿菊农译，商务印书馆，1996 年，第 6 页。
③ 参见［法］卢梭：《社会契约论》，何兆武译，商务印书馆，1980 年，第 9 页。

2. 语篇精粹

语篇精粹 A

I enter upon my task without proving the importance of the subject. I shall be asked if I am a prince or a legislator, to write on politics. I answer that I am neither, and that is why I do so. If I were a prince or a legislator, I should not waste time in saying what wants doing; I should do it, or hold my peace.

As I was born a citizen of a free State, and a member of the Sovereign, I feel that, however feeble the influence my voice can have on public affairs, the right of voting on them makes it my duty to study them: and I am happy, when I reflect upon governments, to find my inquiries always furnish me with new reasons for loving that of my own country.

Man is born free; and everywhere he is in chains. One thinks himself the master of others, and still remains a greater slave than they. How did this change come about? I do not know. What can make it legitimate? That question I think I can answer.

If I took into account only force, and the effects derived from it, I should say: "As long as a people is compelled to obey, and obeys, it does well; as soon as it can shake off the yoke, and shakes it off, it does still better; for, regaining its liberty by the same right as took it away, either it is justified in resuming it, or there was no justification for those who took it away." But the social order is a sacred right which is the basis of all other rights. Nevertheless, this right does not come from nature, and must therefore be founded on conventions. Before coming to that, I have to prove what I have just asserted. [①]

译文参考 A

在未证明主题的重要性之前，我就着手探讨本题。人们或许要问，我会不会想当君王或立法者才谈论政治呢？我回答说，两者都不是，正因如此，我才要谈论政治。假如我是君主或者立法者，就不会浪费时间纸上谈兵了，而是会付诸行动，抑或是保持沉默。

作为自由国家的公民和执政的成员，我觉得尽管我的声音对公共事务的影响非常微弱，但我的投票权就足以使我有义务去研究政治。每每思考种种政权时，我很欣慰自己的寻根问底竟然带来新的理由使我更加热爱自己的国家！

人生而自由，却无不处于枷锁下。人们自以为是他人的主宰，却比他人更受奴役。这种变化如何形成的，我不清楚。但是如何使之合法的，我想我能够回答这一问题。

如果只考虑权力因素及权力的效应，我会说："只要迫使民众服从，并且民众服从，就会收到成效。但是，只要人们可以打破枷锁，并且打破，成效更加。因为人民被剥夺的自由通过同样的权利可以重获。人民要么有理由重新获得自由，要么没有理由当初被剥夺自由。"社会秩序，作为一项神圣的权利，建立在其他一切权利基础之上。这一权利无论如何不是天生具有的，它是

---

① Jean - Jacques Rousseau, *The Social Contract and Discourses*, translated by G. D. H. Cole, Everyman's Library, 1923, p. 35.

建立在契约之上的。但是在谈到这一点之前，我需要先证明我的论断。

语篇精粹 B

To say that a man gives himself gratuitously, is to say what is absurd and inconceivable; such an act is null and illegitimate, from the mere fact that he who does it is out of his mind. To say the same of a whole people is to suppose a people of madmen; and madness creates no right.

Even if each man could alienate himself, he could not alienate his children: they are born men and free; their liberty belongs to them, and no one but they has the right to dispose of it. Before they come to years of discretion, the father can, in their name, lay down conditions for their preservation and well – being, but he cannot give them irrevocably and without conditions: such a gift is contrary to the ends of nature, and exceeds the rights of paternity. It would therefore be necessary, in order to legitimize an arbitrary government, that in every generation the people should be in a position to accept or reject it; but, were this so, the government would be no longer arbitrary.

To renounce liberty is to renounce being a man, to surrender the rights of humanity and even its duties. For him who renounces everything no indemnity is possible. Such a renunciation is incompatible with man's nature; to remove all liberty from his will is to remove all morality from his acts. Finally, it is an empty and contradictory convention that sets up, on the one side, absolute authority, and, on the other, unlimited obedience. Is it not clear that we can be under no obligation to a person from whom we have the right to exact everything? Does not this condition alone, in the absence of equivalence or exchange, in itself involve the nullity of the act? For what right can my slave have against me, when all that he has belongs to me, and, his right being mine, this right of mine against myself is a phrase devoid of meaning?[①]

译文参考 B

人要无偿地奉献自我,这种说法荒诞而不可思议。这种行为既无意义也不合法,就事而论,这么做的人纯属心智不清。举国民众如果都这样做,那就是举国上下皆疯狂,靠疯狂缔造不了权利。

就算有人把自己奉献,也不能把他的子女拿去奉献。子女是人,人生而自由,他们的自由属于他们自己,除了他们自己,谁都无权加以处置。在子女有判断力之前,父亲可以以孩子的名义,为孩子的生存与幸福而制定条件,但不可以一直这样、无条件地继续下去。因为这样做违背了自然规律,也超出了父权的范围。同理,为了使专断政府合法化,有必要让人们世世代代能接受或是拒绝这样一个政权。但是,这样一来,这个政府也就不再专制了。

放弃自由就是放弃做人的资格、放弃人类的权利和义务。放弃一切之人,是不可能得到任何保障的。这样的弃权与人的本性

---

① Jean – Jacques Rousseau, *The Social Contract and Discourses*, translated by G. D. H. Cole, Everyman's Library, 1923, pp. 39 – 40.

不符；从自己的意志里抛掉一切自由，就是抛掉了自己的一切行为道德。制定方拥有绝对的权威，另一方只能无限地服从，本身就是一份虚无而且自相矛盾的契约。这不是明摆着我们对某人不想尽义务，却向此人索要权利吗？这种既不等价又无交换的唯一条款，本身不就是无效的行为吗？就好像，我的奴隶用他的权利反抗我，一旦他的一切都属于我，他的权利就是我的权利，这种用我的权利反对我自己，难道不是一句毫无意义的空话吗？

语篇精粹 C

The most ancient of all societies, and the only one that is natural, is the family: and even so the children remain attached to the father only so long as they need him for their preservation. As soon as this need ceases, the natural bond is dissolved. The children, released from the obedience they owed to the father, and the father, released from the care he owed his children, return equally to independence. If they remain united, they continue so no longer naturally, but voluntarily; and the family itself is then maintained only by convention.

This common liberty results from the nature of man. His first law is to provide for his own preservation, his first cares are those which he owes to himself; and, as soon as he reaches years of discretion, he is the sole judge of the proper means of preserving himself, and consequently becomes his own master.

The family then may be called the first model of political societies: the ruler corresponds to the father, and the people to the children; and all, being born free and equal, alienate their liberty only for their own advantage. The whole difference is that, in the family, the love of the father for his children repays him for the care he takes of them, while, in the State, the pleasure of commanding takes the place of the love which the chief cannot have for the peoples under him.

Grotius denies that all human power is established in favour of the governed, and quotes slavery as an example. His usual method of reasoning is constantly to establish right by fact. It would be possible to employ a more logical method, but none could be more favourable to tyrants.

It is then, according to Grotius, doubtful whether the human race belongs to a hundred men, or that hundred men to the human race: and, throughout his book, he seems to incline to the former alternative, which is also the view of Hobbes. On this showing, the human species is divided into so many herds of cattle, each with its ruler, who keeps guard over them for the purpose of devouring them. [1]

译文参考 C

社会群体中最古老而又最自然的就是家庭。只要孩子需要父亲养育，就得依附、听从于父亲。一旦这种需要停止，天然的联系也就终止。孩子从对父亲应有的服从中解脱出来，而父亲也从对孩子应有的照顾中解脱出来，双方都回到平等、独立的状态。如果他们还继续聚合，那就不属于天性，而是自我意愿了。届时，家庭本身就只能靠契约来维系了。

---

[1] Jean - Jacques Rousseau, *The Social Contract and Discourses*, translated by G. D. H. Cole, Everyman's Library, 1923, pp. 39 - 40.

共有的自由源于人的本性。人类的第一法则，是要维护自身的生存，人的第一关怀，是对自身的关怀。只要到了有判断能力的年纪，人可以独立决定自己生存的适当方式，他就从那时起就成为自己的主人。

家庭被称作政治社会的原型：父亲相当于统治者，子女相当于民众，所有人都生而自由、生而平等，人们为了自身利益而献出自由。二者的区别在于：在家庭中，父爱的回报是子女对父亲的照顾；在国家中，发号施令的乐趣取代了家庭之爱，首领对他的属民没有这种爱。

自然学派的代表格劳修斯否认人类权力的建立是为了被统治者的利益，并旁引奴隶制为例。格劳修斯常用的推理方法，就是采用事实来确立权利。也可以采用更富逻辑的方法来推理，但没有一种能更有利于暴君。

按格劳修斯的说法，究竟是人类属于某百人，还是那百人属于人类，仍然是个疑问。他的著述似乎倾向于前一种，这也是霍布斯的看法。他们的观点是：人类被分成若干个牛群，每一群都有头领，保护他们就是为了吃掉他们。

（三）社会契约（Social Contract）

1. 术语解读

社会契约论用于说明国家和社会的起源是人们相互订立契约的结果。这一理论可以追溯到古希腊哲学家伊壁鸠鲁那里，他第一次系统阐述了社会契约的思想，到17、18世纪，霍布斯、洛克和卢梭等哲学家把社会契约论发展成为完备的国家理论。

社会契约论者一般都认为，随着生产力的发展，私有制的产生，人类的自由和平等等基本权利受到了危害，人类为了维护各自的利益而缔结契约，把自己的权利转交给国家，以此来保障人的基本权利。英国唯物主义哲学家托马斯·霍布斯强调的是君主至高无上的社会契约论，英国经验论哲学家约翰·洛克批判了君权神授论，系统论证了君主立宪制度的社会契约论。法国启蒙思想家让-雅克·卢梭著有《社会契约论》一书，他认为代替专制制度的是通过社会契约建立的自由、平等的社会。卢梭认为"国家应当是人们'自由协议'的产物。他认为，人们在订立契约时就必须把自己的一切权利毫无保留地转让给整个集体"[①]。这种结合的形式使每一个结合者的权利都能依靠公共力量得以保障，同时结合者仍然拥有自由。

2. 语篇精粹

语篇精粹 A

I suppose men to have reached the point at which the obstacles in the way of their preservation in the state of nature show their power of resistance to be greater than the resources at the disposal of each individual for his maintenance in that state. That primitive condition can then subsist no longer; and the human race would perish unless it changed its manner of existence.

But, as men cannot engender new forces, but only unite and di-

---

① 冒从虎、张庆荣、王勤田编：《欧洲哲学通史》（下卷），南开大学出版社，2006 年，第43 页。

rect existing ones, they have no other means of preserving themselves than the formation, by aggregation, of a sum of forces great enough to overcome the resistance. These they have to bring into play by means of a single motive power, and cause to act in concert.

This sum of forces can arise only where several persons come together: but, as the force and liberty of each man are the chief instruments of his self – preservation, how can he pledge them without harming his own interests, and neglecting the care he owes to himself? This difficulty, in its bearing on my present subject, may be stated in the following terms:

"The problem is to find a form of association which will defend and protect with the whole common force the person and goods of each associate, and in which each, while uniting himself with all, may still obey himself alone, and remain as free as before. " This is the fundamental problem of which the Social Contract provides the solution. [1]

译文参考 A

我认为人类曾经处于这种境况：自然状态下的生存障碍远远超过个人状态下的生存资源。一旦原始状态不能再维持人的生存，如果再不改变其生存方式的话，人类将会灭亡。

由于人类不可能产生新的力量，就只能大家联手，运用现有的力量。人类只能齐心协力拧成一股绳抗击阻力，此外别无他法。只有动机的力量一致，行动一致，人类才能继续生存。

---

① Jean – Jacques Rousseau, *The Social Contract*, translated by G. D. H. Cole, Great Books, 1988, p. 8.

人多力量大。人的力量和自由是自我保存的主要手段，但是如何保证它们不损害自我利益，且不忽视对自己应有的关怀？这一难题与我目前的主题相关，可用下面这段话表述：

"这需要找到一种联合的形式，能把所有人的力量聚集在一起，以维护和保障每个人的利益，在这种形式下，每个个体虽融于集体，但仍可依照自己的意志行事，同以往一样自由。"社会契约所要解决的，就是这个根本问题。

语篇精粹 B

The clauses of this contract are so determined by the nature of the act that the slightest modification would make them vain and ineffective; so that, although they have perhaps never been formally set forth, they are everywhere the same and everywhere tacitly admitted and recognized, until, on the violation of the social compact, each regains his original rights and resumes his natural liberty, while losing the conventional liberty in favour of which he renounced it.

These clauses, properly understood, may be reduced to one — the total alienation of each associate, together with all his rights, to the whole community; for, in the first place, as each gives himself absolutely, the conditions are the same for all; and, this being so, no one has any interest in making them burdensome to others.

Moreover, the alienation being without reserve, the union is as perfect as it can be, and no associate has anything more to demand: for, if the individuals retained certain rights, as there would be no common superior to decide between them and the public, each, being on one point his own judge, would ask to be so on all; the state of nature would thus continue, and the association would necessarily become inoperative or tyrannical.

Finally, each man, in giving himself to all, gives himself to nobody; and as there is no associate over whom he does not acquire the same right as he yields others over himself, he gains an equivalent for everything he loses, and an increase of force for the preservation of what he has. ①

译文参考 B

契约的条款是由行为的本质决定的，丝毫的更动就会使它变为一纸空文，不起作用。所以，尽管这些条款从未被阐释，但放之四海而皆为人所默认和公认。一旦社会契约不被遵守，就意味着每个人都赞同放弃订立的自由，在失去订立的自由同时，也将重新恢复他们原始的权利和天性的自由。

可以将条款理解和归结为一句话：把每个小团体的一切所属及所有权利全部转让给整个社会团体。首先，因为每个人都把自己完全让与，可见这个条件对大家都是同等的。既然这样，就不会有人担心这些条件是否给其他人造成负担。

其次，既然转让是毫无保留的给予，社会团体就要尽善尽美，每个小团体也不会有额外的需求。如果每人都保留某些权力，在个人与公众之间不会有一个做出裁决的共同上级。如果人人在事情上都由自己裁决，他很快就会事事做主。这样一来，自然的状

---

① Jean – Jacques Rousseau, *The Social Contract*, translated by G. D. H. Cole, Great Books, 1988, p. 9.

态依然继续，小团体要么变得暴虐，要么空有其名。

最后，每个人都是把自己奉献给全体，而不是奉献给任何个人，而且都能从某一小团体获得与他所转让的相同权利，每个人得到了他失去的东西的等价物，同时又获得了更多的保护所有物的力量。

语篇精粹 C

If then we discard from the social compact what is not of its essence, we shall find that it reduces itself to the following terms:

"Each of us puts his person and all his power in common under the supreme direction of the general will, and, in our corporate capacity, we receive each member as an indivisible part of the whole."

At once, in place of the individual personality of each contracting party, this act of association creates a moral and collective body, composed of as many members as the assembly contains votes, and receiving from this act its unity, its common identity, its life and its will. This public person, so formed by the union of all other persons formerly took the name of city, and now takes that of Republic or body politic; it is called by its members State when passive. Sovereign when active, and Power when compared with others like itself. Those who are associated in it take collectively the name of people, and severally are called citizens, as sharing in the sovereign power, and subjects, as being under the laws of the State. But these terms are often confused and taken one for another: it is enough to know how to distinguish them when they are being used with precision.

This formula shows us that the act of association comprises a mutual undertaking between the public and the individuals, and that each individual, in making a contract, as we may say, with himself, is bound in a double capacity; as a member of the Sovereign he is bound to the individuals, and as a member of the State to the Sovereign. But the maxim of civil right, that no one is bound by undertakings made to himself, does not apply in this case; for there is a great difference between incurring an obligation to yourself and incurring one to a whole of which you form a part. ①

译文参考 C

如果我们把社会公约中非本质的东西都排除掉，社会公约就可简化为以下内容：

我们每个人自身以及自身的全部力量都置于公共意志的最高指导之下，在我们的社团里，每位成员都成为不可分割的一部分。

因此，每个契约方就不再是单独的个体了，小团体缔造了一个有道德的共同体，共同体由大会成员组成，每位成员拥有一张选票，大家以此方式团结在一起，形成共同的认识、共同的生命和共同的意志。这样由全体成员联合起来形成的集体，早期被称为城邦，现在被称为共和国或政体。静态时它被称之为国家；活跃时被称之为主权；与其他权力对照时被称之为政权；参与团体的成员被称作人民；共享主权的一些人被称作公民；服从国家律法之人被称作臣民。不过，这些称谓经常被混淆使用，但只要在

---

① Jean - Jacques Rousseau, *The Social Contract*, translated by G. D. H. Cole, Great Books, 1988, pp. 9 - 10.

使用时能够区分出它们的精确意义就足够了。

这些称谓说明，小团体包含有集体与个人之间的相互约定。可以说，每个个人在与自己订立契约时便有了双重身份：对个人来说，他是当权方的成员，对于当权者来说，他又是国家的成员。但公民权准则中规定，任何人不受自己与自己规约的约束，所以规约不适用于此。在个人履行对自己的义务与个人履行对全体的义务之间是有很大的区别的。

（四）正义（Justice）

1. 术语解读

正义是人类共同追求的重要价值，也是政治学、哲学等众多学科的基本范畴。在辞海中，正义是对政治、法律、道德等领域的是非、善恶做出的肯定判断，是人们符合一定社会道德规范的行为，在得到应有权利的同时，履行应有的义务。古希腊哲学家柏拉图认为正义就是每个人都各尽其职。亚里士多德认为，正义是善的一部分，是一种中庸、一种德性。法国启蒙思想家让-雅克·卢梭把正义和功利相结合，而且权利许可的就是正义的。"我将努力把权利所许可的和利益所要求的结合在一起，以便使正义与功利二者不致有所分歧。"①

美国学者罗尔斯在其著作《正义论》一书中，把正义理论看作是一种对基本权利和义务，以及社会利益合理划分的理论。一种制度能否符合正义的德性，就在于它是否体现了公民的自由和

---

① ［法］卢梭：《社会契约论》，何兆武译，商务印书馆，1980年，第6页。

平等权利。他提出了正义的两个原则，旨在确保每个人的自由和平等权利。"社会正义的原则，提供了一种在社会基本制度中分配权利和义务的办法，对社会合作的利益和负担进行适当分配。"①

2. 语篇精粹

语篇精粹 A

In the social order where each has his own place a man must be educated for it. If such a one leave his own station he is fit for nothing else. His education is only useful when fate agrees with his parents' choice; if not, education harms the scholar, if only by the prejudices it has created. In Egypt, where the son was compelled to adopt his father's calling, education had at least a settled aim; where social grades remain fixed, but the men who form them are constantly changing, no one knows whether he is not harming his son by educating him for his own class.

In the natural order men are all equal and their common calling is that of manhood, so that a well‑educated man cannot fail to do well in that calling and those related to it. It matters little to me whether my pupil is intended for the army, the church, or the law. Before his parents chose a calling for him nature called him to be a man. Life is the trade I would teach him. When he leaves me, I grant you, he will be neither a magistrate, a soldier, nor a priest; he will be a man. All that

①　［美］约翰·罗尔斯：《正义论》，何怀宏、何包钢、廖申白译，中国社会科学出版社，2009年，第4页。

becomes a man he will learn as quickly as another. In vain will fate change his station, he will always be in his right place. "Occupavi te, fortuna, atque cepi; omnes – que aditus tuos interclusi, ut ad me aspirare non posses. " The real object of our study is man and his environment. To my mind those of us who can best endure the good and evil of life are the best educated; hence it follows that true education consists less in precept than in practice. We begin to learn when we begin to live; our education begins with ourselves, our first teacher is our nurse. The ancients used the word "Education" in a different sense, it meant "Nurture". ①

译文参考 A

在社会秩序中，每个人都有自己的位置，每个人为此而受教育。如果一个人处在自己的位置，那么其他的位置就不再适合他了。命运同父母的选择一致的时候，教育方才有用，如果选择不一致，教育带来的偏见就会有害于聪颖勤奋的学生。在埃及，儿子被迫要子承父业，于是教育至少要有个既定目标；社会等级始终存在，而形成了社会等级的人们要不断改变他的地位。有谁知道人们在教育儿子取得这一阶层地位的时候到底会不会也伤害了儿子呢。

在自然秩序中，所有的人都是平等的，他们有共同的称谓——人类，所以受过良好教育的人都尽心尽力地做人，不敢有负于这个称谓以及与之相关的事情。如果有人希望我的学生去当士兵、

---

① Jean – Jacques Rousseau, *Emile, or Education*, translated by Barbara Foxley, M. A. London & Toronto: J. M. Dent and Sons, New York: E. P. Dutton, 1921, pp. 12 – 13.

教士，或是律师，我觉得不是什么大事，因为父母为他们选择职业以前，大自然已经教他们学着做人了。生活就是这样，我教他们从事各行各业的技能，等他们毕业的时候，我要说，他们不是什么长官、士兵、牧师，而是人。只有先学会做人，才能迅速成才。即使命运也无法主宰他，他始终处在他应该处的位置。"命运啊，我对你早有防备，我已经把你俘虏，并且把所有一切你能够来到我身边的道路通通堵塞。"我们真正研究的，应该是人和环境。在我看来，最能坦然面对生活中的幸福和苦难之人，就是有良好教养的人。由此可知：真正的教育不在说教而在践行。我们从出生就开始学习，教育与我们如影随形，我们的启蒙教师便是养育我们的人。古语中"教育"一词还有另外一层含义，就是"养育"。

语篇精粹 B

He who would preserve the supremacy of natural feelings in social life knows not what he asks. Ever at war with himself, hesitating between his wishes and his duties, he will be neither a man nor a citizen. He will be of no use to himself nor to others. He will be a man of our day, a Frenchman, an Englishman, one of the great middle class.

To be something, to be himself, and always at one with himself, a man must act as he speaks, must know what course he ought to take, and must follow that course with vigour and persistence. When I meet this miracle it will be time enough to decide whether he is a man or a citizen, or how he contrives to be both.

Two conflicting types of educational systems spring from these conflicting aims. One is public and common to many, the other private and domestic. ①

译文参考 B

社会生活中凡是感觉自然至上的人则知道自己无所求。在与自我的较量中，但凡徘徊于渴望与责任的矛盾之间的人，既不能成为人，也不能成为公民。这样的人于人于己都将毫无用处。这就是当今的人们：今天的法国人、英国人和中产阶级的人就是这种人的写照。

但凡要有所成就，独立自主，做好自己，他就必须言行一致，知道自己应该走什么样的道路，怎样毅然地坚持走下去。等遇到这样的神奇人物，我会有足够的时间来断定他只是人还是公民，或者他是怎么做到两者皆是的。

两种对立的教育制度源于两种对立的目的：一种是普遍的大众教育，另一种是私人的精英教育。

语篇精粹 C

I mean to inquire if, in the civil order, there can be any sure and legitimate rule of administration, men being taken as they are and laws as they might be. In this inquiry I shall endeavour always to unite what right sanctions with what is prescribed by interest, in order that justice and utility may in no case be divided.

I enter upon my task without proving the importance of the subject. I shall be asked if I am a prince or a legislator, to write on poli-

---

① Jean–Jacques Rousseau, *Emile, or Education*, translated by Barbara Foxley, M. A. London & Toronto: J. M. Dent and Sons, E. P. Dutton, 1921, p. 11.

tics. I answer that I am neither, and that is why I do so. If I were a prince or a legislator, I should not waste time in saying what wants doing; I should do it, or hold my peace.

As I was born a citizen of a free State, and a member of the Sovereign, I feel that, however feeble the influence my voice can have on public affairs, the right of voting on them makes it my duty to study them: and I am happy, when I reflect upon governments, to find my inquiries always furnish me with new reasons for loving that of my own country.

Man is born free; and everywhere he is in chains. One thinks himself the master of others, and still remains a greater slave than they. [1]

译文参考 C

我是想探析，文明秩序下是否有一种可信赖又合法的治理法则，能使民众和法律都接受它。我将努力研究如何把权利的范围和利益的限定相结合，以使公正性与实用性二者无论何时都不要割裂开来。

在未证明主题的重要性之前，我就着手探讨本题。人们或许要问，我会不会是君王或立法者，才谈论政治呢？我的回答，两者都不是。正因如此，我才要谈论政治。假如我是君主或者立法者，就不会浪费时间纸上谈兵了，而是会付诸行动，抑或是保持沉默。

---

① Jean – Jacques Rousseau, *Emile, or Education*, translated by Barbara Foxley, M. A. London & Toronto: J. M. Dent and Sons, E. P. Dutton, 1921, pp. 34 – 35.

作为一个自由国家的公民和当权政体的成员，我觉得尽管我的声音对公共事务的影响非常微弱，但我的投票权就足以使我有义务去研究政治。每每思考种种政权时，我很欣慰自己的寻根问底竟然带来新的理由使我更加热爱自己的国家！

人生而自由，却无不处于枷锁之下。人们自以为是他人的主宰，却比他人更受奴役。

（五）自然法（Natural Law）

1. 术语解读

自然法的概念始于斯多葛学派，这一学派认为自然是他们思想体系的中心，代表了一种普遍的理性，也是德性，使人们能够平等地、和谐地生活在一个共同体中。[①] 罗马学者西塞罗把自然法描述为"世界性的法律和政治观念"[②]，他认为自然法的基本特征就是"普适性和理性及其它内在所包含的公平和正义原则"[③]。哲学家阿奎那把自然法看成上帝启迪人类理性的工具，包含自我保护、维持与照顾后代、寻求真理等基本原则。

中世纪后，欧洲出现了以格老秀斯、霍布斯、洛克、卢梭为代表的一批自然法学派，他们把自然法从宗教的理论转化为基于人类理性的理论，并由此衍生出自然权利的理论。到了近代，自然法成了人权理论的基础。法国启蒙思想家伏尔泰认为"自然法"就是"那种使我们知道正义的本能，它的基本原则'既不在

[①] 参见俞田荣：《自然法·自然权利·自然的权利》，《浙江社会科学》，2005 年第 1 期。
[②③] 俞田荣：《自然法·自然权利·自然的权利》，《浙江社会科学》，2005 年第 1 期。

于使别人痛苦，也不在于以别人的痛苦袭击快乐'"①。法国启蒙思想家让-雅克·卢梭认为自然法的一切规则都是从自爱心和慈悲心的协调中产生的。

2. 语篇精粹

语篇精粹 A

But as long as we are ignorant of the natural man, it is in vain for us to attempt to determine either the law originally prescribed to him, or that which is best adapted to his constitution. All we can know with any certainty respecting this law is that, if it is to be a law, not only the wills of those it obliges must be sensible of their submission to it; but also, to be natural, it must come directly from the voice of nature.

Throwing aside, therefore, all those scientific books, which teach us only to see men such as they have made themselves, and contemplating the first and most simple operations of the human soul, I think I can perceive in it two principles prior to reason, one of them deeply interesting us in our own welfare and preservation, and the other exciting a natural repugnance at seeing any other sensible being, and particularly any of our own species, suffer pain or death. It is from the agreement and combination which the understanding is in a position to establish between these two principles, without its being necessary to introduce that of sociability, that all the rules of natural right appear to me

① 冒从虎、张庆荣、王勤田编：《欧洲哲学通史》（下卷），南开大学出版社，2006年，第18～19页。

to be derived – rules which our reason is afterwards obliged to establish on other foundations, when by its successive developments it has been led to suppress nature itself.

In proceeding thus, we shall not be obliged to make man a philosopher before he is a man. His duties toward others are not dictated to him only by the later lessons of wisdom; and, so long as he does not resist the internal impulse of compassion, he will never hurt any other man, nor even any sentient being, except on those lawful occasions on which his own preservation is concerned and he is obliged to give himself the preference. ①

译文参考 A

但是一旦我们对自然人的了解不够，就算确定了最初为我们订立的法则，或者确立了适合于我们的最佳宪法，那也徒劳无益。我们能了解的法的意义在于，法就是法，不仅要从意志上自觉地服从，还要从自然之音中直接展现出来。

暂且不讲科学书籍教我们如何去认识人类的自我创造，先思考一下人类灵魂最初、最简单的运行吧。我想可以从中发掘两大理论：一是我们密切关注自我的福利与生存；二是我们在其他感知类生物，尤其是人的同类遭受痛苦或死亡时有一种自然的抵触。我们的精神活动能够使这两个原理相互协调并且配合起来。两个理论的产生正是源于对一致性的理解，而无须引入社会性的原则。在我看来，一切自然权利的法则都是衍生法，因为人类的理性在

---

① Jean – Jacques Rousseau, *Discourse on the Origin of Inequality*, translated by G. D. H. Cole, Hackett Publishing Company, 1992, pp. 9 – 10.

不断的发展过程中制约了自然本身，而不得不在别的基础上重新建立。

因此我们没必要让人在还未成为人之前先成为哲学家。人并非在后天获得智慧后才对他人尽职责。只要他具备悲天悯人的内心，就永远不会伤害他人，更不会伤害其他任何感知生物，除非为了保存自身，在合法的情形下会先考虑自我。

语篇精粹 B

These investigations, which are so difficult to make, and have been hitherto so little thought of, are, nevertheless, the only means that remain of obviating a multitude of difficulties which deprive us of the knowledge of the real foundations of human society. It is this ignorance of the nature of man, which casts so much uncertainty and obscurity on the true definition of natural right: for, the idea of right, says Burlamaqui, and more particularly that of natural right, are ideas manifestly relative to the nature of man. It is then from this very nature itself, he goes on, from the constitution and state of man, that we must deduce the first principles of this science.

We cannot see without surprise and disgust how little agreement there is between the different authors who have treated this great subject. Among the more important writers there are scarcely two of the same mind about it. Not to speak of the ancient philosophers, who seem to have done their best purposely to contradict one another on the most fundamental principles, the Roman jurists subjected man and the other animals indiscriminately to the same natural law, because they considered, under that name, rather the law which nature imposes on herself than that which she prescribes to others; or rather because of the particular acceptation of the term law among those jurists; who seem on this occasion to have understood nothing more by it that the general relations established by nature between all animated beings, for their common preservation. ①

译文参考 B

做这些调查难度大，至今很少有人考察，但这毕竟是唯一的帮助我们认知真实的人类社会的方法。人们缺乏对人的本性的认知，因而对自然权利的真正定义难于确定而且模糊不清。法国政治理论家布尔拉马基论述过："权利的观念，更具体地说，是自然权利的观念，显然与人类的本性相关。我们应该从自然本性、人的构造与状态去证明科学的第一个理论。"

众多学者论述过这一课题，却见解不一，这不能不令人惊讶不安。即使是在最有权威的学者中，也难以找到两个一致的看法，更不必说古代先哲了，他们似乎有意在最为基础的理论上相互反对。罗马的法学家们竟不加区分，对人类和其他一些动物用的是同一个自然法，在他们看来，宁可把法理解为自然加于其自身的法则，也不理解为自然所规定的法则。或者宁可把法理解为法学家们所接受的法则。他们似乎认为在这种情况下应该对所有的生命物种都一视同仁，应建立一种普遍的自然关系以使得它们共存。

---

① Jean – Jacques Rousseau, *Discourse on the Origin of Inequality*, translated by G. D. H. Cole, Hackett Publishing Company, 1992, pp. 8 – 9.

语篇精粹 C

The moderns, understanding, by the term law, merely a rule prescribed a moral being, by the term law, merely a rule prescribed beings, for their common preservation. The moderns, understanding, by the term law, merely a rule prescribed a moral being, that is to say intelligent, free and considered in his relations to other beings, consequently confine the jurisdiction of natural law to man, as the only animal endowed with reason. But, defining this law, each after his own fashion, they have established it on such metaphysical principles, that there are very few persons among us capable of comprehending them, much less of discovering them for themselves. So that the definitions of these learned men, all differing in everything else, agree only in this, that it is impossible to comprehend the law of nature, and consequently to obey it, without being a very subtle casuist and a profound metaphysician. All which is as much as to say that mankind must have employed, in the establishment of society, a capacity which is acquired only with great difficulty, and by very few persons, even in a state of society.

Knowing so little of nature, and agreeing so ill about the meaning of the word law, it would be difficult for us to fix on a good definition of natural law. Thus all the definition we meet with in books, setting aside their defect in point of uniformity, have yet another fault, in that they are derived from many kinds of knowledge, which men do not possess naturally, and from advantages of which they can have no idea until they have already departed from the state. Modern writers begin by inquiring what rules it would be expedient for men to agree on for their common interest, and then give the name of natural law to a collection of these rules, without any other proof than the good that would result from their being universally practiced. This is undoubtedly a simple way of making definitions, and of explaining the nature of things by almost arbitrary conveniences. [1]

译文参考 C

现代法学家把法律名词理解为仅针对有灵生物（指有智慧）制定的法规，人类作为唯一的理性动物，被纳入自然法的适用范围。但是在给法下定义的时候，法学家们众说纷纭，他们都把法建立在一些形而上学论上，我们之中很少有人能理解这些理论，当然更不用说探寻这些理论了。因此，学者们所下的各种定义永远各不相同，但有一点是一样的，即唯有思想深邃的思辨学家和形而上学家，方能理解自然法，从而遵守自然法。就是说，人类为了建构社会一定运用了后天习得的智慧，即使在社会的状态下，这种智慧也要经过很多的艰难才能获得，而且只有极少数的人才能获得。

我们对自然的认识肤浅，对法的意义的理解又如此迥异，所以很难给自然法一个完善的固定定义。因此，我们在书中看到的所有定义除了不一致以外，还有一个缺点，就是这些定义并非从人类天然具有的知识中衍生出来，而是从人类脱离自然状态后建

---

[1] Jean – Jacques Rousseau, *Discourse on the Origin of Inequality*, translated by G. D. H. Cole, Hackett Publishing Company, 1992, p. 9.

立的观念中产生的。现代的作家纷纷探析，人类为了共同利益先达成权宜之计下的规则，然后再称这些规则是自然法，除了能证实这些规则的益处是从普遍的实践中来，此外别无他益。毋庸置疑，这是下定义的一种最简便的方法，同时也是一种以武断方式来阐释事物本性的最简便的方法。

（六）公意（General Will）

1. 术语解读

法国启蒙思想家让-雅克·卢梭首先提出了公意这一概念，并详细地阐述了"公意"理论，他认为通过社会契约论建立起来的自由、平等的社会就是全体成员的"公意"。"公意是指全体订约人的公共人格，是他们的人身和意志的'道义共同体'。"[①] "公意"有两方面性质，一是它是一个抽象概念，而非集合概念。二是它是抽象和具体、一般和个别的辩证统一。也就是说，"公意既是抽象的，也是具体的；它使得每一个人都能享受到自由。其次，公意既是一般的，也是个别的；它是每一个人的合法的权利，人人都是自由的主体，同时也是自由的受体"[②]。

"公意"和"众意"不同，卢梭认为"公意"是社会成员的共同意志和共同利益，是个别意志之间相互抵消之后剩下的共同的意志。[③] 而"众意"以私人的利益为基础，是个别意志的总和。

---

①② 赵敦华：《西方哲学简史》，北京大学出版社，2001 年，第 245 页。

③ 参见冒从虎、张庆荣、王勤田编：《欧洲哲学通史》（下卷），南开大学出版社，2006 年，第 44 页。

卢梭把"公意"看成是建立国家和指导人们行动的最高原则,公意以公共利益为依托,永远是不可转让的、公正的,不可摧毁的和不可分割的。卢梭以此建立了其人民主权思想,为后来的民主理论发展做出了重大贡献。

2. 语篇精粹

语篇精粹 A

The first and most important deduction from the principles we have so far laid down is that the general will alone can direct the State according to the object for which it was instituted, i. e., the common good: for if the clashing of particular interests made the establishment of societies necessary, the agreement of these very interests made it possible. The common element in these different interests is what forms the social tie; and, were there no point of agreement between them all, no society could exist. It is solely on the basis of this common interest that every society should be governed.

I hold then that Sovereignty, being nothing less than the exercise of the general will, can never be alienated, and that the Sovereign, who is no less than a collective being, cannot be represented except by himself: the power indeed may be transmitted, but not the will.

In reality, if it is not impossible for a particular will to agree on some point with the general will, it is at least impossible for the agreement to be lasting and constant; for the particular will tends, by its very nature, to partiality, while the general will tends to equality. It is even more impossible to have any guarantee of this agreement; for even if it should always exist, it would be the effect not of art, but of chance. The Sovereign may indeed say: "I now will actually what this man wills, or at least what he says he wills"; but it cannot say: "What he wills tomorrow, I too shall will" because it is absurd for the will to bind itself for the future, nor is it incumbent on any will to consent to anything that is not for the good of the being who wills. If then the people promises simply to obey, by that very act it dissolves itself and loses what makes it a people; the moment a master exists, there is no longer a Sovereign, and from that moment the body politic has ceased to exist. ①

译文参考 A

我们以目前所确立的这些原则进行了首先的而又最为重要的推论，得知唯有公意才能够指导国家设定的目标——共同利益。如果说，利益间的冲突使社会得以建立成为必要的话，那么利益间的共性使社会得以建立成为可能。不同利益的共性因素，成为社会建立的纽带；如果这些利益彼此没有共性的话，那么就没有任何社会的存在。因此唯有建立在共同利益基础上，社会才能得以治理。

因此我认为，主权相当于对公意的执行，所以永远不能转让：主权者相当于一个集团组织，所以就只能由他自己来代表：权力可以转移，但是意志不可以转移。

---

① Jean-Jacques Rousseau, *The Social Contract*, translated by G. D. H. Cole, Great Books, 1988, p. 15.

事实上，假若说个别意志与公意在某一点上有可能一致的话，那么这种一致的持久性却是不可能的。个别意志在本质上倾向于偏私，而公意倾向于平等。想保证两者的一致性，那就更加不可能了。如果出现一致的话，也不可能是人为的结果，只能是概率的结果。统治者大可以这样讲："我的意志的确就是某某人的意志，至少是某某人亲口所讲的意志。"但主权者不能这样讲："某某人明天的意志将是我的意志。"这样真是荒谬，意志竟然受到未来的束缚！任何意志都无须去迎合对原意图者有益处的事情。如果人民只是单单保证遵从，那么人民本身就会由于这一行为而解体，从而丧失人性。这时只要出现一个头领，就不再有主权者了，并且政治体也从那一刻分崩瓦解。

语篇精粹 B

Sovereignty, for the same reason as makes it inalienable, is indivisible; for will either is, or is not, general; it is the will either of the body of the people, or only of a part of it. In the first case, the will, when declared, is an act of Sovereignty and constitutes law: in the second, it is merely a particular will, or act of magistracy — at the most a decree.

But our political theorists, unable to divide Sovereignty in principle, divide it according to its object: into force and will; into legislative power and executive power; into rights of taxation, justice and war; into internal administration and power of foreign treaty. Sometimes they confuse all these sections, and sometimes they distinguish them; they turn the Sovereign into a fantastic being composed of several connected pieces: it is as if they were making man of several bodies, one with eyes, one with arms, another with feet, and each with nothing besides. We are told that the jugglers of Japan dismember a child before the eyes of the spectators; then they throw all the members into the air one after another, and the child falls down alive and whole. The conjuring tricks of our political theorists are very like that; they first dismember the politic body by an illusion worthy of a fair, and then join it together again we know not how.

This error is due to a lack of exact notions concerning the Sovereign authority, and to taking for parts of it what are only emanations from it. Thus, for example, the acts of declaring war and making peace have been regarded as acts of Sovereignty; but this is not the case, as these acts do not constitute law, but merely the application of a law, a particular act which decides how the law applies, as we shall see clearly when the idea attached to the word law has been defined. ①

译文参考 B

主权是不可转让的，同样也是不可分割的。因为无论是意志还是公意，它或者是全体人民的意志，或者只是一部分人的意志。在第一种情形下，这种意志一经宣布就成为一种主权行为，并且成为法律。在第二种情形下，它便只是一种个别意志或者一种行政行为，至多也不过是一道命令而已。

可是我们的政论家们既然不能从原则上区分主权，于是便从

---

① Jean – Jacques Rousseau, *The Social Contract*, translated by G. D. H. Cole, Great Books, 1988, p. 16.

物象上区分，把主权分为力量与意志，立法权与行政权，税收权、司法权与战争权，内政权与外交权。他们时而把这些物象混为一谈，时而又把它们拆开。他们把当权者变成一个由碎片拼凑起来的怪物，好像用几个人的肢体来凑成一个人的样子：张某的眼睛，李某的手臂，赵某的双脚，此外再没有别的部分了。据说日本的幻术家能当众把一个孩子肢解，把他的肢体一一抛上天空去，然后掉下来时又形成一个完整无缺的活生生的孩子。这倒有点像我们政论家们玩的把戏了，他们用的不愧是一种江湖幻术，把社会共同体加以肢解，随后运用幻术居然把各个碎片重新凑在一起。

这一误解应归咎于未能形成正确的主权权威概念，也应归咎于想当然把主权所散出的余威当成主权的主要权威。例如，宣战与维和的行为就被看作在行使主权。其实并非如此，因为这些行为都不构成法律，只是在应用法律，属于确定法律适用情况的一种个例行为。只要把法律这一词所附带的观念确定下来，我们就会对此误解一目了然。

语篇精粹 C

It follows from what has gone before that the general will is always right and tends to the public advantage; but it does not follow that the deliberations of the people are always equally correct. Our will is always for our own good, but we do not always see what that is; the people is never corrupted, but it is often deceived, and on such occasions only does it seem to will what is bad.

There is often a great deal of difference between the will of all and the general will; the latter considers only the common interest, while the former takes private interest into account, and is no more than a sum of particular wills: but take away from these same wills the pluses and minuses that cancel one another, and the general will remains as the sum of the differences.

If, when the people, being furnished with adequate information, held its deliberations, the citizens had no communication one with another, the grand total of the small differences would always give the general will, and the decision would always be good. But when factions arise, and partial associations are formed at the expense of the great association, the will of each of these associations becomes general in relation to its members, while it remains particular in relation to the State: it may then be said that there are no longer as many votes as there are men, but only as many as there are associations. The differences become less numerous and give a less general result. Lastly, when one of these associations is so great as to prevail over all the rest, the result is no longer a sum of small differences, but a single difference; in this case there is no longer a general will, and the opinion which prevails is purely particular. ①

译文参考 C

由上述可见，公意永远是正确的，倾向于公共利益。但是并不能由此推论说，人民的审议也是永远正确的。我们总是愿意自己获得益处，但并不总是能看清楚益处。人民决不会腐败，但往

_____

① Jean – Jacques Rousseau, *The Social Contract*, translated by G. D. H. Cole, Great Books, 1988, p. 17.

往会受欺骗，唯有在这样的情形下，人民好像才会表达意愿，说这是不好的。

众意与公意之间总有很大的差异，公意只着眼于公共的利益，而众意则着眼于私人的利益，众意只是个别意志的总和。而公意是这些个别意志之间相互抵消之后剩下的共同的意志。

如果人民在充分了解情况后进行审议时，公民彼此之间未做沟通，就会产生大量的小分歧，这些分歧往往又产生公意，公意的决议将永远是好的。但是派别集团出现后，就形成了以牺牲大集体为代价的小集团，每一个这种集团的意志对它的成员来说是公意，而对国家来说则成为个别意志。这时候我们可以说，投票者的数目已经不再与人数相等，而只与集团的数目相等了。分歧在数量上是减少了，而所得的结果却更缺乏公意。最终，当其中一个集团庞大到一定程度，足以超过其他集团的时候，其结果就是不再出现许多小的分歧的总和，而是唯有一个分歧，这时就不再有公意，独占鳌头的意见不过是个别意见。

（七）忏悔录（Confessions）

1. 术语解读

根据《辞海》，"忏"字有两种含义"①'忏'是忏摩的略称，悔是意译。原为向人发露自己的过错、求容忍宽恕之意……②指认识过错，感觉痛心。如：忏悔错误，深深忏悔"。"录"有册籍、薄籍之意。忏悔录是通过反思自己的过错，记录自己罪过的册子。

古罗马帝国时期天主教思想家奥古斯丁、法国启蒙思想家让-

雅克·卢梭及俄国批判现实主义作家列夫·尼古拉耶维奇·托尔斯泰都著有《忏悔录》一书，合称"世界三大忏悔录"。奥古斯丁的《忏悔录》是一本以祷告自传手法写的悔改故事，反映了作者的心路历程，分为十三卷。第一至九卷讲述了他从出生到母亲病逝的历史。十至十三卷记录了奥古斯丁著书时的情况。卢梭的《忏悔录》是在其晚年颠沛流离的逃亡生活中完成的。卢梭通过自我忏悔，把他的人生经历、思想情感和行为都展现在世人眼前，他在《忏悔录》中注重平民的思想感情、人格、品质等，可以使读者全面了解18世纪的平民阶层的生活状态、精神状况、道德素质等。托尔斯泰的《忏悔录》讨论了生命的意义、信仰等问题，对什么是生命，怎样活得更好等问题进行了深度解答，是一本通俗易懂的认识生命之书。

2. 语篇精粹

语篇精粹 A

However, before adopting this new outfit, I desired to have the advice of Madame de Luxembourg, who strongly advised me to do so. I accordingly procured a little Armenian wardrobe; but the storm, which was roused against me, made me put off wearing it until the times were calmer, and it was not until several months later that, being obliged by fresh attacks of my complaint to have recourse to bourgies, I thought that I might, without risk, assume this dress at Motiers, especially after having consulted the pastor of the place, who told me that I could wear it even in church without giving offence. I accordingly put on the jacket, caftan, fur cap, and girdle; and after having been present at divine service in it, I saw no impropriety in wearing it in the presence of my lord Marshal. His excellency, when he saw me thus attired, said, by way of compliment, "Salaam alek;" this ended the matter, and I never afterwards wore any other dress.

Having entirely abandoned literature, I only thought of leading a quiet and peaceful life, as far as it depended upon myself. When alone, I have never known what it is to feel weary, even when I am entirely unemployed; my imagination fills up every void, and is alone sufficient to occupy me. It is only the idle gossip of a room, when people sit opposite each other, moving nothing but their tongues, that I have never been able to endure. When walking or moving, I can put up with it; the feet and eyes are at least employed; but, to remain with folded arms, talking about the weather and the flies buzzing round, or, what is worse, exchanging compliments, that is to me unendurable torture. That I might not live quite like a savage, I took it into my head to learn to make laces. I took my cushion with me on my visits, or, like the women, I worked at my door, and talked with the passers – by. This made the empty chatter endurable, and enabled me to spend my time without weariness amongst my neighbours, several of whom were agreeable enough and not destitute of intelligence. [1]

---

[1] Jean – Jacques Rousseau, *Confessions*, edited by Ernest Rhys, the Temple Press Letchworth, 1904, pp. 240 – 241.

译文参考 A

然而，在接纳这种新款服饰之前，我还是愿意征求一下卢森堡夫人的意见，她是极力劝我穿的，因此我就购了一些亚美尼亚服饰，想不到却因此掀起轩然风波，使我不得不等到风平浪静的时候再穿。直至数月后，一场疾病来袭使我不得不求助于圣灵疗法，我想在莫蒂尔这个地方穿这种新装，不会冒什么风险，并且专门请教了当地的牧师，他说即使穿这种装束进教堂也不会有冒犯之嫌。所以我就穿上短衫、披上长袍、戴上皮帽，扎上大腰带去参加圣事。活动结束后，我感觉这身装束没什么不妥，于是又穿着去看望了当地总督。总督阁下看后，客气地称赞道"很好"，从此我就不再穿别的服装了。

完全放弃写作后，我只想过一种平静而安逸的生活，自给自足。独处的时候，我从来没有感到厌倦，即使在我无事可做的时候，也不曾有丝毫的厌倦。因为我的想象力填补了一切空白，单单想象已经占满了我的思维空间。如果一间屋子里坐着几个人面对面地闲聊，我是绝对忍受不了叽叽喳喳地聊侃。不如四下走走，活动活动，我觉得倒是可以的，至少腿脚和眼睛都可以活动，如果只是胳膊交叉坐在那里，一个劲儿谈什么天气呀，苍蝇嗡嗡飞呀，更糟糕的，你恭维我、我恭维你呀，对我来说简直就是折磨。但是为了不像野人那样生活，我忽然想到要学着编带子。我像个女人似的，带着个坐垫去串门，或者坐在自家门前干活儿，和路人攀谈。这样的做法使我能忍受住无聊的闲谈，也不厌倦和邻里相处的消磨时光了，其中有些邻居还是挺令人惬意、挺有智慧的。

语篇精粹 B

I have entered upon a performance which is without example,

whose accomplishment will have no imitator. I mean to present my fello
– mortals with a man in all the integrity of nature; and this man shall
be myself.

I know my heart, and have studied mankind; I am not made like
any one I have been acquainted with, perhaps like no one in existence;
if not better, I at least claim originality, and whether Nature did wisely
in breaking the mould with which she formed me, can only be deter-
mined after having read this work.

Whenever the last trumpet shall sound, I will present myself be-
fore the sovereign judge with this book in my hand, and loudly pro-
claim, thus have I acted; these were my thoughts; such was I. With e-
qual freedom and veracity have I related what was laudable or wicked,
I have concealed no crimes, added no virtues; and if I have sometimes
introduced superfluous ornament, it was merely to occupy a void occa-
sioned by defect of memory: I may have supposed that certain, which I
only knew to be probable, but have never asserted as truth, a con-
scious falsehood. Such as I was, I have declared myself; sometimes
vile and despicable, at others, virtuous, generous and sublime; even
as thou hast read my inmost soul: Power eternal! Assemble round thy
throne an innumerable throng of my fellow – mortals, let them listen to
my confession, let them blush at my depravity, let them tremble at my
sufferings; let each in his turn expose with equal sincerity the failings,
the wanderings of his heart, and, if he dare, aver, I was better than

that man. ①

译文参考 B

我现在要做一项演示，既无先例，将来也不会有人效仿。我准备把一个人的真实面目赤裸裸地展现在世人面前，这个人就是自我。

我深知自己的内心，也对人类做过研究。我发现自己和周围我认识的人不一样，或许世界上再也找不到和我相同的人。就算我不比别人好，至少我是独特的。大自然是否精心地塑造了我，只有读了这部书以后才能评定。

无论审判的号角是否吹响，我都敢拿着这本书走到至高无上的审判者面前，大声宣称，这就是我所做过的，这就是我想过的，我当时就是那样的人。在自由与正直面前，不论善与恶，我都同样坦率地写了出来，不会文过饰非，也不会凭空歌颂。假如某处的辞藻修饰过度，那也只是用来填补我记性不好而留下的空白。我把自己认为肯定的事情当成可能的事情写出来，但绝没有把不实之词硬说成是真的。当时我是什么人，我就照实说：有时我卑鄙龌龊，我就写出自己的卑鄙龌龊；有时我敦厚高尚，我就写出自己的敦厚高尚。万能的上帝，我的灵魂深处已经让您看清！您的王位周围聚集着不计其数的像我这样的人，请让他们听听我的忏悔，让他们为我的堕落而羞愧，让他们为我的种种行为而羞愧，让他们为我的苦难而战栗。让每个人像我一样真诚地揭露自己的过错。然后看看他还敢不敢说自己比别人好。

---

① Jean – Jacques Rousseau, *The Confessions*, Everyman's library, 1992, p. 8.

语篇精粹 C

At last, having with difficulty procured a conveyance, I set out on the following morning from this murderous land, before the arrival of the deputation, with which it was proposed to honour me, even before I was able to see therese again, to whom, when I thought that I was going to stay in Berne, I had written to join me, and whom I had hardly time enough to put off by a few lines, in which I informed her of my fresh misfortune. It will be seen, in the third part of my Confessions, if I ever have strength to write it, how, when I thought that I was setting out for Berlin, I was really setting out for England, and how the two ladies who were anxious to control my movements, after having driven me by their continued intrigues from Switzerland, where I was not sufficiently in their power, at last succeeded in delivering me into the hands of their friend.

I added what follows on the occasion of my reading these Confessions to M. and Madame la Comtesse d'Egmont, M. le Prince Pignatelli, Madame la Marquise de Mesmes, and M. le Marquis de Juigne.

"I have told the truth; if anyone knows things that contradict what I have just related, even though they be proved a thousand times over, he knows what is false and an imposture; and, if he declines to investigate and inquire into them together with me while I am still in the land of the living, he loves neither justice nor truth. As for myself, I declare openly and fearlessly: whosoever, even without having read my writings, after examining with his own eyes my disposition, my character, my manners, my inclinations, my pleasures, and my habits, can believe me to be a dishonourable man, is himself a man who deserves to be choked."

Thus I concluded the reading of my Confessions, and everyone was silent. Madame d'Egmont was the only person who appeared to be affected; she trembled visibly, but she quickly recovered herself and remained silent, like the rest of the company. Such were the results of this reading and my declaration. [①]

译文参考 C

最后，我好不容易找到了一辆车，转天一早我就离开了这个恐怖之乡，并没有等到代表团的到来，估计他们过来是为了授予我荣誉。甚至也没能等到跟戴莱斯见面，本来我以为要去伯尔尼小住，就写信让她来一起去，现在来不及写信告诉她我遇上了麻烦，叫她不要前来了。如果我还有力量继续写作的话，大家将会在《忏悔录》一书的第三部分看到，我原先是怎样计划以及何时打算去柏林的，而实际上我却去了英国，会看到我在英国怎样被两位夫人处心积虑地摆布，在瑞士时又怎样完全受制于她们，以及她们使尽手段把我赶出瑞士，最终怎样得逞，又把我送到了她们朋友的手中。

在我把此书读给埃格蒙伯爵先生和夫人、皮尼亚泰利亲王先生、梅姆侯爵夫人和朱伊涅侯爵先生听的时候，我加了下面这一段话：

---

① Jean - Jacques Rousseau, *Confessions*, edited by Ernest Rhys, the Temple Press Letchworth, 1904, pp. 293 - 294.

"我说的都是真话。如果有人所得知的与此叙述有任何不符的话，哪怕是经过了千万次证明，他所得知的也只是谎言和欺骗。如果他拒绝我在世的时候和我一起调查和探究这些事实，他就是不爱正义，不爱真理。至于我，则会公开地、毫无畏惧地宣布：将来任何人，即使没有读过此书，但能用他自己的眼睛考查过我的天性、性格、操守、志趣、爱好、习惯，如果还相信我是个可耻之人，那么他就是一个理应被掐死的人。"

我的朗读就这样结束了，大家都默默无言。只有埃格蒙夫人一人，我觉得她似乎被感动了。她的身体有些颤抖，但很快恢复了正常，继而和在场的其他人一样保持沉默。这就是我从这次的宣读和声明中得到的结果。

第四章　狄德罗：百科全书派的领路人

No man has by nature been granted the right to command others. Liberty is a gift from heaven, and every member of the same species has the right to enjoy it as soon as he is in possession of reason. If nature has established any authority, it is that of paternal power; but paternal power has its limits, and in the state of nature it would end as soon as children were able to look after themselves. All other authority originates outside nature. On close examination, it can always be traced back to one of two sources: either the strength and violence of the person who has got hold of it, or the consent of those who have submitted themselves to it, by virtue of a contract, actual or presumed, with the person on whom they have conferred it. [①]

——Denis Diderot

① Denis Diderot, *Diderot*: *Political Writings*, translated and edited by John Hope Mason, Robert Wokler, Cambridge University Press, 1992, p. 6.

没有人生来就被赋予控制他人的权利。自由是上苍赐予的礼物，同一物种当中的每一员，凡具有理性者皆有权享受。如果说自然界建立了任何权威，那便是作为父亲的权力；但父系权力具有其局限性，在自然状态下，子女一旦具备照顾自己的能力，该权力随即终止。一切其他权力均源于自然之外。仔细审视，权力总是能够被追溯至以下两个根源之一：已获得权力之人的力量和威力，或是那些甘愿服从于权力之人的认同，他们凭借一种实际或假定的契约关系，把自身的权力交付给他人。

——德尼·狄德罗

狄德罗肖像

德尼·狄德罗（Denis Diderot）是 18 世纪法国著名文学家、美学家和哲学唯物主义者。他团结当时法国的著名学者孟德斯鸠、卢梭、伏尔泰、达朗贝尔、封特奈尔、孔蒂亚克、爱尔维修、布封等人，历时二十多年，主持编纂了法国历史上第一部《百科全书》，并由此创造了一个新的学术派别——百科全书派，这一派别囊括了所有参与《百科全书》编写工作，并与狄德罗来往密切的文人学者。《百科全书》是法国启蒙运动中的重要著作，引领了一代风气；百科全书派也成为法国启蒙运动的中流砥柱。狄德罗在编写《百科全书》之余，留有诸多著述，内容涉及宗教、道德、哲学、科学、美学、文学、政治等多个领域。对于狄德罗在唯物主义和辩证法方面的建树，马克思和恩格斯曾给予极高的评价。他的代表性著作《拉摩的侄儿》《宿命论者雅克和他的主人》等曾对欧洲思想家产生了深刻影响，迄今仍被人津津乐道。

一、成长历程

（一）制刀师之子

德尼·狄德罗于 1713 年 10 月 5 日出生于法国朗格尔（Langres）圣皮埃尔（Saint – Pierre）堂区的一个手艺世家。他的祖上都是制刀师，他的父亲狄狄埃·狄德罗在当地的制刀师傅中享有很高的威望，是制造外科器械方面的行家。他的母亲是鞣革匠的女儿，其家族中有不少人从事神甫职业，其中她的兄弟，也就是狄德罗的舅舅就是朗格尔教堂的议事司铎。德尼·狄德罗自小聪明调皮，心思活泛，桀骜不驯。他的舅舅希望他将来能接替他的位置，成为一名神甫。

　　尽管小狄德罗并没有为自己的将来做好打算，但他还是接受了家庭的安排。1726 年，未满 13 岁的小狄德罗接受剃度入教，成了神甫狄德罗先生。如果不出意外的话，他会在这项事业上奉献终生，那么也就不会有未来的哲学家、无神论者狄德罗了。然而，造化弄人，在狄德罗 15 岁那年，他的司铎舅舅与世长辞了。在他临死前，他要求让他的外甥狄德罗担任司铎职务，并提出，如果教会不采纳他的意见，他将会采取措施，使其他人来任命他的候选人。教会并没有接受他的意见，而是要求他放弃之前的要求，把职位让给另一个候选人。狄德罗的舅舅仍然坚持他原来的主张，他在临终前宣布将他的俸禄交由教皇支配，希望能让他的外甥担任司铎职务。但不幸的是，他的一切努力都没有奏效，教会最终还是指定了另外一个人接替司铎职务。狄德罗通过从事圣职来谋得一份俸禄的愿望也由此落空了。

　　受此事打击，狄德罗消沉了一段时间，他甚至发愿苦修，过最安贫乐道的生活。但这种状况并没有持续多久，他脑海中很快又勾勒出了另一幅蓝图，那就是，到巴黎学习，进入耶稣修会，成为一名有名望的修士。他反复考虑了好几个月，为避免家人的反对，决定深夜潜逃到巴黎去。可惜，他还没出大门就被父亲发现了。小神甫狄德罗只好供出了自己的人生计划。第二天，父亲将狄德罗的所思所为告知了教会，教会的僧侣们对他进行了盘问，狄德罗描述了自己的宏大抱负，最后，大家决定让他去巴黎，由他的父亲陪同，为他挑选一所寄宿学校。就这样，狄德罗来到了巴黎的耶稣会士学院，成了一名寄宿生。

当时学士院的主修课程为修辞学，担任这一课程的正是大名鼎鼎的波莱神甫。这门课不但教授文学修辞法，而且讲授哲学内容。学生们被要求做背诵练习、翻译、写作。在这门课的学习和活动方面，狄德罗无疑是出类拔萃的，他成了一名惊人的修辞学家。除此之外，学校还开设有伦理学、哲学、物理、数学等课程，狄德罗在这方面的学习成绩也甚为出色。1732 年 9 月 2 日，他获得了巴黎大学文科硕士的学位。

年轻的狄德罗很快又要面临职业选择了。他的父亲希望他学习诉讼，于是把他送到了原籍朗格尔的克莱蒙·德里斯讼师那里。狄德罗在诉讼事务所混了两年，像卢梭一样，对这一行毫无兴趣。当人们逼迫他马上做出职业选择时，狄德罗干脆宣布他不干这一行。"那你想干什么呢?"克莱蒙讼师问他。"说真的，什么也不想干。的确什么也不想干。我喜欢学习，别的都不要。"狄德罗回答。[1] 于是，他离开了事务所，开始了他的流浪生涯。

（二）流浪生涯

骄傲的狄德罗搬进了一家带家具的出租屋里，但不久他的钱袋就瘪了。他写信向父亲要钱，却被拒绝了。他的父亲要求他马上选择职业，否则一个子儿也别想再得到。他家的女仆是看着狄德罗长大的，她悄悄地从朗格尔徒步走到巴黎，把狄德罗母亲捎给他的一点儿钱，连带自己的积蓄也贴给狄德罗。可是妈妈和女佣的钱很快也被用光了。没钱真可怕，20 岁的狄德罗饥肠辘辘，

---

① ［法］安德烈·比利：《狄德罗传》，张本译，管震湖校，商务印书馆，1984 年，第 28 页。

只好靠借钱然后搬家躲债的方式混日子。饿坏了的时候他就摇摇晃晃走到夏尔特勒修道院门前，把门捶得梆梆响，要求面见院长。他跪到神甫跟前，求神甫收留他做修士。人家请他饱餐一顿就把他打发走了。

这样下去不行，总得有个谋生的法子呀。狄德罗开始找了几个学生教授数学，后来又为一名传教士写布道词，获得了一笔50埃居的酬金。拿到这笔钱他就大手大脚地花了起来，招徕穷困的朋友住到他家里。等钱花光了，狄德罗只好再谋差事。税吏德·马沙纳要为子女寻一位家庭教师，狄德罗请人写了介绍信前去应聘，讲定提供食宿，付1500里弗尔的年金。这下子狄德罗成了家庭教师兼保姆，需要跟他的学生们形影不离。干了3个月，狄德罗对这种失去自由的生活已经忍无可忍了，他下楼找到税官请辞。当税官问他是否对他的酬劳不满意时，狄德罗指着自己的脸说："先生，请看看我。柠檬也没有我的脸黄。我干的是把您的子女培养成人的工作，但每一天，我随着他们而成了孩子。我在您府上是太富有、太舒适了。但我必须离开，我希冀的东西并非生活得好，而是不要死去……"①

于是，狄德罗怀揣着一点积蓄，又开始了他那种以酒为友、以书为伴、呼朋唤友、寻欢作乐的自由生活。在当时的巴黎，咖啡馆星罗棋布，是学者文人聚会休闲的好场所，也是狄德罗经常光顾的地方。除此之外，狄德罗也喜欢在圣日耳曼市场游荡，那里有各式商店、赌场和戏剧院。狄德罗还会绕到奥古斯坦码头街，

---

① ［法］安德烈·比利：《狄德罗传》，张本译，管震湖校，商务印书馆，1984年，第32页。

去看望他所迷恋的书商女儿巴布蒂小姐。正是在她开的小书店里，狄德罗第一次读到了伏尔泰的《哲学通信》一书，并对书中描写的英国充满向往。

1741 年，年满 28 岁的狄德罗厌倦了单身汉生活，看上了缝纫铺的女儿安多瓦奈特小姐，一个 32 岁的老姑娘。为了搭讪成功，他撒谎说自己马上要进修道院，但缺衣少穿，不知夫人和小姐是否愿意用他母亲寄来的衣料为他裁制几件衬衣？安多瓦奈特小姐和母亲看到狄德罗模样聪明，言谈正派，就答应了。狄德罗父亲的密友彼埃尔当时正好在巴黎，狄德罗就又在他跟前虔诚地讲了这番说辞，彼埃尔按他所说给他家里去了信，不久家里寄来了衣料。狄德罗心中暗自高兴，手持衣料来到了安多瓦奈特小姐家。两位年轻人很快就坠入了情网。这母女二人还指望着狄德罗进修道院呢，狄德罗不得不摊牌了。安多瓦奈特非狄德罗不嫁，她母亲也只好默许了。下一步就是要征得狄德罗家庭的同意了，于是狄德罗回到了朗格尔，戳穿了之前的谎言，向父亲要钱结婚。老狄德罗一怒之下将狄德罗关进了修道院，致信给安多瓦奈特小姐的母亲，奉劝她支持二人断绝关系。狄德罗趁夜从修道院逃出来，他搬了家，不再去看安多瓦奈特小姐，却捎信告诉她他的情况很不好。安多瓦奈特小姐心软了，赶紧跑去看他，两人立刻就决定不再征得狄德罗父亲的同意，马上结婚。于是，狄德罗和安多瓦奈特小姐自由结合了。

第二年，狄德罗与卢梭相识了。当时的卢梭怀揣音乐梦想，正打算用他发明的新的音乐记谱法征服巴黎呢。这只是一次短暂的会面。1744 年卢梭从威尼斯重返巴黎后，两人就开始经常见面了。后来卢梭把孔蒂亚克神父介绍给狄德罗，自此他们约好每周一聚。婚后的狄德罗马上就发现了他与安多瓦奈特小姐性格迥异。贫困的生活，逼仄的空间，加上妻子的吵闹和婴儿的啼哭让狄德罗远远逃离家庭，他把时间消磨在与友人的言谈中，并不失时机地找到了新欢。但是，无论是养家、交友，还是奉承情人，这些都需要钱。狄德罗不得不以卖文为生，加紧他的写作和出版计划，以便手头宽裕些。

（三）《百科全书》

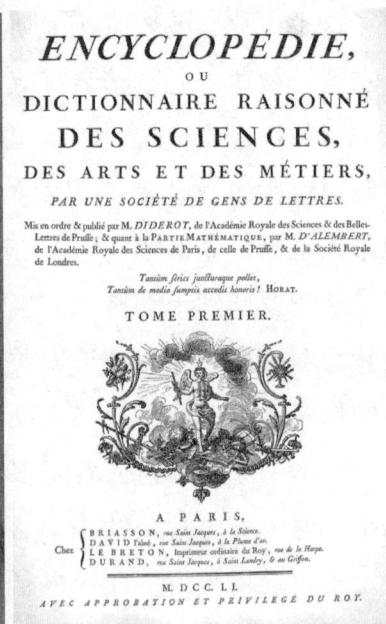

狄德罗肖像　　　　　　狄德罗编纂的《百科全书》版面

　1746年冬，受相熟的书籍出版商布里昂松、洛朗·杜朗等人的推荐，狄德罗来到了印行《王室年鉴》的书商安德烈-弗朗索瓦·勒伯勒东的店铺。勒伯勒东向他提出了一个诱人的建议：将英文版《钱伯斯百科全书》译成法文，并对之进行更新和发展。狄德罗热血沸腾地接受了这份工作，并马上就着手干了起来：他主动跑到负责出版业的司法大臣阿格索那里，极力游说他赞同这项出版计划。狄德罗的热情和奋进精神征服了阿格索，后者同意将他定为《百科全书》的主要编者。狄德罗大喜过望，将百科全书的编撰看作他人生中最大的使命。但此书内容博大，任务繁重，非尽一人之力可以完成。狄德罗想到了达朗贝尔。达朗贝尔是御前侍卫德图什与唐珊侯爵夫人的私生子。他出生后不久就被交给一个玻璃商的妻子卢梭夫人抚养。年轻的达朗贝尔才华横溢，经常出入上流社会沙龙，在文化界享有很高的美誉，并与很多大人物保持良好的交往关系。在达朗贝尔的努力之下，大名鼎鼎的文化名流伏尔泰、孟德斯鸠、封特奈尔等人都同意为此书撰文，科学家布丰也答应撰写博物学部分。狄德罗把音乐方面的条目交给了好友卢梭去写。至于那些无人承揽的条目，比如手工业部分，狄德罗都自己承担下来。

正当狄德罗准备大干一场时，1749 年 7 月，他由于写作出版了《哲学思想录》《怀疑论者的漫步》《白鸟》《盲人书简》等书，涉嫌影射当局而被捕入狱。在进入文桑监狱一周之后，狄德罗被提审，由当时的国王代表佩利耶主审。狄德罗否认自己是那些书的作者，仅仅巧妙地承认自己写了《怀疑论者的漫步》一书。审问结束后，录事宣读了笔录，狄德罗坚持自己说的是实话，并在笔录上签了字。又过了十天，狄德罗已经觉得自己走投无路了，他要来纸笔，向达让松和佩利耶写信哀求，并以自杀相威胁。

佩利耶给他回了信，要求他承认人们指责他，并且确实是他干的事情，保证不再犯类似的过失，只有这样才能得到宽大处理。狄德罗写了供词，承认《哲学思想录》《盲人书简》等书是他写的，但依然否认自己是《白鸟》一书的作者。终于，在被关押30天之后，狄德罗被放出文桑监狱，但仍被监禁在文桑城堡，只允许他在城堡内活动。

《百科全书》的编写工作中断了，书商们心急如焚。在达让松的努力下，他弄到了一封签有国王封印的文书，命令释放狄德罗，11月3日，狄德罗终于重见天日。他怀着愉快的心情重新投入到他的宏伟工作中去。

经过4年的筹备，虽几经挫折，《百科全书》出版的日子还是临近了。在1750年10月，该书登出了出版预告和简介，其中说道，我们需要一部新的、适合我们的百科全书，钱伯斯的著作虽然重要，但有不完善之处，不适合法国读者。本书不是钱伯斯著作的译本，而仅仅借用了其总布局，并做了很多矫正。《百科全书》总书的内容可归结为三条线索：科学、自由艺术和机械艺术，讲述了每门学科使用何种方法等。该预告向订户们提供了如下条件：词典将用与简介同样的纸张和字体印刷。该书共分十卷，其中八卷为条目正文，每卷480页，另两卷为有解说的细纹铜版。订购时间至1751年5月1日截止。该预告登出之后，引起了强烈反响，人们踊跃征订，出版商对此非常满意。《百科全书》的编者狄德罗和达朗贝尔得知这一情况，也都喜气洋洋。

《百科全书》的内容简介引起了耶稣会的注意，即将成为《特雷武日报》主编的贝蒂埃神甫从中嗅到了一丝亵渎宗教的气息，于是提笔写了一篇文章，指出《百科全书》的知识体系在很多地方与培根的知识体系相似。狄德罗原本在简介中已经说明了他的体系在哪里借用了培根的理论。因此他回敬了一封礼貌而略带嘲讽的信，贝蒂埃牧师又撰文反驳，狄德罗又作了回答，如是作罢。

1751 年 7 月 1 日，《百科全书》第一卷顺利出版，卷首专门作了献给达让松伯爵的献辞。达朗贝尔撰写了《前言》，对科学起源及其发展做了广泛论述。在这本书的很多论述中，已经体现出了一种宣扬自由、民主的论调和对宗教的轻视。耶稣会士们提醒百科全书派的作者要谨慎从事，一些神甫和报刊文人也撰文对《百科全书》讽刺挖苦。《百科全书》第二卷出版发行时，发生了普拉德神甫事件。普拉德神甫是《百科全书》神学条目的作者，他的博士论文于 1752 年被查禁，最高法院下令将此文焚毁。普拉德成为众矢之的，狄德罗也受到牵连，因为人们普遍认为，普拉德论文的某些部分出自他的手笔。于是，《百科全书》第二卷印好后，出版商马勒塞布决定停止出售，用插换页来替换其中的某些危险条目。然而，仍然有部分未经修改的印册被订户领走，落入了耶稣会士的手里。于是，很快，御前咨询会议下令查禁《百科全书》的前两卷。狄德罗急忙把百科全书的资料袋转移到安全地方，他本人也逃之夭夭。几个星期后，在他的那些保护者的影响下，情况发生了变化，咨询会议的命令撤销了，但对此书的审查更严格了，要求必须把校样送交检察官过目。在这一过程中，狄德罗的伙伴们几乎放弃了百科全书这项事业，只有狄德罗在坚持，并不断推进。

1753 至 1754 年，《百科全书》第三卷、第四卷接连出版。耶稣会撰写了《一个法国人对三卷〈百科全书〉的看法》，批评百科全书的冗长无聊。人们还对新近当选为法兰西学士院院士的达朗贝尔发动攻击。狄德罗的一些朋友，比如格里姆、雷纳尔等人也对《百科全书》提出了批评。1755 年《百科全书》第五卷出版，卷首刊有达朗贝尔写给刚刚逝世的孟德斯鸠的颂词。值得一提的是，孟德斯鸠的葬礼参加者寥寥无几，而狄德罗就是其中之一。当《百科全书》第六卷筹备得差不多的时候，狄德罗积劳成疾，备受腹泻折磨。他到乡下短暂休养了一段时间，在那里，他燃起了重新写作戏剧的雄心。这就是《私生子》一书的写作起因。

《私生子》出版之后，很快招致了敌对者的攻击。先是佛勒龙在他的《文学年鉴》中攻击《私生子》的作者抄袭意大利戏剧《真正的朋友》，然后洛林公爵的管家之孙夏尔·巴利索撰文激烈批评狄德罗的剧本，紧接着莫罗讼师写出了《新备忘录：谨供嘎咕先生们立传之用》的文章，将百科全书派讽刺为"嘎咕先生"，文中指出，这些"嘎咕先生"不信上帝，不承认政府，抛弃举世公认的伦理道德，自认为顺应自然规律，但对人坏透了。除此之外，还有一些匿名的攻击和讽刺，就更是不胜枚举了。

在《百科全书》第七卷出版之后，狄德罗撰写了戏剧《家长》，畅谈自己对道德和教育的看法，同样遭到剽窃控告。因为之前有人曾写过一出《家长》。但这部戏剧还是上演了，而且收到很好的效果。但此后狄德罗再没尝试写过戏剧。

正是在这一时期，《百科全书》的编写工作变得更加艰难了。达朗贝尔受伏尔泰的蛊惑，指责狄德罗为了捞钱而屈从出版商的控制，他对于因撰写"日内瓦"条目而引来的攻击感到无限烦恼和厌倦。卢梭此时也与狄德罗渐行渐远，到最后因种种误解终于断交。其他的撰稿人也因惧怕受牵连而退出了此书的编撰。正当这个时候，爱尔维修出版了《论精神》一书，书中宣扬感觉论，激起一片反对之声，由此牵连了《百科全书》，人们再次把矛头对准了百科全书派。1759 年，爱尔维修的作品被焚烧，继而，御前咨询会议撤销了允许此书出版的特许证，禁止此书继续出版和出售。狄德罗发动倡议，约达朗贝尔、霍尔巴赫等人和书商们到勒伯勒东家吃饭。在席上，达朗贝尔放弃了他的主编任务，只答应在两年内写出他所负责的条目。狄德罗同意继续担任主编，并发誓按照原有的精神和原则来完成后几卷的编写工作，建议将书转移到荷兰印刷和出版。于是，狄德罗又苦干起来了。

1761 年 9 月，狄德罗将《百科全书》正文全部编撰完成。他每天花费 10 个小时进行工作，仅仅用了 25 天时间就完成了全部条目的汇总和修订。出版商支付狄德罗每年 1500 里弗尔的年金，此外还保证给狄德罗每卷书 350 里弗尔，这样，狄德罗的收入还算过得去，这项工作足以保证他和家人衣食无忧。

《百科全书》的影响不断扩大。刚刚登基的俄国女皇叶卡捷琳娜二世也是《百科全书》的热心读者。这个时候她主动提出资助，可惜她的援助太迟了，《百科全书》的编纂已经完工，剩下的就是逐卷出版了。御前咨询会议的禁令还没有取消，狄德罗也没有将书稿转移到国外去，而是在巴黎的印刷厂秘密印刷。一切都有条不紊地进行着，一切都堪称完美，但正是在这个当口，狄德罗发现了一起重大阴谋，令他几近崩溃。

原来，已出版的《百科全书》早已被书商私下篡改得面目全非！狄德罗是在查阅一卷已印好但尚未发行的书中的一篇重要哲学条目时发现的。他大吃一惊，接着查阅了之前所写的那些条目，发现都有不同程度的删改。这个卑鄙的书商勒伯勒东，在工头的帮助下，把他自认为危险的条目阉割得一塌糊涂！狄德罗怒火万丈，他冲到出版商家，指着勒伯勒东的鼻子破口大骂。他愤怒地叫道："人们可曾听说过哪个出版商把十卷对开本偷偷地肢解、篡改、阉割、糟蹋！您的行为将给您打上一个烙印，即使不算很美，至少是独一无二的烙印。人们将不会忘记您对我毫无尊重、诚实和守约可言。人们将怜悯您的破产和您合股者的破产，还不单单如此，还有您一人蒙受耻辱，而您将永远无法洗刷。您将和您的书一起被抛入污泥中，人们在将来提到您时将把您当作空前绝后不忠实和胆大妄为之徒！"[1] 讲到最后，他已是眼含热泪，为了不当场痛哭，他摔门而去，回到家里尽情发泄："二十五年的工作、辛苦、花费、危险、各种凌辱，结果竟然是这样呀！"

他整夜反复思考自己的不幸，第二天，勒伯勒东派了他的合股人布里昂松来劝慰他，他指出，如果狄德罗将此事宣扬出去并抛弃《百科全书》计划，那么订户们将会遭到何等损失。而且，更要命的是，狄德罗根本不能向公众揭露这件事，因为这些书是在明令禁止的情况下偷偷印刷的。狄德罗只好忍气吞声让步。他答应就当什么都没发生，勉强完成他的任务。然而，狄德罗对《百科全书》的激情慢慢冷却了，他也不再理睬出版商勒伯勒东。

1765 年，《百科全书》的后三卷由瑞士纳沙特尔出版商萨米

---

① ［法］安德烈·比利：《狄德罗传》，张本译，管震湖校，商务印书馆，1984 年，第 315 页。

埃尔出版，书名改为《一个文人学者团体编纂的百科全书或科学、艺术、手工业详解词典》。但《百科全书》在巴黎仍然被严令取缔。书商勒伯勒东这次不够谨慎地托人把书交给宫廷中的订户，结果立即接到了国王的禁令，他本人也被关进了巴士底狱。

　　除此之外，《百科全书》十卷图版卷还陆续出版了。《百科全书》中蕴含的自由批判思想顺应时代风气而广为传播，至 1770 年，该书的售价上涨了 300 里弗尔，并在日内瓦、洛桑等地翻印。它让出版商赚了 200 万，也成就了狄德罗一生中最为伟大的事业。

（四）晚年境遇

晚年的狄德罗

　　早在《百科全书》完工之前，狄德罗就有了变卖自己藏书的想法，为的是筹钱给自己心爱的女儿昂热丽克置办嫁妆。1759

年，狄德罗在写给格里姆的信中已初步透露出这种愿望。1765年，俄国女皇叶卡捷琳娜二世为了笼络法国百科全书派，在得知这一情况后，向狄德罗表示善意，并鼓励他继续工作，特委托俄国皇家建筑院院长贝兹基将军以 15000 里弗尔的价格购买狄德罗的藏书，所提出的唯一条件是，狄德罗先生如愿继续使用他的图书，可以充当书籍的保管人，直至女皇陛下讨回书籍为止。此外，每年另付给狄德罗 1000 里弗尔作为对他保管图书的报酬。哲学家狄德罗感激不尽，伏尔泰和达朗贝尔也交口称赞。4 月 27 日，狄德罗接受了女皇的馈赠。至于他的图书保管费，一直到 10 月狄德罗还没有等到，原来是一个小职员的疏忽，为弥补这一过失，女皇叶卡捷琳娜二世再次表现出了一个漂亮的姿态，她让贝兹基给狄德罗寄去了一张 25000 里弗尔的汇票，请他预支今后 50 年维护和增添图书之费用。狄德罗非常高兴，请他的友人写下赞美诗赞叹女皇的慷慨之举。

1773 年，应叶卡捷琳娜二世的再三邀请，狄德罗决定去俄国向女皇躬身致谢。他于 6 月初启程，途中生了重病，所幸逐渐痊愈，于 10 月抵达彼得堡，受到宫廷大臣纳里希金的接待。他到来时正赶上公主大婚，人们逐日欢庆，狄德罗暂时受到了冷落。10 月中旬以后，欢庆结束了，女皇在他的书斋里接见了狄德罗。他们一般会在下午聊上两三个小时。女皇装出一副不拘礼节、可爱、快活而且喜爱哲学的样子，一切都很合狄德罗的脾胃。狄德罗向女皇透露了《百科全书》遭到出版商篡改的事，女皇非常震惊，并主动建议在俄国出版一套未经篡改的《百科全书》。狄德罗听后十分振奋，立即想到要写上一篇给女皇的献辞。他许诺几年后

俄国女皇叶卡捷琳娜二世

重回彼得堡，编写关于俄国的条目。

狄德罗与叶卡捷琳娜二世的谈话涉及国际关系、政治、经济、宗教等各个方面，然而他最关心的还是俄国的政治改革，他希望俄国能成为共和制的君主国。他建议女皇实行普遍的法律平等，发展城市人口和国民教育，等等。然而，他不知道，女皇最不喜欢别人向她援引法律。当人们在禀告事务时援引法律来提出异议时，她会反驳说："莫非寡人就不能无视法律而这么干吗？"①

在狄德罗从彼得堡返回法国的途中，他写下了《评〈女皇陛下致立法委员会诸议员训令〉》，在这篇文章中，他指出，叶卡捷

---

① ［苏］阿基莫娃：《狄德罗传》，赵永穆等译，生活·读书·新知三联书店，1987 年，第 430 页。

琳娜二世无疑是一位专制君主，如果她希望继续专制下去，那么她就可以随心所欲地制定法律，但如果她放弃专制，她就需要对此作出明文规定。当叶卡捷琳娜二世在作者去世以后看到这篇文章后，认为这纯粹是一派胡言。而狄德罗的藏书在他死后也没有被叶卡捷琳娜二世认真对待，以至于连藏书目录也神秘失踪了。

1774 年，当狄德罗从彼得堡返回巴黎后，人们发现，经过这次旅途，他似乎一下子衰老了，他患上了支气管炎，他的肠炎也没有根除。早年的劳顿加上这次暮年出游似乎完全耗尽了他的心力，归来后的他对女皇的接待和他们之间的谈话津津乐道，但除此之外，他对周遭的一切不再像从前那样反应敏锐而又热烈了。当然，他在归来的行李中带回了《拉摩的侄儿》等书稿。

1776 年，伏尔泰给狄德罗写信，渴望与他见面。第二年，伏尔泰下决心来到了他几十年不曾露面的巴黎，狄德罗欣然前往，迎接他的凯旋，他们在伏尔泰的住所谋面了，这是两位哲学家唯一一次会面。

1780 年，狄德罗的画像被挂在他的家乡朗格尔市市政厅的厅堂内，以示对他编纂出伟大的《百科全书》的敬仰。4 年后，狄德罗患上了肺水肿，开始咯血。此后不久，正当他在闲谈时，他的头忽然一晕，嘴也随之歪了，他中风了。在他逝世前的那段日子，牧师不时前来光顾，希望他能够皈依宗教，但被狄德罗拒绝了。在他最后一次与朋友谈话时，人们问他该通过哪些途径走向哲学，他回答说："走向哲学的第一步就是不信神。"这成为他流传下来的临终遗言。第二天，也就是 1784 年 7 月 31 日，狄德罗在吃午饭时，选了一枚杏子吃，当他准备再去拿盘子里的糖煮樱桃时，他轻轻咳了一声，就与世长辞了。

　　在狄德罗死后，由于他的无神论言论，神甫拒绝为他涂圣油，他的家属答应为此付一笔昂贵费用，神甫最后才同意。但令人疑惑的是，他下葬后，人们在下葬之处并没有找到他的灵柩。

（五）挚友相交

　　1742年，年近30岁的狄德罗和卢梭在巴黎相遇，那时的他们还都籍籍无名。卢梭怀揣着他新发明的音乐记谱法，意图在巴黎扬名立万；狄德罗还是四处游荡的单身汉，整日将时间消磨在书写、闲谈和谈情说爱中。这两位朋友在原籍日内瓦的荷兰军官罗根的引荐下碰面，并一见如故，开始了他们持续15年的深厚友谊。然而，1757年，卢梭与狄德罗最终决裂，此后再未见面。甚至当卢梭去世的消息传到狄德罗耳中时，狄德罗也毫无悼念之情，他对卢梭在《忏悔录》中关于百科全书派的描写耿耿于怀。他说："我不愿在他死后记恨于他，但是，如果让-雅克确是好人，人们就可以下结论说——恶人已经下了结论——他生前长期为小人之辈所包围。他本人在其作品中也多次提醒机灵的读者看出这个结论。他愈是以其才华和所谓道德严谨而著称，我愈是认为应该打破沉默。我要写的不是讽刺文章，而是我的辩解词，是为我许多亲爱同胞的辩解词，这是我履行的神圣职责。"[1]

　　那么究竟是什么让这两位朋友最终分道扬镳呢？卢梭将之归结为自己的成名，他在《忏悔录》中指出，当他无名时他有很多

---

　　[1]　［法］安德烈·比利：《狄德罗传》，张本译，管震湖校，商务印书馆，1984年，第383页。

朋友，而当他成名后，却一个朋友都没有了。狄德罗将之归结为卢梭的恶劣人品和古怪性格，他指出，卢梭长期以来受到百科全书派朋友们的善意接济和友好帮助，但却忘恩负义，甚至恩将仇报。但除此之外，是否还另有隐情呢?

卢梭曾经深深仰赖狄德罗的影响和启发，满怀真诚地投身于狄德罗所主持的《百科全书》的写作，将自己熟识的朋友介绍给狄德罗，热忱地参与百科全书派的小圈子聚会，一度成为以狄德罗为核心的百科全书派的主要成员。卢梭早期的作品，比如《论科学与艺术》是在探望入狱的狄德罗的路途中触发灵感的，并在狄德罗的鼓励下写就。当这篇文章获奖后，百科全书派是分享这份喜悦的，狄德罗马上着手去印刷和校对这篇文章，负责将之出版。至于卢梭后来所写的文章《论人类不平等的起源和基础》，也在初稿完成时就拿给狄德罗过目，并经过狄德罗的修改。即便是在他们关系比较疏远的时候，狄德罗也每周都从巴黎步行到卢梭的隐庐，在那里听卢梭朗读他的新作《新爱洛伊斯》。卢梭也曾将《爱弥儿》一书拿给狄德罗看，并采纳了他的修改意见。可以说，卢梭的写作一直得到狄德罗的支持和帮助，并受之影响，这是毫无疑问的。

另一方面，早年狄德罗进入文桑监狱后，卢梭为解救他而奔走，甚至提笔给路易十五的情妇蓬皮杜夫人写信请求释放狄德罗。在狄德罗被捕期间，卢梭几乎每天都不辞辛劳地从巴黎徒步行走几十千米，来文桑看望狄德罗。这难道不是感人的患难之交吗?

然而当卢梭凭论文和著作逐渐在巴黎崭露头角时，他的自我期许得到了满足，并开始具备了坚持自我的信心。与此同时，卢梭对于践行一种孤独的、回归自然的生活方式的空前高涨的热情与百科全书派的人生目标和旨趣却不甚合拍。狄德罗习惯了对卢梭的指导和关怀，对此尚浑然不觉，而卢梭对于百科全书派对他所坚守的生活方式的嘲讽、干扰已经开始心怀不满了。

这种分裂是在不知不觉中发生的。卢梭酷爱旅行，据他在《忏悔录》中的记载，他为了追随他的小同乡巴克勒一起旅行，曾白白葬送了他在古丰伯爵家的锦绣前程。当他写完《论科学和艺术》一文后，他向狄德罗和格里姆提出了要去意大利旅行的想法，并诚意邀请二位相伴前往，然而，他所遭受到的只是两位朋友各种无伤大雅的嘲弄。狄德罗一向不喜欢出远门，他认为自己已经过了东跑西跑的年龄，对狄德罗来说，家庭的意义是重大的，只有孑然一身的人才能四处流浪。

1750 年夏，狄德罗痛失他刚满 5 岁的爱子，到了 9 月，他的第二个儿子出生了，然而在接受洗礼时不慎跌落在教堂的台阶上，被活活摔死。狄德罗陷入无限伤痛之中。而在这一时期，卢梭则把他的第三个孩子送到了育婴堂去。对于卢梭的做法，狄德罗会持有什么态度呢？想想普通人会对此持什么态度吧！卢梭的辩解能够轻易抵消狄德罗内心深处的反感么？

当然还有比这更糟糕的。卢梭执意要远离巴黎，搬到隐庐去。这在乐于交际的狄德罗看来是难以理解的。为什么卢梭会如此厌恶巴黎生活呢？过一种不与他人交往的生活，这实在是一种不幸，甚至是精神失常的表现！而且，狄德罗和百科全书派的其他成员格里姆、霍尔巴赫等人对于卢梭的岳母跟随他一起隐居表示担忧，他们不但暗中资助她，还劝告卢梭不该带她到乡间生活。可是这一切在卢梭看来都是自己的家事，勒瓦瑟太太对卢梭声称自己很健康，那么用得着百科全书派们多管闲事么？至于暗中接济他的岳母，卢梭得知后简直像被火烫着了一样，他生平最厌恶欠别人人情，也痛恨接受别人的施舍。这种不经对方允许的施舍对卢梭来说简直是一种冒犯。可是，狄德罗有错吗？他和百科全书派们不是出于对卢梭的关心和善意才这么做的吗？卢梭的反应不是有点不可理喻吗？凡此种种，都在狄德罗和卢梭之间布下层层芥蒂。

卢梭对乌德托夫人的钟情则成为他与狄德罗关系恶化的一个引子。卢梭向狄德罗吐露了他对乌德托夫人的钟情，并向他提出他的担忧，即乌德托夫人很可能会给她的情人圣朗贝尔去信揭露他对她的引诱。狄德罗安慰他的朋友，建议他给圣朗贝尔写信，承认一切，请求对方原谅。卢梭平静下来，他同意了。可是事后他并没有按狄德罗的建议去做。不久，圣朗贝尔从军队回到巴黎，他见到了狄德罗，表达自己对卢梭行为的愤慨。"您没有收到他的道歉信吗？"粗心的狄德罗惊讶地问。"根本不是，"圣朗贝尔怒气冲冲，"全篇都是抵赖之辞，将过错全安在乌德托夫人头上"。狄德罗连忙向圣朗贝尔解释，说他亲眼见到过卢梭的痛苦和悔恨。而当卢梭得知狄德罗把他与狄德罗二人的私密谈话也透露给圣朗贝尔后，他被深深地刺痛了，在他看来，他的朋友出卖了他。

好心办坏事的狄德罗似乎还嫌不够，不久又写信给卢梭，让他陪伴他的恩主埃皮奈夫人一起去日内瓦求医。可是埃皮奈夫人得的什么病呢？她与格里姆保持着长期的情人关系，当时正存在有孕在身的嫌疑。卢梭收到这封信后气得发昏，格里姆种下的罪恶，让他卢梭去顶包，这真是太妙了！他当时正陪着埃皮奈夫人聊天，读完信后，被气得咬牙切齿。"见鬼！"他一面叫着一面把撕碎的信纸丢到地上。"这些人不是朋友，他们是暴君！这个狄德罗使用的腔调何等专横！我才不理睬他的劝告呢！"① 这下子他把埃皮奈夫人也得罪了，之后他迅速搬出了隐庐。

狄德罗最后一次跟卢梭接触，是跟他谈论百科全书的一个条目"日内瓦"。他向卢梭透露，他和达朗贝尔正跟日内瓦的贵族接触，计划在日内瓦开办剧院。卢梭当时没有明确表示反对，事后却写了《致达朗贝尔的信》一文，反对在日内瓦建立剧院。在信的附注中，他宣布与狄德罗绝交。这段附注如下："我曾有过严厉而公正的批评家；我现在已不再有了，我再也不想有。但我常不断惋惜他，我的心灵比我的文章更需要他。"

就这样，卢梭淡出了狄德罗的生活，他在宣扬回归自然、批判文明社会的道路上渐行渐远，而狄德罗还在原地坚守着他的《百科全书》的编纂事业，坚守着他对社会进步的信心。在后来的研究者看来，狄德罗和卢梭代表着欧洲的两种精神趋向：启蒙精神和对现代性的批判意识，狄德罗推进了前者，卢梭的影响则波及未来。

二、唯物哲学观

（一）自然神论

在18世纪启蒙时代，哲学家们通常都对宗教迷信和宗教狂热

① ［法］安德烈·比利：《狄德罗传》，张本译，管震湖校，商务印书馆，1984年，第152页。

提出了谴责，狄德罗也不例外。在其早期代表作《哲学思想录》中，狄德罗分别论述和比较了几种对待上帝的立场：宗教迷信、无神论、宗教怀疑论和自然神论。在狄德罗看来，只有自然神论才是对上帝最为正确的一种认知，也是最无害的。

首先，狄德罗批评了宗教迷信、狂热所带来的罪恶。在狄德罗看来，宗教迷信和狂热是最违背上帝的善，也最容易使人心灵蒙蔽，这是最有害的。这些迷信包括：爱上帝，就要贬损、甚至痛恨自己，就要禁欲、自我折磨，就要对任何违背上帝教导的人进行迫害，等等。人们在宗教狂热的推动下对他人进行迫害，而其实施迫害的罪名不过是因为这些人触犯了上帝。但是，狄德罗问："那么这上帝是什么样的呢？是一位充满了善心的上帝……一位充满了善心的上帝竟会欢喜把自己浸在眼泪里！这些恐怖不会伤害他的仁慈吗？"[①]

其次，无神论。无神论主张上帝是不存在的，假定上帝创造了世界，这只是一种妄想。无神论者认为，仅仅因为这个世界的运动是有秩序的，就假设一定某种独立于这一物质世界的智慧存在，这是站不住脚的。更何况，我们所生活的世界并不是一个更好的世界，只能表明上帝的无能甚至恶意，即使基督徒们宣称用罪恶来衬托善的光芒，但是，仅仅因为这点好处就使各种罪恶存在，也是难以原谅的。

狄德罗认为，有三类无神论者：真正的无神论者、怀疑论的无神论者和吹牛皮的家伙。真正的无神论者的确相信上帝是不存

在的，他们言行一致。怀疑论的无神论者只是对上帝是否存在这一问题存有疑问；吹牛皮者则愿意相信没有上帝，就像无神论者那样生活，但他们是虚伪的。

怀疑论者是那些哲学家们，他们仅相信理性和感觉的合法应用给他们指明为真的东西，哲学家善于在人们从不怀疑的地方发问，并发现这些问题没有经过任何证明。狄德罗认为，怀疑论是走向真理的第一步，因为它是真理的试金石。因此，如果真有信仰，我们就应该允许人们去怀疑，去辨明，这不但不会有损于信仰，反而会增加信仰的荣光。

与怀疑论者相比，自然神论者承认上帝的存在，承认灵魂不死，但却拒绝承认上帝可以被认识、是三位一体、在不断地干预现世等宗教性观点。如果说哲学家通过精细的本体论推论而成为一个怀疑论者，那么对有序的自然的观察会使我们摆脱无神论，成为真正的自然神论者。狄德罗认为，如果我们在各种宗教派别、无神论、怀疑论和自然神论之间做出选择，那么无疑我们会选择自然神论，因为它对于上述任何一派来说，都不啻为一种退而求其次的选择。在以上各种意见的互相博弈中，自然神论会最终胜出。狄德罗甚至指出："世界上一切教派的信徒都只是一些异端的自然神论者。"[1]

（二）唯物主义学说

与同时代的英国哲学家贝克莱、休谟等人所持有的唯心主义

---

[1]　［法］狄德罗：《狄德罗哲学选集》，江天骥、陈修斋、王太庆译，商务印书馆，1979 年，第 48 页。

观念理论不同，狄德罗是一个坚定的机械论唯物主义者。他从物理学的意义来看待世界，认为世界只是一架机器，有它的齿轮、缆索、滑车、弹簧和悬摆。[①] 在《达朗贝和狄德罗的谈话》一文中，狄德罗重点阐述了他的唯物主义观点。

首先，狄德罗反对笛卡尔的身心二元论，拒绝将心灵看作一种实体。他说："我们很难接受一个实体，它存在于某个地方，而又不与空间上的任何一点相合；我们很难接受一个实体，它是没有体积的，又占有体积，而且在这个体积的每一个部分里都是完整的；在本质上与物质不同，而又与物质联合为一体。"[②] 他的理由是，如果有心灵这种实体存在，那么连石头也应当是有感觉的了，但石头显然是没有感觉的。

相反，如果我们从物质的角度来看待世界，就可以得出相互融贯的观点。从物质的角度看，人和雕像、大理石、肉的差别是很小的，因为他们都是物质的，这些物质之间可以相互联系并相互转化。比如，表面看来，人的肌肉和大理石差别很大，但是大理石经过若干年之后可能会被混合到泥土中去，在泥土和人之间存在一种中介，这就是植物。我们在泥土里种上豆子、蔬菜，这些植物吸收泥土的营养，而人则从植物中吸收营养。这就实现了从大理石到泥土，从泥土到植物界，从植物界到动物界，到肌肉的过渡。

但是，这里还有一个问题，如何解释作为物质的人所具有的

---

① 参见［法］狄德罗：《狄德罗哲学选集》，江天骥、陈修斋、王太庆译，商务印书馆，1979 年，第 8 页。

② ［法］狄德罗：《狄德罗哲学选集》，江天骥、陈修斋、王太庆译，商务印书馆，1979 年，第 118 页。

思想呢？狄德罗认为，我们仍然可以从物质的角度加以解释。比如，一个人，达朗贝，他最初可能是分散在他的父亲和母亲身体里的分子，而后形成了种子，进入母亲的子宫，达到胚胎状态，最后他从母体中分娩出来，成为一个婴儿，慢慢长大后成了现在的文学家、几何学家达朗贝。这一过程是怎样形成的呢？狄德罗指出，是身体通过饮食、消化、吸收养料而形成的。这是我们所能做的最清楚的说明，即物质的因素逐步产生出一个有感觉、有思想的生物。狄德罗反对自亚里士多德以来的形式和质料两分的观念，反对在物质之外预先存在某种形式，或者他称之为种子的东西存在。因为在他看来，世界并非一成不变，太阳有可能会熄灭，地球也可能会发生变化，每经过这样一次巨变，就是一个新的世界的开始，人们不会知道动物过去的样子，也不会知道动物将来的样子。

　　狄德罗把人的器官比作是可振动的琴弦，琴弦振动所发出的声音就像是一个人的感官受到触动所形成的感觉、观念。因此，人不过是一架钢琴，在人身上只有一个实体——物质。只要人的身体构造相同，不同的人就像不同的钢琴那样，会以同样的方式弹奏，不以时间、地点为转移。对于贝克莱所提出的反对物体存在的唯心主义学说，狄德罗讽刺说，这就像是在某个发疯的时刻，有感觉的钢琴以为自己是世界上唯一存在的钢琴，而宇宙的全部和谐都发生在它身上一样。而从根本上来说，狄德罗认为，人是尘土做的，终有一天要复归尘土，这听起来很可悲，但这是必然。

　　在另一篇文章《达朗贝的梦》中，狄德罗也表达了类似的唯物主义观点，在那里他将世界解释为物质的流动，是物质所构成的一个完整系统，就像一个蜂巢那样。而人就像一个蛛网，只要被触碰，就会紧张不安起来，形成各种感觉、思想。

狄德罗的唯物主义理论是对西方传统的心物二元论和唯心论的一次反叛，这一理论受当时的科学尤其是物理学理论的启发，尝试从纯粹的物质的角度来解释世界，具有重要的进步意义。

（三）对道德享乐主义的揭露

狄德罗所处的时代是法国专制主义统治日益腐败、堕落的时期，整个上流阶层充斥着奢靡之风，同时也是科学、自由、民主等新思想、新风气日益传播的时期，是人们的宗教信仰日益崩塌的时期。在摆脱了宗教的束缚之后，人们却没有为道德生活找到一种新的依托，于是，享乐主义风潮开始在社会中弥漫开来。狄德罗的名著《拉摩的侄儿》一书，通过刻画一位享乐主义、道德虚无主义的忠实信徒——道德败坏的小拉摩这一人物形象，深刻地揭露了享乐主义所带来的恶果，即对人性的自我摧残和对人格的践踏。

书中讲述的小拉摩是当时著名的音乐家拉摩的侄子，他相貌堂堂，也不缺乏聪明机智，然而他却利用他的聪明机智过上了一种最可鄙的寄食者的生活。"没有比他自己更不像他自己的了。"狄德罗这样来描述他："有时他瘦削憔悴，像到了末期的痨病患者一样；你可以透过他的腮颊数得清他有几颗牙齿。你会说他曾经饿了好几天，或者是刚从练心会修道院里出来的。到了下一个月，他会长得肥胖丰满，好像不曾离开过一位金融家的餐桌，或者曾经被关在圣伯尔纳丁的修道院里一样。"① 他的境遇完全取决于他在他的恩主那里是受宠还是失宠。

在这样的生活中，小拉摩钻研出一套献媚和取悦恩主的高超艺术，采用装傻、欺骗、自愚愚人、出卖他人、拉皮条等各种不择手段的行为来为自己谋私利。在小拉摩看来，这个世界就是一个弱肉强食的丛林社会，没有丝毫的正义可言，美德不但不会给人带来幸福，反而会令人倒霉，只有不择手段、巧取豪夺，才堪称成功的典范，人生的意义就在于享乐，拥有金钱也便拥有了一切，足以获得幸福。小拉摩高声反驳哲学家："试想象一个贤智而懂哲理的世界；你要承认它将是非常沉闷的。请看吧，哲学万岁，所罗门的明智万岁！喝好酒，饱吃美味的菜肴，占有漂亮的女子，在柔软的床铺上睡眠；除此之外，其余一切都是无谓的事了。"②

然而，小拉摩仍然会有某种犹疑的时刻，在这种时刻，他麻木的自尊苏醒了，他厌恶自己的平庸，憎恨自己的卑劣。在通常情况下，他匍匐在他所仰赖的富人、贵族的脚下，细心琢磨怎样才能讨他们的欢心，把自己打扮成一个蠢材，说各种的奉承话和俏皮话，同时在内心深处带着对这些"恩人"们的鄙视和憎骂。但是，当某一刻他的理智和良心恢复的时候，当他不再说谎的时候，他就变得让他的恩人讨厌起来。为了挽回这一切，他只好回到他的常态中去，变得更加的卑躬屈膝，更加下流无耻。

---

① ［法］狄德罗：《狄德罗哲学选集》，江天骥、陈修斋、王太庆译，商务印书馆，1979 年，第 200 页。

② 同上，第 234 页。

那么，如果小拉摩也曾有片刻想到过自己的灵魂，为什么不下决心放弃这种依附于人的生活呢？"可是，怎么！放弃这种不劳而获的生活去做叫花子吗？"拉摩说，"寄食者的生活，对于我这样的懒汉和无赖来说是最合适的。而且，那么多有钱的傻子，可以花他们的钱来过活，做一个叫花子是很困难的。既然这个世界上那么多的人都在用聪明诡计捞钱，为什么我要浪费我的聪明去过最贫穷的生活呢？"

至于给那些有钱人带来的损害，小拉摩是丝毫不在乎的。因为在他看来，天晓得那些有钱人的钱是怎么来的，他们不过是下层人民的窃贼。从这些人手里骗取钱财正是对他们剥削穷人的报复。要是小拉摩有了钱，他会跟这些人一样，利用钱财来侮辱和奴役他人。那么怎么才能致富呢？到大人物那里去献媚奉承。"献媚奉承，天哪！献媚奉承，拜访大人物，研究他们的趣味，顺从他们的怪癖，为他们的罪恶服务，赞同他们的不义：这就是秘诀呵！"[①]

当哲学家狄德罗跟小拉摩谈德性的时候，拉摩指出，德性是最违反自然的，德行固然令人起敬，但却并不令人愉快，向人们说教德性甚至是令人讨厌的。德行不过是让人们压抑自己的本性，把自己打扮成伪君子罢了，而小拉摩不需要伪装，因为人生来就是为了享乐，小拉摩认为自己是真诚的享乐主义者。至于哲学家提到的幸福，小拉摩是不懂得的，因为这种意味着正直、尊严、自由的幸福生活将会弄得小拉摩没饭吃，只会给他带来悔恨，就

---

① ［法］狄德罗：《狄德罗哲学选集》，江天骥、陈修斋、王太庆译，商务印书馆，1979 年，第 235 页。

像他因在恩主面前说了一句真话而被驱逐出去所造成的悔恨一样。

因此，小拉摩崇尚罪恶，只要罪恶能够带来利益，最重要的是要把罪恶做得好，做得漂亮，那就能够获得很大的利益，或者安心地享用攫取来的利益了。

在哲学家、道德学家狄德罗与享乐主义者小拉摩的对话中，我们看到了两种对待世俗生活方式的态度。一种偏向于关照人的灵魂安宁，一种则偏向于追求肉体的舒适、快乐。在后者那里，由于上帝的缺位，道德流失了。麦金泰尔曾指出，18 世纪的道德隐含了某种有关上帝、自由和幸福的目的论构架的东西，康德称之为德性的最高桂冠。一旦将道德与这一框架分离，那么人们就不再拥有道德了。① 这一点，在小拉摩身上有着集中体现。这种享乐主义思想作为启蒙运动的负面成果之一，显然也在侵蚀着启蒙运动的正面建树。正是在这个意义上，麦金泰尔认为，启蒙运动无法为道德合理性提供足够的理论庇护。狄德罗的《拉摩的侄儿》一书最终展现的是哲学家道德说教的失败和无奈。

（四）美学思想：美在关系说

狄德罗不仅是一位哲学家，他在美学和文艺理论方面也造诣颇深。他发表在《百科全书》第二卷的《关于美的根源及其本质的哲学探讨》一文，是对美本身所做的一次专门探讨，在该文中，狄德罗提出了著名的"美在关系说"。

狄德罗开篇就指出，我们最熟悉的事物往往是我们最不了解

---

① 参见［美］麦金泰尔：《追寻美德——伦理理论研究》，宋继杰译，译林出版社，2011年，第71页。

的，比如美，大家都在谈论美、欣赏美、评价美，但是对于美的根源、本质及其含义，我们并不十分了解，而且争议不断。

早在古希腊时期，柏拉图就探讨过美这一概念。但他显然没把这一问题说透。狄德罗指出，在《斐德罗》中，柏拉图谈论人们对美的自然爱好比谈论美本身还要多，而在《大希庇阿斯》中，柏拉图不过是要告诉我们什么不是美，而非什么是美。

中世纪时期的神学家奥古斯丁在著述中也曾涉及这一问题，奥古斯丁认为，美的特征就在于一个整体中各部分之间的精确关系，比如一栋美的建筑中的对称、均衡等，对称、均衡等关系统一于这一建筑之中，因此奥古斯丁认为，美的本质就在于事物之间的统一性。但狄德罗认为，这样将一切美都归结为统一，与其说统一构成了美的本质，毋宁说它是构成完善的本质。

18世纪的德国哲学家沃尔夫将美看作一种主观感受，即凡使我们喜欢的就叫美，使我们讨厌的就叫丑。狄德罗认为，沃尔夫事实上把美和由美引起的快感完全混淆了。瑞士哲学家克鲁萨同样将美解释为客观事物带给我们的感受，他同时总结了美的几个特征：多样化、统一、规则、秩序和比例。狄德罗认为，克鲁萨的定义不过是把奥古斯丁的定义给烦琐化了，而且这种定义仅适合于建筑，并不适合戏剧、文章等其他东西。

苏格兰启蒙思想家哈奇森认为，美是一种精神感觉，即使在引起这种感觉的事物中并不存在相似的成分。他把美解释为人的内在美的感官能感受到的东西。狄德罗批评说："哈奇生和他的信徒们就这样竭力想说明美的内在感官的必要性；但是结果他们只是指出了在美所给予我们的快感中存在着某种隐秘和不可捉摸的东西；指出了这种快感似乎与人们对于关系和感觉的认识毫不相干，在快感中丝毫没有实用的念头，这种快感能激动人们的心，使人不为威逼利诱所动摇。"① 哈奇森和他的追随者区分了事物当中的绝对美和相对美。绝对的美是在事物中存在的美，而相对的美指在作为事物的仿制品或影像中所看到的美，这种区分的根据在于原物与复制品之间的符合程度。但是，狄德罗指出，要有相对美并不意味着原物中非存在美不可。此外，哈奇森将多样化中寓有统一性作为美的普遍原则，他主要举几何图形的例子加以证明。但狄德罗认为这一原则并不普遍，因为它一点也不适用于另一类美，即抽象真理和普遍真理的证明之中存在的美。

　　狄德罗认为，迄今为止，对美的论述最为深刻的要数耶稣会神甫安德烈。在他的著作《论美》一书中，安德烈将美区分为四项分别论述：肉眼可见的美、道德美、精神产品中的美和音乐美。他认为，无论哪一项美中都存在一种绝对的本质美、一种客观的自然美和一种带有主观臆断的人工美。本质美包括一般的规则、秩序、比例、对称；自然美包括在自然物身上所看到的规则、秩序、比例、对称；人工美则包括在人类所制造或改造的事物中所看到的规则、秩序、比例、对称。在人工美中存在绝对美和主观臆造的美的混合。而主观臆造的美又可以被细分为天才美、情趣美和纯偏好美。天才美基于对本质美的认识，情趣美基于对自然物和大师作品的认识，偏好美则毫无根据，因此不应当存在。狄德罗评价说，安德烈的理论的唯一不足之处在于，他没有论述我

---

① ［法］狄德罗：《狄德罗美学论文选》，张冠尧、桂裕芳等译，人民文学出版社，1984 年，第 9～10 页。

们内心所形成的比例、秩序、对称的概念的来源。

另一位神父巴特则反对对美进行各种区分，他认为，世界上只有一种美，其根据就是实用。凡能给人带来有益的结果的东西就是美。对此狄德罗反驳道，如果实用才是美，人们为什么又费尽心思地发明一些并不实用的东西呢？比如我们制造物品时总是强调它们的协调性，桌子的四条腿本来可以完全不同，只要不影响它的用途就行了，可是我们为什么要追求其形状一致呢？人们在建筑中雕梁画栋，根据巴特的美学理论这些岂不也是毫无必要吗？由此可见，巴特单纯把美解释为实用恐怕是站不住脚的。

在论述和批评以上各种美的学说之后，狄德罗提出了他自己的美学观点。他认为，美的本质在于关系。他指出："我把凡是本身含有某种因素，能够在我的悟性中唤起'关系'这一概念的，叫作外在于我的美，凡是唤起这一概念的一切，我称之为关系到我的美。"①

在解释"美在于关系"这一观点时，狄德罗举了一个文学例子。在悲剧《贺拉斯》中有这么一句话："让他死！"如果一个人不了解这部戏，那么他对这样一句话也不会有任何体会。我们会觉得它既不美也不丑。如果他知道这句话是一个人被问及另一个人应该如何战斗时所作的回答，那么他就会感到这句话中包含的勇气。如果他知道，那位要上战场的人是这位被问者的最后一个儿子，这位最后的儿子是要上战场保卫祖国，那么随着他对这句话与说话背景和环境之间关系的深入了解，他就会从这句话中体

---

① ［法］狄德罗：《狄德罗美学论文选》，张冠尧、桂裕芳等译，人民文学出版社，1984年，第25页。

会到崇高的美。但如果把这句话搬出来，放在另一个环境里，它可能会产生另外一番不同的效果。因此，狄德罗指出，美总是随关系而产生、增长、变化、衰退和消失的。

关系包括三类：真实的关系、见到的关系和智力的或虚构的关系。但不管是什么样的关系，美总是由它们构成。相应地，对关系的感觉就构成了美的基础。当我们欣赏美时，我们就是通过远见卓识抓住了事物中存在的某种关系。尽管某些主观原因可能会影响我们对某种关系形成美感，比如意大利的酒虽然很美，但在喝它之前，如果我们服一剂呕吐剂，那么它在我们眼里可能就变成令人呕吐的了，等等，但我们并不能据此就认为，寓于关系之中的美是虚幻的。也就是说，关于美的判断固然会因这样那样的因素而产生分歧，但美的原则并不因此而失去其恒久的性质。

三、后世影响

人们想到法国启蒙运动就会首先想到伏尔泰，人们一提起法国大革命就会提及卢梭的影响。较之他的这两位朋友，狄德罗的声名似乎相对暗淡。但是，谁能忽略百科全书派对法国启蒙运动的推进作用呢？《百科全书》一书汇集了各种新知识、新思想，可以说是当时启蒙精神的集中体现。作为《百科全书》这一编纂事业的主要推动者和完成人，狄德罗功莫大焉。

然而，狄德罗的名字过多地与《百科全书》联系在一起，以至于很多人忽略了他本人的著作的伟大意义。从表面看来，狄德罗兴趣广泛，著述也比较杂，其思想随时间推移也存在变化，没有相对集中、系统的理论。比如在对待上帝这件事上，他在早年持一种自然神论的立场，后来发展成一种无神论，并在二者之间摇摆不定。作为启蒙运动的吹鼓手，他一方面致力于传播启蒙精神，对传统的宗教、哲学思想进行了有力抨击，另一方面，狄德罗开始朦胧地意识到启蒙所带来的一些弊病，比如价值的陨落、道德的败坏等，这在其晚年的著作《拉摩的侄儿》一书中有明确体现。

《拉摩的侄儿》一书是狄德罗耗费十几年心血之作，生前仅仅被秘密印刷并在小范围内传播。在其去世后，这本书一度失传。1804年，剧作家席勒告诉歌德，自己手上有《拉摩的侄儿》一书的复本，歌德听后非常高兴，亲自动手将其译为德文。1805年此书在德国莱比锡出版。这本书对德国思想家产生了巨大影响。黑格尔从中看出了"分裂的自我意识"，在其名作《精神现象学》一书中，黑格尔耗费了大量篇幅来谈论、分析《拉摩的侄儿》。在《拉摩的侄儿》中，分裂的意识是无处不在的，比如小拉摩一方面为了自我享乐的满足而阿谀奉承，并对之沾沾自喜，另一方面又坦白地将自己称之为"一个极端的无赖，一个骗子，一个贪食者"[①]。对此黑格尔指出："由于纯粹的我见到自己在它自己以外，并且是支离破碎的，于是在这个支离破碎中，一切具有连续性和普遍性的东西，一切称为规律、善良和公正的东西同时就都归于瓦解崩溃；一切一致的同一的东西都已解体，因为，当前现在的是最纯粹的不一致，绝对的本质是绝对的非本质，自为存在

---

① [法]狄德罗：《狄德罗哲学选集》，江天骥、陈修斋、王太庆译，商务印书馆，1979年，第213页。

是自外存在（Aussersichsein）；纯粹的我本身已绝对分裂。"①

　　马克思在写给恩格斯的信中，将《拉摩的侄儿》一书称之为"无与伦比的作品"，并援引了黑格尔在《精神现象学》中对此书中的"分裂的意识"的阐释。②恩格斯在《反杜林论》中将此书称之为"辩证法的杰作"。此外，狄德罗的唯物主义观点也对马克思、恩格斯产生了重要影响，尽管马克思将狄德罗的唯物主义归结为"旧唯物主义""机械唯物主义"，但狄德罗著作中的辩证法因素却经黑格尔的发扬而被马克思理论汲取。

　　当代捷克著名作家米兰·昆德拉也是狄德罗的忠实粉丝。他曾经写下戏剧《雅克和他的主人》，向狄德罗致敬，故事内容就取材于狄德罗的小说《宿命论者雅克和他的主人》。

　　历史并没有遗忘狄德罗，今天，人们在反思欧洲启蒙运动的成果及其弊端时，狄德罗的名字仍然时有所见。我们既能从狄德罗早期的著作中读到启蒙精神的勃勃生气，也能从其晚年的著作中读到对启蒙运动的反思和怅惘之情。法国学者亨利·勒费弗尔在比较狄德罗和伏尔泰、卢梭的成就及影响时指出："他生前未曾获得伏尔泰那样的胜利；他未曾有过卢梭那种含糊不清的影响，后者在妇女和上流社会人士中形成了一种'派别'。但今天，这两位作家的哪些作品能使人一气读到底而不感到厌烦，没有隔世之感呢？也许只有前者的《老实人》和后者的《忏悔录》……然而狄德罗却没有一部作品不是比任何时候更加激起热切的关注。哪些作品是人们可以读，而且毫不厌烦地一直读到底的呢？可以

---

① ［德］黑格尔：《精神现象学》（下卷），贺麟、王玖兴译，商务印书馆，1997年，第62页。
② 参见《马克思恩格斯全集》（第32卷），人民出版社，1998年，第284页。

说是全部，或几乎是全部作品。"①

四、术语解读与语篇精粹

（一）自然神论（Deism）

1. 术语解读

自然神论也称"理神论"，又称"自然宗教"，是一种宗教哲学学说。该学说认为上帝创造了合理的世界，制定了规律，便不再干预自然界的运动；除了理性外，别无认识上帝的途径。这一术语最初在 16 世纪由索西尼派提出。自然神论宇宙观则是 16、17 世纪时资产阶级为限制国王权力而提出的。17 世纪赫伯特提出自然神论之五柱，强调一些信仰是生而具有的，即自然存在的，否定流行的神秘启示学说，主张信仰自由，希望创立"理性宗教"。认为自然界的合目的性就是宇宙始因的神存在的根据，即神存在的"物理学-神学"证明。自然神论就其代表人物的哲学观点而言，不是一种统一的思潮，其中有唯物主义者，也有唯心主义者或持折中主义世界观的思想家。英国的丁达尔自称是自然神论者，他认为真正的宗教必须是永恒完美的，从事道德的实践，而基督教就是这种自然而理性的宗教。英国唯理论者和伦理学家沃拉斯顿（W. Wollaston，1659—1724）把自然宗教和理性、道德相等同，认为追随自然即追随神，宗教以追求幸福为目的，一切

---

① ［法］亨利·勒费弗尔：《狄德罗的思想和著作》，张本译，商务印书馆，1985 年，第 41 页。

有理性的人都应该以幸福为目的。法国的伏尔泰受到英国自然神论的影响，信奉至上神为自然世界和道德世界的创造主。其他著名的思想家如英国的牛顿、洛克、休谟，德国的莱布尼茨、康德，俄国的罗蒙诺索夫、拉吉舍夫等也赞同自然神论。到了18世纪末，法国唯物主义者对自然神论进行了批判。

2. 语篇精粹

语篇精粹 A

Then he began mumbling something or other about seeds, bits of flesh pounded up in water, different races of animals he saw coming into being and perishing one after the other. He was holding his right hand to make it look like the tube of a microscope, and his left, I think, represented the mouth of some receptacle. He looked down the tube into the receptacle and said: "That Voltaire can joke as much as he likes, but the Eelmonger is right; I believe my own eyes, and I can see them, and what a lot of them there are darting to and fro and wriggling about!" He compared the receptacle, in which he could see so many instantaneous births, to the universe, and in a drop of water he could see the history of the world. This idea struck him as sublime, and he thought it quite consistent with good scientific method, which finds out about large bodies by studying small ones. Then he went on: "In Needham's drop of water everything begins and ends in the twinkling of an eye. In the real world the same phenomenon lasts somewhat longer, but what is the duration of our time compared with eternity?

Less than the drop I have taken up on a needle – point compared with the limitless space surrounding me. Just as there is an infinite succession of animalculae in one fermenting speck of matter, so there is the same infinite succession of animalculae in the speck called Earth. Who knows what will follow our present ones? Everything changes and passes away, only the whole remains unchanged. The world is ceaselessly beginning and ending; at every moment it is at its beginning and its end. There has never been any other world, and never will be."[1]

译文参考 A

随后他开始咕哝着，关于种子、水中漂浮的果肉屑，以及他曾目睹的各种动物相继诞生和死亡。他把右手摆成显微镜筒的形状，而左手，我想是代表某个容器的口。他低头沿着显微镜筒向容器里看，说道："伏尔泰大可尽情地嘲笑，但鳗鱼贩子是正确的；我相信我的双眼，我能看到他们，有多少啊！冲过来，奔过去，扭动着身躯！"他把容器比作宇宙，在里面看到众多刹那的新生，从一滴水中可以窥见世界的历史。他忽然发觉这种想法是崇高的，完全称得上优秀的科学方法，即通过研究微小物体而了解庞大物体。随后他继续道："在尼达姆的那滴水中，万物的始与终都在眨眼之间。现实世界里同样的现象持续得稍久，但与永恒相比，我们的时间概念又算得了什么？还不及我用针尖挑起的一滴水之于周围的无限空间。在一个发酵的物质颗粒中包含无数微生物，同样的，在这个叫作地球的颗粒中包含着无数的微小动

① Denis Diderot, *Rameau's Nephew and D'Alembert's Dream*, translated by Leonard Tancock, Penguin Books, 1966, pp. 173 – 174.

物。谁知道在我们之后会出现什么样的生物？万物变化、消逝，唯有整体保持不变。世界无休止地开端与终结，每一刻都有生亦有灭。从未有过其他世界，也永远不会有。

语篇精粹 B

Mademoiselle De L'espinasse: Well, for example, there is the matter of my unity, my identity. Good Lord, it seems to me that there is no need for a lot of verbiage in order to know that I am myself, always have been and will never be anyone else.

Bordeu: That fact may be clear, but the reason for it isn't by any means, especially if you adopt the hypothesis that there is only one kind of matter, and that man, and animal life in general, is formed simply by juxtaposition of several sensitive molecules. Now each sensitive molecule had its own identity before the juxtaposition, but how has it lost it, and how have all these losses added up to the conscious individuality of the whole?

Mademoiselle De L'espinasse: I imagine that contact alone would be enough… but just a minute… I must have a look at what is going on behind those curtains… he's asleep… When I put my hand on my thigh I can feel perfectly well at first that my hand is not my thigh, but after some time, when each is at the same temperature, I can't tell which is which, where one begins and the other ends, and they are as one.

Bordeu: Yes, until somebody sticks a pin into one or the other, and then back comes the distinction. Therefore there is something within you which knows whether it was your hand or thigh which was pricked, and that something is not your foot, nor even your pricked hand. The hand hurts, but it is something else that knows about it without itself feeling the pain. ①

译文参考 B

德莱丝比纳斯小姐：那么，比如说，关于我的个体和身份。天呐，在我看来，无须赘述便可知我就是我，一直是我，永远不会成为其他人。

波尔德：事实或许一目了然，其中的原因却远非如此，尤其当你相信如下假设时：仅存在一种物质，并且，人类及整个动物界仅由若干敏感的分子并列组成。那么每个敏感分子在参与组合之前都具有其自身属性，而这自身属性是如何丧失的？所有这些损失又是如何叠加形成整体有意识的个性呢？

德莱丝比纳斯小姐：我猜想接触本身就足够了……稍等……我要看看那些帘子后面发生了什么……他睡着了……我把手放在腿上时，起初可以非常清晰地感知是我的手并非我的腿，但过了一会儿，当它们达到相同温度时，我便无法分辨手和腿，以及它们的界限，这时它们就是一体了。

波尔德：没错，可如果有人拿针扎进手或腿，二者的差别则重新显现。因此你身上存在某种东西，可以感知被扎的是你的手还是腿，而那既不是你的脚，甚至也不是你被扎的手。手的疼痛是其它什么东西感知到的，而非手本身。

---

① Denis Diderot, *Rameau's Nephew and D'Alembert's Dream*, translated by Leonard Tancock, Penguin Books, 1966, pp. 149 – 150.

语篇精粹 C

In this whole, as in any machine or animal, there is a part which you may call such and such, but when you apply the term individual to this part of a whole you are employing as false a concept as though you applied the term individual to a bird's wing or to a single feather of that wing. You poor philosophers, and you talk about essences! Drop your idea of essences. Consider the general mass, or if your imagination is too limited to take it all in, consider your own origin and your final state. Oh Architas, you who measured the globe, what are you now? A little dust…. What is a being? The sum of a certain number of tendencies…. Can I be anything more than a tendency? … No, I am moving towards a certain end… And what of species? Species are merely tendencies towards a common end peculiar to them… And life? A series of actions and reactions…. Alive, I act and react as a mass… dead, I act and react as separate molecules…. Don't I die, then? Well, not in that sense, neither I nor anything else…. To be born, to live and to die is merely to change forms…. And what does one form matter any more than another? … Each form has its own sort of happiness and unhappiness. From the elephant down to the flea… from the flea down to the sensitive and living molecule which is the origin of all, there is not a speck in the whole of nature that does not feel pain or pleasure. [1]

---

[1] Denis Diderot, *Rameau's Nephew and D'Alembert's Dream*, translated by Leonard Tancock, Penguin Books, 1966, pp. 181 – 182.

译文参考 C

在这个整体之中，例如任一机器或动物，你或许把某一部分这般或那般命名，但当你用"个体"这个词来指代整体中的该部分，你便犯了概念的错误，这错误就如同你把鸟的一只翅膀或是翅膀上的一根羽毛称为"个体"。你们这些可怜的哲学家，你们谈论本质！抛开你们对于本质的看法吧。想想众生，或者若你的想象力不足以将所有囊括其中，想想你自己的出生和将死。阿齐塔斯啊，你曾丈量地球，而你现在又是什么？一粒尘埃……存在是什么？是一定数量的趋向的总和……我可以是超出某种趋向的存在吗？……不能，我在朝着终点移动……物种是什么？物种仅仅是一种向着它们特有的共同结果发展的趋势而已……那么生命呢？一系列行为和反应……活着，我作为一个整体行动和反应……死后，我作为单独的分子行动和反应……那么，难道我不死吗？从那个意义上说，无论是我，还是其他任何存在，都是不会死亡的。降生、生活、死亡仅仅是形式的改变……而一种形式又比另一种形式更重要吗？每种形式拥有其自身的幸福与不幸。从大象到跳蚤……从跳蚤再小至作为万物起源的敏感而有生命的分子，整个自然界中的每颗微粒无不感知痛苦或愉悦。

（二）唯物主义（Materialism）

1. 术语解读

唯物主义是哲学的基本派别，与唯心主义相对立。唯物主义者主张唯有物质才是世界的本原的世界观，在哲学基本问题上坚持物质第一性，精神第二性，认为客观物质世界是独立存在的，世界上不同的事物和现象，都是物质的不同表现形态。最早的唯物主义的思想出现于古代印度哲学学派顺世派（可能在公元前 7世纪）中。古希腊罗马的最著名的唯物主义派别是德谟克里特与伊壁鸠鲁的原子论派。英国的霍布斯把物体看成构成世界的本质并以之解释运动、感觉和认识论问题。同时期的法国的笛卡儿和伽桑狄均一定程度上以物质的运动说明世界。18 世纪，法国唯物主义者首先在自己的哲学中明确使用唯物主义这一概念。一般来说，唯物主义同科学一致，科学发展需要唯物主义，唯物主义不断从科学发展的成果中吸取思想材料丰富自身。法国唯物主义者和启蒙思想家狄德罗、爱尔维修和霍尔巴赫等均以传播科学工艺知识的百科全书为工具发展了唯物主义。

马克思和恩格斯以辩证唯物主义取代了机械唯物主义，并划分了唯物主义发展的三个阶段和三种历史形态：古希腊罗马时期的朴素唯物主义、16 至 18 世纪的近代唯物主义（亦称形而上学唯物主义或机械唯物主义）、19 世纪以来的辩证唯物主义和历史唯物主义。马克思主义哲学的产生是唯物主义发展的崭新阶段，是哲学史上的伟大变革。

2. 语篇精粹

语篇精粹 A

I grant you that a Being who exists somewhere but corresponds to no one point in space, a Being with no dimensions yet occupying space, who is complete in himself at every point in this space, who differs in essence from matter but is one with matter, who is moved by matter and moves matter but never moves himself, who acts upon matter yet undergoes all its changes, a Being of whom I have no conception whatever, so contradictory is he by nature, is difficult to accept. But other difficulties lie in wait for anyone who rejects him, for after all, if this sensitivity that you substitute for him is a general and essential property of nature, then stone must feel.

Diderot: Why not?

D' alembert: That takes a bit of swallowing.

Diderot: Yes, for the person who cuts it, carves it, crushes it yet doesn't hear it crying out.

D' alembert: I wish you would tell me what difference you think there is between a man and a statue, between marble and flesh.

Diderot: Not very much. You can make marble out of flesh and flesh out of marble.

D' alembert: But still the one is not the other.

Diderot: Just as what you call actual energy is not potential energy.

D' alembert: I don't follow you.

Diderot: Let me explain. When a thing is moved from one place to another that is not motion, but only its effect. Motion is inherent in the thing itself, whether it is moved or remains stationary.

D' alembert: That is a novel way of looking at it.

Diderot: But none the less true. Take away the obstacle resisting that particular movement of the motionless body and it will move. If by a sudden rarefaction you take away the air surrounding the trunk of that huge oak, the water it contains will suddenly expand and blow it into a hundred thousand splinters. And I say the same thing about your own body. [①]

译文参考 A

我承认，人们难以接受这样一个神，他存在于某处却不对应于空间中任何一点；他无法丈量却占据空间；他在这个空间中的任一点保持自身完整；他与物质有本质的差异却又和物质互为一体；他被物质移动，同时移动物质，而自身从不移动；他作用于物质而又经历其一切变化过程；我对他毫无概念，他的属性如此矛盾，因此难以被人们接受。而否认他的人面临其他困境，因为毕竟，如果你取而代之的感受性是一种普遍而本质的自然属性，那么石头必亦能感知。

狄德罗：为什么不呢？

达朗贝尔：这可有点儿难以置信。

狄德罗：对于那些把石头切开、雕刻、碾压，却听不到它在哭泣的人们来说，的确难以理解。

达朗贝尔：希望你能告诉我一个人和一尊雕像之间、大理石与肉体之间有何区别？

狄德罗：区别不大。你可使肉体转化为大理石，也可把大理石变成肉体。

达朗贝尔：可毕竟此物非彼物。

① Denis Diderot, *Rameau's Nephew and D'Alembert's Dream*, translated by L. W. Tancock, London: Penguin Books, 1966, pp. 149 – 150.

狄德罗：正如你所说的，真实能量与潜在能量不同。

达朗贝尔：我不懂你的意思。

狄德罗：我来解释一下。把一个物体从一处移动到另外一处时，这不是运动，仅仅是运动的结果。无论物体被移动还是静止不动，运动都是物体的内在属性。

达朗贝尔：这看法独到。

狄德罗：这可是千真万确的。把阻碍静止物体移动的障碍清除，物体就会移动。如果你将那棵大橡树树干周围的空气快速抽干，树干里的水分便会立即膨胀，使它崩裂成千万个碎片。你的身体亦是如此。

语篇精粹 B

Yes, for what do you do when you eat? You remove the obstacles which were resisting the active sensitivity of the food. You assimilate the food with yourself, you turn it into flesh, you animalize it, make it capable of feeling. What you do to that food I will do to marble, and whenever I like.

D'alembert: how?

Diderot: How? By making it eatable.

D'alembert: Make marble eatable… doesn't sound very easy to me.

Diderot: It's my business to show you how it is done. I take this statue you can see, put it into a mortar, and with some hard bangs with a pestle…

D'alembert: Mind how you go, please. It is Falconet's masterpiece. If it were merely something by Huez or somebody…

Diderot: It doesn't make any difference to Falconet; the statue has been paid for, and Falconet cares very little about his present reputation and not at all about it in the future.

D'alembert: All right, pulverize away, then.

Diderot: When the marble block is reduced to the finest powder I mix this powder with humus or compost, work them well together, water the mixture, let it rot for a year, two years, a century, for I am not concerned with time. When the whole has turned into a more or less homogeneous substance — into humus — do you know what I do?

D'alembert: I am sure you don't eat it.

Diderot: No, but there is a way of uniting that humus with myself, of appropriating it, a latus, as the chemists would call it.

D'alembert: And this latus is plant life?

Diderot: Pricisely. I sow peas, beans, cabbages and other leguminous plants. The plants feed on the earth and I feed on the plants.

D'alembert: It may be true or it may not, but I like this transition from marble to humus, from humus to vegetable matter and from vegetable matter to animal, to flesh. [1]

译文参考 B

是的，在你吃东西时，发生了什么呢？你消除了制约食物活跃感知性的障碍。你将食物吸收，转化成你的血肉，你将它动物

---

[1]　Denis Diderot, *Rameau's Nephew and D'Alembert's Dream*, translated by Leonard Tancock, Penguin Books, 1966, pp. 151 – 152.

化，赋予它感知的能力。你对食物所做的，我也随时能对大理石做。

达朗贝尔：你怎么做呢？

狄德罗：怎么做？让它变得能吃。

达朗贝尔：让大理石能吃……听起来可不容易。

狄德罗：我来告诉你怎么做。我把你眼前的这个雕像放进研钵里，用杵使劲捣……

达朗贝尔：请你当心！这可是法尔科内的杰作。若它只是于埃或者其他什么人的的话……

狄德罗：对法尔科内来说根本无所谓；雕像已经花钱买到手了，再说法尔科内才不在乎他现世的名声，更不在乎将来会怎样。

达朗贝尔：那好，把它捣碎吧。

狄德罗：大理石块被碾成细粉末后，我把粉末同腐土或肥料混合，拌匀，加水，等它腐烂，一年、两年、一个世纪，反正我不在乎时间。等它整个变成近乎同质的物质——腐土——你知道我会做什么吗？

达朗贝尔：你肯定不会吃它。

狄德罗：我不吃，不过有种方法能把那腐土和我结合成一体，能占有它，化学家们把它称作 latus。

达朗贝尔：这是一种植物？

狄德罗：正是。我种植豌豆、豆荚、卷心菜和其它豆科植物。植物从土壤里获得养分，我从植物中获取营养。

达朗贝尔：无论真假，我喜欢这种由大理石到腐土，由腐土到植物，植物到动物、血肉的转变过程。

语篇精粹 C

After this preamble he started shouting: "Mademoiselle de L'Espinasse! Mademoiselle de L'Espinasse!" "Well, what is it?" "Have you ever seen a swarm of bees leaving their hive? ... the world, or the general mass of matter, is the great hive... Have you seen them fly away and form at the tip of a branch a long cluster of little winged creatures, all clinging to each other by their feet? This cluster is a being, an individual, a kind of living creature ... But these clusters should be all alike... Yes, if he admitted the existence of only one homogeneous substance ... Have you seen them?" "Yes, I have." "You have?" "Yes, dear, I'm telling you so. " "If one of those bees decides to pinch in some way the bee it is hanging on to, what do you think will happen? Tell me. " "I've no idea. " "Tell me all the same ... So you don't know, but the Philosopher does. If ever you see him, and you are bound to see him sooner or later, for he has promised you will, he will tell you that this second bee will pinch its neighbor, and that throughout the cluster as many individual sensations will be provoked as there are little creatures, and that the whole cluster will stir, move, change position and shape, that a noise will be heard, the sound of their little cries, and that a person who had never seen such a cluster from would be tempted to take it for a single creature with five or six hundred heads and a thousand or twelve hundred wings. "[1]

---

[1] Denis Diderot, *Rameau's Nephew and D'Alembert's Dream*, translated by Leonard Tancock, Penguin Books, 1966, pp. 168 – 169.

译文参考 C

开场白过后，他开始大喊："德莱丝比纳斯小姐！德莱丝比纳斯小姐！""干吗？""你见过群蜂离开蜂巢的景象吗？……那大蜂巢就是世界，或者物质的总体……你见过他们飞走，在树梢处，彼此的脚钩在一起，形成一个长长的小翅膀生物群吗？这个蜂群即是一种存在，一个个体，一种生物……但这些蜂群应该都是相似的……是的，若他承认只存在一种同质物质……你见过吗？""是的，我见过。""你见过？""对，亲爱的，我说我见过。""你认为若是某只蜜蜂刺一下钩住它的蜜蜂，会怎么样？告诉我。""我不知道。""那也来说一说……那么你不知道，可那位哲人知道。若你见到他，你迟早会的，因为他答应会见你，他会告诉你，第二只蜂会去刺它旁边那只，于是整个蜂群里有多少小生命，就会唤起多少个体感受，整个蜂群会骚动、改变姿势和形状，发出声音，那是它们微小的哭泣声，没见过这类蜂群的人，会以为那是个长着五六百个头和一千至一千两百只翅膀的动物。"

（三）机械论（Mechanism）

1. 术语解读

机械论与目的论相对，是指用机械力学的原理来解释一切自然现象的运动。这种思想在古希腊德谟克里特的原子论中已有萌芽，认为原子具有形状、它在空间中运动，并相互联系、集合，有些带钩的原子还可勾在一起。法国默尔逊认为科学是克服怀疑主义与教条主义的中间道路。科学采用机械原则把事物联系在一起，因而它是不容怀疑的，并因此而给教条以科学的运动的说明。

法国的机械唯物主义以机械原理来说明世界、说明社会与人，把人的构造看成一架机器；霍尔巴赫不仅认为人是机器，而且认为世界的整体就是一架机器，由物质粒子组成，按照一定的规律运行，一切事物都有因果联系，并把偶然性归结为必然性。德国康德在其目的性的理论中，提出目的论与机械论的二律背反，并以带有有机论性质的内在目的性与有机械关系的外在目的性相对立，开辟了有机论代替机械论的道路。在现代西方哲学中，有些派别以有机论批评机械论，但仍认为机械论是构成哲学体系的一种模式。马克思和恩格斯认为机械论是近代工业发展之后，对力学、机械学有了一定的研究才出现的哲学理论，它把机械运动看作主要的运动形式，认为物质的运动具有机械性和形而上学性。

2. 语篇精粹

语篇精粹 A

D'Alembert: All right. But what relationship is there between motion and sensitivity? Could it possibly be that you take cognizance of active and latent sensitivity as of actual and potential energy? Actual energy manifests itself by motion and potential energy by pressure. In the same way there is an active sensitivity which is characterized by certain reactions observable in animals and perhaps plants, and a latent sensitivity, the existence of which can only be verified when it changes into active sensitivity.

Diderot: That's exactly it. You have hit the nail on the head.

D'Alembert: Thus the statue has only latent sensitivity while man, the animal world and perhaps even plants, are vouchsafed active sensitivity.

Diderot: There is of course this difference between the block of marble and the living tissue of flesh, but you realize, don't you, that it is not the only one?

D'Alembert: Yes, of course. Whatever resemblance there may be between the external forms of the man and the statue, there is no relationship between their internal organizations. The chisel of the most skilful sculptor can't even make an epiderm. But whereas there is a very simple method of making potential energy turn into actual energy (It is an experiment being repeated before our eyes a hundred times a day), I don't quite see how you can make a body pass from a state of latent sensitivity into one of active sensitivity.

Diderot: That's because you don't want to see. It is an equally common phenomenon.

D'Alembert: And what is this equally common phenomenon, may I ask?

Diderot: I'm about to tell you, since you don't mind having to be told. It happens every time you eat. ①

译文参考 A

达朗贝尔：好的。可是运动和感受性之间有何关联？有没有可能运用真实能量与潜在能量之间的关系，来理解活跃的感受性

---

① Denis Diderot, *Rameau's Nephew and D'Alembert's Dream*, translated by Leonard Tancock, Penguin Books, 1966, pp. 150 – 151.

和潜在的感受性呢？真实的能量通过运动来体现，潜能则是靠压力。同样的，有种活跃的感受性表现为动物或植物身上可见的某些反应，而潜在的感受性的存在只有在转变为活跃的感受性后才可得到证实。

狄德罗：正是如此。你一语中的。

达朗贝尔：因此雕像只拥有潜在感受性，而人类、动物界，或许甚至植物，都被赋予了活跃的感受性。

狄德罗：毋庸置疑，一块大理石与肉体的活组织之间是有这种差异的，可你能够意识到这并非唯一的差别，不是吗？

达朗贝尔：当然。无论人类和雕像的外在形式多么相似，二者的内部组成毫不相关。再灵巧的雕塑家的凿子也无法造出一片皮肤来。尽管我们能轻而易举地将潜能转化为真实能量（这个实验每天在我们眼前重复100次），我却不知道怎样使物体从潜在感受性的状态过渡至活跃的感受性。

狄德罗：那是因为你并不情愿看到。这种现象同样普遍存在。

达朗贝尔：那么请问，这种普遍现象是什么呢？

狄德罗：既然你想知道，我正要告诉你。你每次吃东西时，这种现象就发生了。

语篇精粹 B

What I mean is that before his mother, the beautiful and scandalous Madame de Tencin, had reached the age of puberty, and before the soldier La Touche had reached adolescence, the molecules which were to form the first rudiments of our mathematician were scattered about in the young and undeveloped organs of each, were being filtered with the lymph and circulated in the blood until they finally settled in the vessels ordained for their union, namely the sex glands of his mother and father. Lo and behold, this rare seed takes form; it is carried, as is generally believed, along the Fallopian tubes and into the womb. It is attached thereto by a long pedicle, it grows in stages and advances to the state of foetus. The moment for its emergence form its dark prison had come: the new-born boy is abandoned on the steps of Saint – Jean – le – Rond, which gave him his name taken away from the Foundling Institution and put to the breast of the good glazier's wife, Madame Rousseau; suckled by her he develops in body and mind and becomes a writer, a physicist and a mathematician. How did all this come about? Through eating and other purely mechanical operations. Here is the general formula in a few words: eat, digest, distil *in vasi licito et fiat homo secundum artem*. And anyone lecturing to the Academy on the stages in the formation of a man or animal need refer only to material factors, the successive stages of which would be an inert body, a sentient being, a thinking being and then a being who can resolve the problem of the precession of the equinoxes, a sublime being, a miraculous being, one who ages, grows infirm, dies, decomposes and returns to humus. [1]

译文参考 B

　　我的意思是，在他的妈妈——美丽却名声不佳的唐辛夫人成

———————

[1] Denis Diderot, *Rameau's Nephew and D'Alembert's Dream*, translated by Leonard Tancock, Penguin Books, 1966, pp. 152 – 153.

年之前，而那时军人拉杜什也尚未进入青春期，将要形成我们的数学家最初器官的分子还分散在二人各自年轻而未成熟的器官里，经过淋巴过滤，参与血液循环，直到最终落户于促成彼此结合的器官——父亲和母亲的性腺。你瞧，这颗珍贵的种子形成了；经由输卵管进入子宫，正如大家所了解的那样。它由一条长长的管子和子宫相连，逐步发育，达到胚胎的形态。接下来它挣脱黑暗牢狱的时刻来临了：这个刚刚降生的男孩被遗弃在圣·让·勒隆教堂的台阶上，也是因此用这所弃儿养育院的名字为他取名，由善良的玻璃匠的妻子卢梭夫人喂养；在她的养育之下，他的身体和心智逐渐成长，成为一名作家、物理学家和数学家。这一切是如何发生的？通过吃和其它纯粹的机械活动。如下是简述的一般公式：吃、消化、吸收营养、长大成人。如果有人到学院去讲授人或动物的形成阶段，他仅需指出其中的物质因素，这些因素依次为：一个无生命力的躯体，一个有感知力的生命，一个有思想的生命，一个能够解决岁差问题的生命，一个卓越的生命，一个不可思议的生命，一个会衰老、虚弱、死亡、分解并化为腐土的生命。

语篇精粹 C

That's what I think, and it has sometimes led me to compare the fibres of our organs with sensitive vibrating strings. A sensitive vibrating string goes on vibrating and sounding a note long after it has been plucked. It is this oscillation, a kind of necessary resonance, which keeps the object present while the understanding is free to consider whichever of the object's qualities it wishes. But vibrating strings have get yet another property, that of making others vibrate, and it is in this way that one idea calls up a second, and the tow together a third, and all three a fourth, and so on; You can't see a limit to the ideas called up and linked together by a philosopher meditating or communing with himself in silence and darkness. This instrument can make astonishing leaps, and one idea called up will sometimes start a harmonic at an incomprehensible interval. If this phenomenon can be observed between resonant strings which are inert and separate, why should it not take place between living and connected points, continuous and sensitive fibres?

D' alembert: If all that isn't true it certainly is very ingenious. But one might be tempted to think that you are falling, without realizing it, into the very difficulty you were trying to avoid.

Diderot: What difficulty?

D' alembert: You are opposed to the distinction between the two substances.

Diderot: I make no secret of that. [1]

译文参考 C

那便是我所想，这想法有时令我不由得把我们器官的纤维组织比作敏感颤动的琴弦。一根敏感颤动的琴弦被拨弄后会持续地颤动、发声。正是这种震荡，一种必然产生的回响，保证了琴弦的存在感，同时我们可以去尽情理解它的各种特性。但是颤动的

---

① Denis Diderot, *Rameau's Nephew and D'Alembert's Dream*, translated by Leonard Tancock, Penguin Books, 1966, pp. 156 – 157.

琴弦还具有另一特性，即引起其它琴弦的颤动，正像这样，一个想法引出第二个想法，这两个想法又引出第三个想法，第三个想法进而唤起第四个，以此类推。你无法想象一位在黑暗中静思冥想的哲学家脑海里有多少想法正在萌生和联结。这种方式能制造惊人的飞跃，有时一个被唤起的想法会在超乎想象的距离之外产生和声。既然我们能够观察到这些无生命的、彼此独立的音弦产生回响的现象，那么在有生命的、彼此联结的点之间，在连续的、敏感的纤维组织之间，它为什么不能发生呢？

达朗贝尔：即便你所说并不正确，也绝对算得上别出心裁。不过人们或许会禁不住认为你在不知不觉中陷入了某种困境，而这困境正是你试图避免的。

狄德罗：什么困境？

达朗贝尔：你否认了两种物质之间的差异。

狄德罗：对此我毫不掩饰。

（四）享乐主义（Hedonism）

1. 术语解读

"享乐主义"指把快乐作为人生的目的，追求物质和精神上的享受的流派。"享乐主义作为一种世界观和道德观，它是从人的自然本性出发，把各种道德要求的全部内容归为得到快乐和避免痛苦，认为人生的目的就在于追求物质享受，能满足个人欲望和要求的行为就是道德行为。"[①] 人本主义哲学家埃里希·弗洛姆

---

① 夏光明：《"享乐主义"论析》，《学习与实践》，1994 年第 7 期。

认为享乐主义起源于亚里斯提卜，他是苏格拉底的弟子，"他认为，生活的目的就是最佳地享受身体上的快乐，幸福就是快乐的总和……实现享乐"①。古希腊哲学家伊壁鸠鲁主张快乐即善，快乐才是幸福生活的起始和归宿。"他把快乐分为三类：第一类是自然和必要的快乐，即人基本的肉体需求；第二类是自然而非必需的快乐；第三类是既非自然又非必要的快乐。"② 17、18 世纪的霍布斯、拉美特利、边沁、穆勒等哲学家进一步发展了享乐主义。18 世纪末 19 世纪初，德国哲学家伊曼努尔·康德认为："人觉得他自己有许多需要和爱好，这些完全满足就是所谓的幸福。"③

2. 语篇精粹

语篇精粹 A

Nothing is less like him than himself. At times he is thin and gaunt like somebody in the last stages of consumption; You could count his teeth through his cheeks and it is as though he had had nothing to eat for days on end or had just come out of a Trappist monastery. A month later he is sleek and plump as though he had never left home millionaire's table or had been shut up in a Cistercian house. Today, in dirty linen and ragged breeches, tattered and almost barefoot, he slinks

① ［美］埃里希·弗洛姆：《占有还是生存》，关山译，生活·读书·新知三联书店，1989 年，第 5~6 页。

② 马云泽：《伊壁鸠鲁伦理思想研究——"享乐主义说"纠偏》，《九江师专学报》，2000 年第 2 期。

③ 北大哲学系外国哲学史教研室编译：《十八世纪末—十九世纪初德国哲学》，商务印书馆，1975 年，第 111 页。

along with head down and you might be tempted to call him over and
give him money. Tomorrow, powdered, well shod, hair curled, beauti-
fully turned out, he walks with head high, showing himself off, and
you would almost take him for a gentleman. He lives for the day,
gloomy or gay according to circumstances. His first care when he gets
up in the morning is to make sure where he will be dining; After din-
ner he thinks where to go for supper. Night has its own peculiar wor-
ry—whether to tramp home to his little garret, assuming that the land-
lady, sick and tired of waiting for the rent, has not demanded the key
back, or whether to go to earth in an inn just out of town and there a-
wait the dawn with a crust of bread and a pot of ale. When he has less
than six sous in his pocket, which sometimes happens, he falls back on
a cabby he knows, or the coachman of some noble lord, who gives him
a shake-down on some straw beside his horses. In the morning he still
has some of his mattress in his hair. If the weather is mild he walks up
and down the Cours or the Champs – Elysees all night. He reappears
with the daylight, already dressed yesterday for today and sometimes
from today for the rest of the week. [①]

译文参考 A

没有谁比他自己更不像他自己了。有时他瘦削憔悴，活像个
痨病末期病患。隔着脸颊就能数清他长了几颗牙，仿佛一连数日
饥肠辘辘，或者刚刚走出特拉普派修道院。一个月后他又油光水

---

① Denis Diderot, *Rameau's Nephew and D'Alembert's Dream*, translated by Leonard Tancock, Pen-
guin Books, 1966, pp. 34 – 35.

滑得好似从未离开百万富翁的餐桌，要么就是被关在了西多会的修道院里。今日，他身着脏麻衣、破裤子，衣衫褴褛，赤着脚，垂着头，狼狈溜走，你禁不住要唤他上前施舍于他。明天，他扑着粉，鞋子考究，鬈着发，打扮俊俏，神气十足地自我炫耀，你差点就相信他是位绅士。他及时行乐，随境遇或悲或喜。早上醒来他首要关心的是去哪儿进餐，早饭过后就琢磨到哪里解决午饭。夜晚令他格外烦恼——是步行返回他那窄小的阁楼，假使女房东还没因等他交租等得不耐烦而收回钥匙，还是躲在郊外的小酒馆，守着一片干面包和一瓶啤酒等待天明。若是口袋里不足六个铜板，这时有发生，他就去求助一位相识的马车夫，或是某位贵族的车夫，允许他借宿在马匹旁边的稻草上。早上便仍有些"床垫"留在他的头发里。若天气暖和，他整夜在库尔或香榭丽舍走来走去。天亮后再露面时，他身上还穿着前一天的衣服，有时一身衣服会一直穿一个星期。

语篇精粹 B

HE: Now I think you are laughing at me, Mr Philosopher, and you don't know who it is you are up against; you seem unaware of the fact that at this moment I represent the most important part of town and Court. The opulent people we see in all walks of life may have admitted to themselves the very things I have been confiding in you, or they may not. But the fact remains that the life I should live in their place is identical with theirs. Now that is just your position: you think that happiness is the same for all. What a strange illusion! Your own brand presupposes a certain romantic turn of mind that we don't all possess, and unusual type of soul, a peculiar taste. You dignify this oddity with the name of virtue and you call it philosophy. But are virtue and philosophy mad for everybody? Some can acquire them, some can keep them. Imagine the universe good and philosophical, and admit that it would be devilishly dull. So long live philosophy and long live the wisdom of Solomon – drink good wine, blow yourself out with luscious food, have a tumble with lovely women, lie on soft beds. Apart from that the rest is vanity. [①]

译文参考 B

他：那么我觉得您是在嘲笑我，哲学家先生，而您不知道您是在和谁过不去。您似乎并没意识到，此刻我代表着城市和宫廷里最重要的那部分势力。我向你们吐露的这些话，各行各业的有钱人或许已经了然于心，或许尚未认识到。但事实如此：假使我处在他们的境遇，我的生活将同他们的一般无二。那是你们的立场：你们认为幸福对于所有人来说都相同。多么奇怪的幻想！你们所谓幸福的前提是浪漫化的思想，并非人皆有之，以及不寻常的心境、怪异的品位。你们把这种怪异标榜为道德，称之为哲学。但道德和哲学是否适用于所有人？有些人能获得，有些人能保持。试想一个美好而充满哲理的世界，承认吧，那会多么乏味。哲学万岁，所罗门的智慧万岁，品美酒，尝佳肴，和美人缠绵，卧在柔软的床上。除此之外一切皆为浮云。

---

① Denis Diderot, *Rameau's Nephew and D'Alembert's Dream*, translated by Leonard Tancock, Penguin Books, 1966, p. 64.

语篇精粹 C

And since I can achieve happiness through failings natural to me which I have acquired without toil and retain without effort, which fit in with the customs of my country, appeal to the tastes of my patrons and are more in harmony with their little personal requirements than some virtues which would cramp their style by nagging away at them from morn till eve, it would be strange indeed for me to torture myself like a soul in hell so as to mutilate myself into something quite different from what I am. I should give myself a character quite foreign to me and qualities most praiseworthy (I grant you that, so as to have no argument), but which would cost a lot to acquire and land me nowhere, or worse than nowhere, because I should be continually satirizing the rich from whom poor devils like me have to make a living. People laud virtue, but they hate and avoid it, for it freezes you to death, and in this world you have to keep your feet warm. Besides, it would inevitably make me ill – tempered, for why do we so often see the virtuous so hard, tiresome and unsociable? Because they have subjected themselves to a discipline that is not in their nature. They are miserable, and when you are miserable yourself you make others miserable too. That' not my idea, nor that of my patrons: I have to be gay, adaptable, agreeable, amusing, odd. Virtue commands respect, and respect is a liability. Virtue commands admiration, and admiration is not funny. I have to deal with people who are bored, and I have to make them laugh. Now that makes people laugh is ridiculousness and silliness, so

I have to be ridiculous and silly, and if nature had not made me like that it would be simplest to appear so. Fortunately I don't need to be a hypocrite—there are already so many of every hue, to say nothing of those who take in even themselves. Look at the Chevalier de la Marilee, who turns up the brim of his hat over his ear, who looks down his nose at passer – by, has a long word rattling against his thigh and is always ready with an insult for anybody without one, and seems to be challenging all and sundry—what's he up to? He is doing everything he can to persuade himself that he is doing everything he can to persuade himself that he is a man of courage, but he is a coward. [①]

译文参考 C

　　既然我可以靠与生俱来的缺点获得幸福，而这些缺点是我毫不费力地得来和轻而易举地保持的，既符合我国的风土人情，又迎合我的资助人的喜好，比起从早到晚喋喋不休束缚他们行为的美德，与他们小小的需求更加协调，那么为了把自己变成一个面目全非的人，要我如同在地狱里一般自我折磨，这简直再奇怪不过了。我本应给自己培养一种迥异的性格及最可贵的品格（这点我承认，以免争论），但这需要付出很大代价才能做到，而于我又毫无意义，甚至比毫无意义更糟，因为那样的话我就要不断嘲讽那些有钱人，可像我这样的穷鬼还要靠他们谋生呢。人们赞颂美德，却又憎恨它、对它避之不及，因它的冰冷能置人于死地，而活在这世上需要温暖。此外，那样也必定会令我变得脾气暴躁，

---

①　Denis Diderot, *Rameau's Nephew and D'Alembert's Dream*, translated by Leonard Tancock, Penguin Books, 1966, pp. 68 – 69.

不然我们怎么经常看到那些道德高尚的人如此冷酷、无趣、难以亲近？原因是他们勉强自己去遵守违背天性的原则。他们是痛苦的，当一个人自己痛苦时，他也会令其他人痛苦。我可不想那样，我的资助人们也不想：我要快活、随和、讨喜、有趣、与众不同。美德要求尊敬，而尊敬意味着责任。美德令人钦佩，可钦佩是无趣的。我要应付无聊的人，使他们发笑。取悦他人是荒谬和愚蠢的，我便不得不荒谬和愚蠢，若不是天性使然，那么最简单的方法便是装成这个样子。幸运的是我不需要做伪君子——已经有形形色色的伪君子，姑且不论那些自欺欺人的家伙。瞧瞧马利勒骑士，帽檐在耳畔翘起，轻蔑地瞅着过路人，佩戴的长剑在大腿旁咔嗒作响，他随时准备给没有配剑的人一番教训，一副要挑战所有人的样子——他在干什么啊？他在竭尽所能说服自己是个勇士，但他其实是个懦夫。

（五）百科全书派（The Encyclopedists）

1. 术语解读

百科全书派是 18 世纪法国资产阶级启蒙运动中的主要派别。狄德罗和达朗贝尔以主编《法国百科全书》为阵地，宣传民主主义、唯物主义和无神论思想，传播自然科学和生产技艺，为法国资产阶级革命造舆论。该派的先后参加者达一百六十多人，主要代表有狄德罗、伏尔泰、卢梭、爱尔维修等。他们聚会和讨论问题主要通过霍尔巴赫和爱尔维修家的"沙龙"。狄德罗为《法国百科全书》写了哲学、宗教、历史、政治方面的绝大部分条目，达朗贝尔写了哲学、数学、文学方面的许多条目，伏尔泰、孟德斯鸠、卢梭等也曾积极支持该派活动并撰写条目。该派成员的社会政治和哲学观点并不统一，有的主张君主立宪，有的主张自然神论，有的主张无神论，但都强调理性，认为从君主的权利到人民的权利等，一切都应放到理性法庭面前接受审判。他们反对教会集权及对人民进行宗教迫害，并对宗教教义、教规、仪式、宗教奇迹等进行揭露、批判。该派反对封建专制统治，认为暴君以个人意志左右一切，滥用权力，破坏法律，欺压人民，是一种最残酷的制度；主张国家保障人民的生命财产及人人享有自由、民主、平等的天赋权利。故百科全书派被当局控制为"危害国家安全和推翻社会"、鼓吹渎神言论、企图毁灭宗教的危险集团。百科全书派的兴起是法国启蒙运动进入高潮的标志，也标志着资产阶级革命的条件日趋成熟。

2. 语篇精粹

语篇精粹 A

The Encyclopedia, to be laid before the public, is not the work of a single hand or two; but, as the title imports, of a learned body: all the members whereof, except ourselves, either have, or deserve, an established character as authors. We presume not to anticipate a judgment, which only belongs to the proper judges; but think it incumbent upon us to remove an objection, that might otherwise prejudice this great undertaking. We, therefore, declare, that far from the rashness of charging ourselves with a load so disproportioned to our strength, our part, as editors, principally consists in arranging the articles chiefly communicated to us, by others, entire. ①

译文参考 A

即将问世的《百科全书》并非一两个人的成果，而是如书名所述，出自一个博学的团体：除我们之外，团体中的每位成员都拥有或可担当资深作者之名。我们不擅自做出预判，因评判之权利只属于适当的人选，但我们感到有责任消除异议，否则可能造成大众对这项伟大事业的偏见。因此，我们声明，绝不会草率承担自身能力不及的工作，作为编者，我们的首要职责在于整理他人传递给我们的文章，仅此而已。

语篇精粹 B

The *Encyclopedia* became a powerful engine for aiding such a transformation. Because it was this, and because it rallied all that was then best in France round the standard of light and social hope, we ought hardly to grudge time or pains to its history. For it was not merely in the field of religious ideas that the Encyclopedists led France in a new way. They affected the national life on every side, pressing forward with enlightened principles in all the branches of material and political organisation. Their union in a great philosophical band gave an impressive significance to their work. The collection within a single set of volumes of a body of new truths, relating to so many of the main interests of men, invested the book and its writers with an aspect of uni-

---

① Jean Lerond D'Alembert, preface, *The Plan of the French Encyclopedia*, or *Universal Dictionary of Arts*, *Sciences*, *Trades and Manufactures*, Paris & Prassia Royal Academy of Sciences & Royal Society of London, 1752, p. 1.

versality, of collective and organic doctrine, which the writers them-
selves would without doubt have disowned, and which it is easy to dis-
solve by tests of logic. ①

译文参考 B

《百科全书》成为推动这一变革的强大引擎。正因如此，同
时也由于它集结了当时法国所有顶级精英人士对于光明的希冀和
社会期望，因而，对于探究其历史，我们不应吝惜时间与辛劳。
因为百科全书派不仅在宗教思想领域引领法国步入新的方向，他
们影响国民生活的方方面面，用启蒙思想推进了实体和政治机构
中所有分支部门的发展。他们这一伟大哲学团体的联合为他们的
工作赋予了深刻意义。每套书的各卷中都汇集着大量人类主要关
注领域的新知，赋予这套书及其作者们一种广泛性、集体主义和
组织原则，而对于这点，作者们本人定会毫不犹豫地予以否认，
同时它也易被逻辑检验轻松瓦解。

语篇精粹 C

But the popular impression that the Encyclopedists constituted a
single body with a common doctrine and a common aim was practically
sound. Comte has pointed out with admirable clearness the merit of the
conception of an encyclopedic workshop. It united the members of rival
destructive schools in a great constructive task. It furnished a rallying-
point for efforts otherwise the most divergent. Their influence was pre-
cisely what it would have been, if popular impressions had been literal-

---

① John Morley, *Diderot and the Encyclopedists*, vol. 1, Macmillan and Co. Ltd., 1905, p. 50.

ly true. Diderot and D'Alembert did their best to heighten this feeling. They missed no occasion of fixing a sentiment of co – operation and fellowship. They spoke of their dictionary as the transactions of an Academy. Each writer was answerable for his own contribution, but he was in the position of a member of some learned corporation. To every volume, until the great crisis of 1759, was prefixed a list of those who had contributed to it. If a colleague died, the public was informed of the loss that the work had sustained, and his services were worthily commemorated in a formal éloge. Feuds, epigrams, and offences were not absent, but on the whole there was steadfast and generous fraternity.[①]

译文参考 C

但百科全书派组成了一个拥有共同信仰和目标的团体，这一普遍印象是基本合理的。孔德曾清晰阐述百科全书式工作理念的价值。这种模式通过一项建设性的使命把相互敌对的学派成员联合起来。它为本应分歧最大的力量提供了一个集结地。如果说对于百科全书派的普遍印象是正确的，那么他们的确发挥了应有的影响力。狄德罗和达朗贝尔为提升这种印象不遗余力。他们不失时机地维系合作感和团队友谊，称《百科全书》为学院的学报。每位作者对本人所作文稿负责，同时也拥有某个学术团体成员的身份。截至1759年的大危机，每卷开头均附有参与编纂人员的名单。若有同事去世，公众会被告知编纂工作遭受的损失，他的贡献也会由发表的正式悼文予以郑重纪念。争执、讥讽和冒犯并非

---

① John Morley, *Diderot and the Encyclopedists*, vol. 1, Macmillan and Co. Ltd., 1905, p. 50.

不存在，但总体来说更多的是坚定而仁慈的友爱。

（六）无神论（Atheism）

1. 术语解读

无神论与有神论相对。广义的无神论指不信仰普通的多神的理论，狭义的无神论指不信仰神的理论。在西方哲学中，古希腊的阿那克萨哥拉被称为无神论者，他认为太阳是石头而不是神。苏格拉底也被认为不信仰城邦的神，但他自己提出一种支配他自己的行动的神异的观点。法国的启蒙思想家和唯物主义哲学家都著有无神论方面的著作，表明他们的无神论思想，他们的观点大多从机械唯物主义出发论证神不是客观存在，而是人们的虚构，并从教会与封建制度的结合角度，论证信教的政治意义。德国的费尔巴哈从人本学出发，指出信教的人性论基础和心理的根源，认为信仰是难以消灭的，提出以人为信仰的对象。马克思和恩格斯从辩证唯物主义出发提出其无神论观点，认为以前的无神论著作虽有其历史价值，但从唯心主义和机械唯物主义出发，并不能对有神论或宗教做出科学的分析。在现代西方哲学中，唯意志论与存在主义都提出了一些无神论思想，德国的叔本华把自在之物归结为人的盲目的意志，因而否定对神的信仰。尼采从其强力意志的观点出发，认为基督教宣扬一种弱者的道德，因而提出上帝死了并批判宗教信仰。海德格尔自称是无神论者。法国的萨特从其存在主义观点出发，提出上帝死了，人处于自由之中，人应该自己发现其自身的价值与目的，找到每个人所希望达到的人的本质。

2. 语篇精粹

语篇精粹 A

"Ah Sir", replied the blind philosopher, "forget that beautiful great spectacle that was never made for me! I have been condemned to live my life in darkness, and you cite wonders I can't understand and which are proof only for you and those who see as you do. If you want me to believe in God, you must make me touch him."

"Sir," the minister skilfully replied, "run your hands over your own body and you will feel God in the admirable mechanism of your sense organs."

"Mr Holmes," Saunderson said, "I repeat, all that is not as beautiful to me as it is to you. And even if the animal mechanism were as perfect as you claim, and I want to believe it is because you are an honest man and wholly incapable of deceiving me, what does it have in common with a supremely intelligent being? If you marvel at it, it might be because you tend to think anything that seems to be beyond your powers is a marvel. I have been the object of your wonder so often that I have a very low opinion of the things that amaze you. People have come to see me from all over England because they could not imagine how I was able to do geometry, which you must admit means that such people did not have a very clear notion of what is possible. If we think a phenomenon is beyond man, we immediately say it's God's work; our vanity will accept nothing less, but couldn't we be bit less vain and a bit more philosophical in what we say? If nature presents us with a problem that is difficult to unravel, let's leave it as it is and not try to undo it with the help of a being who then offers us a new problem, more insoluble than the first. Ask an Indian how the world stays up in the air, and he'll tell you that an elephant is carrying it on its back; and the elephant, what's he standing on? A tortoise. And that tortoise, what's keeping him up? … To you, that Indian is pitiful, yet one could say the same of you as you say of him. So, Mr Holmes, my friend, start by confessing your ignorance, and let's do without the elephant and the tortoise."[①]

译文参考 A

"啊，先生"，盲人哲学家回答，"别提那种我从来无福欣赏的美景了！我活该注定生活在黑暗之中，您所说的奇迹我无法理解，那仅仅对您和像您一样能看见的人来说才算得上证据。若想让我相信上帝，必须让我触摸他。"

"先生"，牧师巧妙答道，"用你的双手摸摸你自己的身体，你就会从感觉器官令人赞叹的机制中感受到上帝的存在。"

"霍姆斯先生"，桑德森说道，"我重申，对您来说美丽的东西对我来说未必美丽。即便动物机制真如您声称的这般完美，并且我愿意相信因为您是个诚实的人，您绝对不会欺骗我，可它与一个拥有无上智慧的生命有何共同之处？若您赞叹它，或许是因为您习惯把任何超越您能力范围的事物都看作奇迹。我可经常是

---

① Denis Diderot, *Letter on the Blind*, translated by Kate E. Tunstall, *Blindness and Enlightenment*, Continuum International Publishing Group, 2011, pp. 199 – 200.

您赞叹的对象，这让我觉得那些会令您惊奇的东西并没什么了不起。人们从英格兰各处赶来见我，因为他们想象不出我是如何研究几何学的。你必须承认，这说明这些人不懂何为可能。每当我们认为一种现象超越了人类的能力范围，我们立即说那是上帝的杰作；我们的虚荣心不愿接受任何不及于此的解释，然而我们对于我们所言为何不能少些自负、多些冷静？如果自然界向我们提出一个难解的问题，我们何不顺其自然，不去试图用另一个会带来更难解决的新问题的答案去解释起初的那个难题。你问印第安人地球是如何待在空中的，他会告诉你一头象把地球扛在他的背上，那么象又是站在哪儿呢？一只乌龟身上。又是什么托起了那只乌龟？……在你看来，那个印第安人是可悲的，然而其他人也可对你做出同样的评价。所以，霍姆斯先生，我的朋友，首先承认您的无知，我们还是抛开大象和乌龟考虑问题吧。"

语篇精粹 B

"Consider, Mr Holmes", he added, "how confident I have to be in what you and Newton say. I can't see anything and yet I will accept that everything is admirably ordered, but I am counting on you not demanding anything more of me. I defer to you as regards the current state of the universe in return for the freedom to think what I will about its ancient and primary state, to which you are no less blind than I am. You have no witnesses present that can testify against me, and in this respect your eyes are of no use to you. So you go on imagining, if you will, that the order that strikes you has always been in existence, but allow me to believe that nothing could be further from the truth, and that if we went back to the beginning of the universe and time, and we felt matter start to move and chaos dissipate, for every couple of beings that were put together properly, we would encounter a multitude of shapeless ones. If I have no objection to your view of the present state of things, I can nonetheless question their former state. I can ask, for example, who told you all—you, Leibniz, Clarke and Newton—that when animals first came into being, there weren't some with no heads and others with no feet? I can claim that some had stomachs missing and others lacked intestines, that the ones with stomachs, teeth and palates, who looked as though they might survive, ceased to exist owing to some heart or lung defect, that monsters were wiped out one after another, that all defective combinations of matter disappeared and that the only ones to remain have mechanisms with no serious disorders, and can survive on their own and reproduce."[1]

译文参考 B

"想想吧，霍姆斯先生"，他补充道，"对于您和牛顿所言我是多么深信不疑。我什么也看不见，可我相信万物都有令人敬畏的秩序，但我希望您不要从我这儿要求更多。我尊重您关于宇宙现状的看法，作为交换请任由我去想象宇宙古老和原始的状态，在这方面您并不比我这个瞎子看得清楚。您没有现成的证据可以否决我的观点，这样看来您的双眼并没派上什么用场。所以继续想象吧，若您愿意，那打动了您的秩序始终存在着，但允许我认为

---

① Denis Diderot, *Letter on the Blind*, translated by Kate E. Tunstall, *Blindness and Enlightenment*, Continuum International Publishing Group, 2011, pp. 200 – 201.

没什么比这更远离真理了，假使我们回到宇宙和时间之源，我们感受到物质开始移动，混乱逐渐消散，每几个由恰当方式结合形成的生命；我们可见大量未成形的生物。如果说我对您有关事物现存状态的看法无异议，我依然可以质疑它们先前的状态。例如，我可以问，是谁告诉你们——您、莱布尼茨、克拉克和牛顿——动物最初形成之时，没有一些是没有头或者没有脚的？我可以说，有些少了胃，另一些缺了肠道，有些倒是长了胃、牙齿和上颚，尽管看上去似乎可以存活，但由于某些心脏或肺部缺陷已然不复存在，畸形动物相继灭绝，所有有缺陷的结合体均消失殆尽，只有那些不存在严重紊乱的机体留存下来，得以生存和繁衍。"

语篇精粹 C

Look at this egg: with it you can overthrow all the schools of theology and all the churches in the world. What is this egg? An insensitive mass before the germ is put into it, and after the germ is in it what is it then? Still an insensitive mass, for the germ itself is merely inert and thick fluid. How dose this mass evolve into a new organization, into sensitivity, into life? Through heat. What will generate heat in it? Motion. What will the successive effects of motion be? Instead of answering me, sit down and let us follow out these effects with our eyes from one moment to the next. First there is a speck which moves about, a thread growing and taking colour, flesh being formed, a beak, wing-tips, eyes, feet coming into view, a yellowish substance which unwinds and turns into intestines—and you have a living creature. This creature stirs, moves about, makes a noise— I can hear it cheeping through the shell— it takes on a downy covering, it can see. The weight of its wagging head keeps on banging the beak against the inner wall of its prison. Now the wall is breached and the bird emerges, walks, flies, feels pain, runs away, comes back again, complains, suffers, loves, desires, enjoys, it experiences all your affections and does all the things you do. [1]

译文参考 C

看看这枚蛋吧：有了它你能推翻一切神学学派和世界上所有的教堂。这枚蛋是什么？在胚芽进入之前，它是无知觉的一团，那么胚芽进入之后它又是什么呢？依然是无知觉的一团，因为胚芽本身仅是无生命的稠液。这样的一团是如何演变为一个全新的组织，变得有感觉和生命的呢？通过温度。蛋内部的温度是由什么产生的？运动。持续运动的结果是什么？先不要回答我，请坐下，让我们用我们的双眼去追随这些结果产生的每一步变化。最初是一个可以移动的微粒，长出一条带有颜色的细丝，形成血肉，喙、翅膀尖儿、眼睛、爪子逐渐成形，一团淡黄色的物质松开成为内脏——一个生命就这么诞生了。这个生命蠕动着、移动着、叫唤着——我能听到它透过蛋壳吱吱叫着——它身裹绒毛，拥有视力。摇晃的头的重量使它的喙不停地啄它牢笼的内壁。现在内壁裂开，小鸟出来了，它走，它飞，感受疼痛，逃走，回来，哀鸣，痛苦，爱，渴望，享受，它能感受一切你所感受的，做一切你所做的。

---

① Denis Diderot, *Rameau's Nephew and D'Alembert's Dream*, translated by Leonard Tancock, Penguin Books, 1966, pp. 158 – 159.

（七）怀疑论（Skepticism）

1. 术语解读

怀疑论是怀疑客观世界是否存在，以及客观真理能否被人们所认识的哲学理论。古代的怀疑主义不是把怀疑作为达到真知识的一种手段或环节，而是把怀疑本身作为知识和研究的结果，否认人类的认识能力，否认客观知识的可能性。它是作为独断论的对立物而产生和兴起的，既有消极作用，又有积极作用。古希腊智者派的怀疑主义是受到早期自然哲学的消极影响而产生。普罗塔哥拉把人的认识解释成个别人的瞬间意见，从而强调"人是万物的尺度"。小苏格拉底学派把苏格拉底学说中的怀疑因素推到极端。以皮浪和中期柏拉图学园成员为代表的典型怀疑学派的怀疑主义，制定了完整的体系。中世纪和文艺复兴时期的怀疑主义的主要代表是奥古斯丁，他认为承认怀疑无非是考虑到有错误，可是怀疑和错误恰好证明自身的存在，"如果我错误，则我存在"。在近现代的怀疑主义中，法国的伽桑狄和默尔逊的怀疑主义是对实在的知识持认识论的怀疑。而笛卡尔的怀疑主义是针对方法论的怀疑，他认为为了追求真理，除怀疑的主体之外，必须怀疑一切，"我思故我在"。英国的休谟把怀疑主义融进其体系，称自己的哲学为"温和的怀疑主义"，认为人们的信仰建立在可能性上，可能性建立在习惯上，因而信仰越小越合理。休谟的怀疑主义对康德产生了重要的影响，也促使康德及新康德学派探究知识的可能性。

第四章　狄德罗：百科全书派的领路人

2. 语篇精粹

语篇精粹 A

On our part, we conclude that everything in nature is interconnected, and that properly speaking there is nothing of which man has perfect, absolute, complete knowledge, not even of the most evident axioms, because that would require that he had knowledge of everything.

Because everything is connected with everything else, it is necessary that in all discussions one will arrive at something unknown. Thus when one arrives at this unknown, one will have to conclude with respect to it either ignorance, obscurity, or uncertainty concerning the preceding point, and of the point preceding it, and thus all the way back to the most evident principle. [①]

译文参考 A

就我们而言，我们断定，自然界中的万物均相互联结，严格来说，没有什么事物是人类完全、绝对、彻底了解的，哪怕是最显而易见的公理，因为其前提是我们必须无所不知。

由于万物之间彼此联系，一切讨论必然终结于某些未知。因此，一旦触及未知，便需要以无知、含糊或不确定作为结论，如此推及它之前的观点，以及再之前的观点，由此追溯到那个最显而易见的原则。

---

① Diderot, Scepticisme, ou Pyrrhonisme, *Oeuvres complètes*, vol. 8, 2015, p. 159; Whitney Mannies, Diderot and the Politics of Materialist Skepticism, *Skepticism and Political Thought in the 17ᵗʰ & 18ᵗʰ Centuries*, edited by John C. Laursen, Gianni Paganini, U of Toronto P, 2015, p. 179.

· 349 ·

语篇精粹 B

Master: That's exactly what I am. I've got my sword in my hand, I'm descending on your robbers and I'm avenging you. Tell me how it is that whoever wrote out the great scroll could have decreed that such would be the reward of a noble act? Why should I, who am merely a miserable compound of faults, take your defence while He calmly watched you being attacked, knocked down, manhandled and trampled underfoot, He who is supposed to be the embodiment of all perfection?...

Jacques: Master, be quiet, be quiet. What you are saying stinks to high heaven of heresy.

Master: What are you looking at?

Jacques: I am looking to see if there is anybody near us who could have heard you…①

译文参考 B

主人：你说的一点不错。我手持利剑，要去袭击那些欺侮你的强盗，为你复仇。告诉我，无论是谁书写了那本伟大的卷轴，为何能如此裁决，把这作为高尚行为的奖赏？为什么，我——区区一个可悲的缺点的集合体，要去保护你，而他则冷静地目睹你遭受攻击，被打倒、虐待和践踏，难道他不应是一切完美之化身……？

雅克：主人，别说了，别说了。您所言可是异端邪说，会遭

---

① Denis Diderot, *Jacques the Fatalist and his Master*, translated by Michael Henry, Penguin Books, 1986, p. 87.

人嫌恶的。

主人：你在看什么？

雅克：我是看看附近有没有人可能已经听到您的话……

语篇精粹 C

D'alembert：Why am I what I am? Because I had to be as I am. Yes, in this particular place, no doubt, but elsewhere? At the Pole? On the Equator? Or on Saturn? If a distance of a few thousand leagues can change me into another species, what about a distance of several thousand times the earth's diameter? And if everything is in a state of flux, as the spectacle of the universe shows everywhere, what might not be the result here and elsewhere of several million years of changes? Who can tell what a thinking and sentient being on Saturn is like? But do thought and feeling exist on Saturn? Why not? Has the thinking and sentient being on Saturn more senses than I have? If that is the case how unhappy that Saturnian must be! Without senses there would be no more needs.

Bordeu：He is right; the organs produce the needs, and conversely the needs produce the organs. [①]

译文参考 C

达朗贝尔：我为什么是我？因为我只能是这个样子。是的，就在此地，毫无疑问，但若是在其他地方呢？北极？赤道？或者土星？如果几千里格的距离足以把我变成另一物种，那么地球直

---

① Denis Diderot, *Rameau's Nephew and D'Alembert's Dream*, translated by Leonard Tancock, Penguin Books, 1966, pp. 179 – 180.

径几千倍距离之外又会如何？如果万物皆处于变化之中，如同随处可见的宇宙奇观，那么此处和他处，在经历几百万年的变迁后又有什么是不可能发生的呢？谁知道土星上有思想和感知能力的生命是什么样的？可土星上到底存在思想和感觉吗？为什么不呢？那么土星上有思想和感知能力的生命是否拥有比我更多的感觉呢？若答案是肯定的，土星人会有多么不幸啊！因为没有感觉也就没有需求了。

波尔德：他说得对，器官产生需求，反之，需求亦生成器官。

第五章　休谟：人性论的沉思者

Human Nature is the only science of man; and yet has been hitherto the most neglected. … The conduct of a man, who studies philosophy in this careless manner, is more truly sceptical than that of one, who feeling in himself an inclination to it, is yet so over – whelm'd with doubts and scruples, as totally to reject it. A true sceptic will be diffident of his philosophical doubts, as well as of his philosophical conviction; and will never refuse any innocent satisfaction, which offers itself, upon account of either of them. ①

——David Hume

人性是研究人类的唯一科学，然而却最常被人们所忽视……一个人若以这般漫不经心的态度研究哲学，比起另一个内心向往哲学，却因怀疑和顾虑重重而完全将其摒弃的人，其行

---

① David Hume, *A Treatise of Human Nature*, edited by David Fate Norton, Mary J. Norton, Clarendon Press, 2007, p. 177.

　　为更具有地道的怀疑主义精神。一个真正的怀
疑论者，不仅怀疑他的哲学信仰，也怀疑他的
哲学疑问；亦永远不会拒绝无论信仰还是疑问
所带来的纯粹的满足。

——大卫·休谟

大卫·休谟肖像

　　大卫·休谟（David Hume）是 18 世纪苏格兰启蒙运动中的
代表人物，他天资早慧，在青年时期就以牛顿的自然实验科学为
蓝本，提出了要在精神科学领域实施实验推理方法的设想，并于
27 岁那年出版了他的经典哲学著作《人性论》。休谟在哲学、宗
教、政治、历史等领域都有广泛建树，他生前以历史学家和政治
学家的身份闻名于世，在他去世后的二百多年间，其哲学理论却
渐为人所重视，他现已被看作西方哲学界公认的伟大哲学家之一。

他所提出的因果关系问题、"是"与"应当"的区分问题，被称之为"休谟问题"，困扰并影响了一代代哲学家，至今仍是哲学研究中的重要议题。德国哲学家康德深受休谟因果怀疑论的启发，创建了一套博大精深的哲学体系；20世纪上半叶兴起的逻辑实证主义学派从同情和理解的角度，对休谟作出了极高的评价；就连科学家爱因斯坦也承认，他之所以能够创立相对论，得益于他从阅读休谟的理论著作中得以深化的那种批判性推理。

一、成长历程

1711年4月26日，在爱丁堡，一位来自奈韦尔斯（Ninewells）的、名叫约瑟夫·霍姆（Joseph Home）的律师喜得贵子。这名小婴儿被取名大卫，并在出生那天接受了洗礼，他就是几十年后闻名欧洲的哲学家——休谟。在其晚年所写的自传中，休谟这样来描述自己的出身和家庭："我的家世不论在父系方面或母系方面都是名门。我父亲的家属是何谟伯爵或休谟伯爵家属的一支；至于我的祖先们，则历代以来曾经领有过我兄弟所领有的那些产业。我的母亲是发尔康诺爵士的女儿（发尔康诺是民事最高法院的院长），她的兄弟曾世袭了赫尔克顿勋爵的名号。"①

休谟的父亲约瑟夫既是一名律师，同时也是一名乡村地主。他在爱丁堡有职业，在奈韦尔斯有产业。他于1708年与他的继妹凯瑟琳（Katherine Falconer）结婚，共育有三个子女：长子约翰、

① ［英］休谟：《人类理解研究》，关文运译，商务印书馆，2007年，第1页。

女儿凯瑟琳和最小的儿子休谟。不幸的是，在休谟出生后短短两年，约瑟夫突然撒手人寰。他的母亲只好把他们兄妹三个带回了奈韦尔斯，守着田产勉强度日。

（一）童年时光

苏格兰风光

对于年幼的休谟来说，与贝里克郡接壤的奈韦尔斯是一处宜人的居住地。在这里，邱恩塞德（Chirnside）高山拥抱着摩斯（The Merse）盆地，风光优美，奈韦尔斯被誉为"苏格兰的花园"。奈韦尔斯所属的邱恩塞德教区位于摩斯盆地的最高处，这里茅舍处处，牛羊成群，丛林密布，散发着潮湿氤氲的气息。奈韦尔斯高高矗立在一处断崖绝壁之上，崖下是奔涌不绝的河水，这条河水由不远处的泉水汇聚而成，奈韦尔斯（含义为九泉）就以此命名。休谟和他的哥哥约翰经常到崖下的河边戏耍。当他们在池塘里逆流而上时，巨大的大马哈鱼会突然在水里打个挺，把哥俩吓上一跳。在这些游戏和运动中，与哥哥的身姿矫健不同，大卫通常显得笨拙、胆怯。

在父亲去世后，休谟的母亲凯瑟琳拒绝再婚，决心孤身一人将这几个孩子养大成人。她精心管理着奈韦尔斯田产，但由于约瑟夫去世前留有很多即将到期的债务，所以她经常感到入不敷出。休谟自己也承认，他生活在一个并不富裕的家庭，但对于年少的他来说，那却无疑是一段愉快的时光。在休谟眼中，他的母亲"是一位特别有德行的人，她虽然年轻而美丽，但是仍能尽全力于教养子女"①。母亲总能为他们端上可口的饭菜、好的饮品，欢宴之际再伴随着家庭成员之间充满趣味的谈话：一件富有智慧的轶事，一个辛辣故事，友善的嘲讽和无伤大雅的玩笑，等等。他的家中有着丰富的藏书，其中包括大量的拉丁文经典，希腊文著作，较多的法语书和大量的英文作品。这使他很小就养成了阅读习惯，并对文学抱有持久的热情。

休谟的家庭在政治上倾向于辉格党。他们对1688年光荣革命持赞同立场，也支持英格兰与苏格兰的合并统一。但是尽管在政治上持自由主义立场，他们却反对宗教狂热，休谟的家庭成员都是长老会教徒，他的母亲凯瑟琳在信仰上非常虔诚，他们循规蹈矩，如期到教堂做礼拜。休谟认为，他年轻时候是有宗教信仰的，他接受了严格的加尔文主义原罪说，这一学说认为人是完全堕落的，必须毫不犹豫地接受命运的安排和上帝的拣选。由于少年休谟很严肃地看待自己的信仰，所以他开启了与罪恶做斗争的思维

---

① ［英］休谟：《人类理解研究》，关文运译，商务印书馆，2007年，第1页。

模式，并一度为拯救灵魂的工作所吸引：他从《人的全部义务》这本书中摘录了很多罪恶条目，然后对照自己的品格一一加以检验。他曾经尝试对自己做这样的测试：尽管他的功课良好，优于同班同学，那么他是否不存在骄傲和虚荣之心。[①] 可以说，这一时期的休谟已经意识到道德问题的重要性，并开始为之思考。

（二）求学爱丁堡

爱丁堡大学

1722 年，休谟和哥哥约翰一同被送往爱丁堡大学学习。爱丁堡大学是当时苏格兰最好的大学之一，休谟在那里接受了系统的教育。需要指出的是，在 18 世纪早期，爱丁堡大学的教育更像是现代的高中教育，而非现代大学教育，这从休谟的入学年龄上也能看出来，他当时刚满 11 岁，学校将这些学生看作仍需严格约束

---

① See Einest Mossner, *The Life of David Hume*, Clarendon Press, 1980, p. 34.

的儿童。休谟入校后学习了希腊语、逻辑学、形而上学、自然哲学等必修课程。当时的爱丁堡大学深受牛顿自然科学的影响。教授逻辑和形而上学的是德兰门德（Colin Drummond）教授，他对新的哲学思想抱有浓厚兴趣，很有可能在课堂上讲授洛克和牛顿的思想，同时像当时的很多苏格兰逻辑学教授那样，将逻辑学运用到修辞学和文学批评中去。罗伯特·斯特瓦特（Robert Stewart）教授自然哲学，他起初是一个笛卡尔主义者，之后转变为一个牛顿主义者。他的讲义涵盖了物理学新的发展内容，包括牛顿和他的门徒所作的光学和天文学著作。数学教授詹姆斯·格利高里（James Gregory）同样是一位牛顿主义者，他在18世纪20年代已经年迈，不得不请人代他授课，所以1721—1722年，讲授这门课程的是罗伯特·华莱士（Robert Wallace），他后来成为休谟的朋友和其学说的积极捍卫者。1725年以后担任这门课的为柯林·马克劳林（Colin Maclaurin），他是牛顿的早期追随者中最为杰出的，他采用了当时流行的英文教材来讲授牛顿的新哲学思想。通过修习这些课程，休谟受到了广泛的牛顿主义理论的浸润。

除此之外，休谟还选修了精神哲学和伦理学课程。这门课程由约翰·普灵格尔（John Pringer）讲授，他的道德哲学讲义遴选了从西塞罗到马克·奥勒留等古代道德哲学家的作品，也选取了从普芬道夫到培根等现代作家的文本。在实践领域，他详细阐述了公民政府的起源和原则，解释了希腊和罗马等古代政府的兴起与衰落。学生们被要求根据指定的题目发表公开的论说。普灵格尔后来也成为了休谟的私人医师和朋友。同一时期，休谟还听取了历史学家查尔斯·麦基（Charles Mackie）的世界史课程。麦基是爱丁堡大学的第一位历史教授，他的授课内容从世界起源到近代历史，包括讲授罗马帝国的衰落、历史和历史记载者的错误、苏格兰历史等。此外他还讲授文学史，在热爱文学的学生中广受欢迎，休谟也是其中之一。在这门课上，休谟学到了对历史事实进行哲学和心理学分析的方法，这对他日后写作《英国史》是很重要的。

除了上述课程的修习之外，还有另外一个场所对休谟思想和趣味的发展至关重要，这就是兰肯尼恩俱乐部（Rankenian Club）。该俱乐部大约于1716或1717年由神学院和法学院的教授和学生组织而成，爱丁堡大学校长威廉·维夏特（William Wishart）是其成员，查尔斯·麦基、柯林·马克劳林、罗伯特·华莱士等教授也都是这一俱乐部的早期成员。该俱乐部与贝克莱主教一直保持着书面通信，他们宣扬贝克莱的信条，另一方面贝克莱也将这一小团体视为知己，对他们给予了很高的赞扬。由于这一俱乐部的成员为爱丁堡的最有智识的人群，因此它在传播新思想、传达好的英国风尚方面都发挥了巨大作用。尤其是这一俱乐部有强烈的文学爱好和哲学倾向，这对休谟今后思想的发展产生了不可估量的影响。

休谟很可能是在1725年离开了爱丁堡大学，有一个事件与此有关——他在奈韦尔斯老家的一处房子因失火而被毁坏，因此全家人必须赶快回去处理此事。经过几年大学生活的洗礼，休谟对文学的爱好并没有减少，反而有所增强；而他的宗教信念则经由对洛克、克拉克等人著作的研读而大大减弱了。课堂上弥漫的牛顿主义思想对这位未来的哲学家无疑产生了深远影响，并在他后来的经典著作《人性论》中有着集中体现。

（三）求学成病

尽管早早就离开了学校，休谟仍然想继续他的学习生涯。由于他是幼子，不可能继承家中的大部分产业，所以他必须选择一份职业来谋生。摆在他面前的职业选择有：军队、教会、法律、医学、贸易等。休谟家族历来有从事法律职业的传统，因此休谟也被期望成为法律行业的一员。从 1725 年至 1729 年，休谟主要研读法律和一般的文学，尝试从事律师这一行当。然而，正如休谟自己所说：“除了哲学和一般学问的钻研而外，我对任何东西都感到一种不可抑制的嫌恶。因此，当他们以为我正在批阅屋埃特（Voet）和维尼乌斯（Vinnius）的时候，我实际是在暗中贪读西塞罗（Cicero）和维琪尔（Virgil）诸位作家。”①

1729 年春，休谟放弃了法律学习，开始坚定他作为一名文人的宏伟目标。但这并不意味着他这一时期的法律都白学了。我们看到，在他后来关于道德学和政治学的写作中，他的法律知识使他在某些领域驾轻就熟。此后，他开始全身心投入到哲学研究中去。经过 6 个月持续高昂的学习热情之后，休谟发现自己开始力不从心，他的思考再也达不到从前那样的高度了。他以为自己太懒散，于是加倍努力，可是 9 个月后，伴随着精神上的不济，他的身体也开始出现了衰弱症候。此时的休谟年仅 18 岁，他又高又弱，骨瘦如柴，仿佛痨病鬼一样。事实上，由于阅读和思虑过度，

---

① ［英］休谟：《人类理解研究》，关文运译，商务印书馆，2007 年，第 1～2 页。

他已经患上了忧郁症。他的手指上先是出现了一些坏血点，他去找当地有名的医师，医师给他开了一种抗坏血的果汁，这种药有部分疗效。然而，不久他第二次去看医生，称他自己有口内流涎的症状，医生立即识别出了这种病症，嘲讽他患上了知识分子的通病，给他开了一种抗歇斯底里的药，并建议他每天饮用一英品脱的红葡萄酒，并做较长时间的骑马运动。

休谟接受了医生的建议。自此以后，他在学术钻研上稍稍放松了些，他的精神得到了恢复。在身体锻炼方面，他一周做两到三次的骑马运动，每天都散步。他在饮食方面的胃口变得极好，暴饮暴食很快使他从一个又瘦又弱的青年变成了一个健壮、红润的家伙。由于胖得太快，他患上了心悸的小毛病，即使在他的饮食慢慢恢复适当之后，这种毛病仍然持续。经过三四年的调理，休谟的身体基本恢复。在这段时期，他的主要工作是阅读、学习和进行哲学思考，并通过这些积累，逐渐打开了"一种新的思想图景"，籍此可以建造确凿的真理。然而，他的精神还很虚弱，不能进行较深、较多的推理。他的爱好文名的野心不断激励着他，而他的虚弱的精神却无法担此重任，因此这一时期的休谟处于失望和痛苦之中。

1734 年春，休谟决定采取另一种办法来治疗他的精神失调。他认为，这种疾病的原因在于学习和闲散，而治愈它的最好办法，莫过于过上一种外在的忙碌生活。因此，他带着几封介绍信离开奈韦尔斯，取道伦敦抵达布里斯托（Bristol），到那里从事商业活动。在 18 世纪，布里斯托是与西印度进行贸易往来的重要港口，它人口众多，街道拥挤，环境肮脏，充斥着浓厚的商业气息。但另一方面它也是文化中心，拥有古老而庞大的市立图书馆。休谟在这座城市仅仅停留了几个月。在这几个月中他做出了一个重要决定，即将自己的姓霍姆（Home）改拼为休谟（Hume），因为他发现英格兰人没法很好地读出 Home 的正确发音。有一件重要的事情促使他离开：他与他的老板米勒发生了激烈争吵。原因是，休谟孜孜不倦地批评并纠正米勒的信件中出现的语法错误和不当文风，最终把米勒激怒了。米勒宣布，他已经在英文写作上花费了 2000 磅，因此不打算再对他的英文作任何提高。在回顾这段生活时，休谟轻描淡写地指出，他发现这种生活完全不适合自己，因此离开。而这段经历可能使休谟更加清楚自己应当选择什么样的生活，也更坚定了他把工作重心重新转移到学术研究上的决心。

1734 年夏，休谟到法国隐居、疗养。他在那里停留了 3 年，法国生活的平静安适与他的精神十分相宜，在那里他完成了《人性论》一书的写作，该书是对他早年脑海中所勾勒出的新的思想图景的一次全面阐释。

（四）著述等身

1737 年秋，26 岁的休谟从巴黎返回伦敦，马上开始着手其《人性论》一书的出版工作。1739 年，他最终与出版商约翰·努恩签订了合同，计划先印出此书的前两卷，匿名出版。休谟并没有像当时的很多作者那样写上向某个大人物致敬的颂词，也并不打算借助谁的帮助来使此书增色，从这个角度来说，休谟对他的第一部理性思考的作品可谓信心满满。另一方面，他一直怀着忐忑不安的心情来等待此书出版后的反应。他深深明白，一本书的成功与否不是取决于有多少人读，而是取决于由谁来读。因此，他把书寄给了他所推崇的几位学者，包括皮尔·德梅叟（Pierre Desmaizeaux）、约翰·巴特勒（John Butler）、亨瑞·霍姆（Henry Home）和亚历山大·蒲伯（Alexander Pope）。令人失望的是，一切似乎都波澜不惊。休谟悲伤地称自己的作品"从机器中一生出来就死了"。但实际上休谟的著作并非完全被人忽视，只是它的影响远未达到休谟所期望的程度罢了。英国的杂志仅仅将《人性论》刊登在新书目录中，没有做任何介绍和评论。在莱比锡和海牙出版的书目中，出现了对《人性论》一书最早的简短介绍。

为引起更多注意，休谟着手写作并匿名发表了《〈人性论〉概要》一文，该文详细介绍了《人性论》的体系结构和主要意义，对书中的重要内容都有论述。然而，很不幸，这篇文章跟他的书一样很快就湮没无闻了。

灰心丧气的休谟回到了奈韦尔斯，他的兄长约瑟夫此时已继承家业，他每日与母亲和兄长相伴，重新投入到研读、写作中去。他继续修改《人性论》第三卷，并计划将之出版，同时也开始撰写道德和政治方面的论文。1741年，他的论著《道德和政治论文集》的第一卷匿名出版，获得极大成功，这在很大程度上补偿了休谟出版《人性论》之后的失意心情。

尽管《人性论》一书不受重视，但它却给休谟的职业生涯带来了不少负面影响。1744年，爱丁堡大学的伦理学教授约翰·普灵格尔辞职，爱丁堡市市长约翰·库茨（John Coutts）推荐休谟担任这一职位，但却遭到大学校长威廉·维夏特等人的反对。理由是，休谟的《人性论》一书包含普遍的怀疑主义，否定因果必然性学说，否认灵魂的非物质性，否认德和恶、正义与非正义之间的本质区别，等等。对于上述误解，休谟在写给库茨的信中作了辩解。他宣布，他的怀疑主义只是一种哲学态度，并不会对实际生活产生任何影响，更不会破坏宗教和道德原则，而他对因果关系的质疑也并不会导致无神论。这封信后来以《一位绅士给他在爱丁堡的朋友的一封信》为名匿名发表。尽管如此，休谟仍然没有获得爱丁堡大学道德哲学教授的席位。

这件事开启了人们批判《人性论》一书的序幕。苏格兰常识学派的代表人物托马斯·里德（Thomas Reid）、詹姆斯·贝蒂（James Beatie）等人都对休谟的怀疑论展开批评。休谟对这些人的批评始终反应淡漠，甚至表露出某种不屑。后来的德国哲学家康德对这段公案的评价颇为中肯，他认为，苏格兰常识学派对休谟的批评完全基于误解。"他们总是把他所怀疑的当作他所赞同的，相反，带着强烈的抗议，甚至常常带着极大的侮慢无礼去证明那些休谟心里从未想要怀疑的东西。……问题不在于，原因这一概念是否正确、有用，并且对整个关于自然的认知来说必不可少，对此休谟从未怀疑过；而在于它是否是先天地被理性所思考的概念，并且以这一方式具有独立于所有经验的内在真理，并因此具有一种不仅仅局限于经验对象的、范围更为广泛的使用。这才是休谟期待阐明的问题。他所讨论的只是这一概念的起源，而不是要讨论它在实用中的必不可少，如果前者可被发现，那么它的使用条件和适用范围问题就会迎刃而解。"①

① Kant, *Prolegomena to Any Future Metaphysics*, translated and edited by Gary Hatfield, Cambridge University Press, 1997, pp. 8 – 9.

　　1745 年，休谟接到安南戴尔侯爵（Marquess of Annandale）的邀请——去伦敦做他的家庭教师，陪同他一起生活，休谟欣然前往。他在那里整整干了一年。正是在这一时期，英国发生了詹姆斯党人的反英叛乱。休谟目睹了整个事件的经过，并在这一时期写下了《道德和政治论文三篇》，它们分别是"论原始契约""论被动的服从"和"论新教继承权"。1746 年，休谟离开安南戴尔侯爵家之后，又意外收到圣克莱尔将军（James St Clair）的邀请——请他以秘书的身份随军赴加拿大参战。这次战争是英国为支持加拿大而与法国人进行的战争。但最终英军并未攻下法国城市，只好匆匆撤退。休谟也再次从伦敦返回家乡，但没过多久，他又接受了克莱尔的邀请，陪同克莱尔前往维也纳和都灵。休谟在都灵时将自己已改写好的《人性论》第一卷的内容以《人类理智哲学论》命名出版。这一时期他还读到了孟德斯鸠的《论法的精神》一书，甚感兴趣，他提出了一些意见，寄给了孟德斯鸠。孟德斯鸠也读过休谟的《道德和政治论文集》，也很赞赏，他后来还将自己的《论法的精神》寄送给休谟。①

　　1748 年，休谟随克莱尔将军返回英国。这一时期，休谟由于担任了公职和生活方式节俭，手头日渐宽裕。1749 年，休谟再次返回奈韦尔斯，与兄长住在乡下。他撰写了《道德政治论文集》的第二卷，取名《政治论》。他对《人性论》的第二卷、第三卷也进行了改写，分别取名《论情感》和《道德原则研究》，《道德原则研究》一书于 1751 年出版，休谟认为这是他的著作中最好的

① 参见周晓亮：《休谟及其人性哲学》，社会科学文献出版社，1996 年，第 17~18 页。

一部。这一时期休谟还写作了他的重要宗教性著作《自然宗教对话录》，他将初稿交给一些朋友审阅，并做了两次大的修改。但出于谨慎，他接受朋友们的意见，决定在生前不予发表。此书直至休谟去世后的 1779 年才被出版。

1752 年，休谟的《政治论》在爱丁堡出版，甫一问世就受到极大欢迎，成为休谟著作中最畅销的一部。此外，他把《论情感》和《宗教自然史》《论悲剧》《论几何学的形而上学原理》一起凑成《论文四篇》文集试图出版，但受到一些批评和反对，直到 1757 年，休谟换下了《论几何学的形而上学原理》一文，补上《论趣味的标准》一文，仍以《论文四篇》为名出版。

早在担任安南戴尔的家庭教师时，休谟就有写作英国史的计划，但直至 1752 年他得到机会在苏格兰律师公会图书馆担任图书管理员时，才开始利用查阅资料的便利写作英国史。自 1754 年至 1761 年，休谟完成了六卷本的《英国史》。没过几年，他作为历史学家的地位就被确立下来了。

（五）功成名就

尽管在 1749 年时，休谟还在哀叹命运不公，致使他的著作无人问津，但此后不到 8 年的时间，他已经广为人知，并被全英国视为最为杰出的学者。他的一些作品逐渐成为上流阶层茶余饭后的谈资。1751 年年底，他当选为爱丁堡哲学学会的秘书。1752 年，他被选为苏格兰律师公会图书馆的管理员。这一时期的休谟定居在爱丁堡，经常参加当地文人圈的聚会。著名画家小拉姆齐（Allan Ramsay）创办了"上流社会"协会（The Select Society），当时的很多文化界名流都是这一协会的成员，休谟和好友亚当·斯密、亨利·霍姆便是其中的优秀代表。在苏格兰，人们称他为"伟大的大卫·休谟"，在英格兰，他的著作被视为经典。

　　然而，此时的休谟仍然不免有诸多失意。1752 年格拉斯哥大学的逻辑学教授席位空缺。他的好友，时任格拉斯哥大学精神哲学教授的亚当·斯密提请他担任这一职位，却因教士们的反对而再次泡汤。自此休谟终身未能在大学里获得讲席。另一桩侮辱也给休谟带来了伤害：1754 年，休谟在担任图书管理员时为图书馆购进了一批图书，但其中的几本被图书馆董事认定为"下流无聊"的读物，这些书被从书架下架，并从图书馆目录中删除，人们决定今后管理员购买图书必须经董事会的批准。休谟为了写作《英国史》，只得忍辱负重，继续担任管理员职务，直到 1757 年才辞去这一职务。而当《英国史》第一卷出版后，休谟又遭到了狂风暴雨般的抨击。在他所写的自传中，休谟提到："人们都攻击我，向我发出斥责、非难甚至厌恶的呼声来。英格兰人、苏格兰人、爱尔兰人、民权党、王党、教会中人、各派中人、自由思想者、宗教家、爱国者、宫廷中人，都一致不满我这个人，因为我擅敢对查理一世和斯特洛浦伯爵的命运，洒一掬同情之泪。"①然而《英国史》第二卷出版后，情况发生了好转，它很受人们欢迎，间接地减轻了第一卷带给人们的不快。自此之后，此书大大畅销，给休谟带来了很多版税收益。因此，休谟可以自称，此时的他不但经济独立，而且简直成了富裕的人了。

----

① ［英］休谟：《人类理解研究》，关文运译，商务印书馆，2007 年，第 5 页。

　　早在 1751 年休谟的哥哥约翰结婚后，休谟就和妹妹凯瑟琳商量着搬到别处，以免打扰约翰的小家庭。作为一名苏格兰人，休谟始终没法融入伦敦的社交圈子，当时的伦敦人很难不带丝毫偏见地看待这位来自边陲小镇的哲学家。与之相应，休谟本人也并不喜欢伦敦。他更愿意待在他家乡的城市——爱丁堡，这里曾是他学习、生活过的地方，有着天然的亲近感，而他在爱丁堡的社交圈中也一向为人所敬仰。在写完《英国史》后，休谟终于在爱丁堡置了一处房产，准备在这里安度晚年。然而，1763 年，休谟接到素不相识的何法德（Herford）伯爵的邀请：请休谟陪他一起到巴黎赴任大使，并许诺不久之后将他任命为使馆秘书。休谟动心了，要知道他对法国一直保持着美好的记忆，他与孟德斯鸠的友好往来、他对法国作品的阅读和欣赏，使他对这个国家始终保留着一份向往。10 月，他随同何法德来到了法国巴黎。此时的他已不是 20 年前默默无闻的苏格兰青年，而是大名鼎鼎的休谟先生了。休谟来到巴黎后，就像卢梭来到伦敦一样，受到了隆重、热烈的欢迎。所有上流家庭的大门都向他敞开，所有的绅士、淑女都以结识他为荣。休谟的到来令一位巴黎贵妇人格外高兴，这位妇人原名玛丽-夏洛特-希波丽特（Marie – Charlotte – Hippolyte），现为巴芙乐伯爵夫人（Comtesse De Bouffles），她是孔蒂亲王的情妇。早在几年前，伯爵夫人就曾给休谟去信，表达对他的思想的由衷敬意和对他本人的仰慕之情。他们一直保持着书信往来，伯爵夫人曾真诚邀请休谟能来巴黎，并表示愿意为他提供住处。

　　来到巴黎的休谟自然受到巴芙乐夫人的热情款待，并很快被夫人介绍给巴黎的社交名流们。在她的文化沙龙中，休谟得以与法国百科全书派学者结识。这些启蒙思想家们对他的思想和为人都给予了极高的赞赏。尽管如此，无论在礼节上，还是在思想上，双方仍然存在一定的差异。虽然巴黎人对休谟的思想和为人感到好奇，争相一睹为快，却难免会在暗地里对休谟笨拙的举止、质朴的模样掩嘴窃笑；虽然法国的思想家们赞叹休谟在哲学、政治和历史等方面的高见，却对他在宗教信仰上的含糊性表示不满。同样，很多法国百科全书派的学者持有唯物主义和无神论立场，这在休谟看来也似乎未免偏激。但总体上讲，休谟在巴黎的生活还是很愉快的，他所到之处都受到很好的款待，也收到了数不清的赞赏。对于这位在英格兰一向遭受冷落的哲学家而言，这真不啻为人生中最快乐的时光。

1765 年，由于何法德伯爵调任爱尔兰总督，休谟在代行公职 4 个月后，于 1766 年初返回英国。他原本打算在爱丁堡住处消磨闲暇时光，但很快何法德伯爵又将他举荐给他的弟弟康威将军，请休谟担任将军的次等秘书。休谟在这项职务上干得很好，与康威将军建立了良好关系，并获得对方的信任。休谟在任期间曾处理过苏格兰教会事务，在国际问题，尤其是英国与北美殖民地的冲突问题上，休谟反对印花税法，支持北美的独立。1768 年康威将军辞职，休谟也再次离职。1769 年，他离开伦敦，重新回到了爱丁堡。

此时的休谟已颇为富有，每年差不多有 1000 镑的收入，他重新购置了居所，在那里度过了他人生中最后的时光。由于他的名望，他的居所所在的街道被命名为圣·大卫街。1771 年美国思想家富兰克林访问爱丁堡，专门去拜访休谟，休谟再次重申了他支持北美独立的立场。1772 年，休谟开始感到自己身体的各方面都在衰弱，1775 年，他患上了肠胃病，症状是发烧、腹泻和内出血。他料知自己余日不多，就写下了一部简短的自传来说明自己的一生。在总结自己的性格和为人时，休谟这样描述："和平而能自制，坦白而又和蔼，愉快而善与人亲昵，最不易产生仇恨，而且一切感情都是十分中和的。我虽是最爱文名，可是这种得势的情感并不曾使我辛酸，虽然我也遭遇过几度挫折……许多人虽然在别的方面都超卓，可是也往往遇到人的诽谤，致使自己不悦。至于我，则不曾被诽谤的毒齿所啮、所触。"①

在休谟去世前的那段时间，休谟最关心的是宗教问题，他至死都抱着对宗教迷信的批判态度。他曾经跟好友亚当·斯密谈到他读琉善的《死亡对话》后的感想。他说，当他来到冥河渡神卡伦（Charon）的船边时，他想拖延上船时间，却苦于找不到借口，因为他既无房屋要修建，也无子女要去抚养，更无怨仇未了。最后，他想出这样的理由："好卡伦，我一直在修订我的著作的一个新版本。请给我一点时间，以便我能看到公众对修改本是怎样看的。"卡伦说："如果你看到了结果，你又会做改动的。你的这个借口就会没完没了了。尊敬的朋友，还是请上船吧！"休谟说："耐心一点，好卡伦，我一直在努力使公众睁开他们的眼睛。如果我能再多活几年，我就可以满意地看到某些流行的迷信体系的垮台了。"②

1776 年 8 月 25 日，休谟在爱丁堡的家中逝世。4 天后，他的

① ［英］休谟：《人类理解研究》，关文运译，商务印书馆，2007 年，第 8 页。
② 周晓亮：《休谟及其人性哲学》，社会科学文献出版社，1996 年，第 38 页。

葬礼在大雨中举行，大批人聚集在圣·大卫街看着他的棺木被抬出。人们无意中听见有人说道："啊，他是个无神论者。"一个同伴则回答道："不要紧，他是个诚实的人。"①

爱丁堡市区广场上的休谟雕像

二、人文主义观

（一）人性哲学概论

早年立志于从事学术研究、创下辉煌文名的休谟所写的第一部著作就是《人性论》。尽管这部书在他生前是最不受欢迎的作品，却无疑是对后世影响最大的。休谟在写这部书时有这样一个新的思想图景，那就是，采用牛顿在自然科学中所使用的实验推理方法，将之推行到人的精神领域，从而建立起一套完备的精神

---

① Einest Mossner, *The Life of David Hume*, Clarendon Press, 1980, p. 603.

科学体系。这是一个宏大的目标，如果它能够被实现，那么休谟无疑就是精神领域的牛顿。

因此，《人性论》一书的副标题便是"在精神科学中采用实验推理方法的一个尝试"。此书共分三卷：《论知性》《论情感》和《论道德》。第一卷《论知性》包括四部分："论观念""论空间和时间观念""论知识和概然推断"和"论怀疑主义哲学体系"。第二卷《论情感》共分三部分："论骄傲与谦卑""论爱与恨"和"论意志与直接情感"。第三卷《论道德》也分三部分："德与恶总论""论正义与非义"和"论其他的德和恶"。休谟在该书的引论中指出，一切科学都与人性相关，如果我们能够通过研究人性，彻底认识人的知性的范围和能力，说明灵魂的最终原则，那么也就因此建立起了一种最为有用的科学。

那么如何着手实施这项伟大的理论工作呢？休谟从探索人们的知觉出发。就这点来说，他的工作并非独创，因为早在他之前，笛卡尔、洛克、贝克莱等人就已经对人的知觉、观念做过细致的分析。但在休谟这里，他对这种理论作了进一步的改造。

首先，休谟对观念和印象做了进一步的区分，他认为观念并不是知觉的全部，知觉还包括印象。印象是最强烈生动的知觉，包括一切初次进入心灵中的情感、感觉；而观念则是心灵对这些印象的精确表象。因此，一个简单观念是对一个简单印象的精确复本，就像"红"这一观念与阳光下一朵红玫瑰刺激我们的眼睛所形成的那个"红"的印象没有性质上的区别一样。这样一条原则被后人概括为"模仿原则"。除了简单的观念和印象以外，还有复合观念和印象，但"模仿原则"不能适用于复合观念和印象。因为复合观念和印象并非总是互相类似，有很多复合观念，比如独角兽，并没有一个相应的复合印象。

根据这样的观念理论和原则，休谟进入对知识的探讨。在他看来，知识的范围不出观念的范围，而且是对观念之间关系的探讨。比如，代数是对数量和数的比例关系的探讨等。继而，休谟认为，我们的一切推理都只是比较和发现观念之间的那些恒常或不恒常的关系。那么在关于自然事物和人类社会的知识方面，我们需要研究哪种关系呢？我们的推理性质又是怎样的呢？休谟由此开始了对因果关系以及建立在这一关系基础上的或然推理的考察，这部分内容是休谟在认识论领域最为重要、也是最富有影响力的研究。通过这样的研究，休谟指出，因果关系概念的本质是因果必然联系，这种"必然联系"的观念并不能从实际观察或理性推理中获得，而只能将之归结为人的习惯性本能。因此，我们的或然推理既然必须要依赖因果关系才能进行，那么它归根结底也仅仅是建立在习惯的基础上。休谟的这些论断在当时看来不仅动摇了知识的基础，而且危及了宗教信仰，因此引起了人们的震惊和批评，也成为他在获得大学教职的提名后屡屡落选的主要原因。

在对因果关系进行一番怀疑主义分析之后，在最后一章"论怀疑主义哲学体系和其他哲学体系"中，休谟继续考察了各种怀疑主义和哲学体系，并对之做出了分析和批判。此外，他对怀疑主义本身也进行了反思，他指出，一个地道的怀疑主义者，不但怀疑他的哲学信念，而且怀疑他的哲学的怀疑，这样的怀疑归根结底只是一种求知的好奇心，是喜爱从事哲学的一种倾向，它有助于驱逐迷信, 却不会对日常生活有任何干扰。最终, 休谟认为, 他所推行的怀疑主义有助于探求真理, 却无损于我们的自然倾向进程。

尽管在知性领域, 休谟贯彻一种理性怀疑主义态度, 似乎大肆破坏以往的知识体系; 但在情感和道德领域, 休谟却建立起一种确凿的情感、道德理论。在第二卷《论情感》中, 休谟重点探讨了这样两组情感: 骄傲与谦卑、爱与恨。休谟首先区分了两种基本的感觉, 即快乐与痛苦。这两种感觉是构成一切复杂的、间接的情感的基本要素。休谟认为, 一切美的、有用的、令人惊奇的东西都会给人们带来快乐, 相反, 丑的、有害的东西则会带来痛苦。因此, 休谟认为, 与自我相关的这些快乐就是骄傲的起因, 而与我相关的这些痛苦则是谦卑的起因。美貌、财富、声望等作为好的、美的东西自然地引起快乐, 也成为虚荣心的重要来源。如果说骄傲和谦卑的对象是自我, 那么爱和恨的对象就是他人: 凡是他人身上引起快乐的东西, 都是我们对他人产生爱和尊重的原因; 凡是他人身上引起不快的东西, 都是我们对他人产生恨或鄙视的原因。

爱与恨的情感的产生依据人性深处的同情原则, 即我们会因他人的快乐而相应地感受到类似的快乐; 因他人的痛苦而感到痛苦。但还有另外一些相反的情感, 比如恶意和嫉妒, 则根据人性中的比较原则而产生。因为看到他人的苦难, 我们对自己的幸福有更为生动的观念, 这样我们不但不会产生痛苦, 反而通过比较而产生愉快, 因此如果一个人想通过嫁祸于人而获得快乐, 那么这就是恶意了; 而他人的幸福也会反衬我们自身的不幸, 从而带来痛苦。当我们因为与自己相接近的人进行比较，并产生痛苦时，就会产生嫉妒。

休谟进而将这种情感主义理论应用于道德学研究。他指出，道德的区别不是来自理性，而是来自情感，即我们的道德感（moral sense）。这种道德感也就是我们在观察一个道德行为或品格时所产生的快乐或痛苦的感觉。而所谓的德和恶就来自于这种苦、乐的感觉。休谟将德性区分为两类：自然德性和人为德性。他认为，自然德性源于人的天性，是自然产生的，而人为德性则是教育和人类协议所产生的。在他看来，正义就是一种人为德性。而仁慈、慷慨、感恩、友善等都是自然德性。人为德性和自然德性的区别就在于，前者就单个行为来说，对人类不一定是有利的，但在一个总的制度体系中来看是有利的；而后者本身就能够直接给人带来福利和快乐。比如说，法官把穷人的财物判给富人，把勤劳者的劳动成果交给浪荡子，等等，这直接看来对人类社会是不利的，但由于正义法则对整个人类是有益的，为了切实贯彻这些法则，就需要公正地执行法律，哪怕法律在有些时候会伤害弱小。而自然德性内在于一个人的个性品格，有其人性的基础，并会对与之相接触的人直接带来愉快和好处。一个慷慨的人把某件财物施舍给穷人便是明证。

综上，休谟的人性哲学从观念理论出发，既对知识及其本性加以探讨，又进一步研究了人的情感和道德，提出了情感主义道德理论。他对理性在知识领域的有限性的说明，对情感、道德领域的同情原则的阐释，都对后世产生了深远影响。

（二）因果关系理论

休谟的怀疑主义集中体现在他对因果关系问题的反思上。他将人类理性的研究对象分为两种：观念的关系（relations of ideas）和事实问题（matters of fact）。几何、代数和所有具有直觉确定性或证明确定性的都属于前一种。对于事实问题的考察，休谟认为，由于任何事实的反面都是可以设想的，并不包含任何矛盾，因此关于它们的真实性或真假问题完全不能凭借直觉或证明而得到，而只能诉诸经验观察。由于任何的经验观察都不可能保证一种绝对的必然性，我们关于事实方面的判断只具有或然性。

休谟认为，自古以来人们对于事实部分的知识并没有加以充分研究。这也正是他要重点考察的领域。他发现，一切关于事实的推理似乎都建立在因果关系的基础之上。因此，休谟首先要研究的就是我们如何获得这种因果关系的知识，或者说，因果关系这一观念从何而来。

休谟对这一问题的考察首先依赖于他的模仿原则，根据这一原则，休谟指出："当我们考虑到怀疑我们所使用的某个哲学名词没有任何意义或观念（这是常有的事）时，我们只需考察，'那个假定的观念是从何而来的？'如果不可能找到任何来源，那么这也就证实了我们的怀疑。将观念置于如此明白的观点之下，我们也就可以合理地希望去借此排除人们关于它们的本性和真实性方面的一切争论。"[①] 休谟的这段话可以看作是他的意义理论的

---

① D. Hume, *Enquiries concerning Human Understanding and concerning the Principles of Morals*, Selby–Bigge（ed.）, P. H. Nidditch（Rev.）, Clarendon Press, 1975, p. 22.

明确说明。在追问因果关系这一观念的来源时，休谟显然诉诸了他的这一理论。也就是说，考察这一观念的来源，我们只需考察它所由以产生的那个原初印象，并且如果我们不能找到它的原初印象，这个概念或观念的合法性就必然遭受怀疑和否定。

休谟发现，凡被认为原因或结果的那些对象总是在空间上相互接近，在时间上相互接续。接近关系和接续关系是构成因果关系的必要条件，但仅仅依靠这两种关系并不能使我们得到一个完善的因果关系观念。一个对象完全可以与另一个对象互相接近，并且先于这一对象存在，却不被认为是另一对象的原因。休谟指出，我们还应当考虑一种"必然联结"，它比上述的两种关系更为重要。

但进一步的观察并没有使我们发现这种"必然联结"。如果我们无法找到这种"必然联结"，是否意味着有些东西可以没有原因就发生或存在？否则，我们凭什么说每个东西开始存在时必然有一个存在的原因呢？休谟发现，"一切开始存在的事物都有一个存在的原因"这一命题，既不能被直观确定，也不能被理性所证明。所有关于因果必然性的证明都是错误的、诡辩的。因此，这一命题只能依靠经验得以证明。但刚才已经提到，我们通过经验观察并没有发现这种"必然联结"，那么我们凭什么相信因果之间有一种必然联结？如果我们不能找到这种作为因果关系的本质的"必然联结"，我们又凭什么进行因果推理呢？在此休谟似乎已经触及了因果推理的可靠性问题，或者说是归纳的有效性问题。

在日常生活中，我们的因果推理通常是这样的：我们根据过去的经验，发现一类对象总是伴随着另一类对象，并且它们处于经常的接近和接续之中。于是，我们就倾向于将前一类对象称之为原因，后一类称之为结果。并且，当一个新的相似对象出现时，我们通常就会直接推断说，另一个作为恒常伴随物的相似的对象也将出现。在这里，过去经验提供给我们这两类对象互相结合的大多数例子，当我们在新的情况下发现或记起它们中的任何一个对象时，心灵就会根据过去的这些互相结合的例子，推断出另一对象，并且对这一推断持有信念。这种观察使我们发现因果对象之间的一个新的关系，即恒常结合。

但是我们又发现，经验只是告诉我们，过去的一些对象总是互相结合，它并没有告诉我们相似的对象在将来仍然具有同样的恒常结合关系。这个过去的经验为什么能够扩展到将来？简单说来，这里有两个命题：一是"我曾经看到，那样一个对象总是有那样一个结果伴随着它"；二是"我预先见到，在貌相上相似的别的对象也会有相似的结果伴随着它"。休谟说："我也承认，后一个命题可以由前一个命题正确地推断出来，而且我知道，事实上它经常被如此推出。"① 但是，正如休谟所发现的，这两个命题之间的联系不是直觉上确定的。我们要想从第一个命题推断出第二个命题，必须找到这样一个前提，即"我们没有经验过的例子必然类似于我们所经验过的例子"。但是这一前提不可能被理性所证明。因为我们总是可以设想，自然的进程能够发生改变。

既然理性和经验观察都不能揭示因果间的必然联系，那么我

---

① D. Hume, *Enquiries concerning Human Understanding and concerning the Principles of Morals*, Selby - Bigge（ed.）, P. H. Nidditch（Rev.）, Clarendon Press, 1975, p. 34.

们凭什么进行因果推理？休谟指出："当心灵从一个对象的观念或印象转移到另一个对象的观念或信念时，它并不是被理性所决定，而是被一定的原则所决定，这些原则将这些对象的观念联结到一起，并将它们在想象中结合起来。"① 因果推理的关键环节所依赖的不是理性，而是想象。想象根据观念间的联结原则之一——因果关系，从一个对象的观念或印象自然地转移到另一个对象的观念，并对此持有信念。这是一种未经反思的、习惯性的转移，是心灵的一种自然倾向。因此，"因果关系虽然是涵摄着接近、接续和恒常结合的一种哲学关系，但只是就它是一个自然关系，并在我们的观念之间产生一种联结来说时，我们才能根据它进行推理，或者从它那里推出任何结论"②。

概括而言，休谟的因果性理论可分为两个部分：一是对理性能够证明归纳推理提出怀疑和挑战；二是将归纳推理的本质归结为习惯。后者一度不被人们重视，直至20世纪中期，在肯普·史密斯的宣扬下，逐渐受到休谟研究者的关注，形成了声势浩大的自然主义解读的浪潮。前者的影响则是显而易见的，它被看作是休谟对于整个哲学的重大贡献之一。归纳推理的有效性迄今仍旧是一个悬而未决的哲学问题，促使哲学家们和逻辑学家们前仆后继地尝试解决或化解它。康德发明了先天综合命题来解决休谟问题；密尔提出了自然的齐一性原则，以此作为归纳推理的基础，但他的归纳逻辑并没有真正解决归纳的有效性问题；20世纪初的分析哲学家，比如莱辛巴赫、卡尔纳普等人，也试图运用概率理

---

① Hume David, *A Treatise of Human Nature*, The Clarendon Press, 1975, p. 92.
② Ibid., p. 94.

论来解决这一难题；波普尔的反归纳主义则试图消解休谟问题，等等。

（三）情感主义道德学说

休谟的道德哲学建立在对道德与情感、事实与价值的区分上。他指出，真理依靠理性的判断，而道德来源于人的情感，我们判定善恶的标准不是理性，而是感觉和情绪，因此道德毋宁说是被人感觉到的，而不是被判断出来的。据此休谟提出了著名的"休谟难题"，即当我们陈述某种事实时，我们并不能据此来进一步宣称"应当如何如何"，因为从"……是……"推论不出"应当……"

休谟进一步将判定德恶的标准确定为人的苦乐感：凡使我感到快乐的行为或品格就是德；凡使我感到痛苦的就是恶。他区分了德性的四种根源：对他人有用、对自己有用、对他人而言是愉快的、对自己而言是愉快的。其中，对他人有用和对自己有用可以被归结为道德中的功利原则；对他人有用和对他人而言是愉快的则遵循了道德中的同情原则，即凡使他人愉快的某种性质，也会使旁观者凭着对愉快者的某种微妙的同情产生愉快感。休谟将道德判断完全建立在苦乐感上，从理论上贯彻了他所提出的事实与价值的区分。

休谟对人性的分析既不像霍布斯所主张的那样，即人是完全自私自利的，也不像诗人所描述的黄金时代那样，宣扬人与人之间充满友爱、和睦相处。他认为，人是自私的，同时又有广泛的同情心，在某些情况下能够克服自利心、保留对他人的有限的慷慨。这种有限的慷慨最明显地表现在人们在对待自己的亲人、朋友时的那种无私态度。

由于人性的自私，人们总是对那些对自己有利的或令自己感到愉快的人或事物感到愉快，而对那些对自己不利或令自己不快的人或物感到痛苦；由于人性中的同情心，人们往往又对那些对他人有利或给他人带来愉快的人或物也感到愉快，对那些对他人不利或给他人带来不快的人或事物也感到痛苦。

休谟认为，以上就是我们区别善恶的四种根源。也就是说，只要我们观察到一个人的性格对他人或自己是愉快的，或对他人或自己是有利的，我们就将之看作一种德性，反之则将之看作是一种恶。通过观察而产生的这种愉快或痛苦的感觉就被称之为道德感，我们的善恶区别就建立在这种道德感的基础上。

当休谟考察德性时，他区分了两类不同的德性：自然德性和人为德性。所谓自然德性就是指那些人性中自然包含的、不依赖于任何人为设计而产生的德性。比如仁慈、慷慨、怜悯、感恩、乐善好施等，这些存在于人身上的品性总是能够直接引起人们的愉快感或给人带来有利的结果。人为德性则并非如此，它有可能并不能直接对人有利或使人愉快。休谟举例说："单独的一个正义行为往往违反公益；而且它如果孤立地出现，而不伴有其他行为的话，它本身就可以危害社会。当一个有德的、性情仁厚的人将一大宗财产还给一个守财奴或作乱的顽固派时，他的行为是公正的和可以夸奖的，不过公众却是真正的受害者。"① 尽管如此，

---

① ［英］休谟：《人性论》（下册），关文运译，郑之骧校，商务印书馆，2006 年，第537页。

确立一般的正义原则并使人们遵守这一原则对于维系一个稳定的社会却是必需的。因此，那些遵循这一正义原则的行为虽有可能违反社会利益，但是由于正义规则本身是有利于社会并且它的行之有效性依赖于每个人的遵守规则，那么基于对社会利益的同情心，我们仍然会对那些违反公益的单独正义行为产生强烈的道德感，并将之视为一种德性。

总之，休谟在道德领域的革新性表现在：他既否认将道德原则看作是上帝的意志或理智的产物，也反对将道德原则看作是理性思辨的结果，而主张道德原则的来源是人的情感经验。这种情感主义道德理论"开启了新的科学"，"改变了英国人的思想"。

（四）政治思想

休谟政治哲学的核心是其正义理论。休谟认为，正义规则的确立是构建社会的必要条件。就正义规则如何被确立的问题，休谟提出了三个必要条件。

第一，人自身所具备的社会性倾向。从个体来看，人的身体条件不足以与自然界的食肉动物相抗衡，但人的欲望和需求却比食肉动物还要多。这种能力与需求的极度不匹配促使人依赖社会，并借助于社会来补偿自身的弱点。通过分工、合作，人的能力得以提高，力量得以壮大。最初人受自然欲望的驱使，实现两性的结合，又出于对他们的子女的关切，形成亲子联系，由此衍生出一个人数较多的家族社会。

第二，人性中的自私和有限的慷慨。人性中的同情和慷慨波及自己的亲眷，使得仁爱成为联结家庭成员的主要纽带，另一方面，人性中的自私又使人爱有等差，即每个人都爱自己甚于爱他人，爱与自己血缘最近的人甚于爱那些血缘关系较远的人，爱熟识的人甚于爱陌生人，等等。这种情感的偏私将影响我们的行为，主要是在分配和享用财物方面引起争斗，造成混乱。

第三，资源的相对匮乏。自然给予我们的资源和人所创造的财物并不足以满足每个人的欲望和需要。一方面增加财物是人们之间进行合作的主要动机，也是社会得以产生的主要原因。另一方面人性的自私使得有限的财物总是处于占有不稳定状态，这成为社会稳定的一个主要障碍。

为解除财物不稳定占有这一困扰，人们缔结了戒取他人所有物的协议。通过协议使对外物的占有得以稳定。休谟特别指出，这种协议并不是一种许诺（promise），而只是对共同利益的普遍感觉，即全体社会成员都观察到，让别人占有他的财物对我是有利的，假如他也同样对待我的话。当这种共同的利益感觉互相表示出来以后，便使人们采取某种行动，并在戒取他人财物这一点上达成共识。

休谟指出，在人们缔结了这一协议之后，立刻就产生了正义和不正义的观念。而所谓的财产权、权利、义务观念也接踵而至，它们都建立在正义观念的基础之上。因此，没有正义就没有财产权，也谈不上人的权利、义务。

正义是在人们缔结稳定财物占有的协议之后所产生的。那么在稳定财物占有这一一般正义原则之下，人们又确定了具体的正义规则。休谟将其概括为三条：稳定财物占有、根据同意转移所有物和履行许诺的法则，以此来划定哪些财物应归哪些人所有，说明财产的转移需要遵循哪些原则，以及制定许诺和约束人们遵守许诺。

正义原则的确立不但为社会的产生奠定了基础，也为个人确立了行为规范。它不但是社会得以建立的根本原则，也是政府产生的根本原因。尽管人们认识到遵守正义法则对社会稳定是必要的，而且从长远来看也是对自身有利的。但是人性中舍远求近的猛烈倾向却往往促使人贪图眼前利益，因而犯下非义行为，给社会带来混乱。为了避免这种情况，人们采取某些补救性措施，"使遵守正义法则成为我们最切近的利益，而破坏正义法则成为最辽远的利益"①，于是我们就自愿订立协议使某些少数人来专门执行正义。由于这些少数人跟大部分人都没有亲缘关系，因此他们就能够更为公道地执行正义，这就是政府的起源。

既然政府的主要目的在于强制执行正义以维护社会的稳定，那么我们对政府的服从也是出于同样的考虑，即享受政府带来的安全保障。如果政府不再能够履行它的这一基本职能，那么人们也就不再有服从的义务。

综上所述，休谟对正义的论述包括以下几个层面：第一，正义法则的确立有其人性上的原因，也有外部环境的影响。第二，正义规则的产生是人为的发明，是人与人之间的一种不成文的协定，这一规则的确立使财产权得以产生，人们开始有了正义、不义、权利、义务的概念。第三，为了从根本上维护正义规则，人们根据约定建立了政府。政府的主要职能是执行正义，人们对它

---

① ［英］休谟：《人性论》（下册），关文运译，郑之骧校，商务印书馆，2006 年，第 577 页。

有服从的政治义务，一旦政府不能履行职能，人们的义务也就自然解除了。

（五）宗教学说

休谟在宗教上并不是一个无神论者，但他却并不信仰世俗的宗教，而是强调一种"真正的宗教"。那么"真正的宗教"究竟是什么呢？休谟认为，宇宙的神奇和秩序使我们假定并相信在它之中存在某种原则、原因。在这个意义上，休谟承认，如果我们把这种原则、原因称之为上帝并无不妥，只要我们抱着怀疑主义的态度，不主张能够认识上帝的各种性质，对之进行各种描述，那么这样的宗教是最明智的，最不会带来偏见，也是最好、最真实的信仰。然而，世俗的宗教却充斥了大量的迷信和谬误，并给人类带来了宗教狂热、甚至各种宗教束缚和宗教迫害。宗教原本是有益的，它的正当任务在于规范人心，灌输节制、秩序和服从精神，但一旦人们成立教会，用某种强有力的方式来控制人类时，宗教就被滥用了，成为对人类有害的东西。

休谟从两个方面对世俗宗教进行了有力抨击。一是在其著作《自然宗教对话录》中，对近代基督教的神学论证，无论是先天论证还是后天论证都进行了批判，指出这些论证所存在的谬误；二是在其哲学理论的基础上批评宗教论著中所记载的神迹，指出神迹不可能存在。

首先，休谟对当时的宗教论证模式——宇宙设计论进行了集中批评。设计论者通常采用类比的方法来证明上帝的存在。他们主张，宇宙中的自然作品与人工作品相类似，创造自然作品的原因就和创造人造作品的原因相类似，因此也就表明了，创造宇宙这个最大的自然作品的原因与人的智巧相似，那么这种原因必然是更大的智巧，也就是上帝。对于这样的论证，休谟批评说，尽管我们可以根据各种人造物，比如房屋、机器等，推断出它们存在的原因是人，但由于这样的推断处在经验范围之内，是我们经过无数次的归纳所得出的，有极高的可信性。但是，由自然推断出创造自然的上帝却只是唯一的例子，我们没有任何类似的例子可做依据，这样的推断如何能够成立呢？如果我们曾经不止一次见证过上帝创造自然，那么根据因果推理，我们可以推断我们现存的自然也是上帝创造的，但是谁曾见过上帝创世呢？因此，从根本上来说，根据经验推断上帝存在是难以成立的。

有些哲学家意识到后天论证的弊端，采用先天论证的方式来证明上帝的存在。历史上安瑟尔摩、笛卡尔等人都采用了这样的论证方式，即指出宇宙必然有其原因，而这个原因不可能不存在，因此这种必然存在的原因就是上帝。休谟指出，擅自用理性证明的方法来论证一个事实，这本身就是一种错误。因为，除非那个事物的反面蕴涵一个矛盾，否则那个事物是不能用理性的方式来证明的。凡是我们能够设想它存在的事物，我们也能设想它不存在，我们既可以设想一个事物存在，也可以设想它不存在，二者并不矛盾。那么我们也就不能用先天证明的方式来论证上帝必然存在了。

宗教著作中都有大量的关于神迹的记载，作为上帝存在的明证。休谟批评说，神迹是对自然法则的一种破坏，但没有任何一个神迹建立在充分的证据之上。第一，没有一个神迹是由那些具有一定的知识、教育和见识的多数人所证实的；第二，许多神迹都被相反的证据所揭破，或被其自身的荒谬性所揭破；第三，神迹往往在无知的野蛮民族中流行，却很少发生于我们的文明时代。总的来说，使人们的观点获得权威的，只有经验证据，而经验又使我们相信自然法则，相信水不会倒流、太阳每天从东方升起等一些基本常识。而任何的经验证据都没有充分的力量来证明一个神迹。如果真有非常普遍的证据来证明某种不寻常的事，那么我们反而应当重视，并考察它的原因。

归根结底，休谟指出，基督教在起初总带有许多神迹，正是因为它借用理性无法说服人们相信，才必须使人们受到神迹、信条的鼓励来相信它。然而既然神迹是不可能的，靠神迹来博取人们信仰的基督教也就因此而丧失了其可信性。

三、后世影响

休谟的人性哲学的影响深远而驳杂。最早认识到这一学说的价值的哲学家是康德。康德对休谟的怀疑理论作出了极高评价。他指出，形而上学遭受到了休谟的致命打击，因为休谟无可辩驳地论证了理性不能先天地假借概念来思维因果必然联系。尽管休谟没有为形而上学带来任何光明，但是康德认为，休谟为这一理论的复兴带来了星星之火，而康德正是要借助这点启发性的火光，开启他的哥白尼革命。

康德虽然认同休谟对因果必然性的怀疑，但是不接受他将因果必然性归结为人的习惯和自然倾向的做法。康德认为，形而上学不应当仅仅具有节制人的思辨理性的过分要求这样的消极作用——就像在休谟那里那样，而应当有更为积极的建树，那就是，借助于对先天综合判断的解释说明，重新缔造一个坚实的知识大厦。

休谟在探讨知识的起因及其本质时，区分了两类知识，即关于观念的知识和关于事实的知识。这一区分在西方哲学界一直被沿用下来。康德用分析判断和综合判断来概括这两类知识。20世纪初的分析哲学家们，像摩尔、艾耶尔、罗素等人，也接受了这样的区分，并在此基础上发展出新的实证主义、经验主义理论。

休谟对因果关系的心理分析对后来的心理学发展也产生了影响，瑞士心理学家皮亚杰的"发生认识论"思想就深受休谟的启发。皮亚杰认为，他的理论来源于休谟、洛克、斯宾塞等这些古典经验论者所创造的伟大传统，休谟等人从心理学的立场来研究人的认知这一点是富有开创性、行得通的研究方法。

在道德理论方面，休谟关于"是"与"应当"的区分同样影响深远。休谟指出，从"是"推不出"应当"，并据此对以往的哲学理论提出了批评。他最著名的那段话就是："在我所遇到的每一个道德学体系中，我一向注意到，作者在一个时期中是照平常的推论方式进行的，确定了上帝的存在，或是对人事作了一番议论；可是突然之间，我却大吃一惊地发现，我所遇到的不再是命题中通常的'是'与'不是'等连系词，而是没有一个命题不是由'应该'或'不应该'联系起来的。这个变化虽是不知不觉的，却是有着极其重大的关系。因为这个应该或不应该既然表示一种新的关系或肯定，所以就必须加以论述和说明；同时对这种似乎完全不可思议的事情，即这个新关系如何能由完全不同的另外一些关系推出来，也应当举出理由加以说明。"① 后来的很多哲学家接受了休谟关于事实判断和价值判断的区分。20 世纪初，分析哲学家们对休谟的伦理学思想格外青睐，摩尔批评伦理学中大部分观点都犯了"自然主义的谬误"，也就是说，仅仅通过阐述事实，就推断应当怎样怎样，这可以说是对休谟关于事实与价值的区分这一思想的补充和发展。休谟将道德判断的本质直接解释为情感也在某种程度上影响了以艾耶尔、斯蒂文斯等的思想为代表的当代情感主义理论的产生和发展。此外，休谟的道德学说中关于"效用"的理论也被后来的功利主义者边沁、密尔等人所发扬，从而形成了典型的功利主义道德理论体系。

　　休谟的政治哲学理论近些年也受到愈来愈多的重视。如同对休谟的认识论和道德学研究那样，传统的休谟政治哲学研究往往侧重于将休谟刻画为一个破坏者，对自然法传统的破坏者，对社会契约论的批评者，等等。而当代的休谟研究者则更多地看到了休谟理论中的积极因素和当代意义。以福布斯（Duncan Forbes）为代表的一批学者认为，休谟改造而非破坏了西方的自然法传统，休谟的正义理论是一种新的自然法理论。对于休谟是一个自由主义者还是一个保守主义者的争论也持续不断，认识也不断深入。当代自由主义者哈耶克深受休谟政治哲学思想的影响，他认为，休谟是一个典型的自由主义者，他对休谟的三条正义法则作出了极高评价。以大卫·米勒（David Miller）为代表的一些学者则认

———————

　　① ［英］休谟：《人性论》（下册），关文运译，郑之骧校，商务印书馆，2006 年，第509 页。

为，休谟是一个保守主义者。

人们发现，休谟的政治思想对美国建国时期的政体选择也有着重要影响。道格拉斯·阿戴尔（Douglass Adair）认为，休谟的政治论文《论理想共和国》对美国宪法之父麦迪逊产生了很大影响。在该文中，休谟提出了大共和国的理念，改变了以往人们对共和国只能是小国的刻板认识，正是基于这样的理念，美国设计出了联邦共和国的宪法草案。另一位学者马克·斯宾塞则认为，麦迪逊更多的是从休谟的《英国史》等著作中汲取休谟的思想，并形成大共和国理念的。①

在宗教思想方面，休谟不仅从批判的角度指出了基督教的宗教论证——设计论的不可靠性和神学中对大量神迹的描述都是虚妄的，而且从建设性的方面指出了宗教的积极意义，并提出了"真正的宗教"的设想。休谟最终认为，理性不能为宗教提供任何辩护，相反，理性的怀疑会摧毁宗教论证，只有信仰和感觉构成了宗教的基础。休谟的宗教观点在康德那里得到了深化和发展。康德也对关于上帝存在的经验证明和先天证明进行了有力的驳斥，并将宗教与科学划分开来，将灵魂不朽、上帝存在和意志自由确立为三大道德预设，指出它们是实践理性的预设，而非经验所能说明的东西，也非纯粹理性所能认识的东西。

除此之外，休谟在美学、历史、经济等方面都有论著，其影响同样延至现代。

---

① 徐志国：《从"破坏"到"建设"——西方学术界对休谟政治哲学"印象"的转变》，《哲学动态》，2012 年第 10 期。

四、术语解读与语篇精粹

（一）理性（Reason）

1. 术语解读

思想史上各学派对理性的理解不同。"斯多葛派认为理性是神的属性与人的本性。唯理论把理性看成知识的源泉，他们认为只有理性是最可靠的。18世纪法国唯物主义者主张把理性作为衡量一切现存事物的唯一标准。凡是合乎自然和人性的就是理性。康德认为狭义的'理性'是指认识绝对的东西的能力。它位于感性与知性之上，企图对自在之物有所把握。但理性在试图认识自在之物时，又难以避免陷入二律背反之中，以此表明自在之物不可被认识。而广义的'理性'包括感性、知性的先天形式。黑格尔认为理性是指具体的、辩证的思维。理性是最完全的认识能力，是认识的高级阶段，只有理性才能揭示事物的本质……在马克思主义哲学中，通常指理性认识的阶段。"[1]

18世纪英国哲学家、经济学家大卫·休谟的观点是理性就是"先验"，理性与经验相对立。一般认为"理性"是从人类的认识和实践活动中发现的掌握知识和法则进行活动的意志和能力，也是主宰人的认识和实践活动的主体事物。

---

[1] 《辞海》（第六版），上海辞书出版社，2009年，第1350页。

2. 语篇精粹

语篇精粹 A

Nothing is more usual in philosophy, and even in common life, than to talk of the combat of passion and reason, to give the preference to reason, and to assert that men are only so far virtuous as they conform themselves to it's dictates. Every rational creature, it is said, is obliged to regulate his actions by reason; and if only other motive or principle challenge the direction of his conduct, he ought to oppose it, till it be entirely subdued, or at least brought to a conformity with that superior principle. On this method of thinking the greatest part of moral philosophy, ancient and modern, seems to be founded; nor is there an ampler field, as well for metaphysical arguments, as popular declamations, than this supposed pre – eminence of reason above passion. The eternity, invariableness, and divine origin of the former have been displayed to the best advantage. The blindness, unconstancy, and deceitfulness of the latter have been strongly insisted on. In order to show the fallacy of all this philosophy, I shall endeavour to prove first, that reason alone can never be a motive to any action of the will; and secondly, that it can never oppose passion in the direction of the will. ①

译文参考 A

在哲学领域，甚至也包括日常生活中，谈论情感和理性之间

---

① David Hume, *A Treatise of Human Nature*, edited by David Fate Norton, Mary J. Norton, Clarendon Press, 2007, pp. 265 – 266.

的斗争，推崇理性，并主张人只有在理性支配下才会保持善良，没什么比这更为常见了。据说，每一个理性的生命都有义务通过理性规范自身的行为；如有其他动机或原则挑战他行为的方向，他应该进行反抗，直到完全将其压制，或者至少使其与那个更高的原则相一致。依据这种思考方式，我们似乎确立了从古至今道德哲学中最伟大的部分。无论是形而上学的辩论，还是通俗大众的演讲，都没有比这种假定的理性之于情感的优越性更据谈论价值的话题了。理性的永恒不变和高尚的起源已被展现到极致；而情感的盲目、无常和欺骗性也为人们深信不疑。为指出这一思想中的谬误，我将尽力证明：第一，理性自身永远无法成为任何意志的行为动机；第二，在控制意志的方向方面，它永远无法与情感对立。

语篇精粹 B

Since reason alone can never produce any action, or give rise to volition, I infer, that the same faculty is as incapable of preventing volition, or of disputing the preference with any passion or emotion. This consequence is necessary. It is impossible reason could have the latter effect of preventing volition, but by giving an impulse in a contrary direction to our passion; and that impulse, had it operated alone, would have been able to produce volition. Nothing can oppose or retard the impulse of passion, but a contrary impulse; and if this contrary impulse ever arises from reason, that latter faculty must have an original influence on the will, and must be able to cause, as well as hinder any act of volition. But if reason has no original influence, it's impossible it can withstand any principle, which has such an efficacy, or ever keep the mind in suspense a moment. Thus it appears, that the principle, which oppose our passion, cannot be the same with reason, and is only called so in an improper sense. We speak not strictly and philosophically when we talk of the combat of passion and of reason. Reason is, and ought only to be the slave of the passions, and can never pretend to any other office than to serve and obey them. As this opinion may appear somewhat extraordinary, it may not be improper to confirm it by some other considerations. [1]

译文参考 B

既然理性自身不可能产生任何行为或引起意志力，那么我推断，这种机能（即理性）也同样无法阻止意志活动，或是与人们对任何一种情感或情绪的偏好相对立。这个推论是必然的。理性不可能具有阻止意志活动的作用，它只产生一种与我们的情感相反方向的冲动；而那种冲动若独立发挥作用，本就能够产生意志活动。除了与之相反的冲动，没有什么可以阻挡或减缓情感的冲动；假如这种相反的冲动由理性产生，则理性必定对意志具有原始的影响力，因而必定能够引起和阻碍任何意志力行为。但如果理性不具备原始影响力，那么它便不可能抵抗具有这种效能的原则，或使头脑产生片刻疑虑。由此看来，与情感对立的那个原则不可能等同于理性，它只是被错误地称为理性。我们谈论情感与理性之间的斗争，这是不严谨的、非哲学的。理性是，也仅应是

---

① David Hume, *A Treatise of Human Nature*, edited by David Fate Norton, Mary J. Norton, Clarendon Press, 2007, p. 266.

从属于情感的，除了服从并服务于情感之外，永远不可被赋予任何其他功能。这种观点或许显得有些与众不同，因此通过一些其他思考加以证实并不为过。

语篇精粹 C

Reason is the discovery of truth or falshood. Truth or falshood consists in an agreement or disagreement either to the real relations of ideas, or to real existence and matter of fact. Whatever, therefore, is not susceptible of this agreement or disagreement, is incapable of being true or false, and can never be an object of our reason. Now, it's evident our passions, volitions, and actions, are not susceptible of any such agreement or disagreement; being original facts and realities, compleat in themselves, and implying no reference to other passions, volitions, and actions. It is impossible, therefore, they can be pronounced either true or false, and be either contrary or conformable to reason. [①]

译文参考 C

理性是对真或假的探寻。真或假在于对观念的真实关系或真实存在与事实的肯定或否定。因此，凡是不存在这种肯定或否定关系的事物，都无法界定真伪，也就永远不能成为理性的对象。显然，我们的情感、意志和行为均不存在这样的赞同或否定关系；他们自身即是原始的事实和现实，自我满足，不需涉及其他情感、意志和行为。因此，无法判定他们是真或是假，与理性对立或是

---

① David Hume, *A Treatise of Human Nature*, edited by David Fate Norton, Mary J. Norton, Clarendon Press, 2007, p. 295.

一致。

（二）人性（Human Nature）

1. 术语解读

人性是指人类天然具有的本性和基本属性。中国文化中有四种人性观点：人性本善论、人性本恶论、人性无善无恶论和人性既善又恶论。在西方哲学中，苏格拉底主张用理性、灵魂的力量来认识自己，人性是善的。亚里士多德在论述人性时主张人是有理性的存在者。而中世纪最著名的原罪说、近代启蒙家的人性观受到中世纪和近代人性观的双重影响。英国唯物主义哲学家托马斯·霍布斯认为人首先是自然的存在，而人性是人的内在属性，人性最基本的就是要满足人的基本需要。马克思主义者认为人性不是抽象的而是历史的、具体的，社会关系是形成人性的决定性因素。

18 世纪英国哲学家、经济学家大卫·休谟著有《人性论》一书，他把哲学设想为一门归纳的和实验的人性科学。《人性论》第一卷《论知性》主要说明了知识的起源、分类和范围，人的认识能力和界限等认识论的内容。第二卷《论情感》主要探讨了情感的起源、性质和活动。第三卷《论道德》是对道德问题的全面阐述，阐述了人类道德的起源和作用。从总体上研究人性，认为研究人性的方法就是以自然科学特别是牛顿力学的方法为典范，把"精密性"带进哲学研究的领域，使哲学成为科学的和人性的哲学。

2. 语篇精粹

语篇精粹 A

It is evident, that all the sciences have a relation, greater or less, to human nature; and that however wide any of them may seem to run from it, they still return back by one passage or another. Even Mathematics, Natural Philosophy, and Natural Religion, are in some measure dependent on the science of MAN; since they lie under the cognizance of men, and are judged of by their powers and faculties. It is impossible to tell what changes and improvements we might make in these sciences were we thoroughly acquainted with the extent and force of human understanding, and could explain the nature of the ideas we employ, and of the operations we perform in our reasonings. And these improvements are the more to be hoped for in natural religion, as it is not content with instructing us in the nature of superior powers, but carries its views farther, to their disposition towards us, and our duties towards them; and consequently we ourselves are not only the beings, that reason, but also one of the objects, concerning which we reason. [1]

译文参考 A

显而易见，一切科学都或多或少与人性相关，而且任何科学无论看起来与人性背道而驰多么远，也总会再次殊途同归。甚至

---

[1] David Hume, *A Treatise of Human Nature*, edited by David Fate Norton, Mary J. Norton, Clarendon Press, 2007, p. 4.

数学、自然哲学和自然宗教这样的学科，也在某种程度上依赖于人的科学，因为这些学科受人认知能力的制约，由人依靠其能力和机能做出判断。我们若能彻底了解人类理解力的范围和能力，解释我们所运用的观点的性质和进行推理活动的本质，那么人类在以上学科所能进行的改变和取得的进步将是不可估量的。尤其在自然宗教领域，我们更期待这样的进步，因其不仅限于指引我们理解神的本质，还进一步说明神对人类的态度以及人类对神应尽的义务，从而使我们自身不仅是进行推理的一方，同时也是我们推理活动的对象之一。

语篇精粹 B

Here then is the only expedient, from which we can hope for success in our philosophical researches, to leave the tedious lingring method, which we have hitherto followed, and instead of taking now and then a castle or village on the frontier, to march up directly to the capital or center of these sciences, to human nature itself; which being once masters of, we may every where else hope for an easy victory. From this station we may extend our conquests over all those sciences, which more intimately concern human life, and may afterwards proceed at leisure to discover more fully those, which are the objects of pure curiosity. There is no question of importance, whose decision is not comprized in the science of man; and there is none, which can be decided with any certainty, before we become acquainted with that science. In pretending therefore to explain the principles of human nature, we in effect propose a complete system of the sciences, built on a foundation almost entirely new, and the only one upon which they can stand with any security. [①]

译文参考 B

那么在我们的哲学研究过程中，期冀取得成功的唯一权宜之计，是摒弃一直采用的冗长乏味的迂回战术，与其时而在边境攻占一座城堡或村庄，不如直接挺进这些科学的首府或核心地带，即人性本身。一旦将其征服，我们便可期待在其他各领域轻而易举获胜。从这一阵地我们可以将胜利延伸至所有那些和人类生活更贴近的科学，之后便可继续从容探求那些满足我们纯粹好奇心的对象。一切重要问题的结论，无一不包含在人的科学之中；而在熟识那门科学之前，我们无法对任何问题做出结论。因此，为了试图解释人性原理，我们实际上提出了一套建立在几乎全新的基础之上的完整科学体系，它也是一切科学可以依赖的唯一稳固的基础。

语篇精粹 C

Nor ought we to think, that this latter improvement in the science of man will do less honour to our native country than the former in natural philosophy, but ought rather to esteem it a greater glory, upon account of the greater importance of that science, as well as the necessity it lay under of such a reformation. For to me it seems evident, that the essence of the mind being equally unknown to us with that of external bodies, it must be equally impossible to form any notion of its powers

---

① David Hume, *A Treatise of Human Nature*, edited by David Fate Norton, Mary J. Norton, Clarendon Press, 2007, pp. 4 – 5.

and qualities otherwise than from careful and exact experiments, and the observation of those particular effects, which result from its different circumstances and situations. And though we must endeavour to render all our principles as universal as possible, by tracing up our experiments to the utmost, and explaining all effects from the simplest and fewest causes, it is still certain we cannot go beyond experience; and any hypothesis, that pretends to discover the ultimate original qualities of human nature, ought at first to be rejected as presumptuous and chimerical. ①

译文参考 C

我们亦不应认为，人的科学的发展晚于自然哲学的发展，为我们的国家带来的荣誉不及后者，相反，我们应赋予它更高的敬意，因为这门科学更加重要，同时也由于这种改革的必要性。因为对我来说，显然我们对于头脑的本质的了解就如同对于外在躯体的了解一样匮乏，那么唯有通过准确和精确的实验，以及对于不同环境和条件下产生的特定实验结果的观察进行认识，否则不可能对其能力和特点形成任何认识。尽管我们必须本着对实验追根溯源、运用最简明精练的原因解释所有实验结果的原则，力求使我们的原则达到最高的普遍性，但有一点是毫无疑问的：我们无法超越经验，任何意图揭示人性最根本的原始特征的假设，最初都应被认为是冒失的和空想的而遭到反对。

---

① David Hume, *A Treatise of Human Nature*, edited by David Fate Norton, Mary J. Norton, Clarendon Press, 2007, p. 5.

（三）自然主义（Naturalism）

1. 术语解读

自然主义在哲学上有广义和狭义概念之分，广义的自然主义是指用自然原因或自然原理来解释一切现象的哲学观念。狭义的自然主义形成于 20 世纪 30 年代。自然主义早在 16 世纪的西方哲学中就已广泛使用，用来指某种享乐主义或无神论者的生活信条。到了 18 世纪，自然主义认为人生活在可被感知的现象世界即宇宙机器中，自然主义者只关注外部自然现象和规律。19 世纪末自然主义"逐渐形成一种哲学思潮，企图超出唯物主义与唯心主义的对立，回避哲学的基本问题"①。20 世纪初在美国形成的自然主义流派主要继承了实证主义哲学的传统，认为自然是全部的实在，超自然的领域是不存在的；无须借用超自然的力量，人类可以通过科学的方法认识自然界的一切。② 现代自然主义中，杜威的经验自然主义、胡克的自然主义、科恩的理性自然主义较有影响。

18 世纪英国哲学家、经济学家大卫·休谟的自然主义指排除一切超自然的力量，用经验性的方法解释人们的认知、情感以及德行等，把我们的行为和全部生活建立在人的自然本性基础之上，并根据自然本身的秩序和变化不断加以调整。③

---

① 《辞海》（第六版），上海辞书出版社，2009 年，第 3066 页。
② 参见《辞海》（第六版），上海辞书出版社，2009 年，第 3066 页。
③ 参见罗中枢：《论休谟的自然主义》，《四川大学学报》（哲学社会科学版），1995 年第 3 期。

2. 语篇精粹

语篇精粹 A

Suppose a person present with me, who advances propositions, to which I do not assent, that Ceasar *died in his bed*, *that silver is more fusible than lead*, *or mercury heavier than gold*; it is evident, that not-withstanding my incredulity, I clearly understand his meaning, and form all the same ideas, which he forms. My imagination is endowed with the same powers as his; nor is it possible for him to conceive any idea, which I cannot conceive; or conjoin any, which I cannot con-join. I therefore ask, wherein consists the difference betwixt believing and disbelieving any proposition? The answer is easy with regard to propositions, that are proved by intuition or demonstration. In that case, the person, who assents, not only conceives the ideas according to the proposition, but is necessarily determined to conceive them in that particular manner, either immediately or by the interposition of other ideas. Whatever is absurd is unintelligible; nor is it possible for the imagination to conceive any thing contrary to a demonstration. But as in reasonings from causation, and concerning matters of fact, this absolute necessity cannot take place, and the imagination is free to conceive both sides of the question, I still ask, *Wherein consists the difference betwixt incredulity and belief?* since in both cases the conception of the idea is equally possible and requisite. ①

译文参考 A

假如身边有人向我提出如下命题：恺撒死在他的床上，银比铅易熔，汞比金重，而我不同意这些命题，显然，即使不相信他的话，我仍能清楚领会他的意思，并形成和他一样的观念。我的想象被赋予相同的能力，我能想到他所想，亦能进行任何联想，由此我发问，相信一个命题与质疑这个命题之间的差别在于何处？对于命题而言答案是简单的，因为命题可通过直觉或实证加以证明。在前述的情况下，赞同命题的人不仅会产生与之相应的观念，同时他的想象也必然是依照那种特定方式进行的，这里有可能是直接的想象，也可能要借助其他观念才可实现。一切谬论都是无法令人理解的，也无法产生与实证相反的任何想象。然而在对于因果关系及事实的推理中，不存在这种绝对的必然性，并且想象可以自由驰骋于问题的双方面，因此我依然要问，既然持怀疑和相信态度时，观念的产生都是可能的和必不可少的，那么怀疑和信念之间的差异又在于何处呢？

语篇精粹 B

But our wonder will, perhaps, cease or diminish; when we consider, that the experimental reasoning itself, which we possess in common with beasts, and on which the whole conduct of life depends, is nothing but a species of instinct or mechanical power, that acts in us unknown to ourselves; and in its chief operations, is not directed by

---

① David Hume, *A Treatise of Human Nature*, edited by David Fate Norton, Mary J. Norton, Clarendon Press, 2007, p. 66.

any such relations or comparisons of ideas, as are the proper objects of our intellectual faculties. Though the instinct be different, yet still it is an instinct, which teaches a man to avoid the fire; as much as that, which teaches a bird, with such exactness, the art of incubation, and the whole economy and order of its nursery. [1]

译文参考 B

然而当我们考虑这点时，我们的惊叹之感或许会戛然而止或减弱：作为人与动物同样具备的能力和整体生命行为的基础，经验性推理本身只不过是一种本能或机械的能力而已，它作用于我们的行为而又不为我们所知；它的主要作用机制不像人类智能特有的对象那样，受任何观念间的联系或比较所主导。这些本能虽然不同，但终归只是本能，无论是教一个人避开火焰，还是一只鸟儿如何正确地进行孵化和哺育的全过程。

语篇精粹 C

Animals, therefore, are not guided in these inferences by reasoning. Neither are children. Neither are the generality of mankind, in their ordinary actions and conclusions. Neither are philosophers themselves, who, in all the active parts of life, are, in the main, the same with the vulgar, and are governed by the same maxims. Nature must have provided some other principle, of more ready, and more general use and application; nor can an operation of such immense consequence in life, as that of inferring effects from causes, be trusted to the

---

① David Hume, *A Treatise of Human Nature*, edited by David Fate Norton, Mary J. Norton, Clarendon Press, 2007, p. 78.

uncertain process of reasoning and argumentation. Were this doubtful with regard to men, it seems to admit of no question with regard to the brute creation; and the conclusion being once firmly established in the one, we have a strong presumption, from all the rules of analogy, that it ought to be universally admitted, without any exception or reserve. ①

译文参考 C

因此，动物在这些推论中是不受推理操控的，儿童也是如此，大多数人的日常行为和结论也是一样，甚至哲人们自身生活的一切积极部分，和平民百姓几乎没有分别，均受相同的法则制约。大自然必定提供了其他某个应用起来更为适宜、普遍的原则，生活中诸如由原因推断结果这般具有巨大影响的行为，不能依赖推理和论证的不确定的过程。假使这点对于人类来说尚无十足把握，但对于动物来说似乎是确定无疑的。而一旦在一类中得出确定结论，我们可依据类比原则做出有力假设，即该结论可被普遍接受，无一例外，不可逆转。

（四）情感主义（Sensationalism）

1. 术语解读

情感主义是英语国家最流行的一种现代伦理学观念，主张道德是个人情感的表达，认为道德判断没有合理有效的依据，如同

---

① David Hume, *A Treatise of Human Nature*, edited by David Fate Norton, Mary J. Norton, Clarendon Press, 2007, p. 77.

宗教和艺术一样，只是情感的表达方式。在西方伦理学发展史中，情感主义的道德哲学在休谟那里得到了发展。

在西方，长久以来，从亚里士多德到霍布斯的哲学传统，都着力以理性为人性道德奠定缜密的根基，相对于理性在道德理论中所占的地位，情感向来不受重视。在理性与情感的对立中，休谟深受沙甫慈伯利和哈奇森等人的影响，赞成情感主义，反对理性主义，把情感看作道德的起源。他指出，"理性只有两个作用，第一是发现真假；第二是依据事实的推理，然而这两者都不能用以进行道德判断"[1]。在休谟看来，理性虽然能提示何种行为能产生最大效益，却无法唤起快乐与痛苦的感受。休谟认为引起我们快乐的是善的行为，引起我们痛苦的是恶的行为，人的道德的产生依赖于这种特殊的苦乐感觉产生的情感结果。休谟的情感主义道德学说抛弃了理性主义形而上的理论范式，呈现出道德与人之间的内在统一。情感主义道德学说的人伦诉求与情怀，与每一时代社会生活实践的本质相契合，因此能够产生精神上的共鸣。这正是休谟情感主义学说的生命力所在。同时我们也应看到，否认道德客观性的情感主义道德学说，也使得伦理学陷入了相对主义。[2]

2. 语篇精粹

语篇精粹 A

Thus the course of the argument leads us to conclude, that since

---

[1] 周晓亮：《〈人性论〉导读》，四川教育出版社，2002年，第95页。
[2] 参见休谟：《人性论》，关文运译，郑之骧校，商务印书馆，1980年。

vice and virtue are not discoverable merely by reason, or the comparison of ideas, it must be by means of some impression or sentiment they occasion, that we are able to mark the difference betwixt them. Our decisions concerning moral rectitude and depravity are evidently perceptions; and as all perceptions are either impressions or ideas, the exclusion of the one is a convincing argument for the other. Morality, therefore, is more properly felt than judged of; though this feeling or sentiment is commonly so soft and gentle, that we are apt to confound it with an idea, according to our common custom of taking all things for the same, which have any near resemblance to each other. ①

译文参考 A

由此，论证过程引领我们得出如下结论，既然仅仅通过理性或者对观念进行比较无法使我们认清恶行与美德，那么必定是通过它们引起的某种印象或感情，我们得以分辨二者的不同。我们对于道德高尚或堕落的判别显然属于感知的范畴，而一切感知被划分为印象和观念，非此即彼。因此，道德观与其说是被判定的，不如说是被感觉到的，尽管这种感觉或情感通常如此细致入微，以至于我们容易把它同观念相混淆，我们通常的习惯就是把极为相似的事物混为一谈。

语篇精粹 B

Now since the distinguishing impressions, by which moral good or evil is known, are nothing but *particular* pains or pleasures; it follows,

---

① David Hume, *A Treatise of Human Nature*, edited by David Fate Norton, Mary J. Norton, Clarendon Press, 2007, p. 302.

that in all enquiries concerning these moral distinctions, it will be sufficient to show the principles, which make us feel a satisfaction or uneasiness from the survey of any character, in order to satisfy us why the character is laudable or blameable. An action, or sentiment, or character is virtuous or vicious, why? Because its view causes a pleasure or uneasiness of a particular kind. In giving a reason, therefore, for the pleasure or uneasiness, we sufficiently explain the vice or virtue. To have the sense of virtue, is nothing but to *feel* a satisfaction of a particular kind from the contemplation of a character. The very *feeling* constitutes our praise or admiration. We go no farther; nor do we enquire into the cause of the satisfaction. We do not infer a character to be virtuous, because it pleases. But in feeling that it pleases after such a particular manner, we in effect feel that it is virtuous. The case is the same as in our judgments concerning all kinds of beauty, and tastes, and sensations. Our approbation is implyed in the immediate pleasure they convey to us. ①

译文参考 B

我们借以分辨道德善恶的印象不过是特定的痛苦或快乐而已，由此可见，在一切分辨道德善恶的探究中存在一些原则，使我们在审视任一品格后产生满足感或忧虑感，若能指出这些原则，便足以解释该品格值得称赞或是应受指责的原因所在。一种行为，或情感，或品格，是善还是恶，为什么？因为看到它会引起某种

① David Hume, *A Treatise of Human Nature*, edited by David Fate Norton, Mary J. Norton, Clarendon Press, 2007, p. 303.

愉悦或忧虑。因此，给出愉悦或忧虑产生的原因，我们就能充分地解释恶行或美德。产生善念，不过是在审视一种品格后感到的满足。这种感觉形成我们的赞扬或敬仰之情。我们到此为止，不再追究满足感产生的原因。我们并非因为一种品格使人欢喜而推断其为善，而是在感受到它带来的愉悦后，真实感受到它的善。在我们对关于美、品味和感觉的对象做出判定时同样如此。我们的认同感隐含于它们传达给我们的直接的愉悦当中。

语篇精粹 C

That faculty, by which we discern truth and falsehood, and that by which we perceive vice and virtue had long been confounded with each other, and all morality was supposed to be built on eternal and immutable relations, which to every intelligent mind were equally invariable as any proposition concerning quantity or number. But a late philosopher has taught us, by the most convincing arguments, that morality is nothing in the abstract nature of things, but is entirely relative to the sentiment or mental taste of each particular being; in the same manner as the distinctions of sweet and bitter, hot and cold, arise from the particular feeling of each sense or organ. Moral perceptions therefore, ought not to be clased with the operations of the understanding, but with the tastes or sentiments. ①

译文参考 C

我们辨别真假的能力与感知善恶的能力已被混淆许久，而且

---

① David Hume, *An Enquiry concerning Human Understanding*, edited by Peter Millican, Oxford University Press, 2007, p. 177.

一切道德应建立在永恒不变的关系之上，对于每个有智慧的头脑而言，这种关系如同涉及量或数的命题那样恒定不变。然而一位已故的哲学家曾经用最具说服力的论证教导我们，道德在事物抽象的本质方面并无意义，而完全同每个特定生命的情感或心理体验相关，就如同对于甜和苦、冷和热的辨别是来自于每个感官或器官的特定感受。因此，道德认知不应被归为理解活动，而应属于体验或情感的范畴。

（五）效用（Utility）

1. 术语解读

效用是苏格拉底对于美的本质与标准的一种见解，是衡量美和善的标准，美和善是统一的。休谟之前的西方伦理学家们普遍强调道德的内在善，道德或品质是人们普遍追求的意义。因此古希腊罗马伦理学家们在评价一个人的道德修养时认为，品行是人之为人的一个重要标志。

然而休谟却认为道德的真正价值在于它的外在善，也就是对他人或社会的作用。休谟并不把道德的善看作是由于道德本身的原因而使人们普遍追求，而更喜欢把道德的善看作是由于其结果的缘故。因此休谟认为把道德的善理解为"效用"，这充分说明了道德的有效用性。在其著作《道德原则研究》中，休谟把人的德性分为四种类型，即"对他人有用的品质""对自己有用的品质""直接令自己愉快的品质"和"直接令他人愉快的品质"。通过这样的分类，更充分系统地论证人类德性本身所具有的价值，即效用或有用的功能。

2. 语篇精粹

语篇精粹 A

In all determinations of morality, this circumstance of public utility is ever principally in view; and wherever disputes arise, either in philosophy or common life, concerning the bounds of duty, the question cannot, by any means, be decided with greater certainty, than by ascertaining, on any side, the true interests of mankind. If any false opinion, embraced from appearances, has been found to prevail; as soon as farther experience and sounder reasoning have given us juster notions of human affairs, we retract our first sentiment, and adjust anew the boundaries of moral good and evil. ①

译文参考 A

在进行一切道德评判时，公共效用始终是主要考虑因素，每当出现有关责任范围的争端，无论在哲学领域还是日常生活中，没有什么方法比弄清任一方的真正利益更能对问题做出有把握的判断。若发现由表象所导致的错误观念盛行，一旦进一步的经验和更可靠的推理能帮助我们对人类事务得出更为公正合理的见解，那么我们就收回最初的观点，并重新调整道德善恶的界限。

语篇精粹 B

To illustrate all this by a familiar instance, I shall observe, that there cannot be two passions more nearly resembling each other, than

---

① David Hume, *Enquiries concerning the Human Understanding and concerning the Principles of Morals*, edited by L. A. Selby - Bigge, Clarendon Press, 1902, p. 180.

those of hunting and philosophy, whatever disproportion may at first sight appear betwixt them. It is evident, that the pleasure of hunting consists in the action of the mind and body; the motion, the attention, the difficulty, and the uncertainty. It is evident likewise, that these actions must be attended with an idea of utility, in order to their having any effect upon us. A man of the greatest fortune, and the farthest removed from avarice, though he takes a pleasure in hunting after patridges and pheasants, feels no satisfaction in shooting crows and magpies; and that because he considers the first as fit for the table, and the other as entirely useless. Here it is certain, that the utility or importance of itself causes no real passion, but is only requisite to support the imagination; and the same person, who over – looks a ten times greater profit in any other subject, is pleased to bring home half a dozen woodcocks or plovers, after having employed several hours in hunting after them. To make the parallel betwixt hunting and philosophy more compleat, we may observe, that though in both cases the end of our action may in itself be despised, yet in the heat of the action we acquire such an attention to this end, that we are very uneasy under any disappointments, and are sorry when we either miss our game, or fall into any error in our reasoning. [1]

译文参考 B

举例说明以上论述：我观察到，没有哪两种情感比人们对于

---

[1] David Hume, *A Treatise of Human Nature*, edited by David Fate Norton, Mary J. Norton, Clarendon Press, 2007, p. 288.

狩猎和哲学的热爱更为相似，即使二者乍看起来毫不相干。显然，狩猎的乐趣在于头脑和肢体的活动、动作、专注力、挑战和不确定性。同样显而易见，上述活动必须具有效用，方可对我们产生影响。一个无比富有又摒除了贪念的人，尽管以猎取山鹑野鸡为乐，而不满于射杀乌鸦和喜鹊，因为他认为前两者常被端上餐桌，而后两者毫无用处。可以肯定，效用或价值本身并不引起真实情感，但却是支撑想象不可或缺的，同样是这个人，忽略了其它猎物十倍的收益，经过数小时的捕猎，欢喜地带回家中半打山鹬或千鸟。为了进一步完善狩猎与哲学之间的类比，我们可以说，即便两种行为的结果或许都不值一提，但在激烈的过程中我们如此关注这个结果，以至于格外介意任何不满之处，同时在错失猎物或推理陷入错误时感到懊恼。

语篇精粹 C

Most people will readily allow, that the useful qualities of the mind are virtuous, because of their utility. This way of thinking is so natural, and occurs on so many occasions, that few will make any scruple of admitting it. Now this being once admitted, the force of sympathy must necessarily be acknowledged. Virtue is considered as means to an end. Means to an end are only valued so far as the end is valued. But the happiness of strangers affects us by sympathy alone. To that principle, therefore, we are to ascribe the sentiment of approbation, which arises from the survey of all those virtues, that are useful to society, or to the person possessed of them. These form the most considerable part of morality.①

译文参考 C

大多数人乐于承认，心灵拥有的那些有用的品质是善良的，因为它们具有效用。这种思想方式极为自然，且频频发生，很少有人会对它有所顾虑。既然认可了这点，同情的力量也必然得到承认。德行被看作是达到目的的手段。只有当目的被重视了，手段才可获得重视。但陌生人的幸福感仅通过同情对我们产生影响。因此我们把赞同感归因于同情原则，而赞同感来自对那些有益于社会和个人的德行的审视。以上便构成道德最重要的组成部分。

（六）同情（Sympathy）

1. 术语解读

同情是伦理学用语，人的自然情感之一，即个人在与他人接触的过程中，通过想象，所产生的与他人同样的情感。在休谟的道德理论中，同情被看作是人性中有力的、对自己和他人进行道德评价的普遍原则。

同情一词由 sym 和 pathy 这两部分组成，即"与……有同感"之意。在休谟那里，他认为人类作为同类生物，当他人遭受外界刺激时，会与他人出现相似的应激反应，这就是人类的同情心。休谟认为同情是最基本的道德情感，也是人们道德自律的动力。当人们可能给他人带来不快时，他们很可能对他人的痛苦感同身

① David Hume, *A Treatise of Human Nature*, edited by David Fate Norton, Mary J. Norton, Clarendon Press, 2007, p. 394.

受，会换位思考，因而意识到自身行为的不正当性。同情的原则使人们产生共同的"道德感"，借助这种"道德感"，人们就能限制自己的私利，而关注社会的整体利益，调解个人利益与社会利益的矛盾与冲突。

2. 语篇精粹

语篇精粹 A

No quality of human nature is more remarkable, both in itself and in its consequences, than that propensity we have to sympathize with others, and to receive by communication their inclinations and sentiments, however different from, or even contrary to our own. This is not only conspicuous in children, who implicitly embrace every opinion proposed to them; but also in men of the greatest judgment and understanding, who find it very difficult to follow their own reason or inclination, in opposition to that of their friends and daily companions. To this principle we ought to ascribe the great uniformity we may observe in the humours and turn of thinking of those of the same nation; and it is much more probable, that this resemblance arises from sympathy, than from any influence of the soil and climate, which, though they continue invariably the same, are not able to preserve the character of a nation the same for a century together. Good – natured man finds himself in an instant of the same humour with his company; and even the proudest and most surly take a tincture from their countrymen and acquaintance. A chearful countenance infuses a sensible complacency and serenity into my mind; as an angry or sorrowful one throws a sudden damp upon me. Hatred, resentment, esteem, love, courage, mirth and melancholy; all these passions I feel more from communication than from my own natural temper and disposition. [1]

译文参考 A

人性当中，无论从其本身还是它产生的结果来看，没有什么比这更了不起的品质了：我们善于同情他人，且依靠沟通接纳他们的意愿和情绪，无论那些意愿和情绪与我们的有何不同，甚至相反。这种现象不仅显著体现在儿童身上——他们常毫无保留地接纳他人提出的意见，而且具有最伟大判断力和理解力的人们同样如此，当他们的理性或意愿与朋友和同伴的意见相左时，便很难遵从自己的内心。我们在同一民族的人身上可观察到幽默感和思维方式的巨大一致性，这应归因于上述原则，与其说这种相似性来自土壤和气候的影响，不如说它来自同情的可能性要大得多，因为虽然土壤和气候保持不变，但它们并不足以使一个民族的性格延续一百年不变。若是性情随和的人，往往很快就被同伴的幽默感所感染；即便最傲慢乖戾的人也免不了沾染上同胞和熟人的习性。一副欢乐的面孔向我的心灵注入理性的满足和宁静；愤怒或哀伤的面孔则令让我骤然泄气。仇恨、憎恶、尊重、爱、勇气、欢笑和悲哀，我从沟通中感受到的这些情感超过了我与生俱来的脾性。

---

[1] David Hume, *A Treatise of Human Nature*, edited by David Fate Norton, Mary J. Norton, Clarendon Press, 2007, p. 206.

语篇精粹 B

It is indeed evident, that when we sympathize with the passions and sentiments of others, these movements appear at first in our mind as mere ideas, and are conceived to belong to another person, as we conceive any other matter of fact. It is also evident, that the ideas of the affections of others are converted into the very impressions they represent, and that the passions arise in conformity to the images we form of them. All this is an object of the plainest experience, and depends not on any hypothesis of philosophy. That science can only be admitted to explain the phenomena; though at the same time it must be confest, they are so clear of themselves, that there is but little occasion to employ it. For besides the relation of cause and effect, by which we are convinced of the reality of the passion, with which we sympathize; besides this, I say, we must be assisted by the relations of resemblance and contiguity, in order to feel the sympathy in its full perfection. And since these relations can entirely convert an idea into an impression, and convey the vivacity of the latter into the former, so perfectly as to lose nothing of it in the transition, we may easily conceive how the relation of cause and effect alone, may serve to strengthen and enliven an idea. In sympathy there is an evident conversion of an idea into an impression. This conversion arises from the relation of objects to ourself. Ourself is always intimately present to us. Let us compare all these circumstances, and we shall find, that sympathy is exactly correspondent to the operations of our understanding; and even contains something more surprising and extraordinary. ①

译文参考 B

非常明显，我们对他人的情感和情绪产生同情之时，这些心理活动在我们的头脑中首先仅仅作为观念呈现出来，而且我们认为这些观念是属于他人的，正像我们思考其他事实那样。同样显而易见的是，他人的感情观念被转化为它们所代表的特定印象，并且情感的产生依赖于我们对这些印象形成的图像。这一切是最普通的经验的对象，不依赖任何哲学假说。哲学仅能用来解释那些现象，然而我们同时必须承认，现象本身往往足够清晰，因而需要应用哲学的机会寥寥。我们对某种感情产生同情，而因果关系使我们确信这种感情的现实存在；除因果关系之外，我认为我们还必须借助相似和临近关系，才能透彻地理解同情感。由于这些关系可以把观念完全转化为印象，也可将印象的活力毫无遗漏地传达给观念，我们便可轻而易举地想象出因果关系本身是如何强化和活跃一个观念的。同情发生之时存在一个观念向印象转变的显著过程。这种转变过程来自我们自身同对象之间的关系。我们和自我时刻共存。对上述所有因素进行比较，我们即可发现，同情完全符合我们的理解活动，甚至还包含更加惊人的、特别的内容。

语篇精粹 C

It is certain, that sympathy is not always limited to the present moment, but that we often feel by communication the pains and pleas-

---

① David Hume, *A Treatise of Human Nature*, edited by David Fate Norton, Mary J. Norton, Clarendon Press, 2007, p. 208.

ures of others, which are not in being, and which we only anticipate by the force of imagination. For supposing I saw a person perfectly unknown to me, who, while asleep in the fields, was in danger of being trod under foot by horses, I should immediately run to his assistance; and in this I should be actuated by the same principle of sympathy, which makes me concerned for the present sorrows of a stranger. The bare mention of this is sufficient. Sympathy being nothing but a lively idea converted into an impression, it is evident, that, in considering the future possible or probable condition of any person, we may enter into it with so vivid a conception as to make it our own concern; and by that means be sensible of pains and pleasures, which neither belong to ourselves, nor at the present instant have an real existence. ①

译文参考 C

显然，同情不仅限于当下，还包含我们通过沟通所感受到的他人的痛苦和欢乐，这些感受并非真实存在，而是我们依靠想象力预见的。假设我看到一个陌生人在田地里睡觉，有被马蹄踏伤的危险，我会立即跑去帮助他，在这种情形之下我同样受到同情原则的驱使，才会为一个陌生人的不幸而担心。仅此一例足矣。同情不过是由一个生动的观念转化而成的一个印象，很明显，在考虑任何人未来或可能发生的状况时，我们可能进入一个极其生动的想象中，仿佛在为自己的事忧心，由此感知那些既不属于自身，又不真实存在的痛苦和欢乐。

---

① David Hume, *A Treatise of Human Nature*, edited by David Fate Norton, Mary J. Norton, Clarendon Press, 2007, p. 248.

（七）道德感（Moral Sense）

1. 术语解读

道德感是指人内在具有的辨别善与恶、正确与错误的情感。亚当·斯密把道德感与人的良心或义务相联系，认为由于同情与仁慈的普遍本性，人会经常检验自己的行为，并通过公正的客观标准纠正自己，达到行为的正确，这种社会交往中形成的道德行为准则就形成义务的要求，以道德命令要求自己行为的正确，这就是道德感。

休谟提出了自己对于"道德感"的看法。他认为道德感是人们对某一对象的感觉，及由此而产生的情感上的反应。这是一种人的本能知觉，正如我们对于声音、颜色等做出的痛苦或快乐等情感的判断一样。"道德感"是一种特殊的苦乐感，其直接结果就是引起一定的情感活动。快乐的就会引起赞许，痛苦的会引起憎恨。因此，道德感既是一种快乐或者痛苦的感觉，又是在此基础上产生的赞许或谴责的情感反应。

休谟还突出了利益在道德感中的作用，他认为利益是以道德感为基础，道德感可以协调个人利益与社会利益之间的矛盾、利己与利他之间的矛盾，因而有助于维护社会秩序，增进社会和谐。

2. 语篇精粹

语篇精粹 A

The hypothesis which we embrace is plain. It maintains that morality is determined by sentiment. It defines virtue to be *whatever men-*

tal action or quality gives to a spectator te pleasing sentiment of approbation; and vice the contrary. We then proceed to examine a plain matter of fact, to wit, what actions have this influence. We consider all the circumstances in which these actions agree, and thence endeavour to extract some general observations with regard to these sentiments. If you call this metaphysics, and find anything abstruse here, you need only conclude that your turn of mind is not suited to the moral sciences. ①

译文参考 A

我们所信奉的假说简明易懂。它认为道德是由情感决定的。它把德行定义为任何心理活动或品质带给旁观者的令人愉悦的赞同感，恶行则与之相反。我们继续探讨一个简单的事实，即什么样的行为具有这种影响力。我们考虑这些行为存在的所有有利因素，然后试图总结出一些有关这些情感的普遍规律。若称之为形而上学，你觉得其中内容晦涩难懂，那么只能说你不适合进行道德科学研究。

语篇精粹 B

For, first, it is evident, that under the term *pleasure*, we comprehend sensations, which are very different from each other, and which have only such a distant resemblance, as is requisite to make them be expressed by the same abstract term. A good composition of music and a bottle of good wine equally produce pleasure; and what is more, their

---

① David Hume, *Enquiries concerning the Human Understanding and concerning the Principles of Morals*, edited by L. A. Selby – Bigge, Clarendon Press, 1902, p. 289.

goodness is determined merely by the pleasure. But shall we say upon that account, that the wine is harmonious, or the music of a good flavour? In like manner an inanimate object, and the character or sentiments of any person may, both of them, give satisfaction; but as the satisfaction is different, this keeps our sentiments concerning them from being confounded, and makes us ascribe virtue to the one, and not to the other. Nor is every sentiment of pleasure or pain, which arises from characters and actions, of that *peculiar* kind, which makes us praise or condemn. The good qualities of an enemy are hurtful to us; but may still command our esteem and respect. It is only when a character is considered in general, without reference to our particular interest, that it causes such a feeling or sentiment, as denominates it morally good or evil. It is true, those sentiments, from interest and morals, are apt to be confounded, and naturally run into one another. It seldom happens, that we do not think an enemy vicious, and can distinguish betwixt his opposition to our interest and real villainy or baseness. But this hinders not, but that the sentiments are, in themselves, distinct; and a man of temper and judgment may preserve himself from these illusions. In like manner, though it is certain a musical voice is nothing but one that naturally gives a *particular* kind of pleasure; yet it is difficult for a man to be sensible, that the voice of an enemy is agreeable, or to allow it to be musical. But a person of a fine ear, who has the command of himself, can separate these feelings, and give praise to what deserves it.[①]

译文参考 B

首先,显然,我们在"愉悦"这个词义之下,去理解各种感觉,这些感觉彼此截然不同,它们之间的相似之处仅允许我们使用这同一个抽象词汇来描述。一段优美的音乐创作和一瓶美酒同样可以产生愉悦感。此外,它们的好处仅由愉悦感决定。然而我们是否可以由此推论,酒是悦耳的,音乐是美味的?同样地,一个无生命的物体和一个人的性格或情绪都可以带来满足感,但由于二者带来的满足感是不同的,因而我们对它们的感情不会相混淆,并使我们将美德归因于其中之一,而非另外那个。每种由性格和行为产生的快乐或痛苦的感觉也并非都是让我们赞颂或谴责的特定情绪。敌人的优良品质会对我们造成伤害,但或许仍然能赢得我们的尊重和敬意。只有当我们一般性地考虑一种品质,不涉及我们的特殊利益时,它引起的感觉或情绪才可被称作道德的善恶。确实,那些来自利益和道德的情绪易混淆,并自然地形成交集。鲜少发生这样的情形:我们不觉得敌人是凶残的,并能分清他与我们的利益冲突和真正的邪恶或卑劣。然而这并不妨碍各种情绪本身是独特的,而且一个有个性、有判断力的人能确保自己不受这些假象的影响。同样地,尽管悦耳的声线不过是使人自然产生某种特定愉悦感的声音,但一个人很难做到理智地认为敌人的声音是令人愉快的,或者说认可那个声音是悦耳的。不过一

---

① David Hume, *A Treatise of Human Nature*, edited by David Fate Norton, Mary J. Norton, Clarendon Press, 2007, p. 303.

个既有鉴赏力又有主见的人能够分辨这些感觉，对佳作不吝赞誉。

语篇精粹 C

This argument is of double advantage to our present purpose. For it proves directly, that actions do not derive their merit from a conformity to reason, nor their blame from a contrariety to it; and it proves the same truth more *indirectly*, by showing us, that as reason can never immediately prevent or produce any action by contradicting or approving of it, it cannot be the source of the distinction betwixt moral good and evil, which are found to have that influence. Actions may be laudable or blameable; but they cannot be reasonable or unreasonable. Laudable or blameable, therefore, are not the same with reasonable or unreasonable. The merit and demerit of actions frequently contradict, and sometimes controul our natural propensities. But reason has no such influence. Moral distinctions, therefore, are not the offspring of reason. Reason is wholly inactive, and can never be the source of so active a principle as conscience, or a sense of morals. [1]

译文参考 C

这个论点对于我们目前的研究目的来说具有双重优越性。因其直接证明，一个行为的价值并非源于它符合理性，行为的过失也并不来自它和理性之间的矛盾，该论点更多的是间接向我们证明了同一个事实，既然理性永远不能因其与行为相悖或相符而直接阻止或引起行为的发生，那么它就无法作为道德善与恶区别的

---

① David Hume, *A Treatise of Human Nature*, edited by David Fate Norton, Mary J. Norton, Clarendon Press, 2007, p. 295.

根源，因为善恶划分的根源具备那种影响力。行为或许值得称赞，或许该受指摘，但不能是合理的或不合理的。因此，应受赞许或指责不同于合理或不合理。行为的利与弊，常常相互矛盾，有时控制我们的自然行为倾向。但理性不具备这样的影响。因此，道德划分并非理性的产物。理性是完全消极的，永远不能成为诸如良心、道德感等如此活跃的原则的根源。

参考文献

一、中文文献

1. 《马克思恩格斯全集》（第 32 卷），人民出版社，1998 年。

2. ［德］黑格尔：《精神现象学》（下卷），贺麟、王玖兴译，商务印书馆，1981 年。

3. ［法］安德烈·比利：《狄德罗传》，张本译，管震湖校，商务印书馆，1984 年。

4. ［法］狄德罗：《狄德罗美学论文选》，张冠尧、桂裕芳等译，人民文学出版社，1984 年。

5. ［法］狄德罗：《狄德罗哲学选集》，江天骥、陈修斋、王太庆译，商务印书馆，1979 年。

6. ［法］亨利·勒费弗尔：《狄德罗的思想和著作》，张本译，商务印书馆，1985 年。

7. ［法］路易·戴格拉夫：《孟德斯鸠传》，许明龙、赵克非译，商务印书馆，1997 年。

8. 《卢梭全集》（第 1 卷），李平沤译，商务印书馆，2012 年。

9. ［法］卢梭：《忏悔录》（第二部），范希衡译，徐继曾校，商务印书馆，1985 年。

 10．［法］卢梭：《论人与人之间不平等的起因和基础》，李平沤译，商务印书馆，2009 年。

 11．［法］卢梭：《社会契约论》，何兆武译，商务印书馆，2008 年。

 12．［法］卢梭：《爱弥儿》，李平沤译，商务印书馆，1981 年。

 13．［法］孟德斯鸠：《波斯人信札》，梁守锵译，商务印书馆，2009 年。

 14．［法］孟德斯鸠：《论法的精神》（上卷），张雁深译，商务印书馆，1987 年。

 15．［法］孟德斯鸠：《罗马盛衰原因论》，婉玲译，商务印书馆，1962 年。

 16．［美］格瑞特·汤姆森：《洛克》，袁银传、蔡红艳译，中华书局，2014 年。

 17．［美］汉密尔顿、杰伊、麦迪逊：《联邦党人文集》，商务印书馆，2004 年。

 18．［美］杰斐逊：《杰斐逊选集》，朱曾汝译，商务印书馆，1999 年。

 19．［美］马斯特：《卢梭的政治哲学》，胡兴建、黄涛、王玉峰译，华东师范大学出版社，2013 年。

 20．［美］A. 麦金泰尔：《追寻美德——伦理理论研究》，宋继杰译，译林出版社，2011 年。

 21．［苏］阿基莫娃：《狄德罗传》，赵永穆等译，生活·读书·新知三联书店，1987 年。

22. 许明龙：《孟德斯鸠与中国》，国际文化出版公司，1989 年。

23. 徐志国：《从"破坏"到"建设"——西方学术界对休谟政治哲学"印象"的转变》，《哲学动态》，2012 年第 10 期。

24. ［英］阿龙：《约翰·洛克》，陈恢钦译，辽宁教育出版社，2003 年。

25. ［英］大卫·埃德蒙兹、约翰·艾丁诺：《卢梭与休谟——他们的时代思想》，周保巍、杨杰译，上海人民出版社，2013 年。

26. ［英］康蒲·斯密：《康德〈纯粹理性批判〉解义》，华中师范大学出版社，2000 年。

27. ［英］洛克：《教育片论》，熊春文译，上海人民出版社，2005 年。

28. ［英］洛克：《论宗教宽容》，吴云贵译，商务印书馆，2009 年。

29. ［英］洛克：《人类理解论》（上册），关文运译，商务印书馆，2009 年。

30. ［英］洛克：《政府论》（上、下篇），叶启芳、瞿菊农译，商务印书馆，1982 年。

31. ［英］休谟：《人类理解研究》，关文运译，商务印书馆，2007 年。

32. ［英］休谟：《人性论》（下册），关文运译，郑之骧校，商务印书馆，2006 年。

33. 周晓亮：《休谟及其人性哲学》，社会科学文献出版社，1996 年。

二、英文文献

1. Charles Louis de Secondat, Baron de Montesquieu, *My Thoughts* (*Mes Pensées*), *translated*, *edited*, *and with an Introduction* by Henry C. Clark, Liberty Fund, 2012.

2. Hume D., *Enquiries concerning Human Understanding and concerning the Principles of Morals*, Selby – Bigge (ed.), P. H. Nidditch (Rev.), Clarendon Press, 1975.

3. Hume David, *A Treatise of Human Nature*, The Clarendon Press, 1975.

4. Kant, *Prolegomena to Any Future Metaphysics*, translated and edited by Gary Hatfield, Cambridge University Press, 1997.

5. Leo Strauss, Joseph Cropsey (eds.), *History and Political Philosophy*, The University of Chicago Press, 1987.

6. Einest Mossner, *The Life of David Hume*, Clarendon Press, 1980.

7. Roger Woolhouse, *Locke: A Biography*, Cambridge University Press, 2007.

后 记

　　"西方哲人智慧丛书"是我于 2014 年在美国佛罗里达州立大学（Florida State University）从事国际访问学者项目期间策划的选题，也是我在主持完成国家社会科学基金项目《西方后现代主义哲学思潮研究》（天津人民出版社，2003 年）和天津市哲学社会科学重点项目《全球化与后现代思潮研究》（天津人民出版社，2012年）及《当代西方生态哲学思潮》（天津人民出版社，2017 年）基础上继续探索的新课题。

　　我在美国从事国际访问学者项目期间，天津外国语大学原校长修刚教授、校长陈法春教授、原副校长王铭钰教授、副校长余江教授等对我和欧美文化哲学研究所的学科建设和科研工作给予了真挚的帮助，在此深表敬谢！本丛书得以出版要感谢天津外国语大学求索文库编委会的大力支持。

　　我在美国佛罗里达州立大学从事学术研究期间，得到了该校劳伦斯·C. 丹尼斯教授（Professor Lawrence C. Dennis）、斯蒂芬·麦克道尔教授（Professor Stephen McDowell）和国际交流中心交流访问学者顾问塔尼娅女士（Ms. Tanya Schaad, Exchange Visitor Advisor, Center for Global Engagement）的热情帮助，他们为我提供了良好的科研条件。佛罗里达州立大学图书馆为我从事项目研究，提供了珍贵的经典文献和代表性的有关资料。美国佛罗里达州立大学蓝峰博士和夫人刘娇（Dr. Feng Lan and Mrs. Duo Liu）等给予了多方面的关照和帮助，在此一并致谢。

天津外国语大学欧美文化哲学研究所设置的外国哲学专业于2006年获批硕士学位授权学科。2007年至2018年已招收培养11届共71名研究生。2012年外国哲学获批天津市"十二五"综合投资重点学科，2016年评估合格。在外国哲学学科基础上发展为哲学一级学科，主要有三个学科方向：外国哲学、马克思主义哲学、中国哲学。2017年获批"天津市高校第五期重点（培育）学科"。2018年获批教育部哲学硕士一级授权学科。

十余年的学科建设历程，我们得到了南开大学陈晏清教授、周德丰教授、阎孟伟教授、王新生教授、李国山教授、北京大学赵敦华教授、北京语言大学李宇明教授、中国社会科学院黄行研究员、山西大学江怡教授、北京师范大学王成兵教授、河北大学武文杰教授、中山大学陈建洪教授、天津大学宗文举教授、天津医科大学苏振兴教授、美国中美后现代研究院王治河教授、清华大学卢风教授、北京林业大学周国文教授、天津社联副主席张博颖研究员、原秘书长陈根来教授、天津社科院赵景来研究员、秘书长李桐柏、天津市哲学社会科学工作领导小组办公室主任袁世军、天津社联科研处处长杨向阳等同志的关怀、帮助和支持，在此深表敬谢！

山西大学江怡教授（长江学者特聘教授、中国现代外国哲学学会荣誉理事长）在百忙之中应邀为本丛书作序，是对我团队全体编写人员的鼓励。江怡教授学识渊博，世界哲学视野宽广，富有深刻的哲学洞察力和严谨的逻辑思想，在学界享有赞誉，短短几天，洋洋洒洒万言总序，从宏观上对西方两千五百年的哲学史做了全面概括，阐述了深刻的哲学思想并做了实事求是的评价，值得我们认真学习。江怡教授对书稿有关内容提出了宝贵的修改意见，感谢江怡教授对我们工作的支持和鼓励！

特别要感谢授业恩师南开大学车铭洲教授对我一如既往的关怀和帮助。记得每次拜望车先生，聆听老人家对西方哲学的独到见解，总有新的收获。祝车先生和师母身体健康！

本丛书能顺利出版，要感谢天津人民出版社副总编王康老师。本丛书的出版论证、方案设计、篇章结构、资料引用、插图（包括图片收集的合法途径）及样稿等，均得到天津人民出版社的帮助和认可。特别要感谢王康老师曾把我们提交的样稿和图片咨询了天津人民出版社法律顾问和有关律师，目的是尊重知识产权，尊重前人成果，以符合出版规范和学术规范。天津人民出版社责任编辑郑玥老师、林雨老师、王佳欢老师等为本丛书的出版做了大量编审工作，在此深表敬谢！

我希望通过组织编写这套丛书，带好一支学术队伍，把"培养人才，用好人才"落实在学科建设中，充分发挥中青年教师的才智，服务学校事业发展，而我的任务就是为中青年才俊搭桥铺路。外国哲学的研究离不开外语资源，把哲学教师和英语教师及研究生组织起来，能够发挥哲学与外语学科相结合的优长，锻炼一支在理论研究和文献翻译方面相结合的队伍，在实践中逐步凝练天津外国语大学欧美哲学团队精神，"凝心聚力，严谨治学，实事求是，传承文明，服务社会"。同时为"十三五"学科评估积累科研成果，我的想法得到了学校领导和有关部门的大力支持和帮助，在此深表致谢！

编写这套丛书，自知学术水平有限，只有虚心向哲学前辈们学习，传承哲学前辈们的优良传统，才能做好组织编写工作。我们要求每一位参加编写的作者树立敬业精神，撰写内容必须符合学术规范和出版规范；要求每一位作者和译者坚持文责自负、译文质量自负的原则，签订郑重承诺，履行郑重承诺的各项条款，严格把好政治质量关和学术质量关。由于参加编写的人数较多，各卷书稿完成后，依照签订的承诺，验收"查重报告"，组织有关教师审校中文和文献翻译，做了数次审校和修改，以提高成果质量。历经五年多的不懈努力，丛书终于面世了，在此向每一位付出辛勤劳动的作者，深表感谢！

由于我们编著水平有限，书中一定存在诸多不足和疏漏之处，欢迎专家学者批评指正。

佟　立
2019 年 4 月 28 日